Sticken

Alle Techniken und über
200 Muster

DK

Sticken

Alle Techniken und über
200 Muster

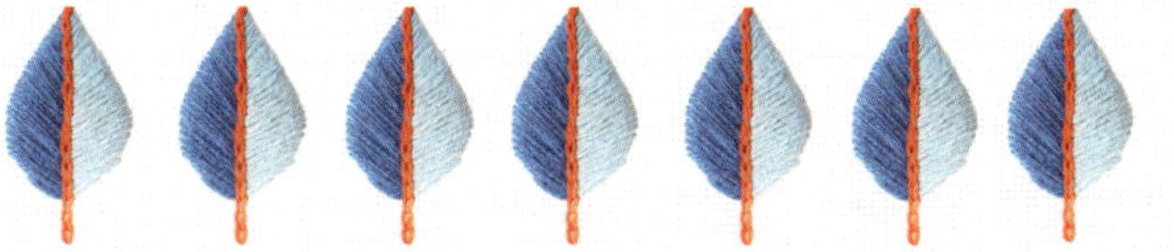

Lucinda Ganderton

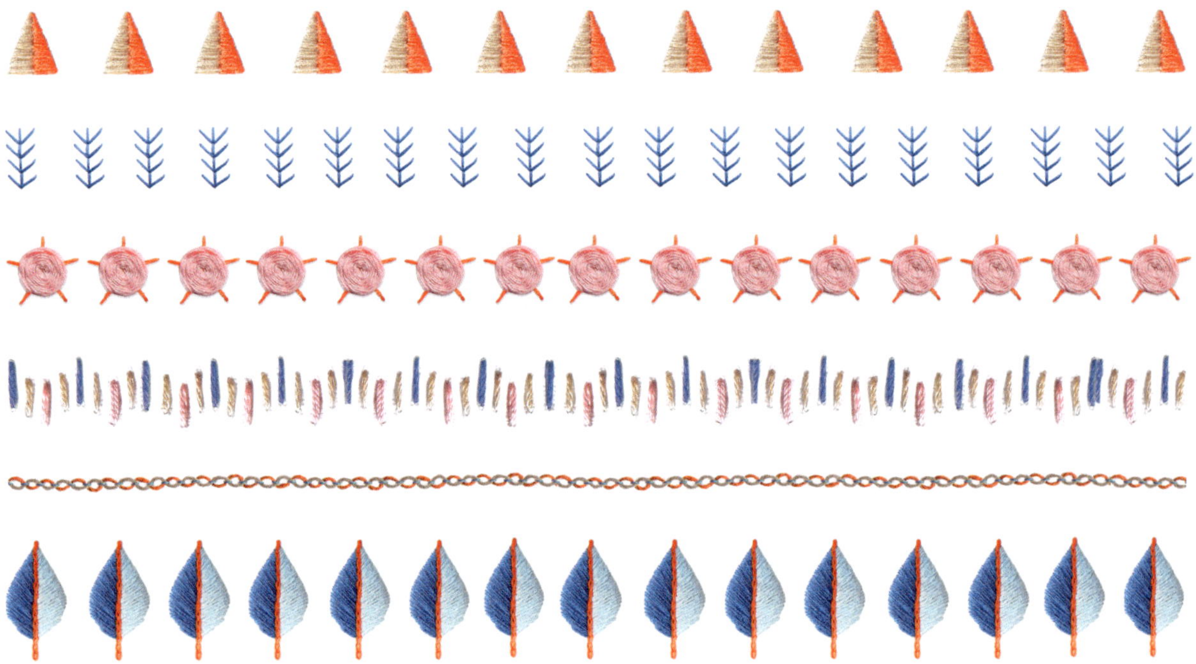

Inhalt

Einführung

Stickerei ist streng genommen nicht mehr als die Verzierung von Textilien mit dekorativen Stichen. Es ist eine alte Kunst mit langer Geschichte. Einige Stiche werden überall auf der Welt verwendet. Sie bilden ein internationales Vokabular, das Zeit- und Ländergrenzen überbrückt. Muster, Motive und Arbeitsweisen sind von Region zu Region verschieden, nicht aber die eigentlichen Grundstiche. Diese Grundstiche sind ungemein anpassungsfähig. Immer wieder werden sie neu interpretiert, und auch heute gibt es Menschen, die die Tradition fortführen und auf kreative Weise variieren.

INTERNATIONALES ERBE

Früher gehörte das Nähen zum Alltag der meisten Frauen und mancher Männer. Vor dem Zeitalter der Massenproduktion wurden Kleidung und Haushaltstextilien von Hand hergestellt. Um die einfachen Stücke individueller zu gestalten, bestickte man sie mit allerlei Zierstichen.

In den unterschiedlichen Regionen entwickelten sich eigenständige Stickereitraditionen. Dieser internationale Aspekt der Stickerei lässt sich leicht an Stichnamen wie Antwerpener Kantenstich, kretischer Stich, algerischer Stich oder Bucharastich ablesen. Gleichzeitig kam es immer wieder zu Veränderungen durch den Austausch der Kulturen und die Bewegungen der Völker. So mussten beispielsweise deutsche Auswanderer in Pennsylvania ihre traditionellen, dichten Kreuzstichmuster auf luftigere Konturmotive reduzieren, weil Stickgarn in der Neuen Welt knapp war.

STICHTYPEN

Einige Stiche arbeitet man auf Stoff, andere auf Stramin. Für beides gibt es Hunderte verschiedener Stiche, die man jedoch aufgrund ihrer Konstruktion in vier Hauptgruppen einordnen kann. Stiche wie Platt-, Rück- oder Stielstich liegen flach auf der Oberfläche des Stickgrundes. Bei Schlingstichen wird ein Stich durch den folgenden fixiert. Bei Knötchenstichen liegt der Faden durch eine Wicklung erhaben auf dem Stoff, und Durchbruchstiche erzeugen ein Muster, zu dem Stickgarn und Stickgrund gemeinsam beitragen.

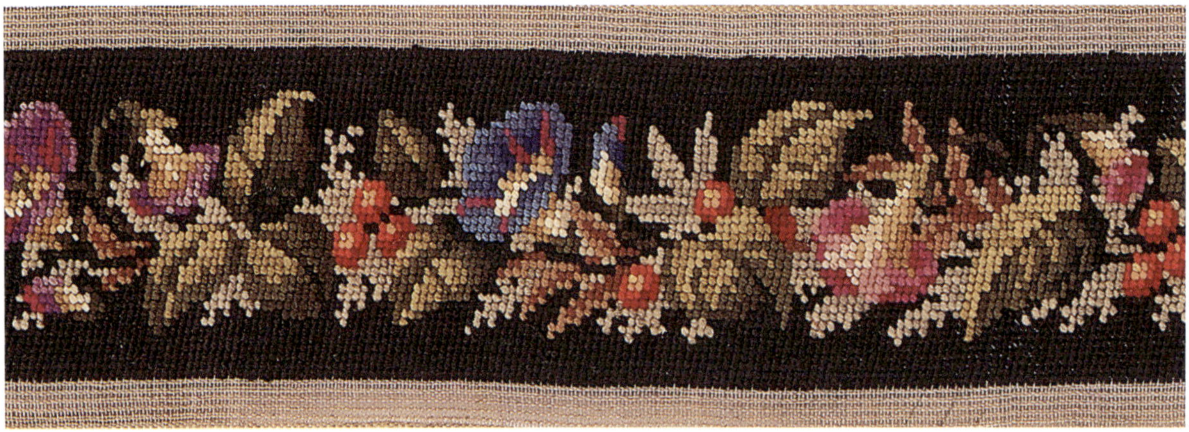

Blütenbordüre
Im ausgehenden 19. Jahrhundert stickten die Damen solche dekorativen Bordüren mit Tapisseriewolle und verschiedenen Gobelinstichen, meist für Kissen und Decken.

VERWENDUNG DER STICHE

Die verschiedenen Stiche der vier Gruppen sind ungemein wandlungsfähig und können je nach gewünschtem Effekt auf unterschiedliche Weise verwendet werden. Sie können ein Motiv umranden, dicht an dicht gearbeitet den Stickgrund vollständig bedecken oder luftig gearbeitet den Stoff durchscheinen lassen. Andere können einzeln, in Reihen oder in geschlossenen Flächen gearbeitet werden.

Manche Stiche haben sich aus speziellen Gründen entwickelt. Goldfäden sind teuer und zu dick, um sie durch den Stoff zu ziehen. Darum werden sie in der Anlegetechnik verarbeitet und mit kleinen Stichen aus feinem Garn auf der Stoffoberfläche befestigt. Der Türkische Stich entwickelte sich als Imitation für den geschorenen Flor von Knüpfteppichen, Verbindungsstiche könnte man auch als dekorative Ziernaht zwischen zwei Stoffkanten bezeichnen.

Manche Werkstücke sind nur in einer einzigen Stichart verziert, beispielsweise findet man komplette Mustertücher und Stickbilder aus halben oder ganzen Kreuzstichen. Spannstiche kann man kreuz und quer wie Pinselstriche einsetzen, um einen strukturierten, plastischen Effekt zu erhalten. Doch erst durch die Kombination der Strukturen und Formen verschiedener Stiche entfaltet sich ihr ganzes Potenzial.

STICHNAMEN

Über Jahrhunderte wurde die Stickkunst durch mündliche Überlieferung weitergegeben. Erst als in England 1631 das Buch *The Needle's Excellency* erschien, begannen sich einheitliche Namen durchzusetzen. Manche der genannten Stiche werden noch heute verwendet, andere Stichnamen etablierten sich erst in den folgenden Jahrhunderten. Einige Bezeichnungen leiten sich von der Stichkonstruktion ab (Spaltstich, Wickelstich), andere von der Verwendung (Knopflochstich, Stopfstich). Manche geben Auskunft über die Herkunft eines Stichs (Kretischer Stich, Smyrnastich) oder beschreiben sein Aussehen durch den Vergleich mit Alltagsgegenständen (Leiterstich, Kettenstich) oder Elementen der Natur (Margeritenstich, Ährenstich).

Mit der Arts-and-Crafts-Bewegung Mitte des 19. Jahrhunderts wurde die Stickerei als eigenständiges Kunsthandwerk anerkannt. Designer untersuchten bestickte Stoffe und trennten sogar alte Werkstücke aus aller Welt auf, um den verschiedenen Arbeitsweisen auf den Grund zu gehen. Damals entstanden historische Abhandlungen und Anleitungsbücher.

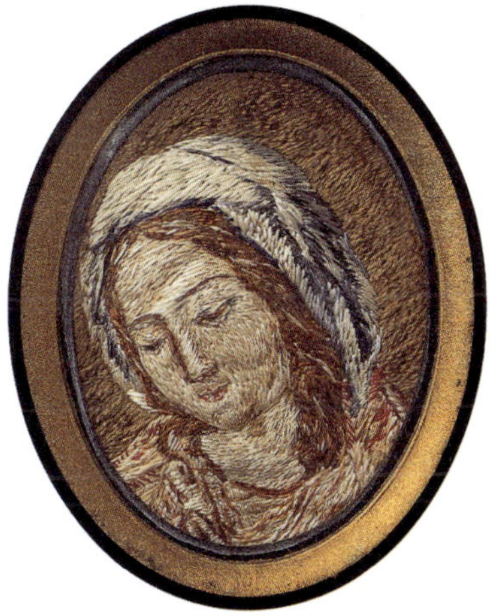

Frauenporträt
Dieses Bild aus dem 18. Jahrhundert wurde mit feinem Seidengarn in verschiedenen Naturfarben gestickt. Die Stiche sind mehrlagig in verschiedenen Richtungen übereinander gearbeitet, um die Schattierungen aufzubauen.

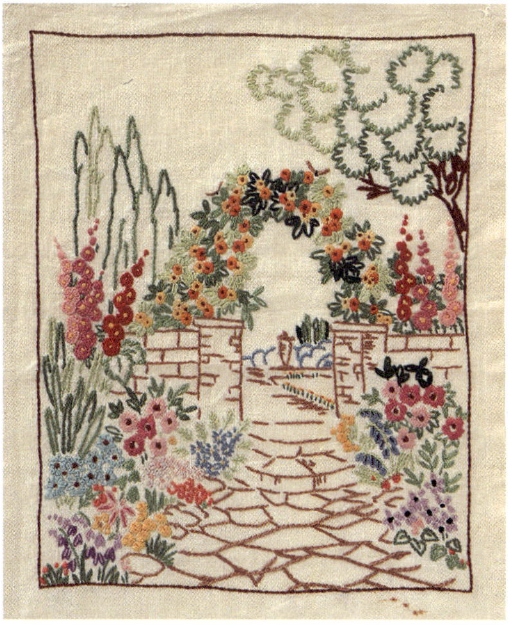

Bauerngarten
Ein typisches Aufbügelmotiv aus den 1930er-Jahren, das mit Knötchenstich, Margeritenstich, Fliegenstich und Langettenstich gearbeitet ist. Die Konturen sind im Stielstich gearbeitet.

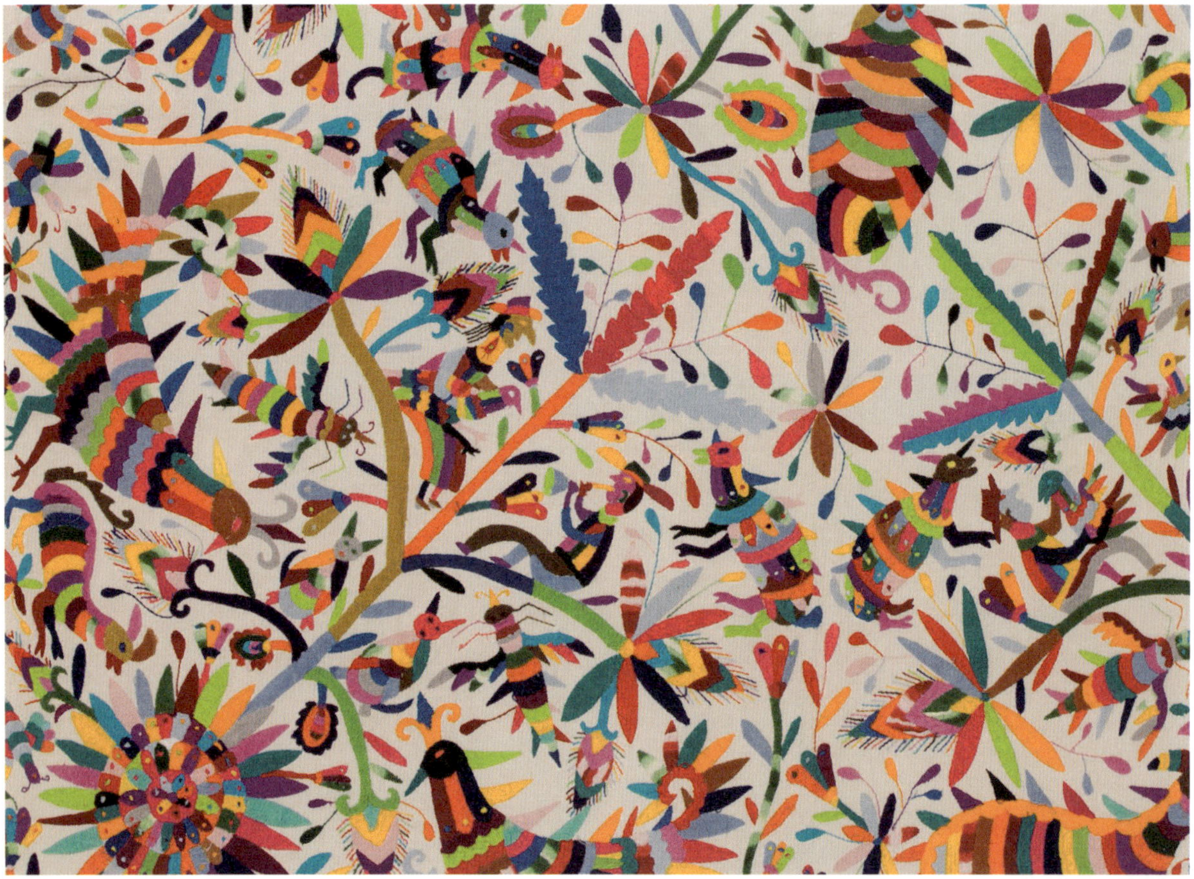

Naturmotive
Tiere, Vögel und Insekten tummeln sich in dieser lebendigen Tenango-Stickerei aus Mexiko zwischen Blumen und Blättern. Sie wurde in einer Variante des Hexenstichs gearbeitet.

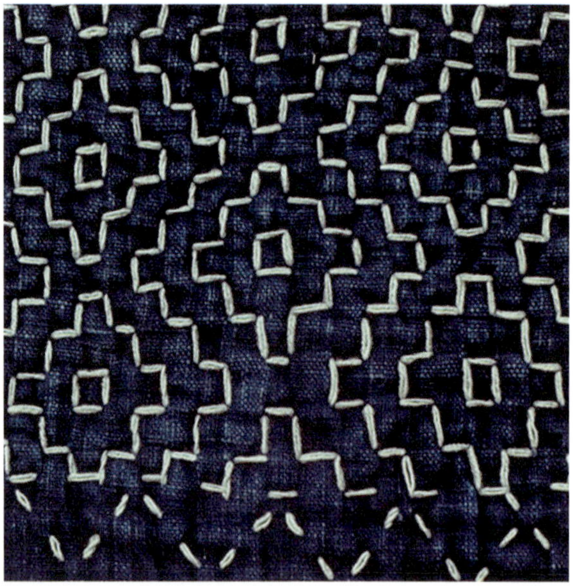

Blau und weiß
Japanische Sashiko-Stickerei besteht aus einfachen, geraden Stichen, die zu komplexen Mustern angeordnet sind. Gearbeitet wird traditionell mit einem matten Baumwollfaden auf einem indigoblauen Leinengrund.

AKTUELLE TRENDS

Handarbeitstechniken haben in den letzten Jahren eine Renaissance erlebt. Viele Menschen empfinden das Sticken als eine Tätigkeit, die ein Gefühl der inneren Ruhe vermittelt, da man ganz im Hier und Jetzt ist und sich auf seine Arbeit konzentriert. Kreativ ist sie überdies. Traditionelle Techniken wie Seidenstickerei, Stickerei mit Goldfäden oder Monogramme wurden wiederentdeckt, gleichzeitig haben sich neue Ideen etabliert, beispielsweise das Sticken auf gedruckten Bildern, das Sticken mit feinem Draht oder – mit unkonventionell großen Stichen – das Spiel mit den Größenverhältnissen.

ACHTSAMKEIT

Die Slow-Stitching-Bewegung konzentriert sich auf den meditativen Charakter der sich wiederholenden Reihen von Grundstichen, statt bildliche Darstellungen zu sticken, und lässt sich von den japanischen Boro- und Sashiko-Techniken inspirieren. Wie alle Patchwork- und Quilttechniken waren auch diese ursprünglich aus der Not heraus geboren, als Garn und Stoff knapp waren. Zurzeit findet eine Rückbesinnung auf diese Denkweise statt. Immer mehr Menschen reparieren alte und abgenutzte Kleidung oder verzieren sie mit individuellen Stickereien.

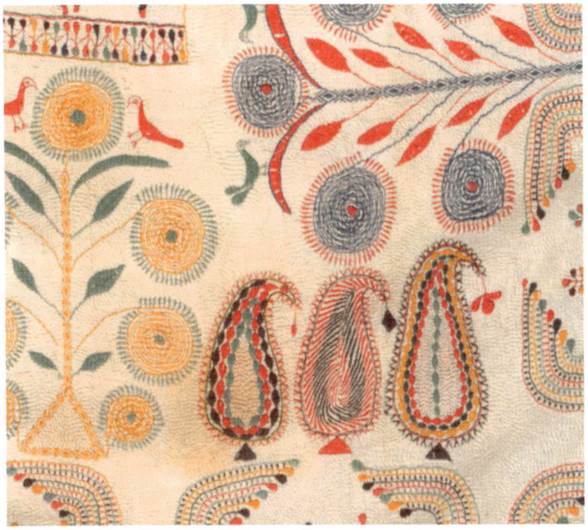

Konturstickerei
Spiralen und konzentrische Formen aus Vorstichen sowie fein gestickte Motive verleihen dieser indischen Kantha-Stickerei aus dem 19. Jahrhundert eine dreidimensionale Ausstrahlung.

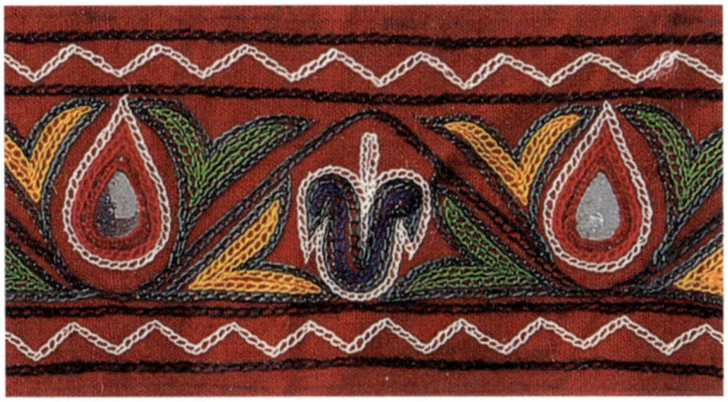

Spieglein, Spieglein
Der Shisha-Stich mit kleinen Spiegeln betont die traditionellen Kettenstich-Muster einer modernen indischen Stickerei aus glänzendem Viskosegarn.

ÜBER DIESES BUCH

Dieses Buch ist in sechs Hauptkapitel gegliedert. Im ersten geht es um Ausstattung, Garne und Stoffe sowie die verschiedenen Arbeitstechniken. Daran schließt sich eine Galerie an, die einen Überblick über alle 234 Stiche bietet, die in den vier folgenden Kapiteln näher erläutert werden: Linienstiche und Bordüren, Füllstiche, Durchbruchstickerei und Gobelinstickerei. Unterkapitel stellen einzelne Stichtypen, die zur jeweiligen Gruppe gehören, vor.

ANLEITUNGEN

Die einzelnen Schritt-für-Schritt-Anleitungen enthalten Hinweise zu Schwierigkeitsgrad, Verwendung und Konstruktionsmethode für jeden Stich sowie Informationen über die Art der Nadel, des Fadens, des Stoffs und der sonstigen für die Ausführung erforderlichen Ausstattung. Die Technik-Variationen zeigen weitere Möglichkeiten, den Stich auszuführen, oder ein alternatives Farbschema.

Die Buchstaben in den Stickanleitungen auf den Seiten 39–115 zeigen in alphabetischer Reihenfolge die Punkte, an denen in den Stoff ein- und wieder ausgestochen wird. Bei den Zählmustern ab Seite 119 wird das jeweilige Motiv als Raster dargestellt, das die Position jedes Lochs im Gewebe des Stickgrunds angibt. Die horizontalen Reihen sind am seitlichen Rand mit Zahlen beschriftet, die vertikalen Reihen am oberen oder unteren Rand mit Buchstaben. Der Anfangs- und Endpunkt jedes Stichs wird als Kombination einer Zahl (aus der horizontalen Reihe) und einem Buchstaben (aus der vertikalen Reihe) angegeben, z. B. 4A bis 1A.

Material, Werkzeug und Techniken

Stoffe, Garne, Nadeln und Rahmen

Zum Sticken braucht man nur eine kleine Grundausstattung. Wie bei anderen Nadelarbeiten kommt man für den Anfang mit Nadel und Faden, Stoff und Schere aus. Weil eine Stickerei aber viel Zeit und Mühe kostet, sollte man sein Material sorgfältig wählen. Für professionelle und langlebige Ergebnisse lohnt es sich, hochwertige Werkzeuge, Garne und Stickgründe zu verwenden.

ZUM STICKEN

Sie benötigen zwei scharfe Scheren: eine große für den Stoff und eine kleine spitze für das Garn. Ein Pfeiltrenner ist nützlich, um Heftnähte oder missglückte Stiche aufzutrennen. Ein Nadeleinfädler und ein Fingerhut tun gute Dienste, ebenso ein Lineal und ein Maßband. Bewahren Sie Stecknadeln in einem Nadelkissen und Stick- und Nähnadeln in einem Nadelbuch auf.

ZUM MARKIEREN

Kreidestifte, auswaschbare oder selbst löschende Marker sind ideal, um ein Muster über einem Leuchtpult auf den Stoff zu übertragen. Verwenden Sie einen Bügelstift, um ein Muster von Papier zu übertragen, oder zeichnen Sie auf Schneiderkopierpapier. Detaillierte Designs drucken oder zeichnen Sie direkt auf wasserlösliches Vlies, das auf dem Stoff befestigt wird.

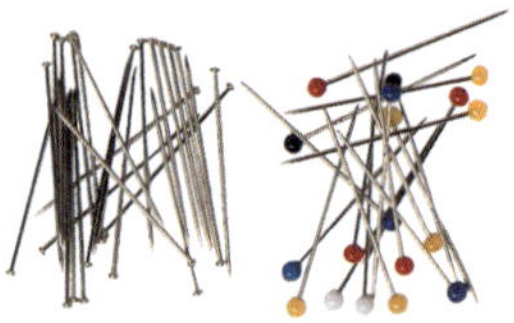

STECKNADELN

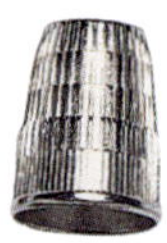

FINGERHUT

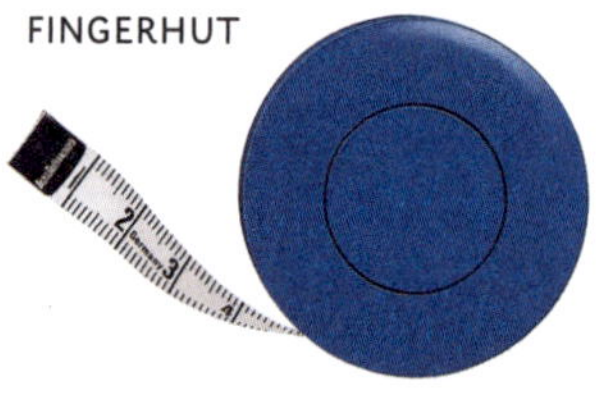

MASSBAND

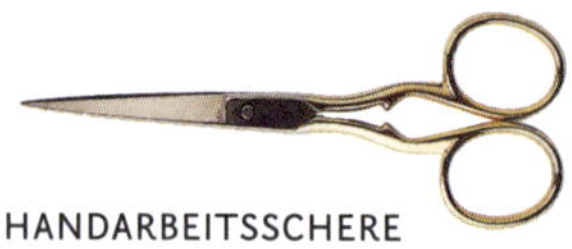

HANDARBEITSSCHERE

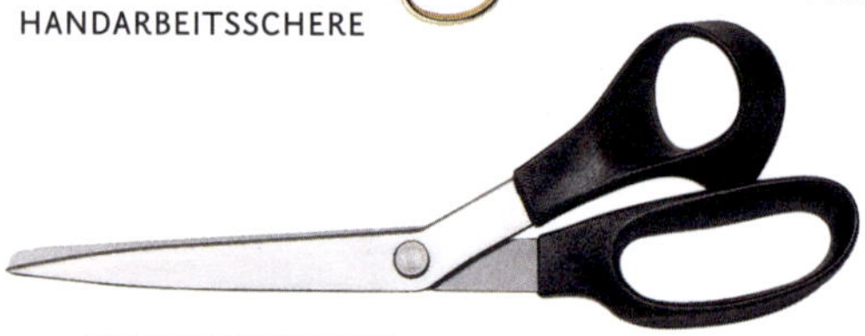

SCHNEIDERSCHERE

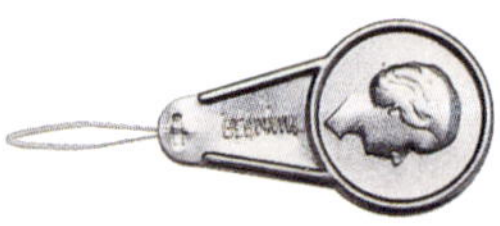

EINFÄDLER

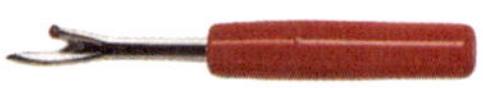

PFEILTRENNER

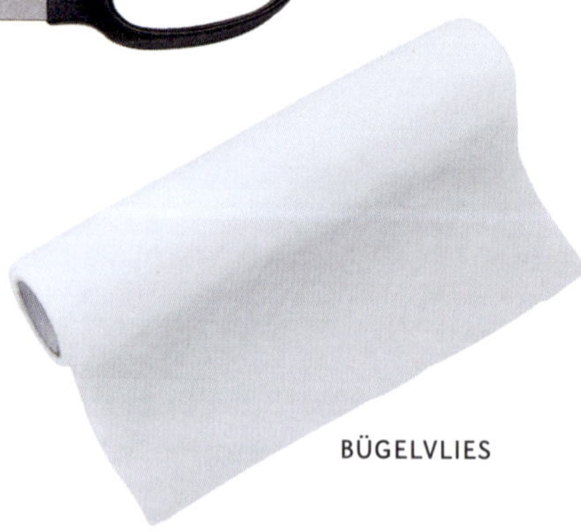

BÜGELVLIES

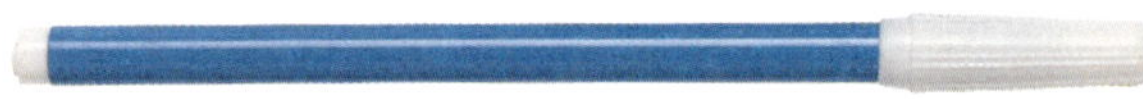

SELBST LÖSCHENDER MARKIERSTIFT

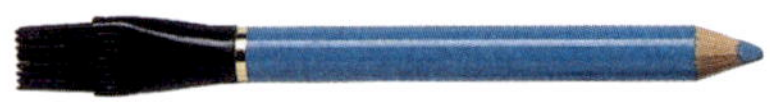

KREIDESTIFT

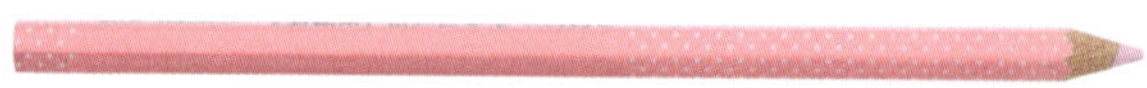

BÜGELSTIFT

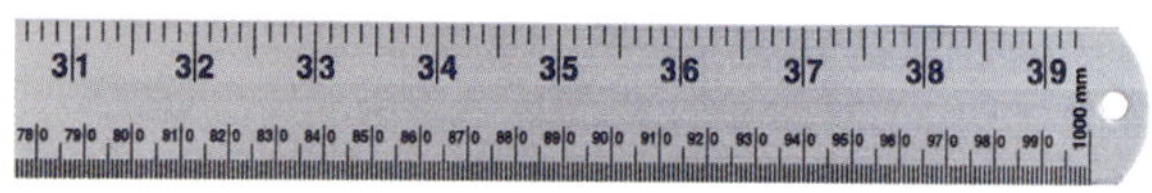

LINEAL

SCHNEIDERKOPIERPAPIER

STICKGRUND

Sticken kann man auf jedem Stoff, doch manche Untergründe eignen sich besser als andere. Auf auszählbarem Stoff in Leinenbindung fallen die Stiche sehr regelmäßig aus. Der Stofftyp wird anhand der Webdichte, also der Zahl der Gewebefäden pro Zentimeter beschrieben: je mehr Fäden oder Stiche pro Zentimeter, desto feiner der Stoff. Für Durchbruchstickerei verwendet man feinere Stoffe in Leinenbindung. Geometrische Stiche gelingen auf Aidastoff, während sich Stramin für die Gobelinstickerei eignet.

Stramin
Es gibt ein- und zweifädigen Stramin in unterschiedlichen Webdichten. Plastikstramin hat meist 4 Stiche pro Zentimeter.

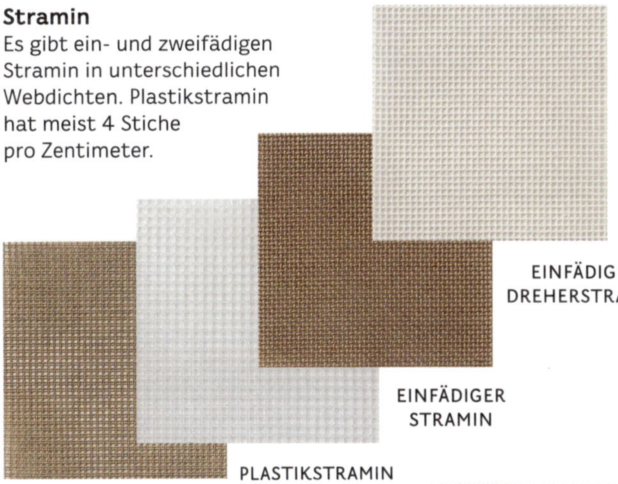

EINFÄDIGER DREHERSTRAMIN

EINFÄDIGER STRAMIN

PLASTIKSTRAMIN

ZWEIFÄDIGER STRAMIN

Verschiedene Stoffe
Seide, Filz oder Baumwollstoffe mit Streifen oder Karos eignen sich für freie Stickereien.

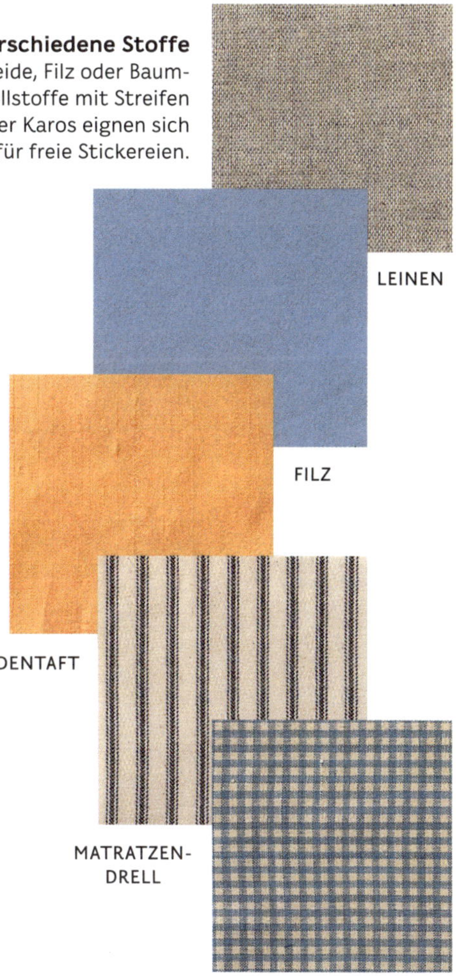

LEINEN

FILZ

SEIDENTAFT

MATRATZENDRELL

BAUMWOLLZÄHLSTOFF

Zählstoffe
Auszählbare Handarbeitsstoffe sind in vielen Farben und Webdichten erhältlich.

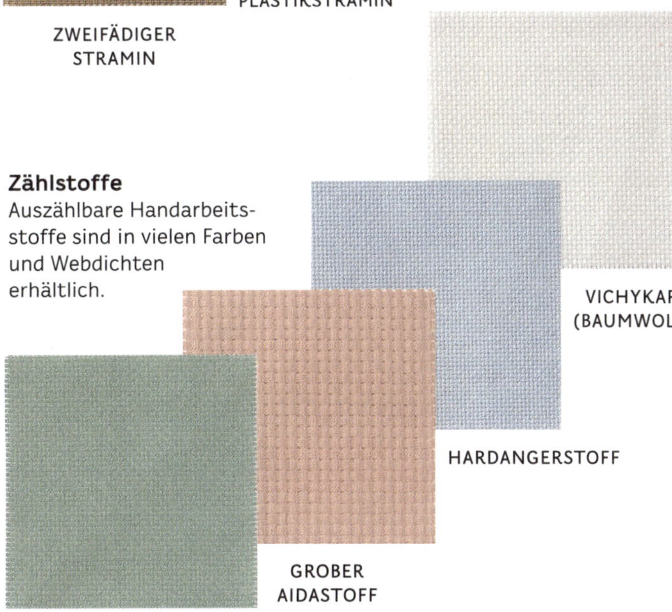

VICHYKARO (BAUMWOLLE)

HARDANGERSTOFF

GROBER AIDASTOFF

FEINER AIDASTOFF

Stickbänder
Bänder aus Gewebe in Leinenbindung werden in verschiedenen Farben und Breiten angeboten. Viele haben dekorativ gesäumte Kanten.

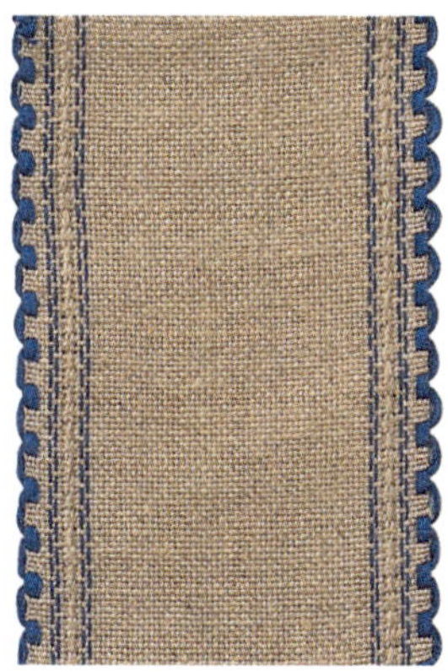

GARNE

Stickgarne gibt es in zahllosen Farbtönen und in vielen verschiedenen Strukturen und Stärken. Die Fadenstärke bestimmt Form und Größe des jeweiligen Stichs. Ein Stich kann in feinem Mattgarn völlig anders wirken als in glänzendem Perlgarn. Manche Garne sind einfädig versponnen. Sticktwist besteht aus bis zu sechs locker miteinander verdrehten Fäden, die sich leicht teilen lassen. Für feine Farbübergänge kann man zwei oder drei verschiedenfarbige Einzelfäden in eine Nadel fädeln. In den Farbkarten der Hersteller sind sämtliche Farben und Qualitäten abgebildet. Sie können bei der Planung einer Stickerei wertvolle Anregungen liefern.

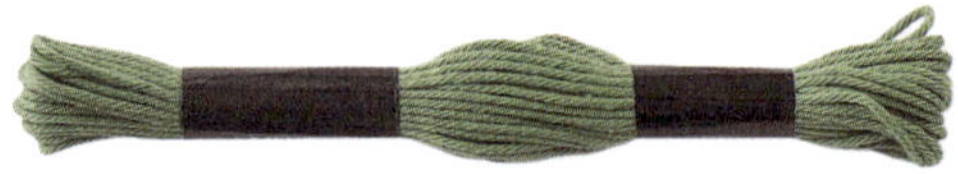

BAUMWOLL-MATTSTICKGARN

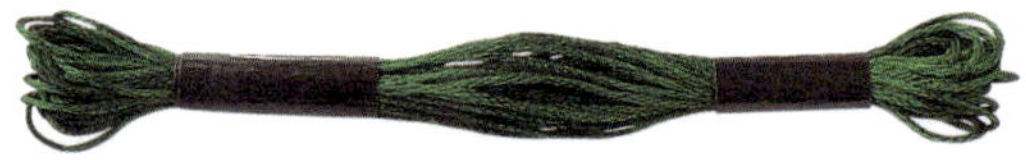

VISKOSESTICKTWIST

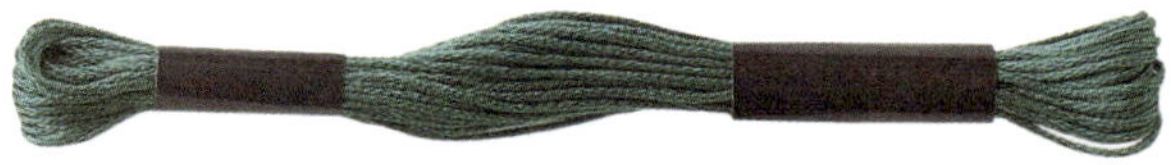

BAUMWOLLSTICKTWIST

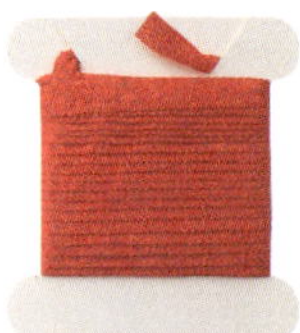

SEIDENBAND

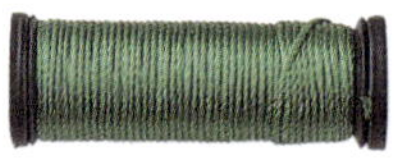

SEIDENGARN

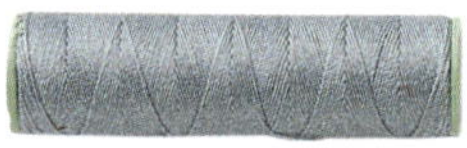

SEIDENGARN

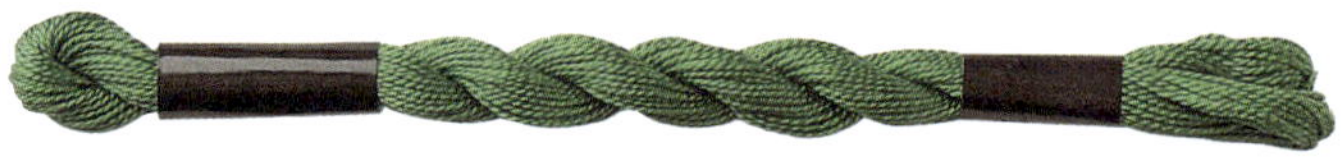

BAUMWOLLPERLGARN

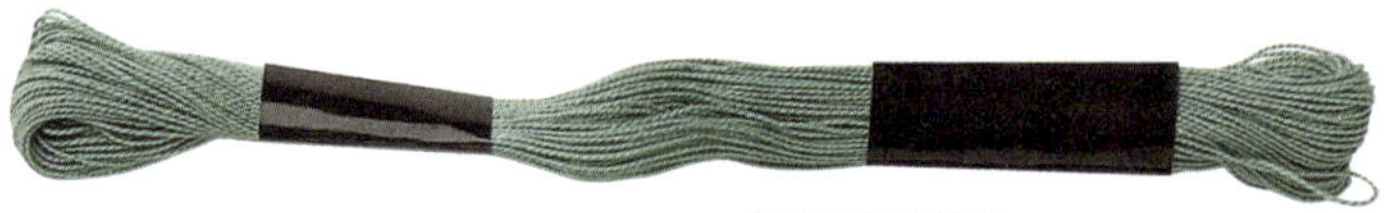

BLUMENGARN

Seide und Baumwolle

Seide, Viskose und Baumwolle werden als Perlgarn und Sticktwist angeboten. Perlgarne glänzen stark, während Sticktwist einen leichten seidigen Glanz hat. Noch matter ist feines Blumengarn oder das dickere Mattstickgarn aus Baumwolle. Metallicfäden verwendet man hauptsächlich für dekorative Akzente, Seidenband zum Sticken von Blüten.

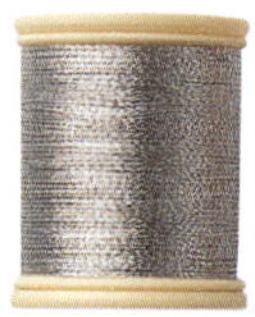

METALLICGARN

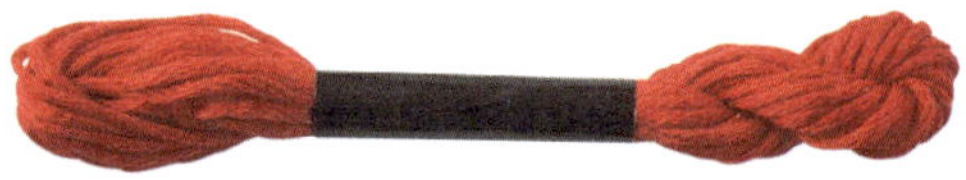

SEIDENSTICKGARN

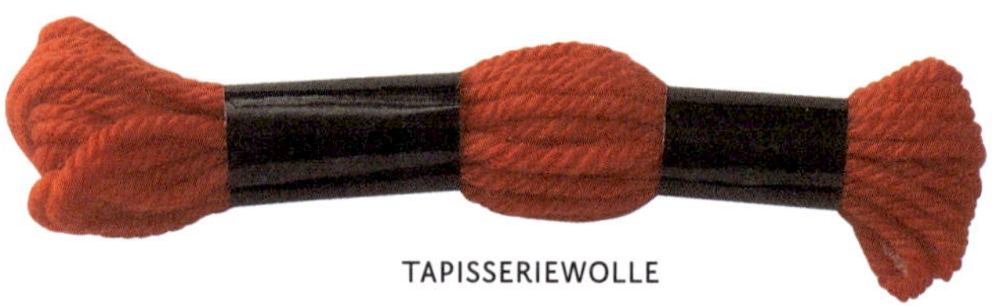

TAPISSERIEWOLLE

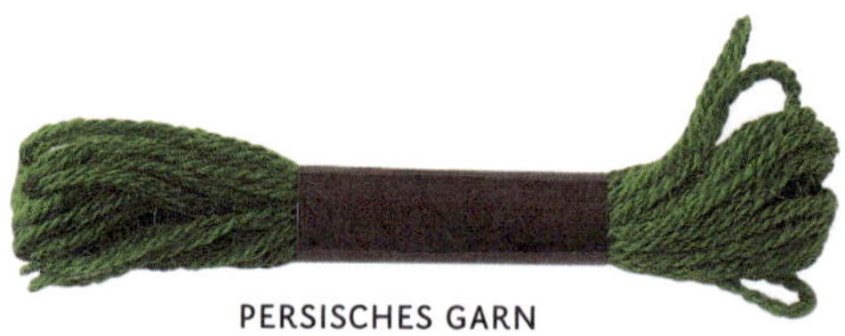

PERSISCHES GARN (WOLLTWIST)

Wollgarne

Mit dicker, vierfädiger Tapisseriewolle stickt man auf Stramin mit 40 bis 56 Stichen/10 cm. Für feineren Stramin verwendet man zweifädiges Wollperlgarn, für nicht auszählbaren Stoff einfädige Wolle. Wolltwist besteht aus drei Fäden, die sich leicht trennen lassen. Man verwendet zwei oder drei für Gobelinarbeiten und einen zum Sticken auf feinerem Stoff.

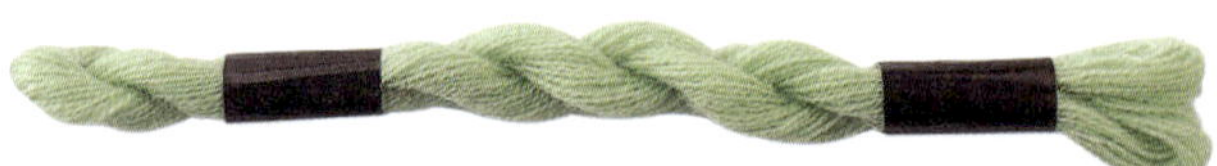

STICKWOLLE (KRÜWELLWOLLE, WOLLPERLGARN)

NADELN

Für jede Stickerei muss die richtige Nadel verwendet werden. Generell unterscheidet man zwischen fünf Nadeltypen für unterschiedliche Zwecke. Alle werden in verschiedenen Stärken und Längen angeboten. Wählen Sie eine Nadel, deren Öhr groß genug für den Faden ist und die sich problemlos durch den Stoff ziehen lässt.

NADELTYPEN

Chenillenadeln mit Spitze braucht man für Arbeiten mit dickem Faden auf festem Stoff. Sticknadeln ohne Spitze mit länglich-ovalem Öhr eignen sich für gezählte Stickereien auf Handarbeitsleinen und Stramin sowie für verschiedene Durchbrucharbeiten. Feine Sticknadeln mit Spitze eignen sich für fast alle Stiche. In das längliche Öhr lassen sich auch mehrfädige Garne gut einfädeln. Näh- und Quiltnadeln sind keine Sticknadeln im engeren Sinn, eignen sich aber für feine Stickereien und Knötchenstiche.

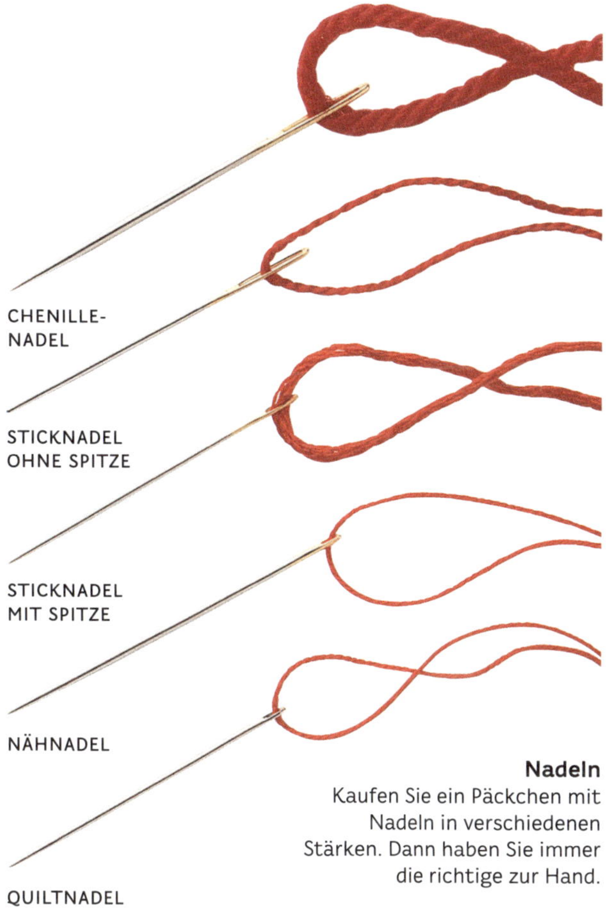

Nadeln
Kaufen Sie ein Päckchen mit Nadeln in verschiedenen Stärken. Dann haben Sie immer die richtige zur Hand.

VORBEREITUNG DES GARNS

Von einer Spule lässt sich Garn leicht abwickeln, schwieriger ist der Umgang mit Strängen und Docken. Gedrehte Stränge muss man vor der Verarbeitung öffnen. Von glatten Strängen sollte man die Papierbanderolen nicht abnehmen, sonst verheddert der Faden leicht. Damit der Arbeitsfaden beim häufigen Durchziehen durch den Stoff nicht aufraut, sollte er höchstens 50 cm lang zugeschnitten werden. Für feine Baumwoll- und Seidengarne ist ein Einfädler praktisch. Für Twist, Perlgarn und Wolle empfiehlt sich die Schlaufenmethode (siehe unten rechts).

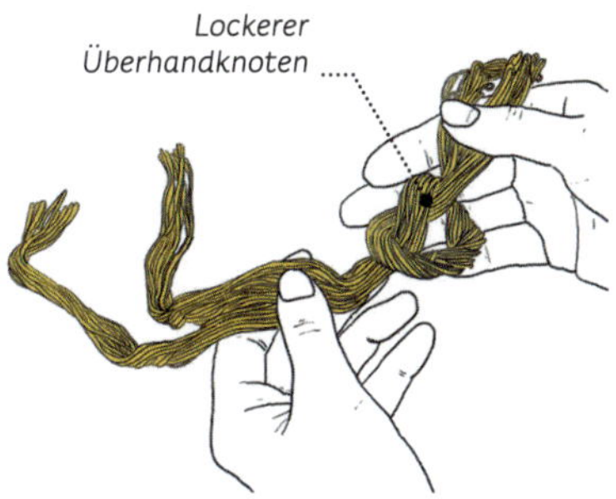

Gedrehter Strang
Die Banderole abnehmen und den Strang aufdrehen. Die Fäden durchschneiden und mit einem lockeren Knoten zusammenbinden.

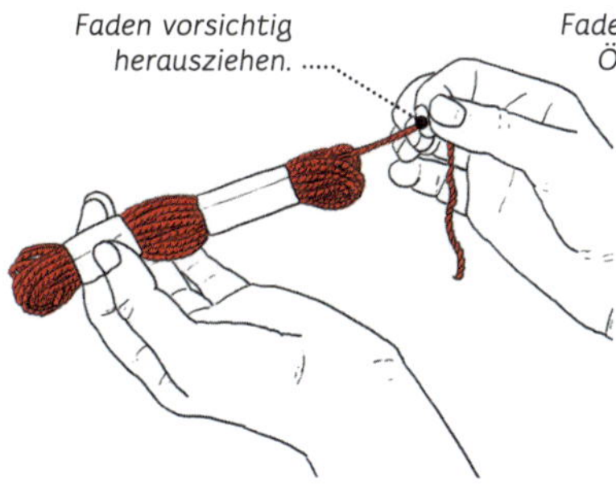

Glatter Strang
Die Banderole nicht abnehmen. Ein Strangende festhalten und den Arbeitsfaden in der benötigten Länge herausziehen.

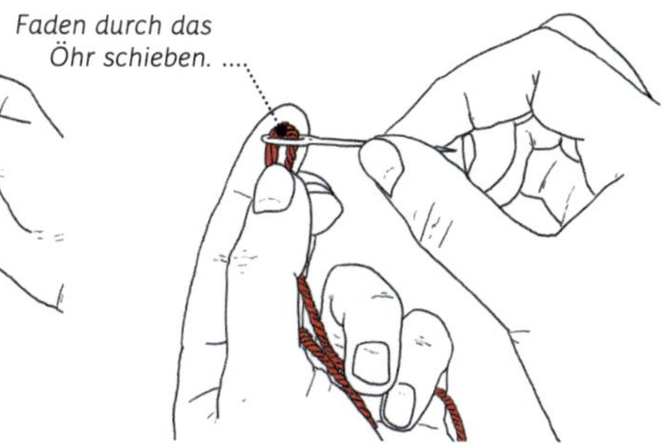

Einfädeln
Den Faden um die Nadel legen und zwischen Daumen und Zeigefinger halten. Die Nadel herausziehen, dann das Nadelöhr über den Faden schieben.

STICKRAHMEN

Kleinere Werkstücke und einige Gobelintechniken kann man in der Hand sticken, die meisten Stiche gelingen jedoch in einem Stickrahmen besser. Der Rahmen hält das Gewebe während der Arbeit unter gleichmäßiger Spannung, sodass die Stiche regelmäßig ausfallen und der Stickgrund sich weniger verzieht. Die Größe des Stickrahmens richtet sich nach dem Format des Werkstücks, dem verwendeten Stoff und den persönlichen Vorlieben. Man unterscheidet drei Typen von Stickrahmen: Feste und verstellbare eckige Rahmen verwendet man für schweres Leinen und Stramin, runde Stickrahmen für feinere Baumwoll- und Leinenstoffe. Für die meisten Stickrahmen sind auch Ständer erhältlich. Vor allem bei der Arbeit an größeren Stücken sind Ständer praktisch, weil man beide Hände zum Sticken frei hat. Ein Rahmen muss stets so groß sein, dass das gesamte Motiv darin Platz hat, denn beim Umspannen würden sonst bereits bestickte Bereiche zu leicht beschädigt.

RUNDER STICKRAHMEN

Runde Stickrahmen (Stickringe) gibt es in verschiedenen Größen (mögliche Durchmesser 8 bis 40 cm). Man verwendet sie für Stickereien auf feinem Stoff. Sie sind leicht, und man kann sie gut in einer Hand halten. Idealerweise sollte der Stickrahmen groß genug sein, um das gesamte Motiv aufzunehmen.

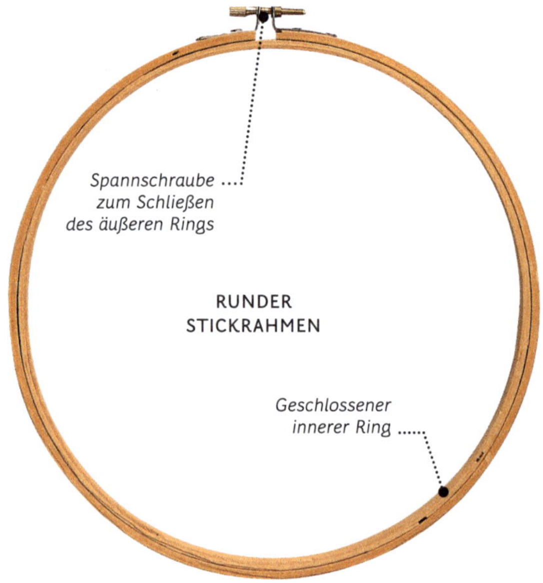

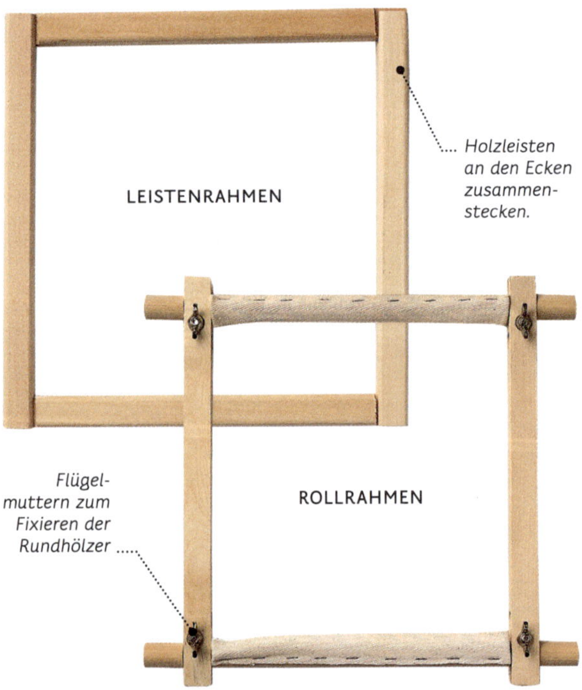

Vorbereitung des inneren Rings
Damit feine Stoffe nicht beschädigt werden oder verrutschen, wird der innere Ring eines Stickrahmens mit schmalem Baumwollband oder Schrägband umwickelt. Die Bandenden mit einigen Stichen fixieren.

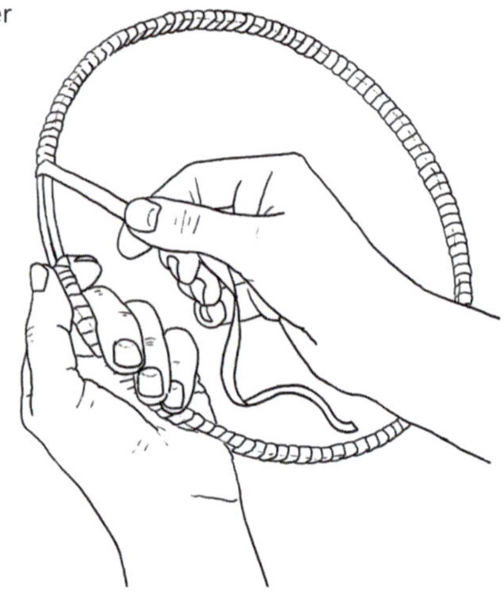

QUADRATISCHE UND RECHTECKIGE RAHMEN

Solche Rahmen benutzt man für Stickerei auf Stramin und steifem Leinen.
Leistenrahmen bestehen aus zwei Paar Rahmenleisten, die man entsprechend der Größe des Werkstücks zusammensteckt. Die Breite eines Rollrahmens wird durch die Länge der Rundhölzer bestimmt.

Einspannen in den Stickrahmen

Es lohnt sich, den Stoff vor dem Sticken sorgfältig vorzubereiten und zu spannen. Die Schnittkanten sollte man umstechen oder mit der Nähmaschine mit Zickzackstich versäubern, damit sie nicht ausfransen. Stramin kann auch mit Klebeband (Malerkrepp) versäubert werden. Den Stoff mit einem Dampfbügeleisen glätten.

EINSPANNEN IN DEN RUNDRAHMEN

Der Stoff muss an allen Seiten mindestens 8 cm über den Rahmen hinausstehen. Die Spannschraube lösen.

Stoff einspannen
Den Stoff mittig auf den inneren Ring legen, den äußeren aufsetzen und dabei das Gewebe nicht verziehen. Die Spannschraube festziehen, bis der äußere Rahmen fest um den inneren liegt.

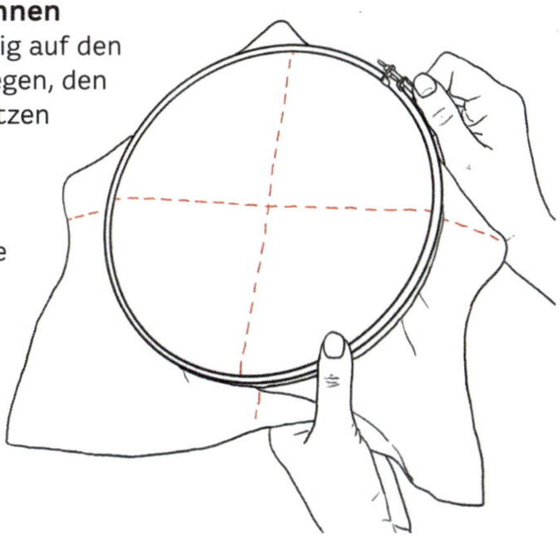

BESPANNEN EINES LEISTENRAHMENS

Der versäuberte Stramin sollte die gleiche Größe wie der Rahmen haben. Er wird mit Reißbrettstiften oder einem Tacker befestigt.

Stramin fixieren
Auf jeder Rahmenleiste die Mitte anzeichnen und den Stramin entsprechend ausrichten. Alle Kanten in regelmäßigen Abständen feststecken, dabei jeweils von der Mitte zu den Ecken hin arbeiten.

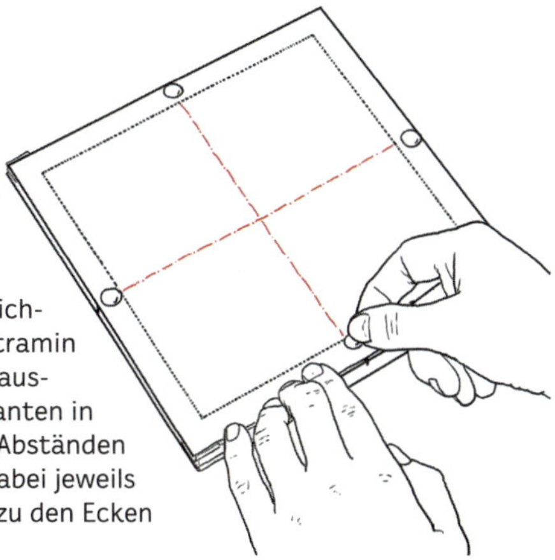

BESPANNEN EINES ROLLRAHMENS

Stoff oder Stramin auf Breite der Gewebestreifen an den Rollen zuschneiden. Ist der Stickgrund länger als die Längsleisten, wird er um die untere Rolle gewickelt und später abgerollt.

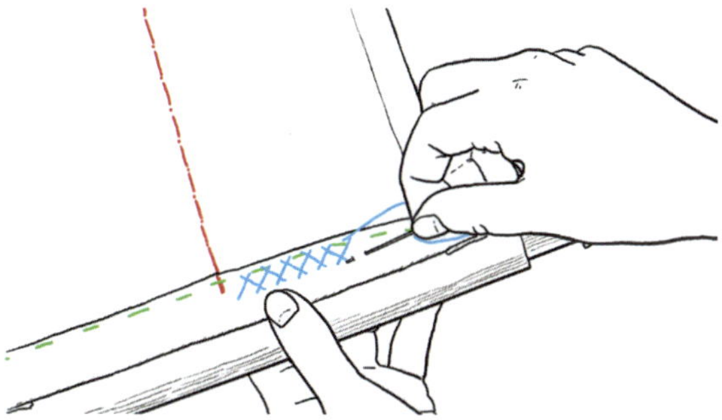

1 Die Stoffkanten versäubern. Die Schmalseiten mittig auf den Gewebestreifen ausrichten und festheften. Von der Mitte zu den Seiten hin Hexenstiche (Seite 52) arbeiten, um die Stofflagen aufeinander zu fixieren.

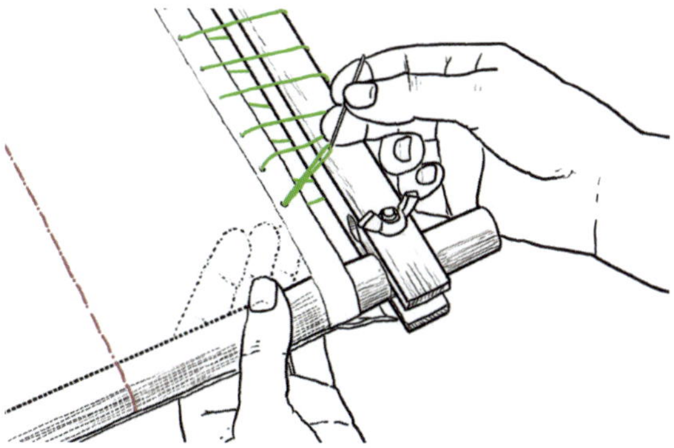

2 Die Rollen in die Längsleisten einschieben. Beide oberen Muttern festziehen und die untere Rolle drehen, um den Stoff zu spannen. Dann die unteren Muttern festziehen. Die Seitenkanten des Stoffes mit Schnur um die Längsleisten spannen.

Sticktechniken

Damit eine Stickerei professionell aussieht, müssen Stichlänge und Fadenspannung stets gleichmäßig sein, ob man nun im Stickrahmen oder in der Hand arbeitet. Sticken Sie ein Probestück, ehe Sie ein neues Projekt beginnen, um mit den Stichen vertraut zu werden und Ihren Rhythmus zu finden. Obwohl Stiche auf einem fertigen Werkstück in jede Richtung zeigen können, werden sie normalerweise entweder senkrecht (meist von oben nach unten) oder waagerecht (links oder rechts beginnend) gearbeitet. Gobelinstiche und andere Füllmuster arbeitet man in senkrechten, waagerechten oder diagonalen Reihen.

NEUER FADEN

Es gibt zwei Methoden, um einen neuen Faden zu beginnen. Beide stellen sicher, dass die Rückseite der Stickerei so ordentlich wie die Vorderseite aussieht.

VERNÄHEN

Zum Vernähen muss das Fadenende mindestens 10 cm lang sein. Nicht zu viele Enden auf engem Raum vernähen, weil vor allem Gobelinstickereien sonst leicht uneben werden können.

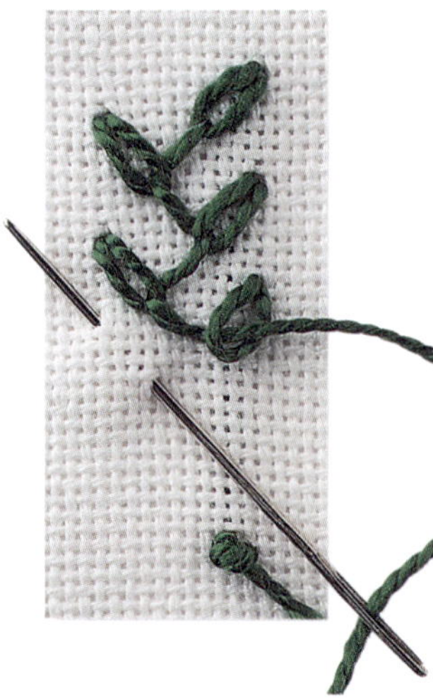

Verlorener Knoten
Eine Anfangstechnik für Gobelinstickerei und alle offenen Stiche. Ein Fadenende verknoten und von oben nach unten in etwas Abstand zum ersten Stich auf der Musterlinie einstechen. Die folgenden Stiche über den Faden arbeiten, sodass er auf der Rückseite fixiert wird. Den Knoten abschneiden.

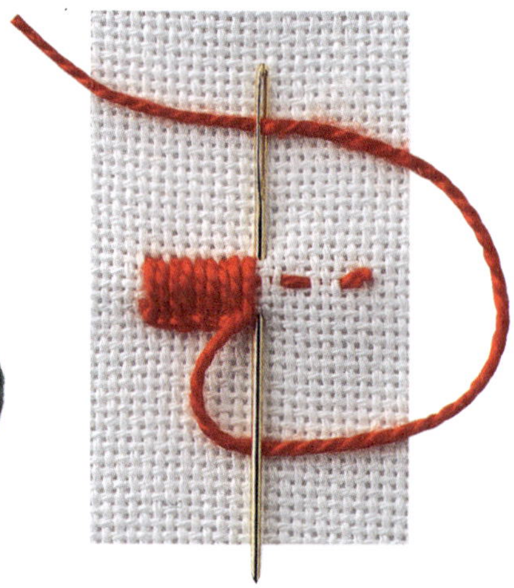

Vorstichmethode
Sie ist ideal für dicht nebeneinander liegende Stiche und die Straminstickerei. Das Fadenende auf der Rückseite hängen lassen. Einige kleine Vorstiche entlang der Stichlinie arbeiten und diese dann mit den Musterstichen übersticken. Das Ende wird durch die Rückseite der Stiche gezogen.

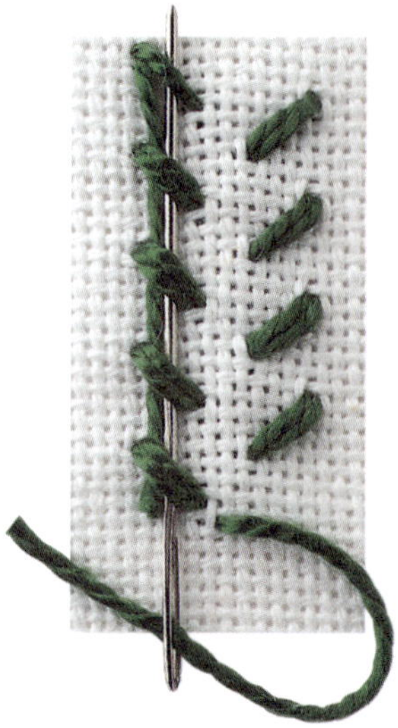

Vernähen
Den Faden zur Rückseite der Arbeit ziehen und das Werkstück umdrehen. Die Nadel unter den Rückseiten der letzten Stiche mindestens 2,5 cm weit durchschieben, dann das Fadenende kurz abschneiden.

ARBEITSMETHODEN

Wie beim Nähen kann man auch bei einigen Sticktechniken den Stoff in der Hand halten. Wird der Stoff in einem Rahmen gespannt, arbeitet man meist zweihändig. Stabilisieren Sie die Rückseite von gestrickten oder empfindlichen Stoffen mit einer abreißbaren Einlage, um die Stiche gleichmäßig arbeiten zu können.

STICKEN IN DER HAND

Den Arbeitsbereich mit dem Zeigefinger stützen. Die Nadel mit der Arbeitshand in einer Bewegung ein- und wieder ausstechen.

Schlingstiche
Den Faden in Schlaufen von einer zur anderen Seite legen und mit dem freien Daumen halten. Die Nadel über dem Arbeitsfaden ausstechen. Die Schritt-für-Schritt-Zeichnungen geben jeweils an, wo der Faden gehalten wird.

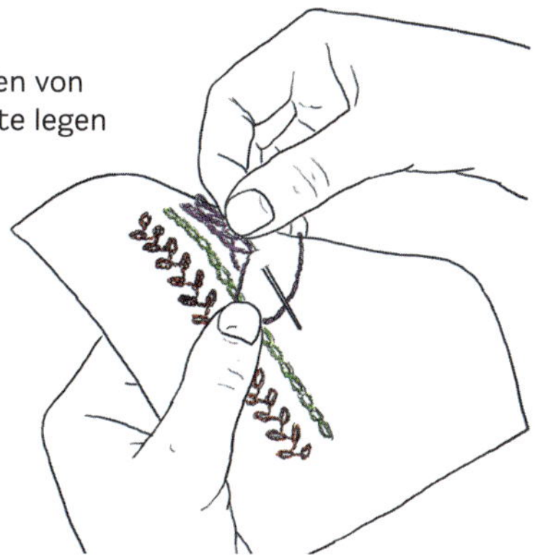

BEIDHÄNDIGES STICKEN

Die Arbeit mit einem freistehenden Rahmen mag anfangs ungewohnt sein. Mit etwas Übung werden Rechts- und Linkshänderinnen aber zügig daran arbeiten.

Auf und ab
Die eine Hand über dem Rahmen halten, die andere darunter. Die Nadel von oben einstechen und mit der unteren Hand nach unten durchziehen. Dann ebenso von unten nach oben verfahren.

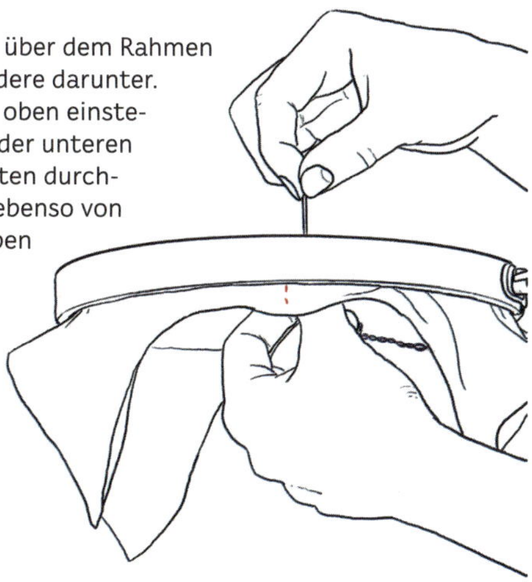

ZÄHLMUSTER UND FREIES STICKEN

Viele Stiche kann man auf auszählbaren und nicht auszählbaren Stoffen arbeiten, allerdings fallen sie auf auszählbaren Stoffen regelmäßiger aus. Ist das Zählen nicht möglich, zeichnet man am besten Hilfslinien vor und stickt das Muster aus freier Hand dazwischen.

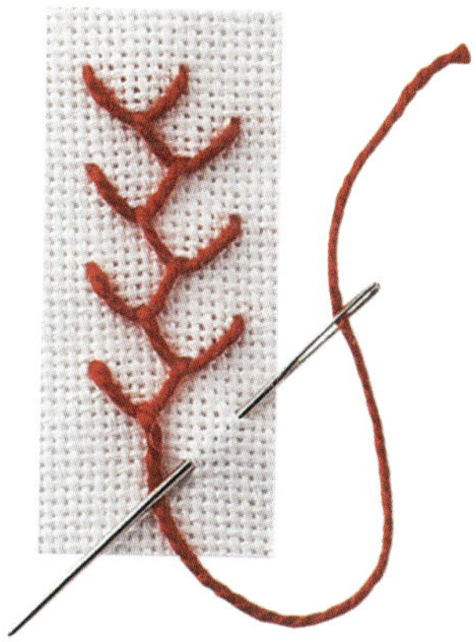

Auszählbarer Stoff
Jeder Stich wird über die gleiche Anzahl von Fäden oder Gewebekreuzen gearbeitet.

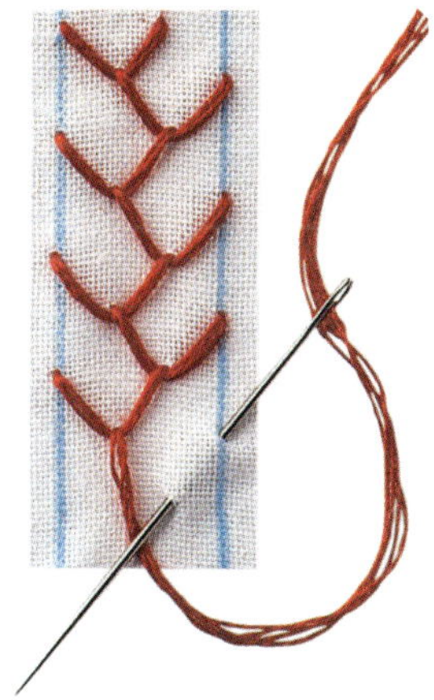

Nicht auszählbar
Mit einem auswaschbaren Stift parallele Hilfslinien auf den Stoff zeichnen und zwischen ihnen sticken.

STICHE AUF STRAMIN

Hier wird in die quadratischen Löcher zwischen den Gewebefäden eingestochen. Um den Stickfaden nicht zu spalten, immer aus einem freien Loch ausstechen und durch ein »besetztes« Loch wieder einstechen. Den Stoff in einen Rahmen einspannen, damit er sich durch die schrägen Stiche nicht verzieht.

Füllmuster auf Stramin
Immer an der unbearbeiteten Seite ausstechen und am Grund des vorherigen Stichs einstechen. Beim Ausfüllen einer Form die Stiche genau abzählen. Für runde Konturen die Stiche verkürzen.

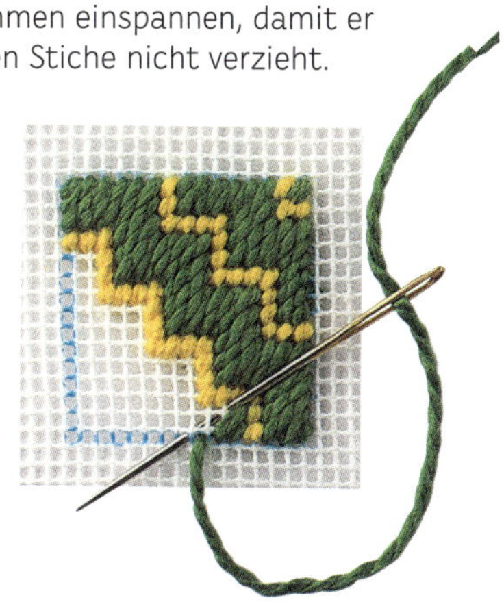

FÜLLSTICHE

Füllstiche werden innerhalb eines definierten Bereichs gearbeitet, darum müssen die einzelnen Stiche manchmal angepasst werden. Eventuell müssen Sie unterschiedlich lange Stiche arbeiten, um einen geschwungenen Umriss, wie ein Blatt oder eine Blüte, auszufüllen. Streumuster-Füllungen werden einzeln in Reihen oder locker verteilt gearbeitet.

Offene und geschlossene Füllstiche
Die Blattspitze mit kurzen Stichen ausfüllen. Abwärts arbeiten und die Stichlänge zuerst vergrößern, dann verkleinern. Die Nadel knapp außerhalb der Kontur einstechen, um die vorgezeichnete Linie zu verdecken.

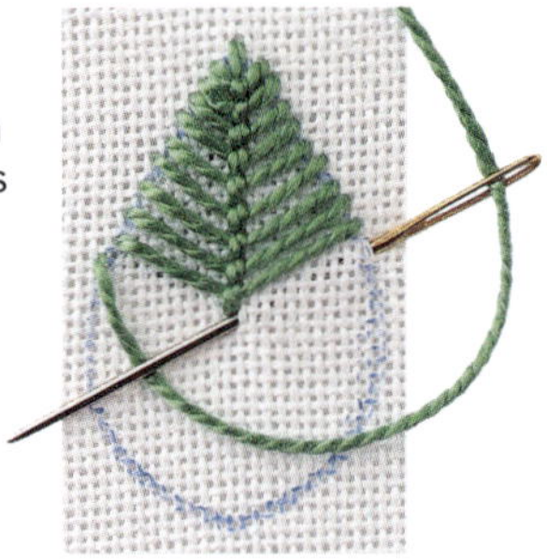

Streumuster
Den Umriss mit einem feinen Konturstich nachsticken. Die Fläche mit einzelnen Stichen füllen, die regelmäßig angeordnet oder locker verteilt sein können.

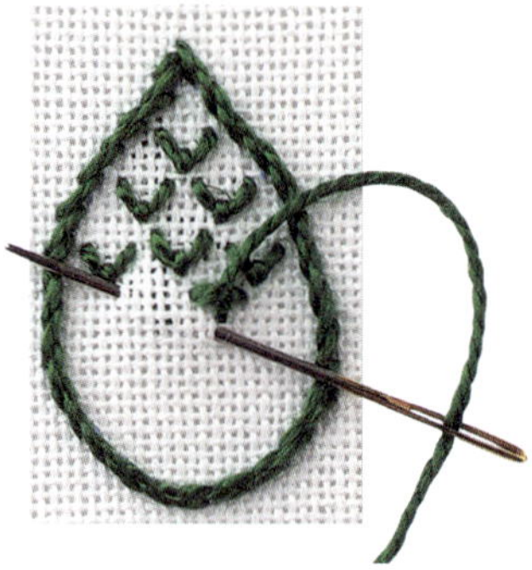

FIXIERSTICHE

Mit diesen Stichen werden Schling- und Kettenstiche fixiert, Gruppen von Spannstichen gebündelt oder dicke Garne aufgestickt.

Fixierstich
Die Nadel oberhalb des langen Stichs oder innerhalb der Schlaufe ausstechen und direkt unter dem Faden wieder ausstechen.

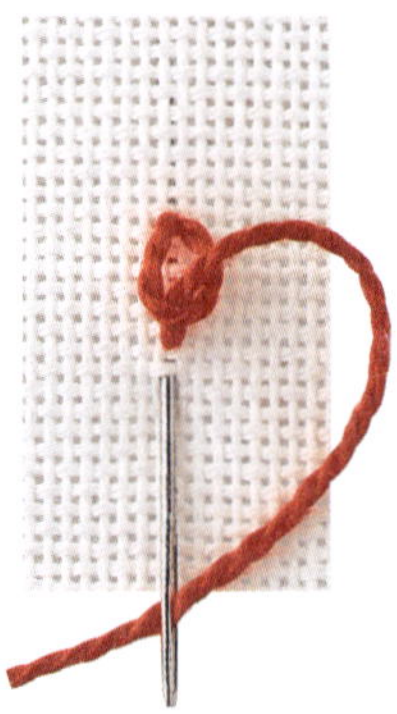

DURCHBRUCHARBEITEN

Bei der Durchbruchstickerei ist der Stickgrund neben den Stichen ein wesentliches Element des Designs. Vor allem für Hohlsaum- und Verbindungsstiche muss er sehr sorgfältig vorbereitet werden.

HOHLSAUM

Durchbrüche, die der Hohlsaumstickerei ihr spitzenartiges Aussehen verleihen, erhält man, indem man Fäden aus dem Gewebe des Stickgrundes zieht.

Fäden ziehen
Gearbeitet wird auf auszählbarem Stoff. Gewebefäden einzeln mit der Nadelspitze anheben und vorsichtig aus dem Gewebe ziehen. Die Zahl der gezogenen Fäden bestimmt die Breite des Durchbruchs.

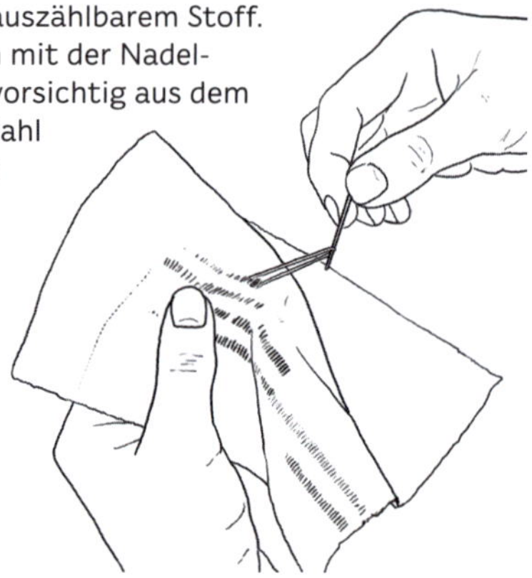

VERBINDUNGSSTICHE (STÄBCHENSTICKEREI)

Damit der Zwischenraum zwischen den Stoffkanten gleichmäßig ausfällt, werden diese vor dem Sticken auf festes Papier geheftet.

Aufheften des Stoffes
An beiden Kanten einen schmalen Saum umnähen. Zwei Parallelen in 6 mm Abstand auf einen Papierstreifen zeichnen. Stoffstücke mit der rechten Seite nach oben an den Linien festheften.

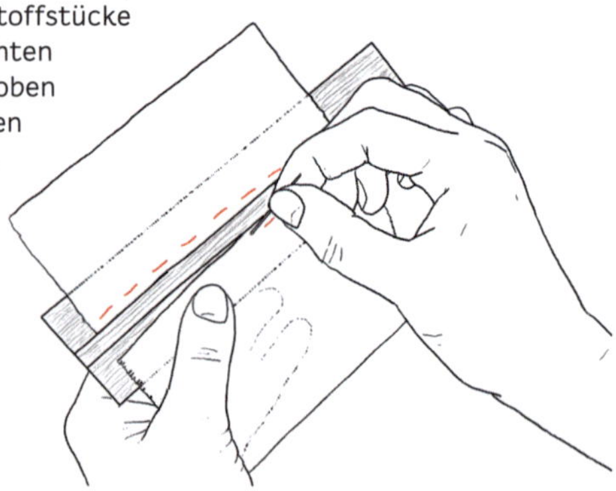

FERTIGSTELLUNG

Die fertige Stickerei wird aus dem Stickrahmen gelöst und vorsichtig von links gebügelt (zum Schutz der Stickerei ein sauberes Tuch dazwischenlegen).

SPANNEN

Gobelinstickereien mit schrägen Stichen verziehen sich während der Arbeit fast immer, lassen sich aber problemlos wieder in Form spannen.

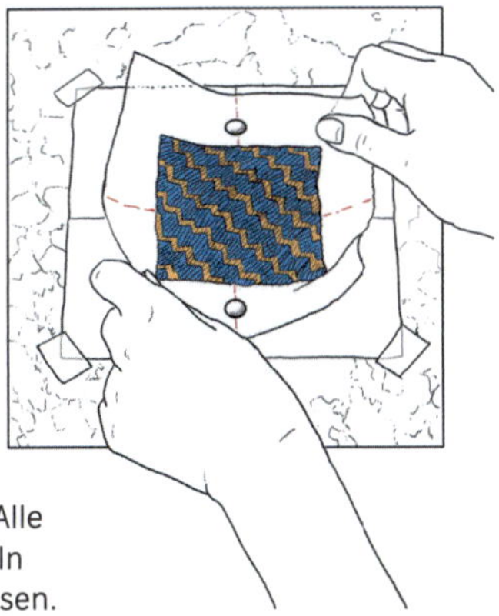

Richtig spannen Eine Schablone zuschneiden und Viertelmarkierungen anzeichnen. Auf ein Brett kleben und mit Klarsichtfolie abdecken. Das fertige Werkstück anfeuchten und mit der rechten Seite nach unten auf die Folie legen, dehnen und feststecken. Alle 2,5 cm mit weiteren Nadeln feststecken. Trocknen lassen.

AUFZIEHEN AUF PAPPE

Soll eine Stickerei auf Stoff oder Stramin gerahmt werden, muss sie zuerst auf Karton oder Pappe aufgezogen werden, damit sie in Form bleibt.

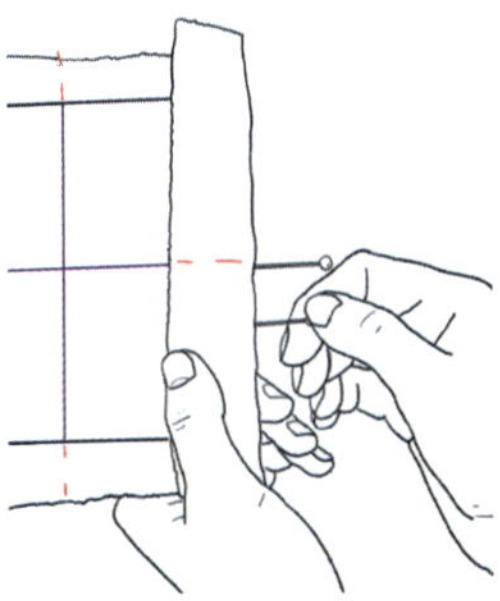

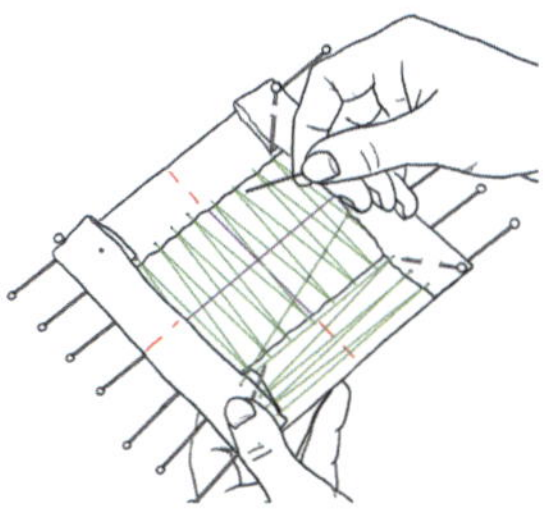

1 Pappe passend zuschneiden und in Viertel einteilen. Mittig auf die linke Stoffseite legen und dessen Kanten umfalten. Von der Mitte nach außen feststecken.

2 Die Stoffkanten mit Zickzackstichen zusammenschnüren. Die beiden anderen Kanten ebenso arbeiten. Dann die Fäden festziehen und vernähen.

STICKRAHMEN FÜR DIE WAND

Ein Stickrahmen eignet sich auch gut, um ein fertiges Werk aufzuhängen. Verwenden Sie einen Holz- oder Bambusrahmen mit einer Spannschraube oder einen speziell für Ausstellungszwecke gefertigten runden oder ovalen Rahmen mit einem Metallbügel.

VORBEREITUNG

Für die Rückseite die innere Kontur des inneren Rings auf Filz in der Farbe des Stickgrunds zeichnen. Schieben Sie vor dem Einspannen der Stickerei ein Stück weißen Filz (in der gleichen Größe wie der Filz für die Rückseite) unter die Stickerei.

EINE STICKEREI EINSPANNEN

1 Den Stoff rundherum bis auf einen Rand von 3 cm zurückschneiden. In 1 cm Abstand zur Schnittkante eine Reihe Vorstiche (1 cm lang) arbeiten. Die Enden des Nähfadens nicht vernähen. Die Nadel entfernen.

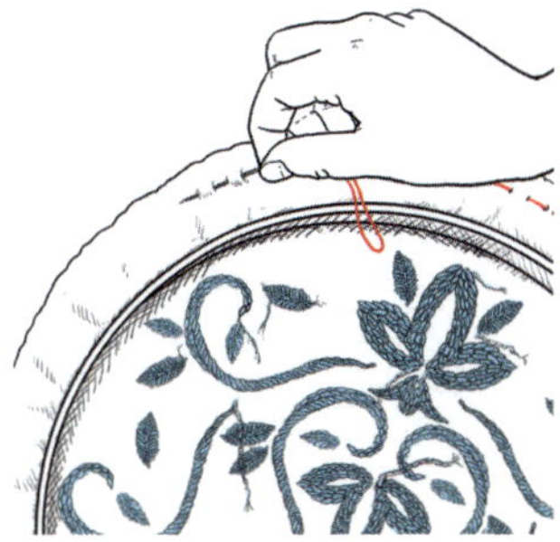

2 An beiden Fadenenden ziehen, um den Stoff zusammenzuraffen. Die Fadenenden fest verknoten.

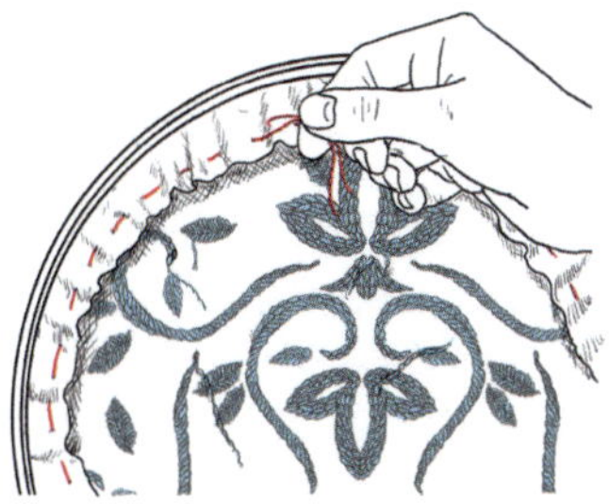

3 Den Stoff für die Rückseite feststecken und entlang der zusammengerafften Kante festnähen. Dabei können Sie gleich ein Band zum Aufhängen befestigen.

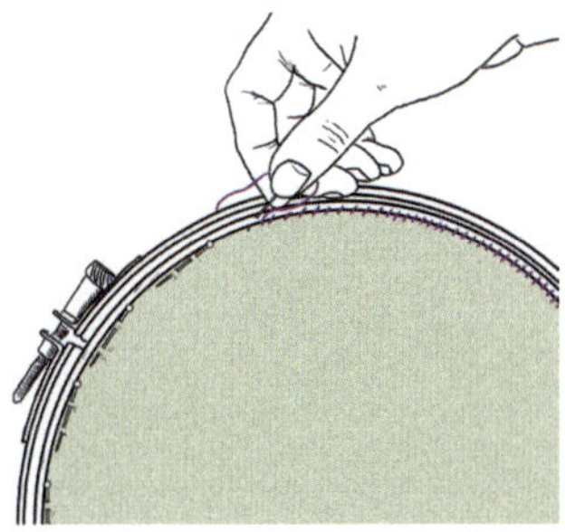

Galerie der Stiche

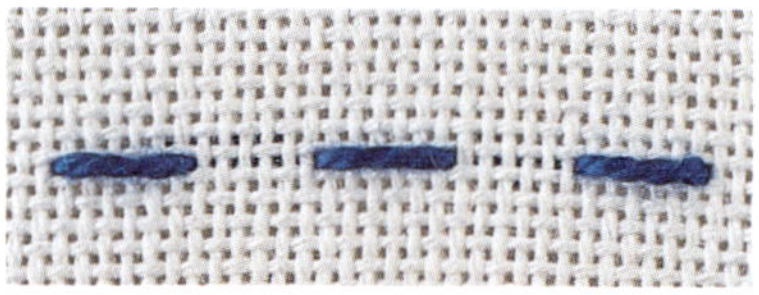

Vorstich (S. 39)

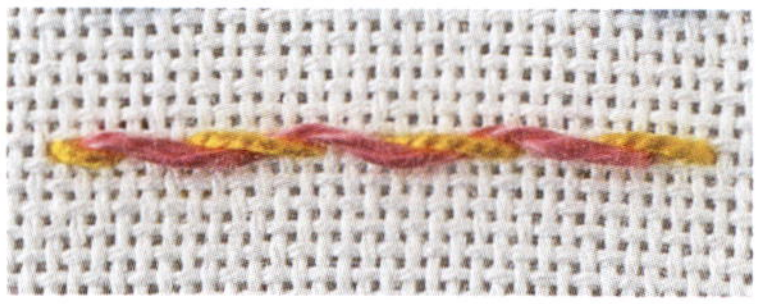

Umschlungener Vorstich (S. 39)

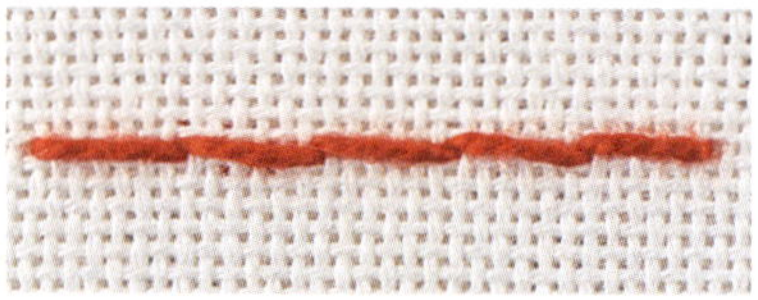

Doppelter Vorstich (S. 39)

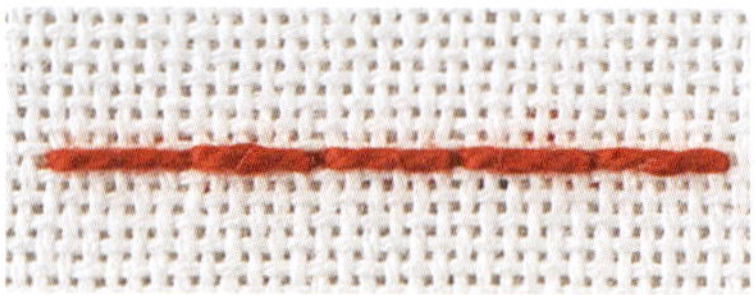

Rückstich (S. 40)

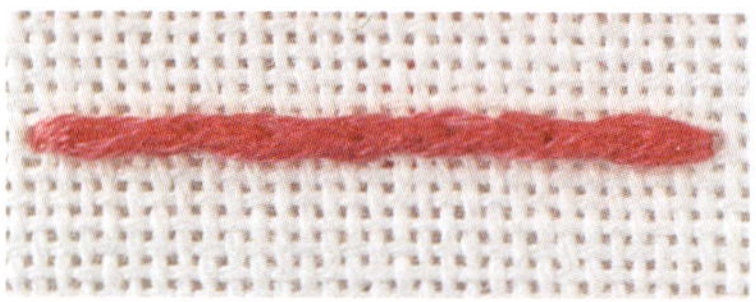

Spaltstich (S. 40)

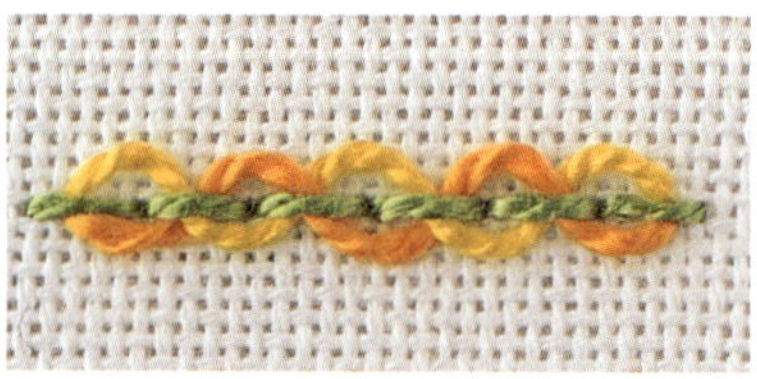

Umschlungener Rückstich (S. 40)

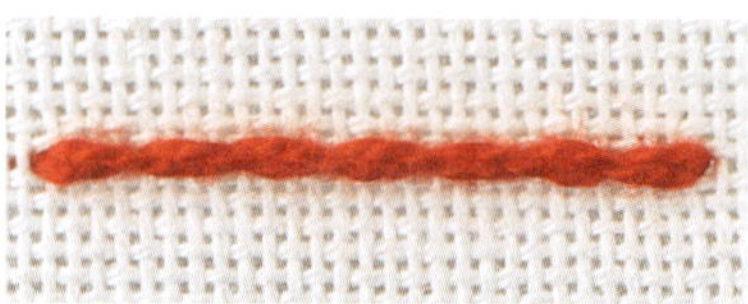

Stielstich (S. 41)

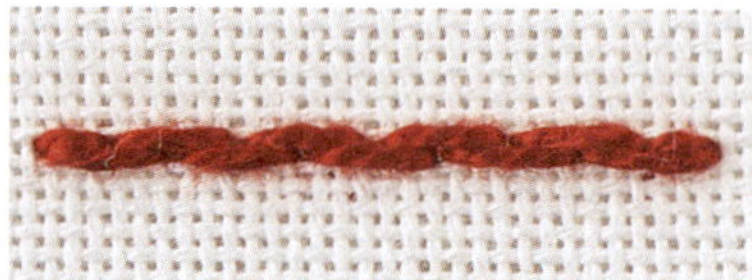

Wechselstich (S. 41)

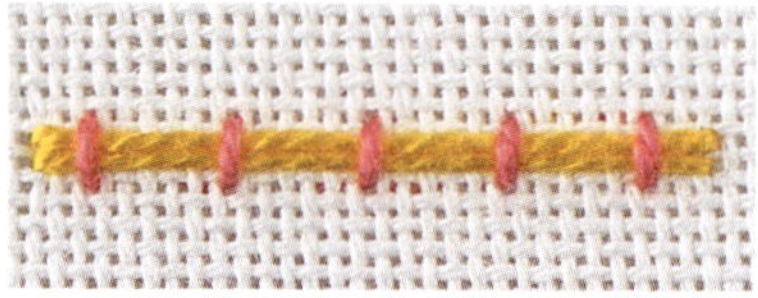

Anlegetechnik (S. 42)

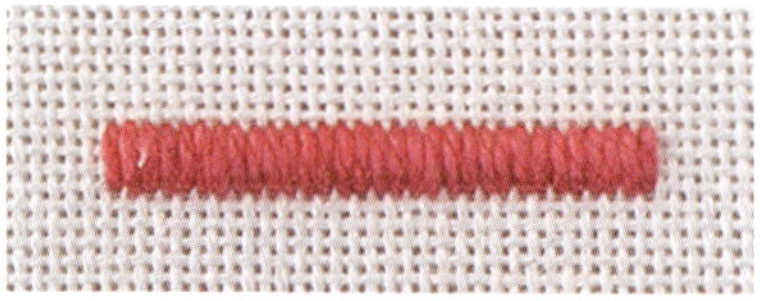

Überwendlicher Stich (S. 42)

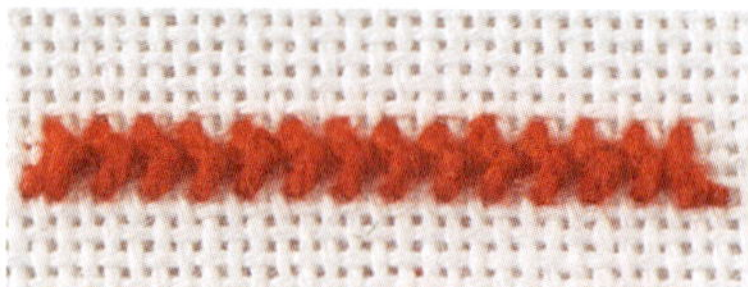

Perlstich (S. 42)

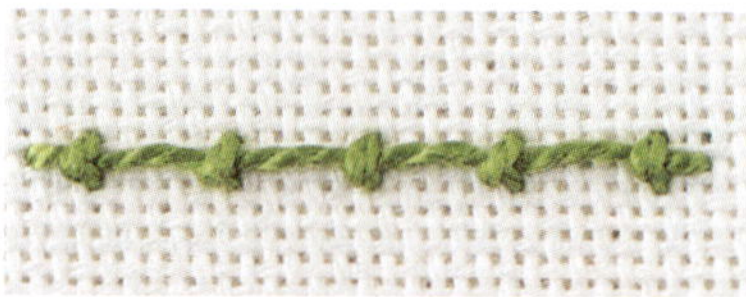

Korallenstich (S. 43)

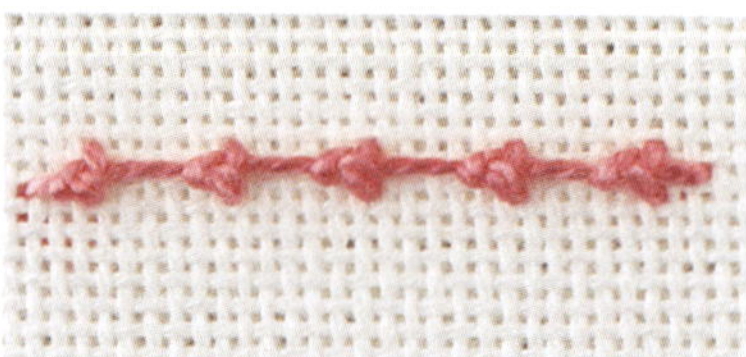

Makrameestich (S. 43)

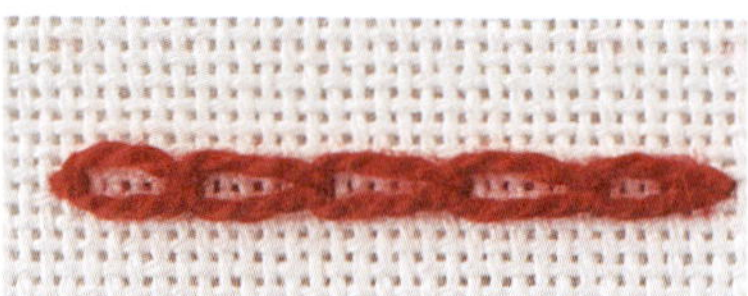

Kettenstich (S. 44)

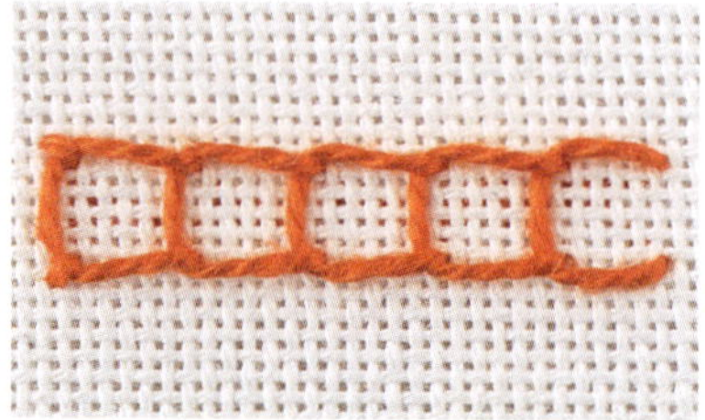

Offener Kettenstich (S. 44)

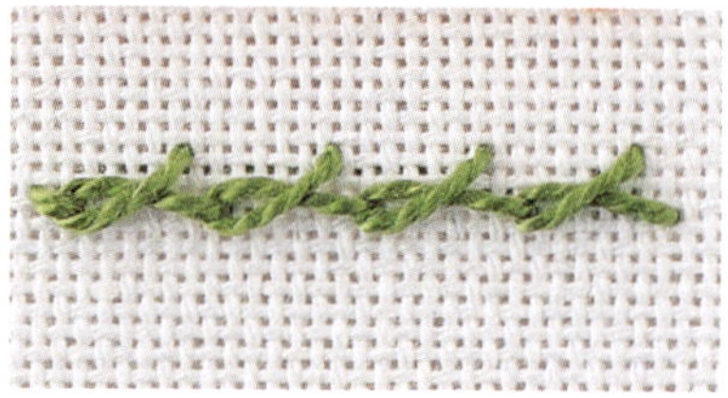

Gedrehter Kettenstich (S. 44)

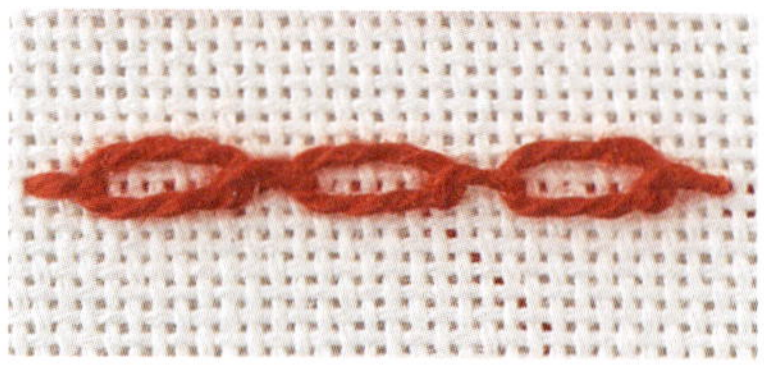

Ankerkettenstich (S. 45)

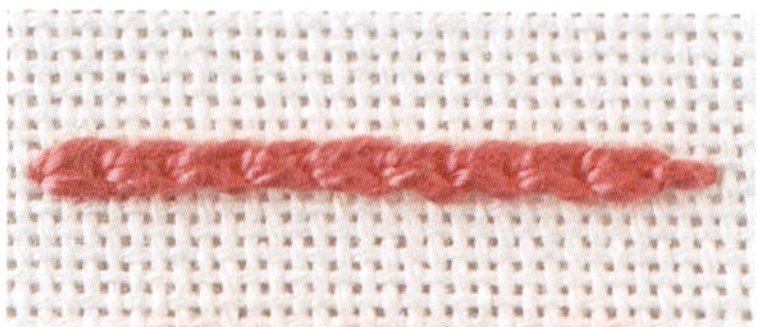

Breiter Kettenstich (S. 45)

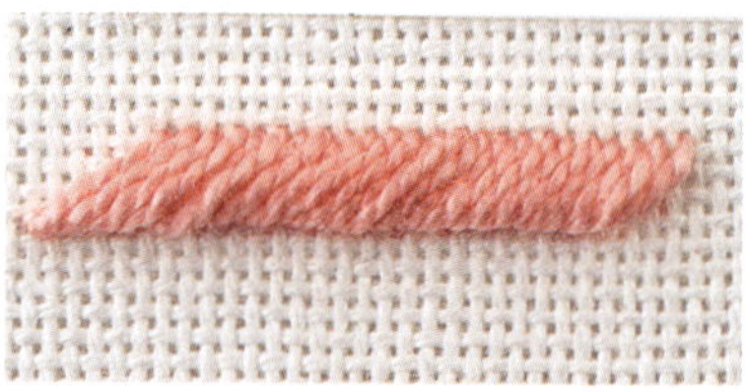

Kordelstich (S. 46)

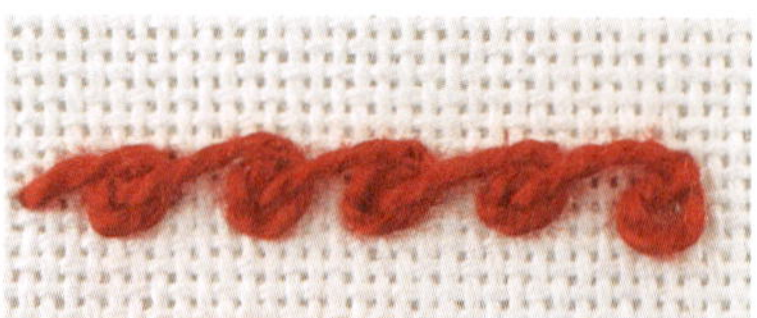

Schneckenstich (S. 46)

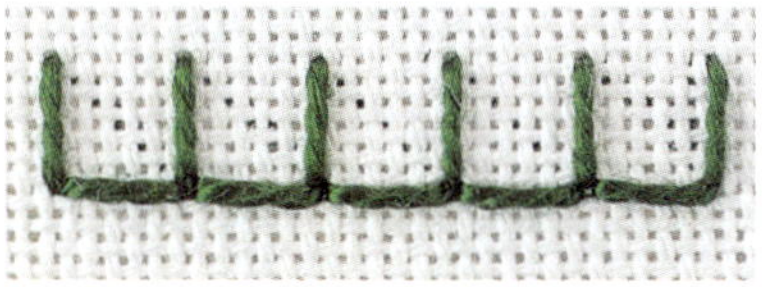

Pariser Stich (S. 48)

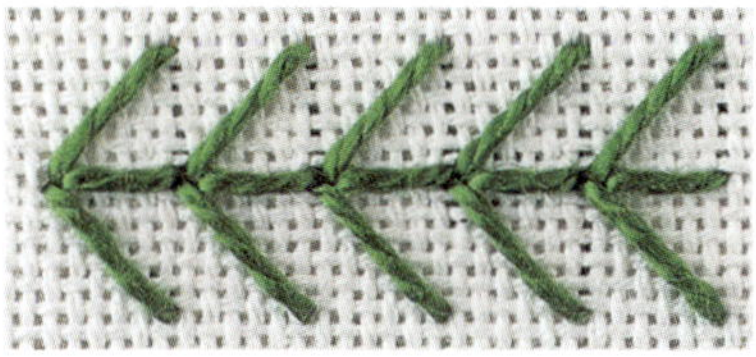

Bäumchenstich (S. 48)

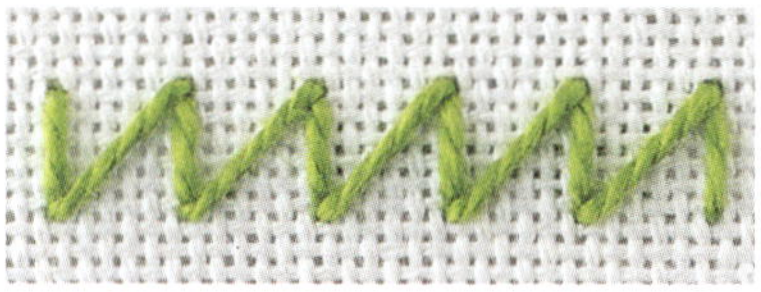

Bosnischer Stich (S. 49)

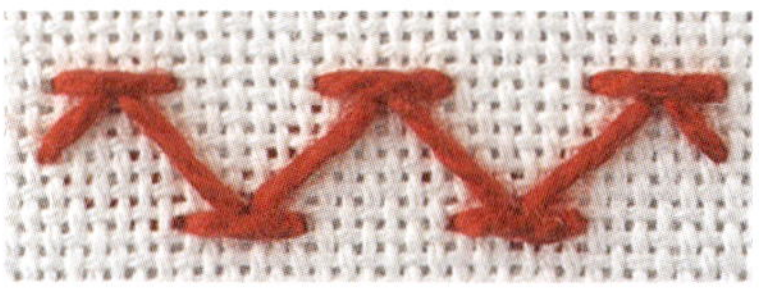

Wabenstich (S. 49)

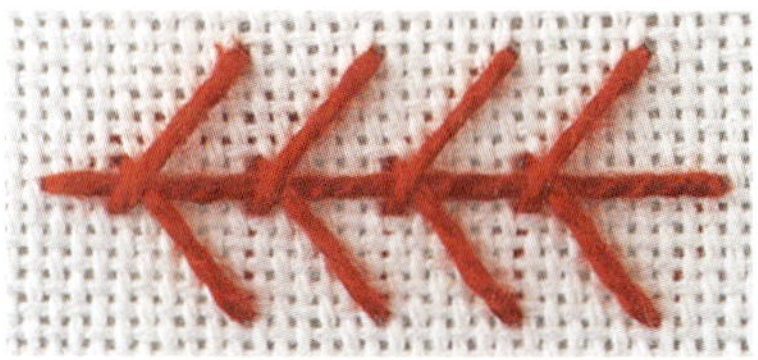

Dornenstich (S. 50)

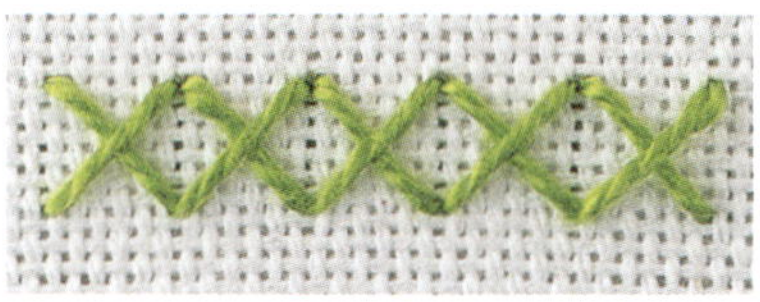

Kreuzstich (S. 50)

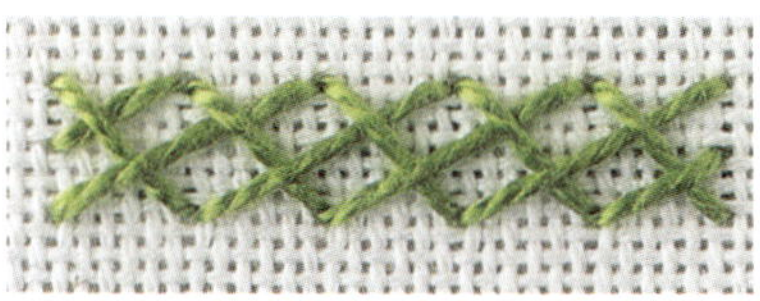

Wiener Flechtstich (S. 51)

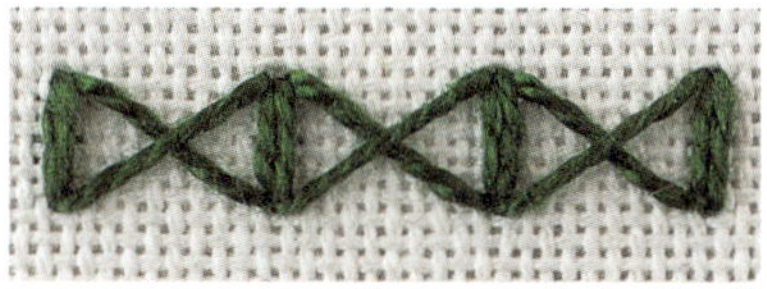

Rautenstich (S. 51)

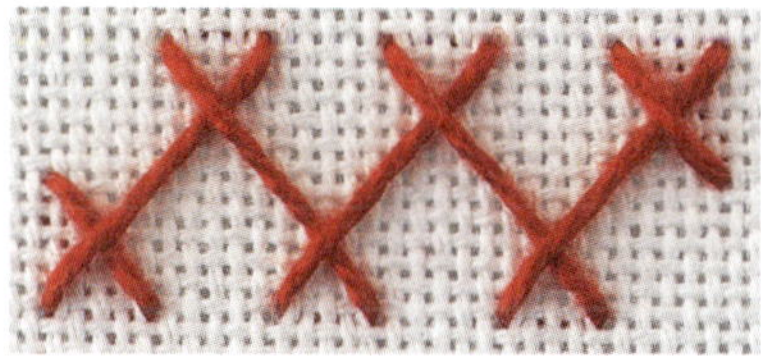

Hexenstich (S. 52)

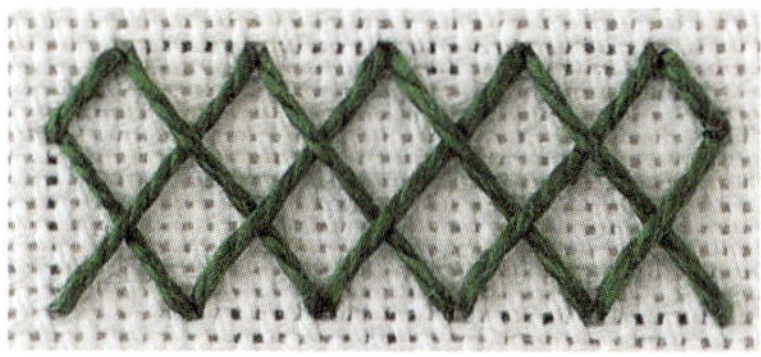

Geschlossener Hexenstich (S. 52)

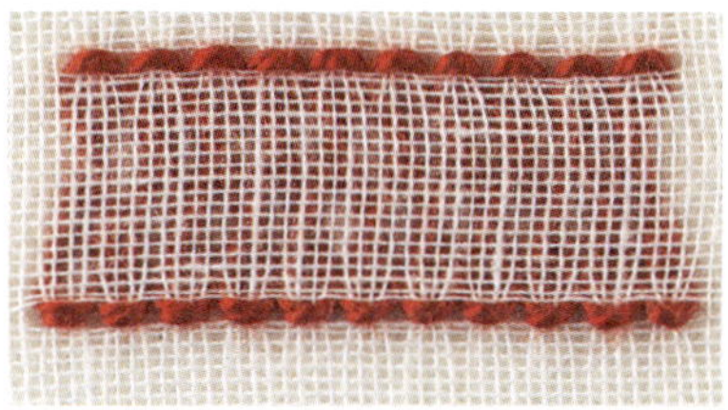

Schattenstickerei (S. 52)

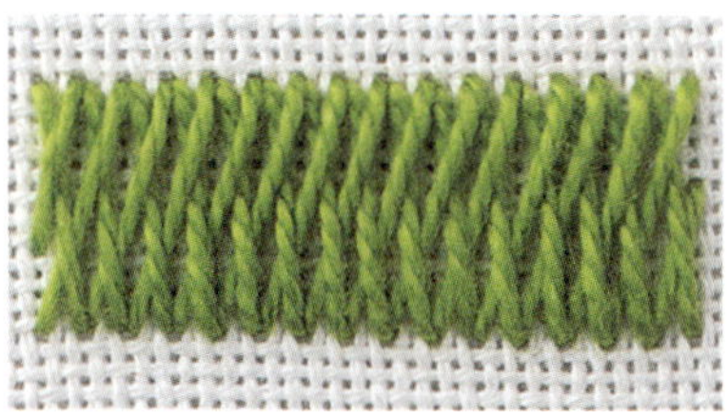

Flechtstich (S. 53)

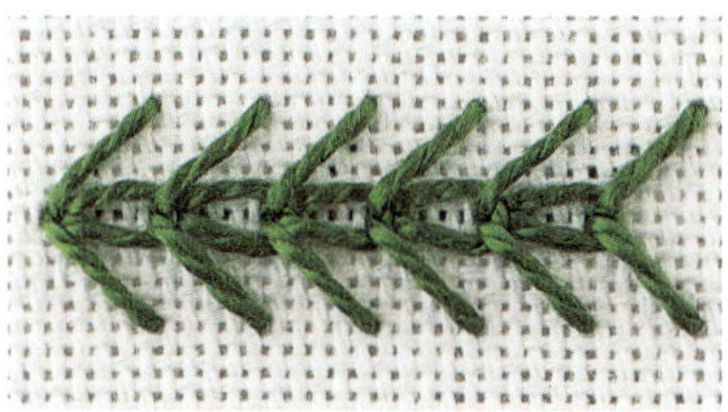

Ährenstich (S. 53)

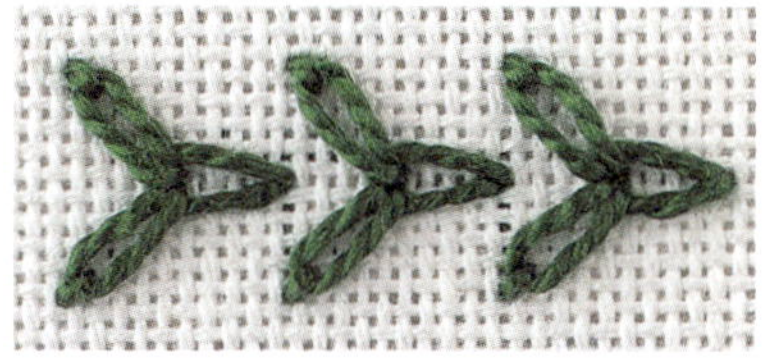

Russischer Kettenstich (S. 54)

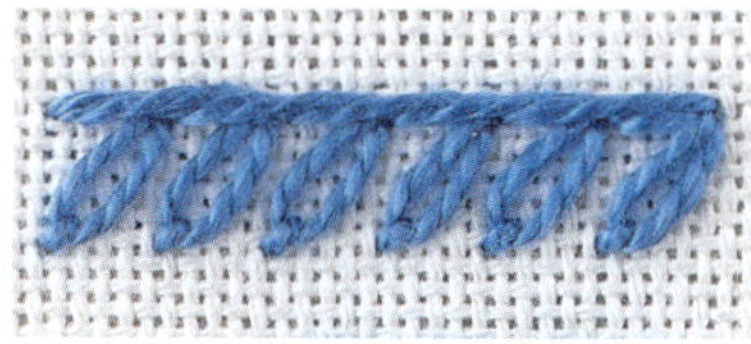

Girlandenstich (S. 54)

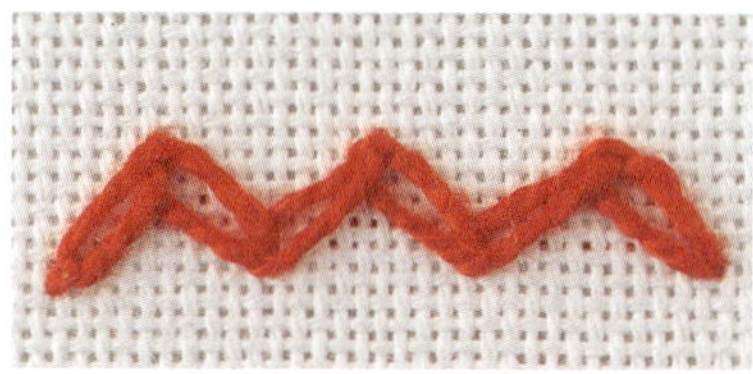

Zickzack-Kettenstich (S. 55)

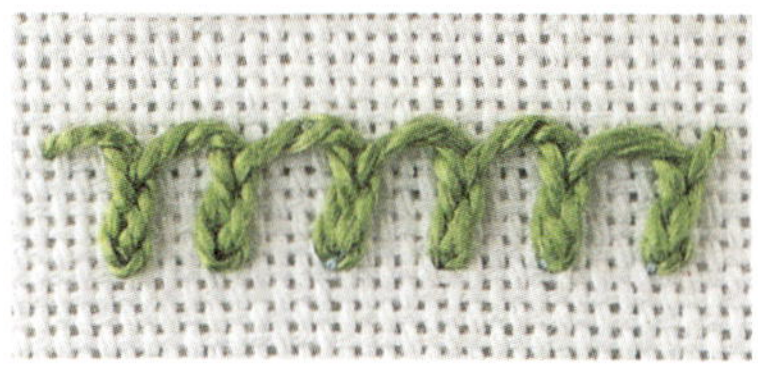

Rosettenstich (S. 55)

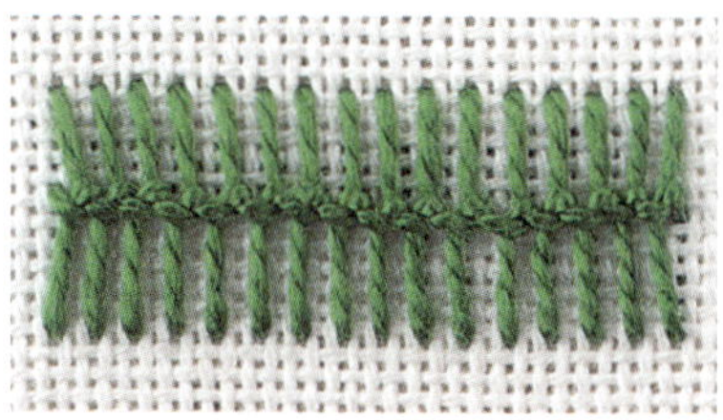

Tausendfüßlerstich (S. 56)

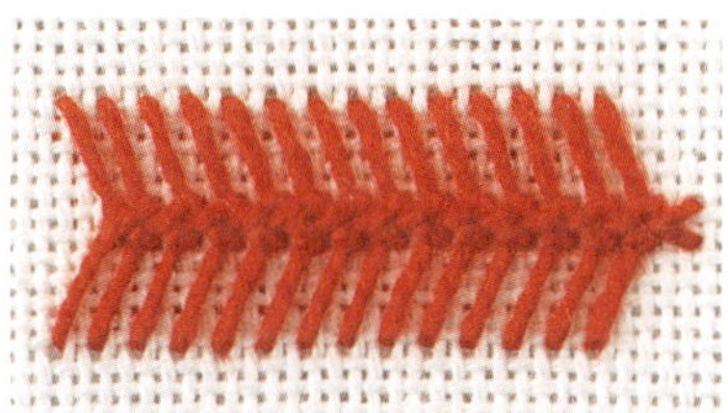

Gekreuzter Grätenstich (S. 56)

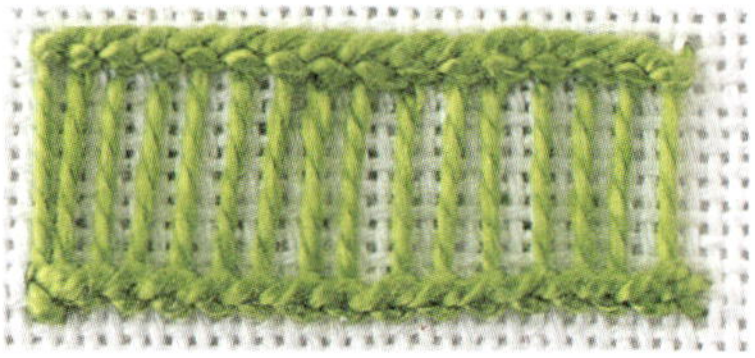

Leiterstich (S. 57)

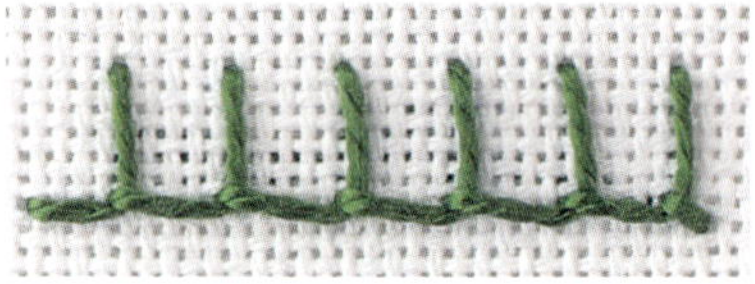

Langettenstich (S. 58)

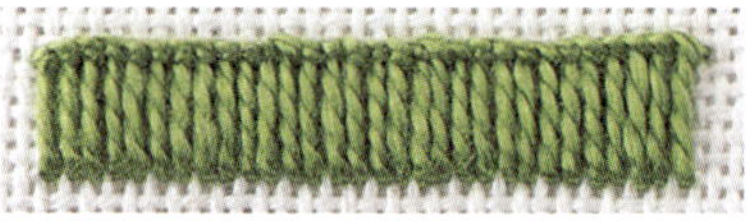

Knopflochstich (S. 58)

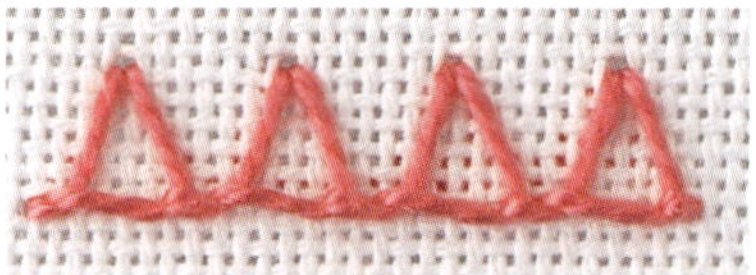

Geschlossener Langettenstich (S.58)

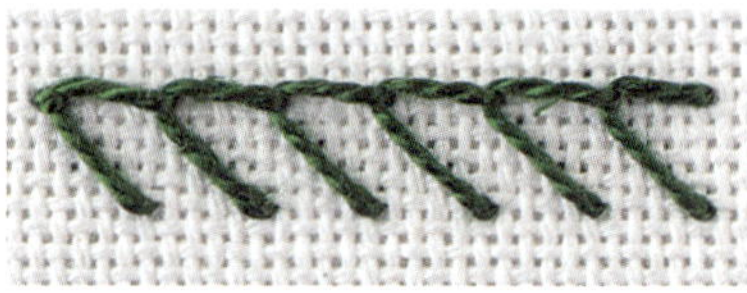

Einseitiger Federstich (S. 58)

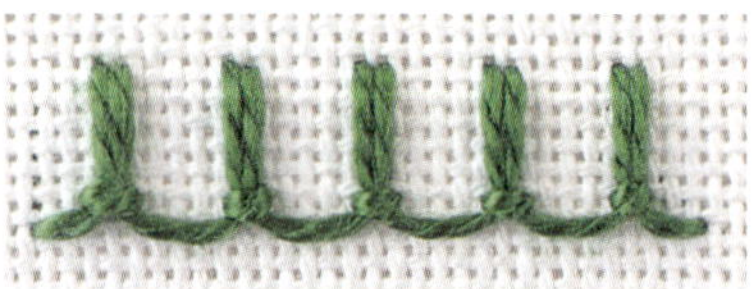

Doppelter Langettenstich (S. 59)

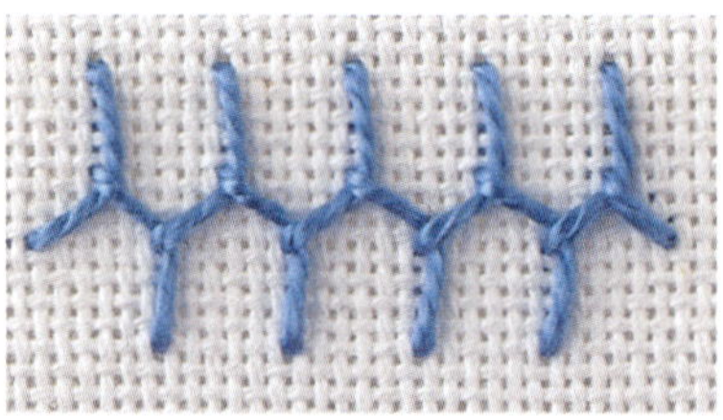

Offener kretischer Stich (S. 59)

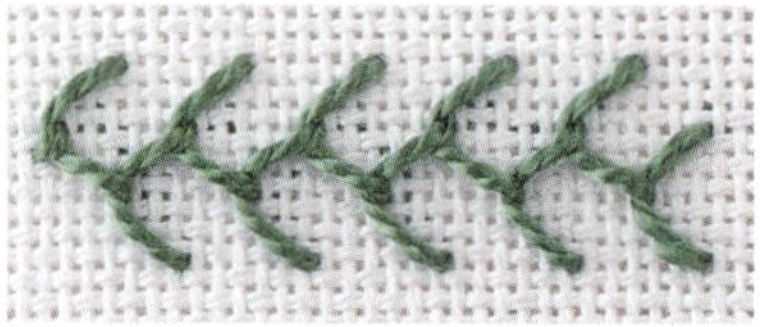

Federstich (S. 60)

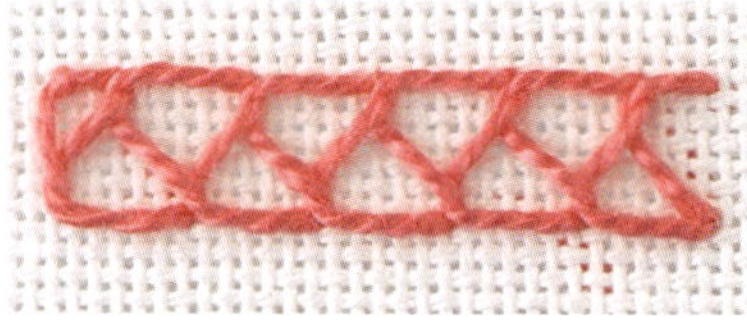

Geschlossener Federstich (S. 60)

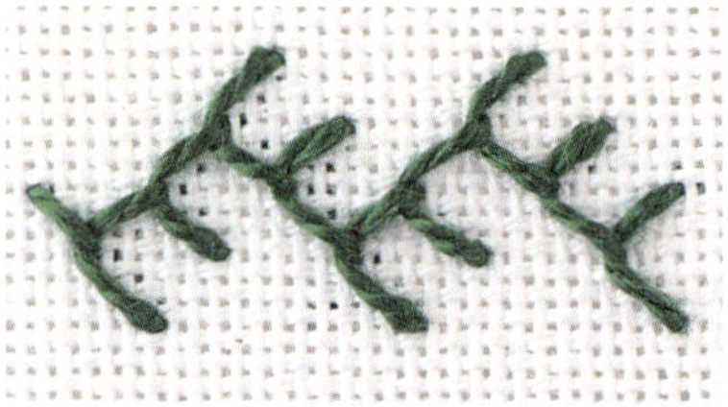

Doppelter Federstich (S. 61)

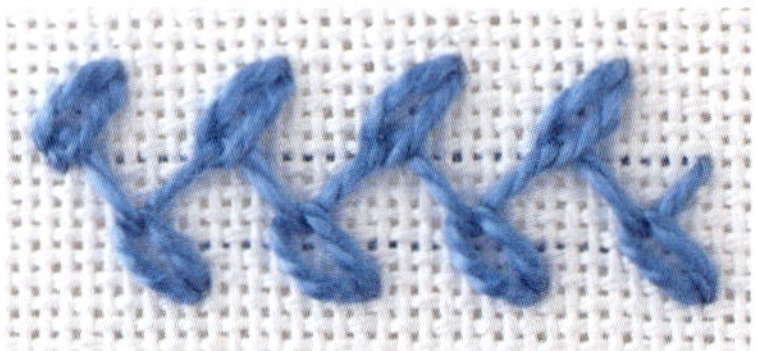

Gefiederter Kettenstich (S. 61)

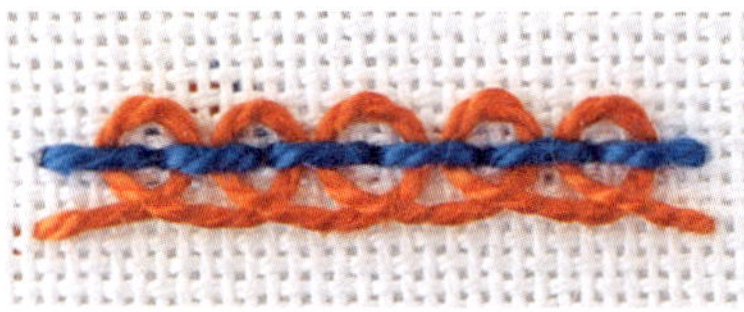

Pekingstich (S. 63)

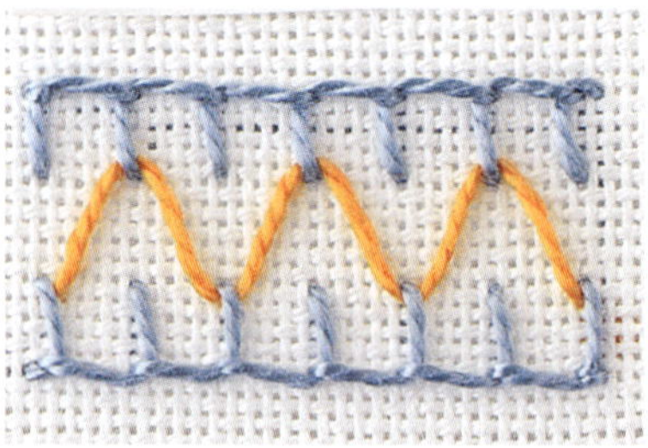

Umschlungener Langettenstich (S. 63)

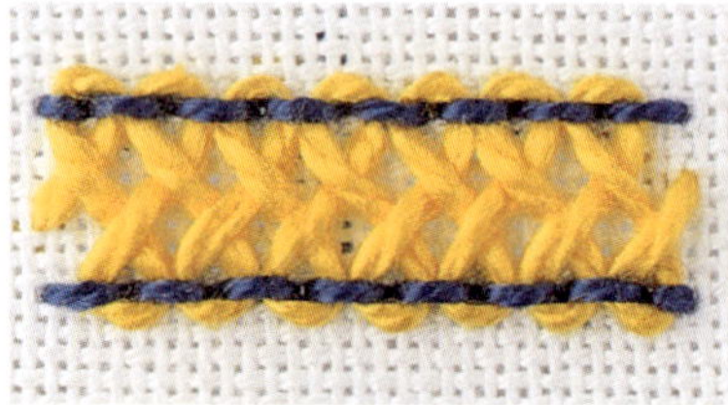

Hexenleiterstich (S. 63)

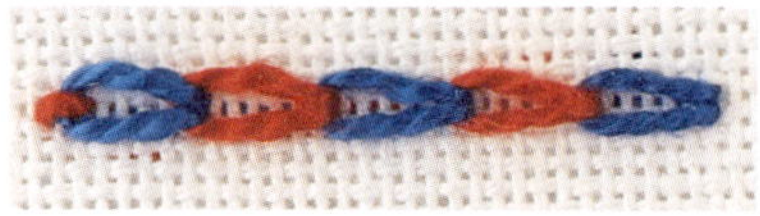

Magischer Kettenstich (S. 64)

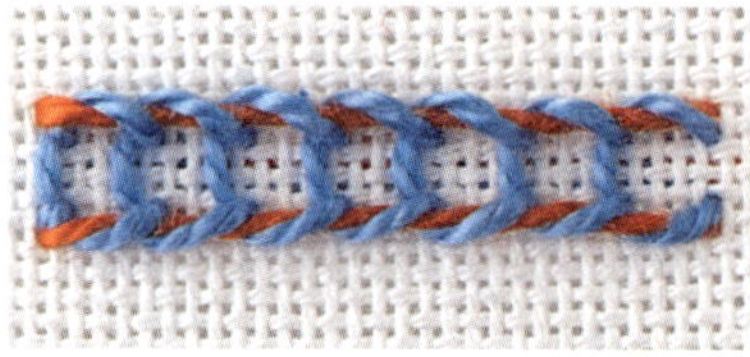

Singhalesischer Kettenstich (S. 64)

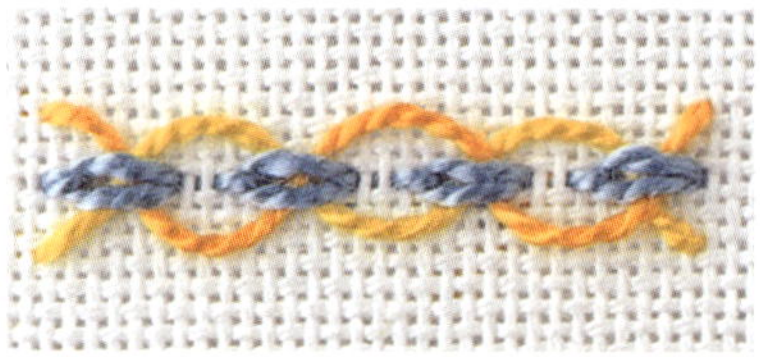

Umschlungener Margeritenstich (S. 65)

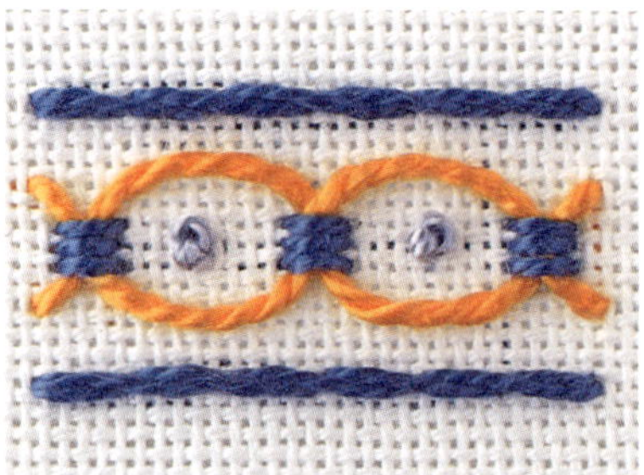

Guillochestich (S. 65)

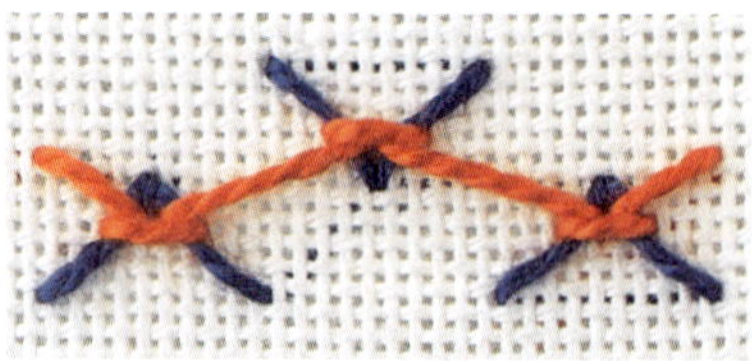

Astipalaiastich (S. 66)

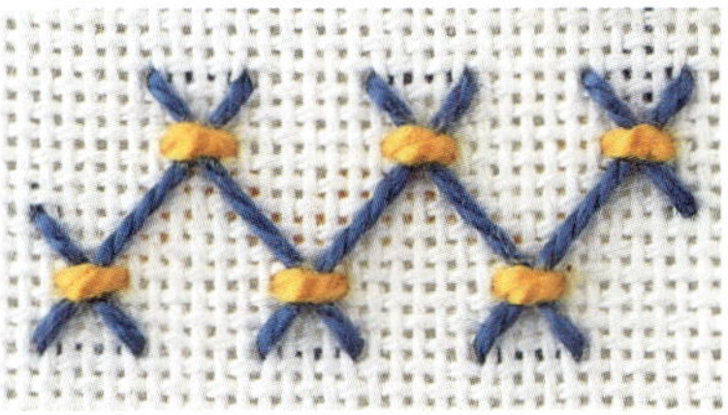
Nachgesteppter Hexenstich (S. 66)

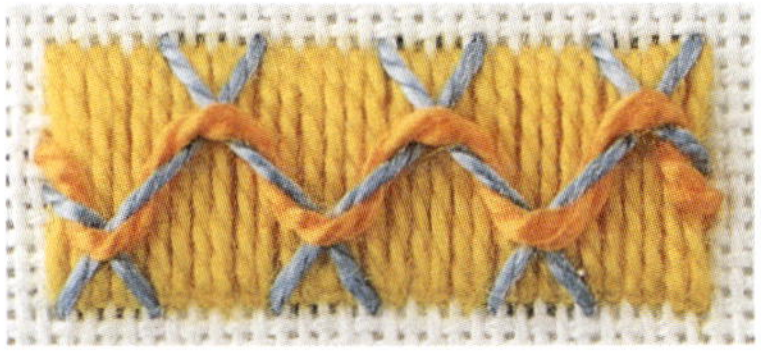
Gehöhter umschlungener Hexenstich (S. 66)

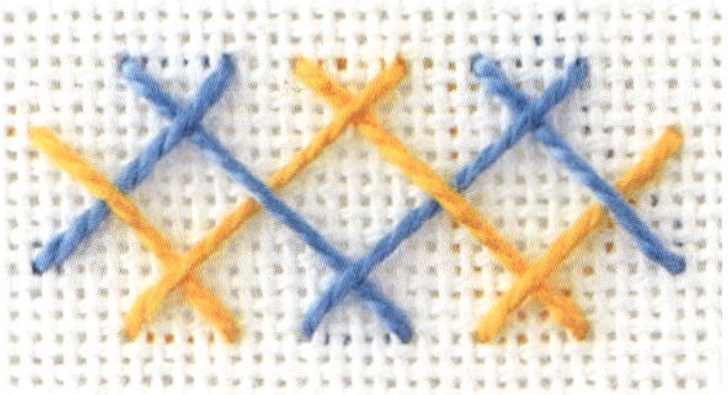
Doppelter Hexenstich (S. 67)

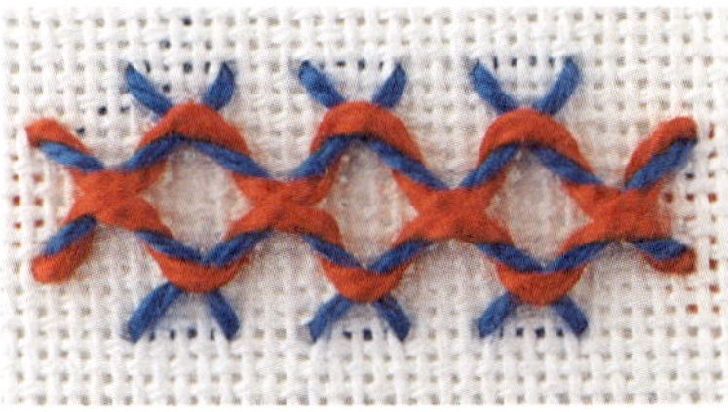
Umschlungener Hexenstich (S. 67)

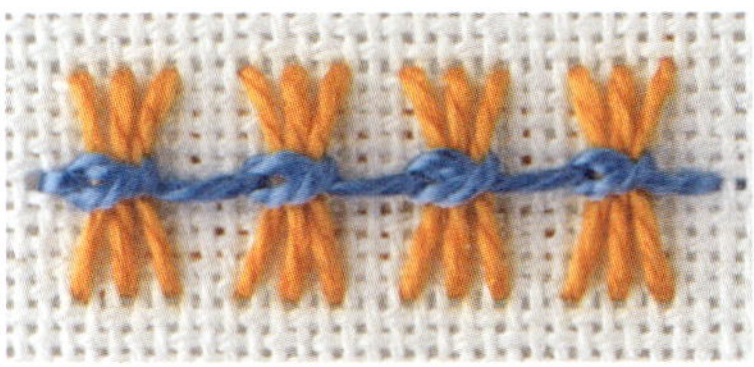
Schleifen-Kettenstich (S. 68)

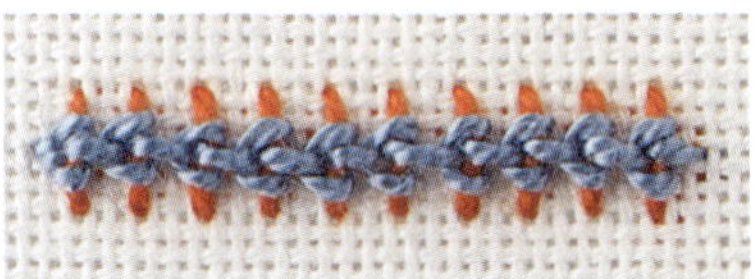
Gehöhter Kettenstich (S. 68)

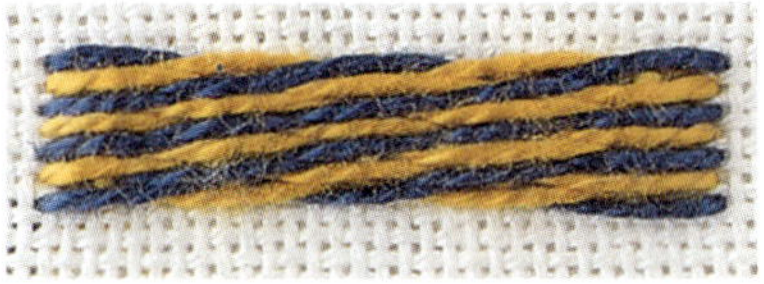
Schräger Webestich (S. 69)

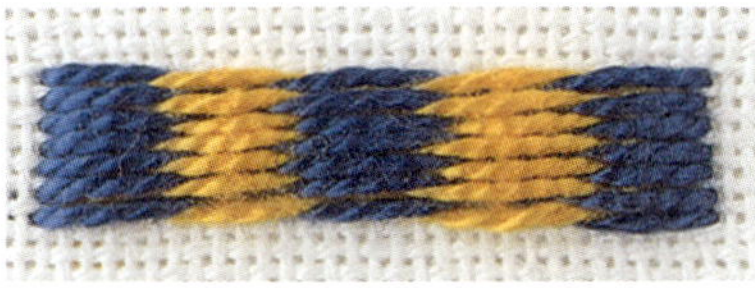
Gestreifter Webestich (S. 69)

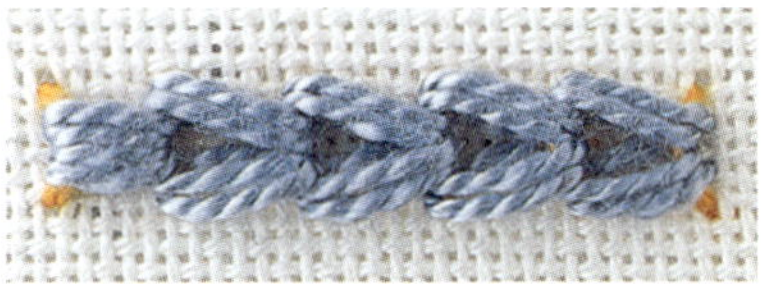
Portugiesischer Stich (S. 69)

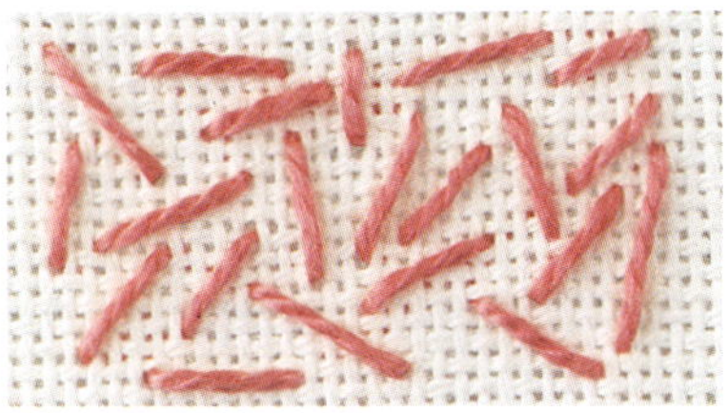
Spannstich (S. 73)

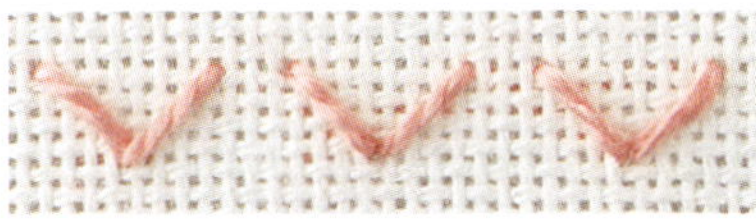
Zackenstich (S. 73)

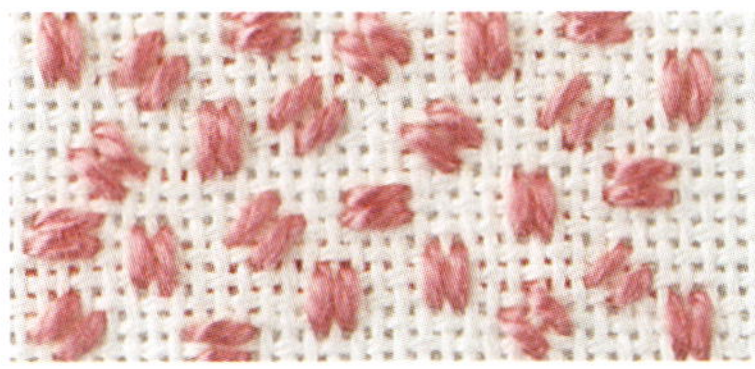
Punktstich (S. 73)

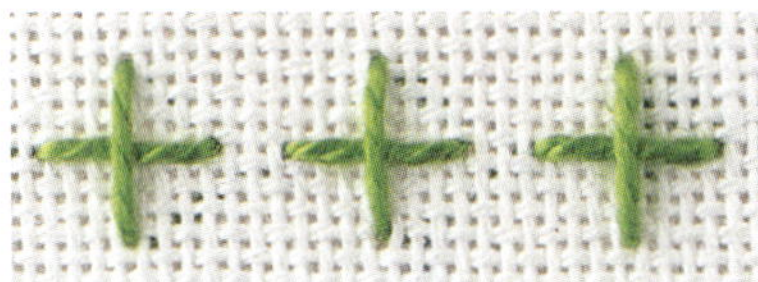
Gerader Kreuzstich (S. 73)

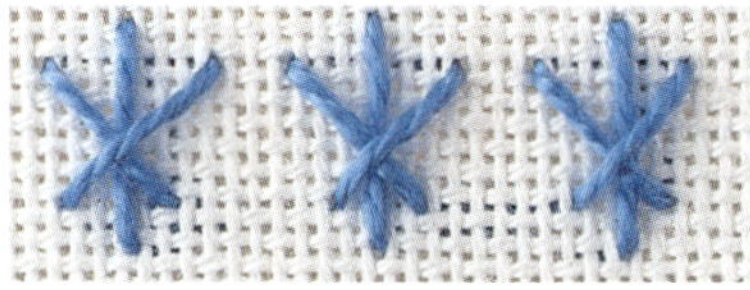
Bourbonenstich (S. 74)

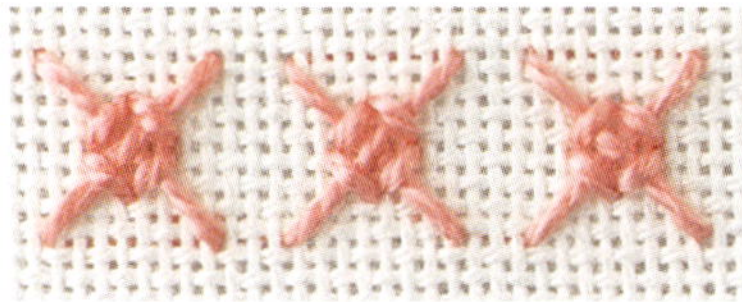
Gefangener Kreuzstich (S. 74)

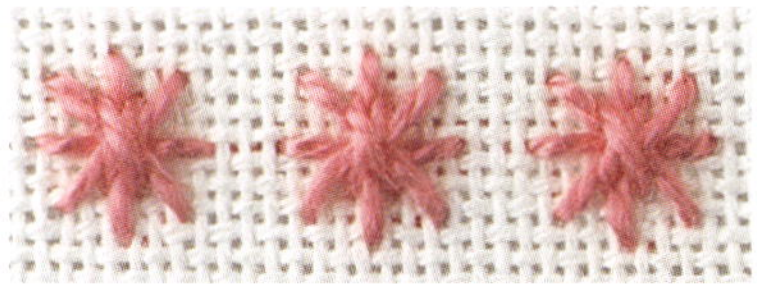
Sternstich (S. 74)

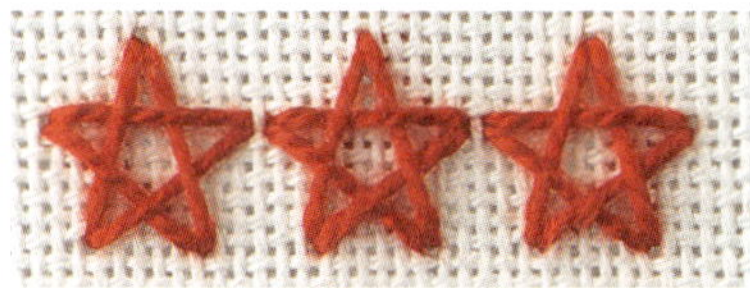
Flechtstern (S. 75)

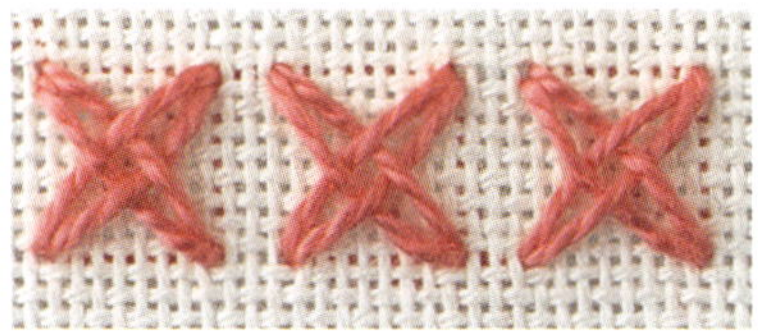
Flechtkreuz (S. 75)

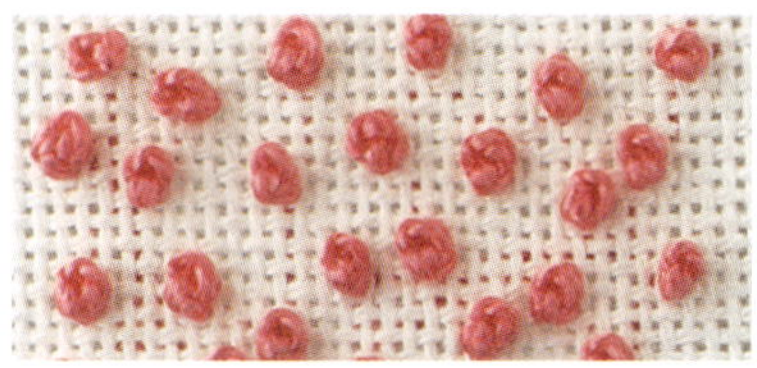
Knötchenstich (S. 76)

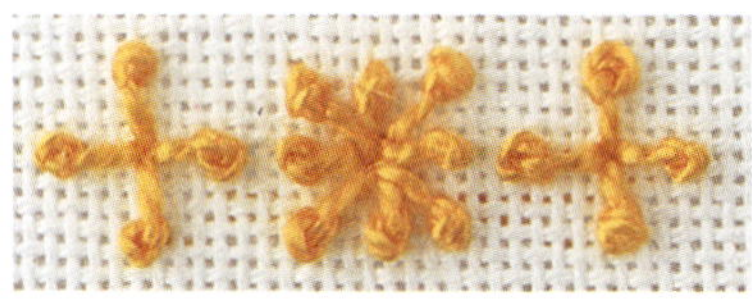
Stempelstich (S. 76)

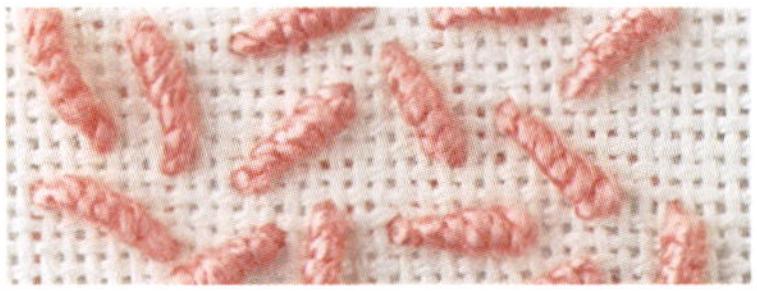

Wickelstich (S. 76)

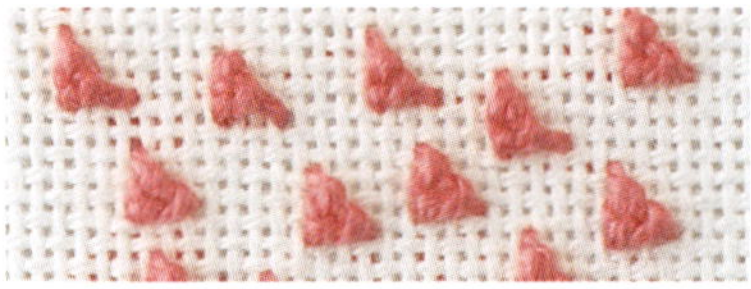

Dänischer Knötchenstich (S. 77)

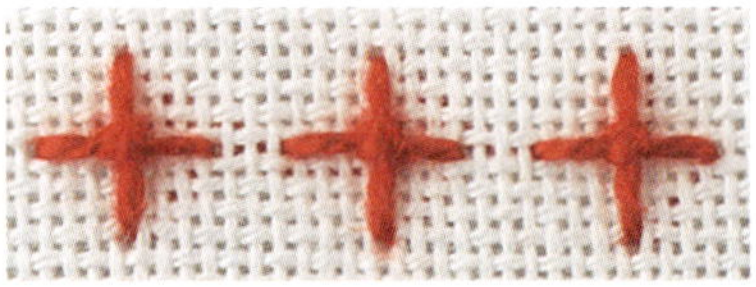

Baskischer Knötchenstich (S. 77)

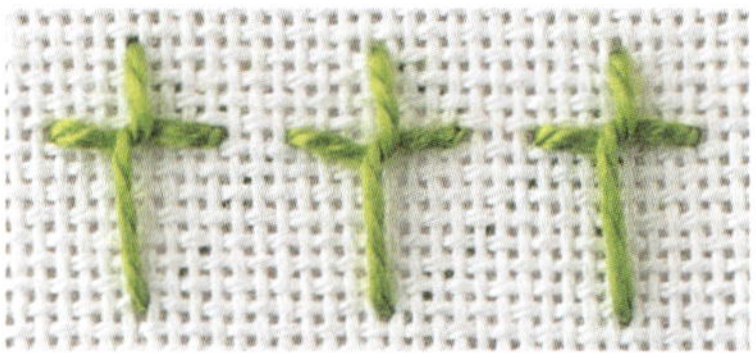

Schwertstich (S. 77)

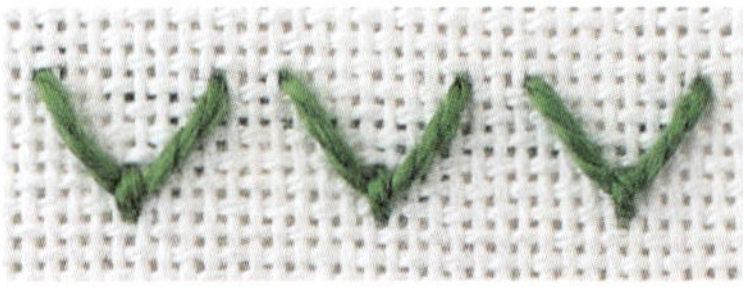

Fliegenstich (S. 78)

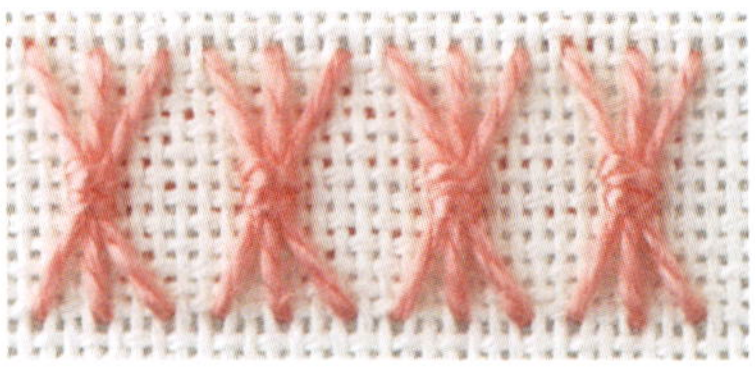

Garbenstich (S. 78)

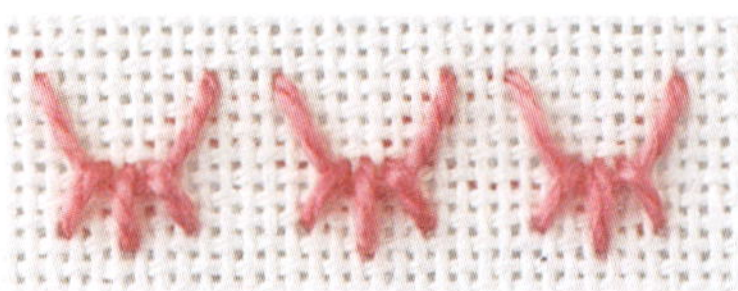

Kronenstich (S. 78)

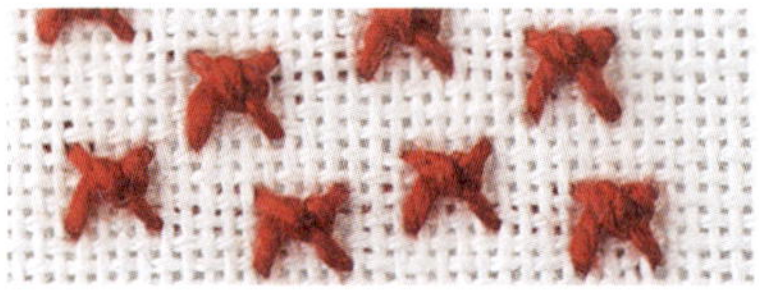

Sorbello-Knoten (S. 79)

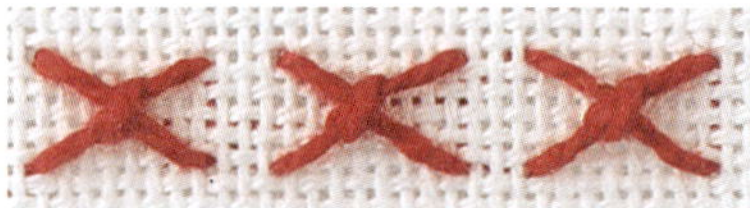

Palestrinastich (S. 79)

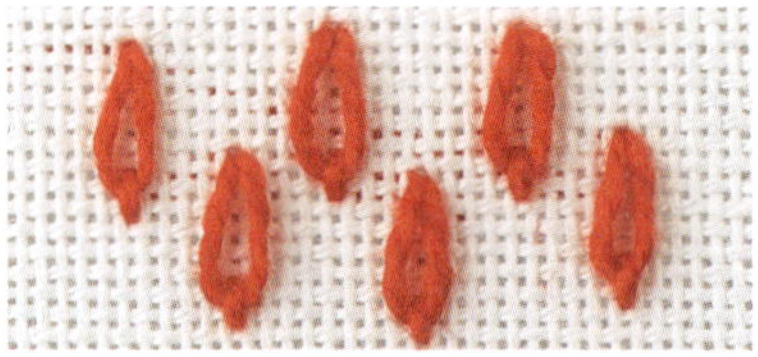

Margeritenstich (S. 80)

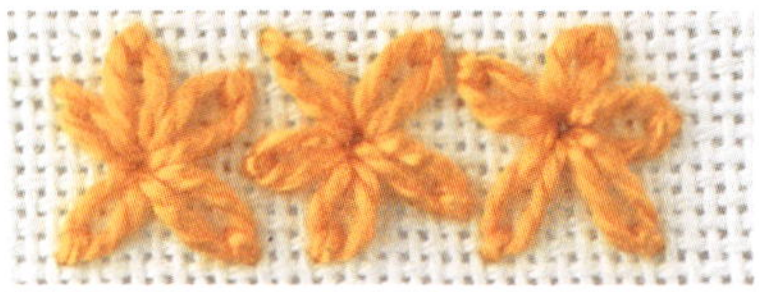

Blüte aus Margeritenstichen (S. 80)

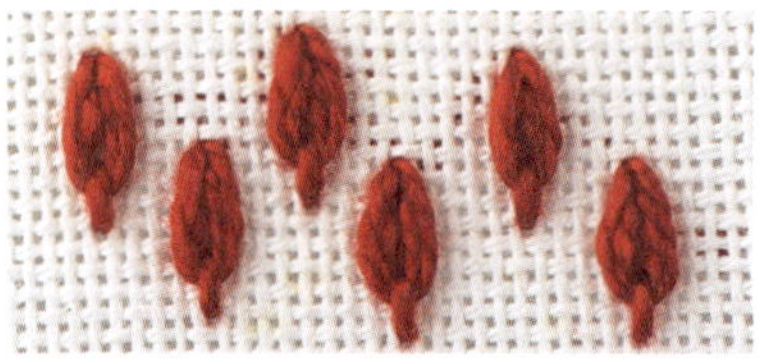

Doppelter Margeritenstich (S. 80)

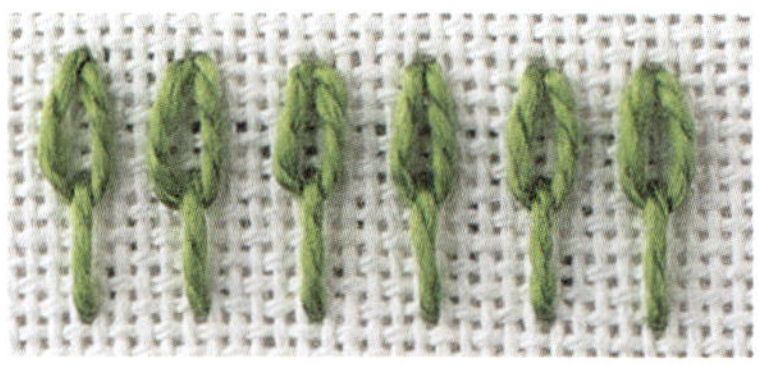

Gestielter Margeritenstich (S. 80)

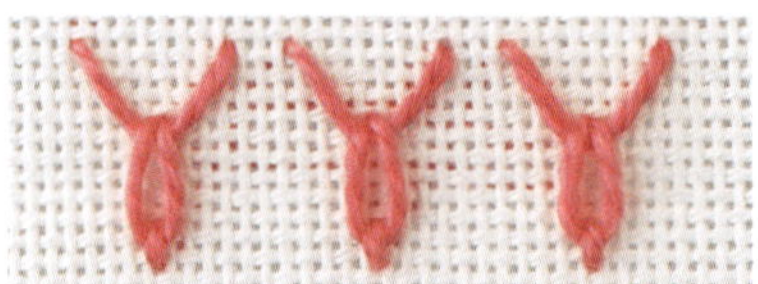

Einzelner Ährenstich (S. 81)

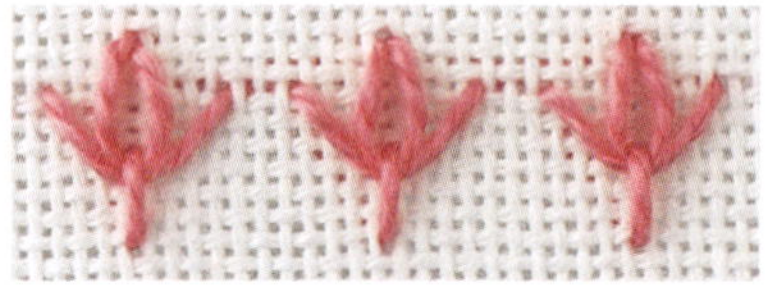

Tulpenstich (S. 81)

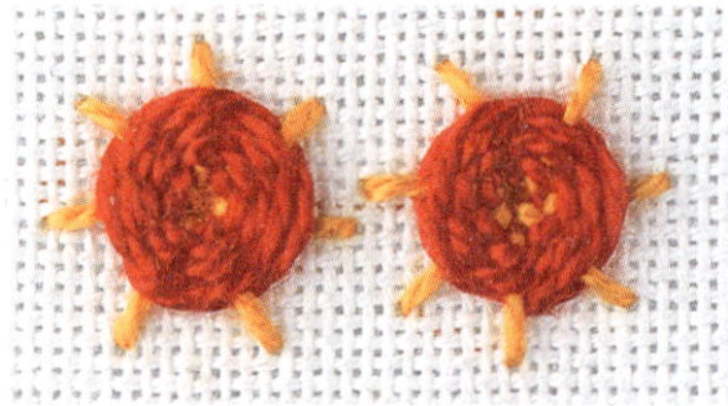

Spinnwebstich (S. 82)

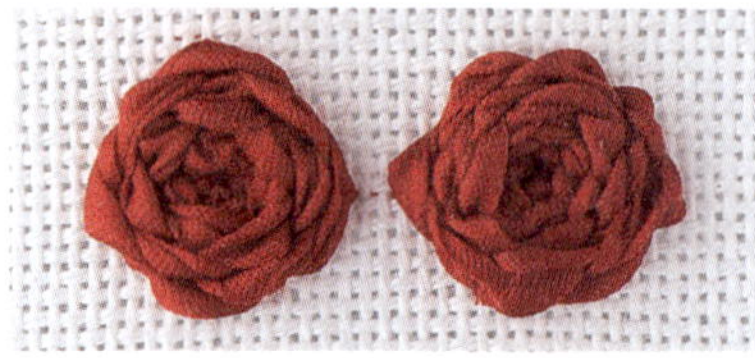

Bändchen-Rose (S. 82)

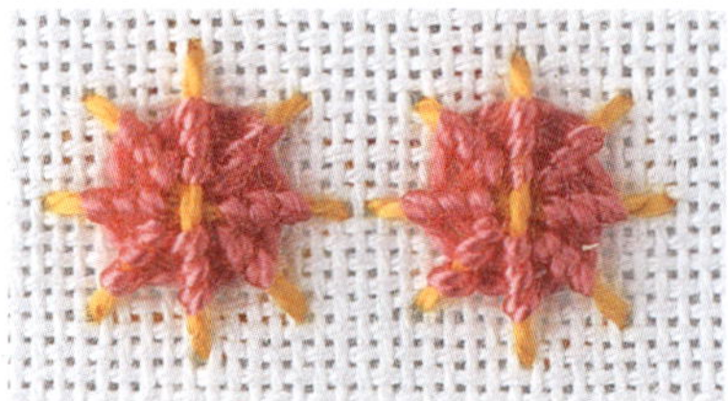

Rückstich-Spinne (S. 82)

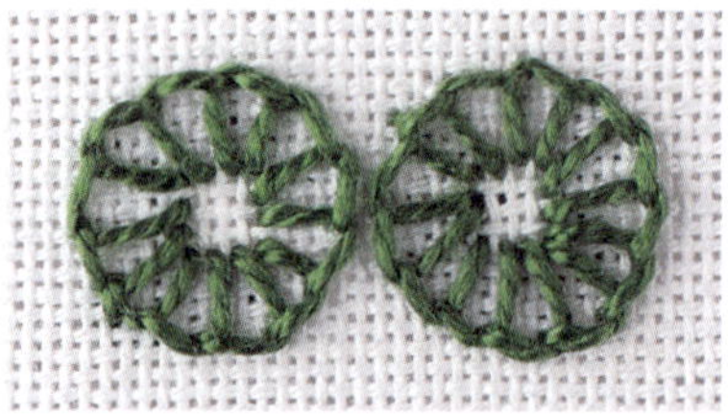

Wagenrad (S. 82)

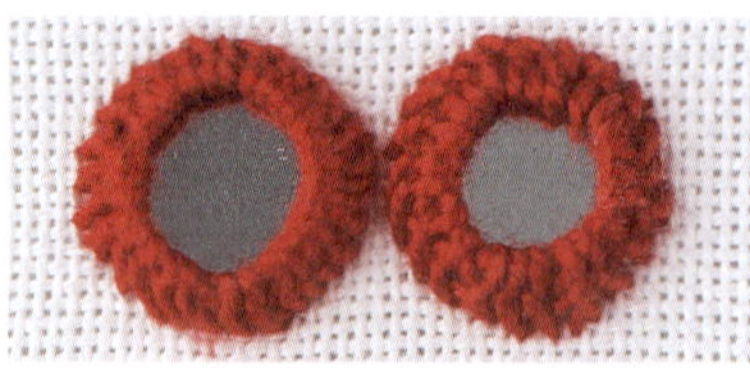

Shisha-Stich (S. 83)

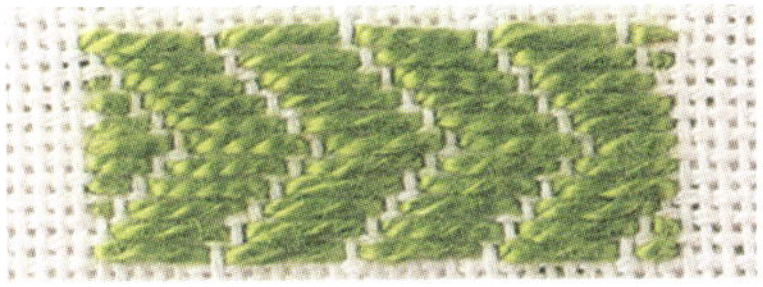
Stopfstich (S. 85)

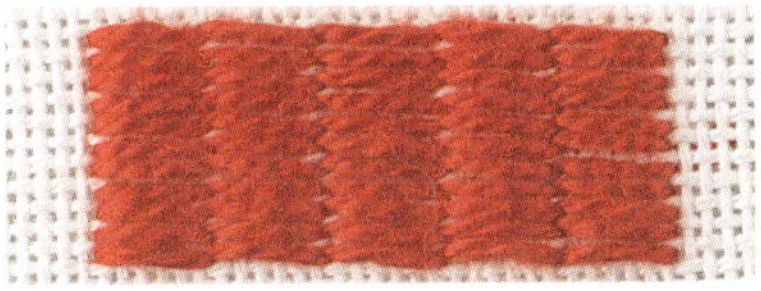
Doppelter Stopfstich (S. 85)

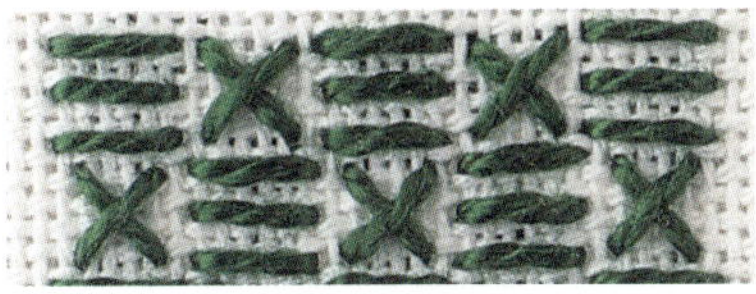
Kreuze und Streifen (S. 85)

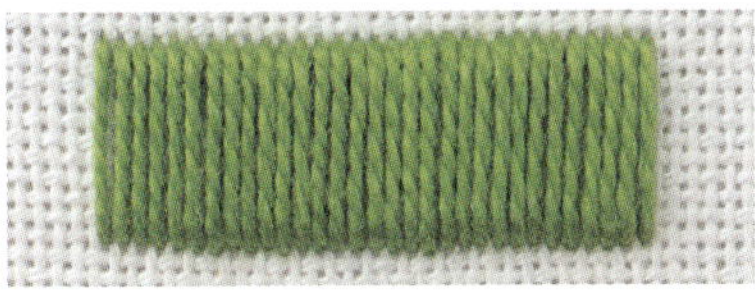
Plattstich über Konturstich (S. 86)

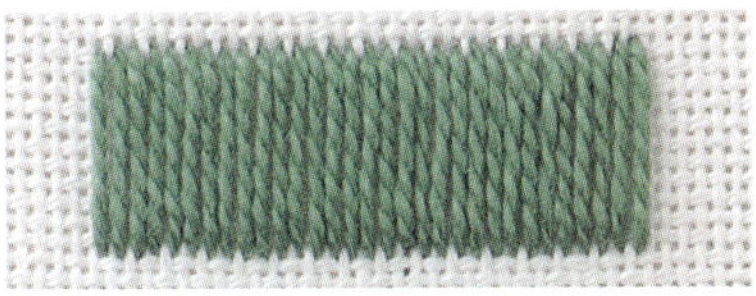
Plattstich ohne Konturstich (S. 86)

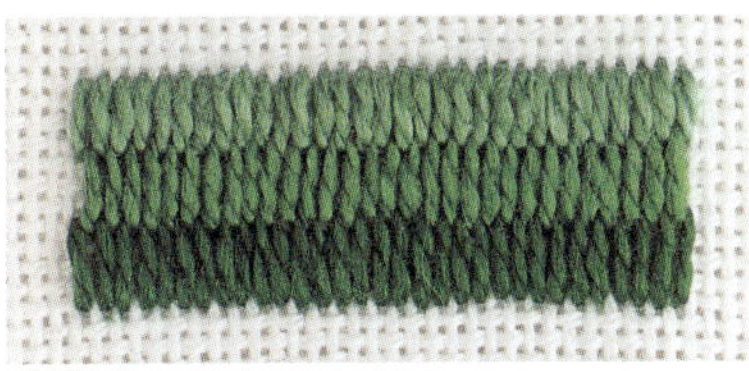
Verzahnter Plattstich (S. 86)

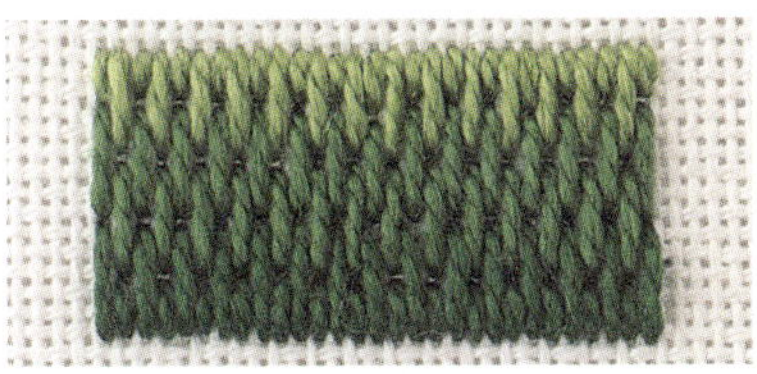
Versetzter Plattstich (S. 87)

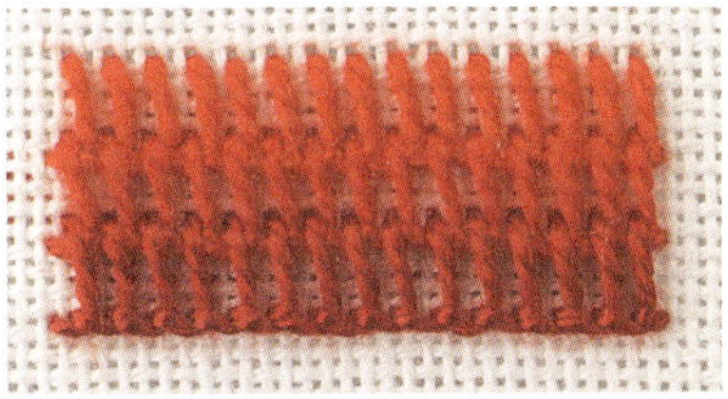
Langetten-Füllstich (S. 87)

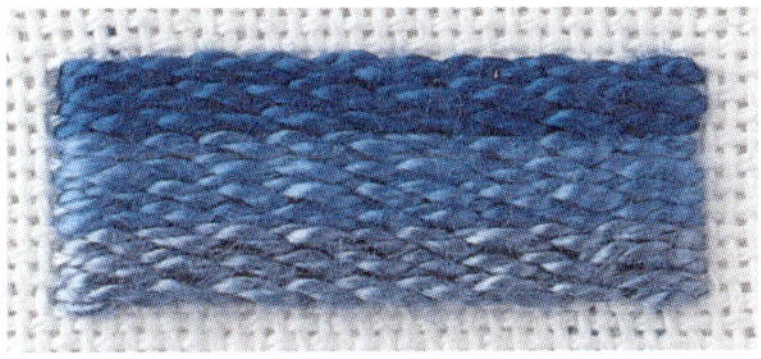
Füll-Stielstich (S. 87)

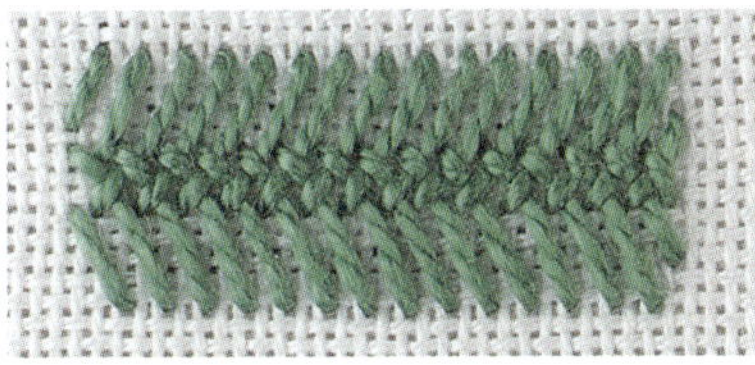
Blattstich (S. 88)

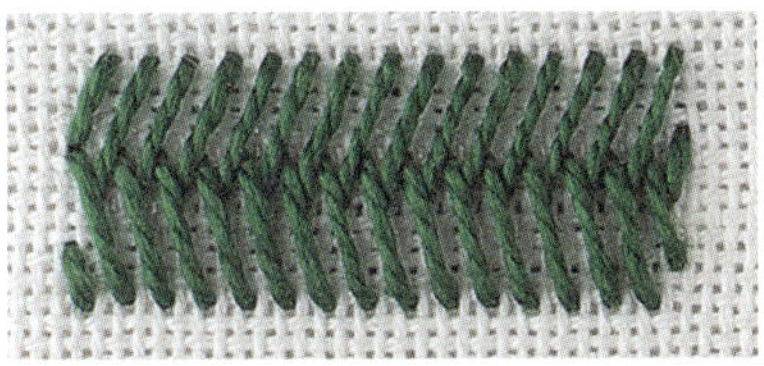
Offener Grätenstich (S. 88)

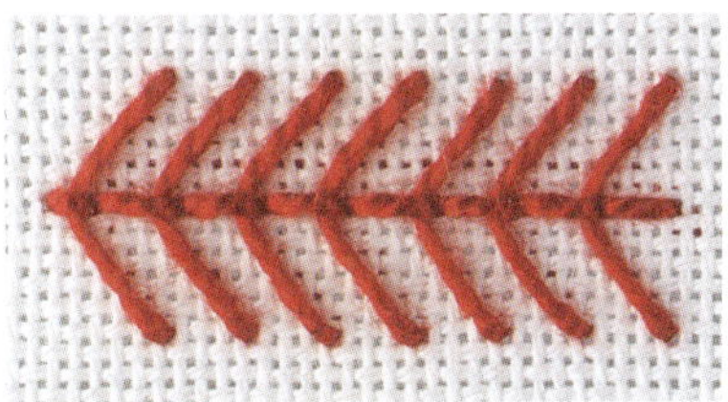
Verbundener Fliegenstich (S. 89)

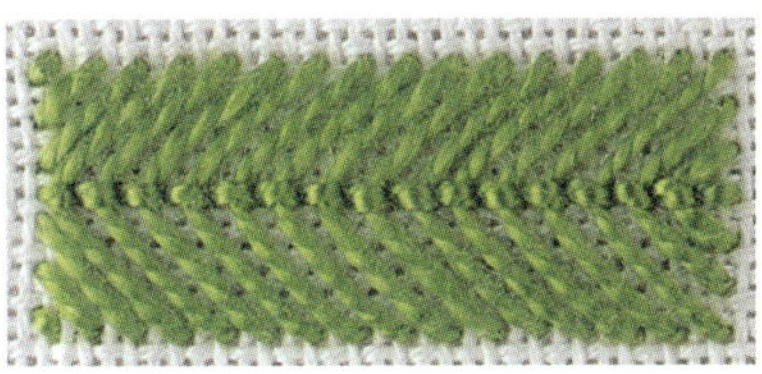
Geschlossener Fliegenstich (S. 89)

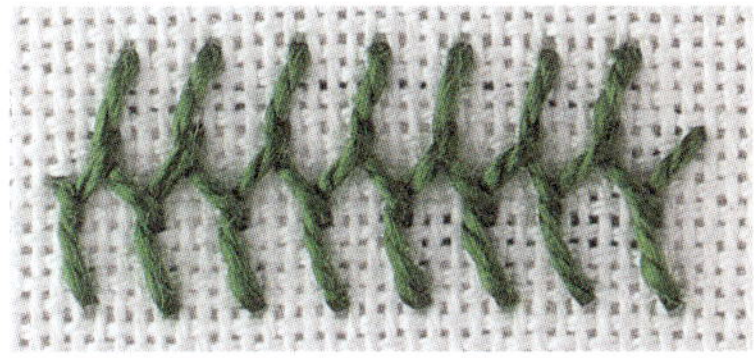
Kretischer Stich (S. 89)

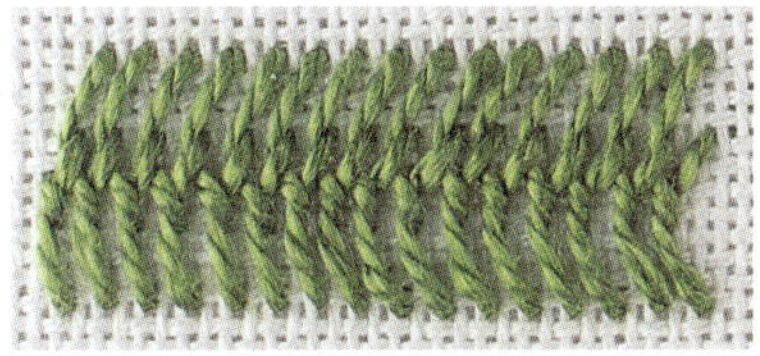
Geschlossener kretischer Stich (S. 89)

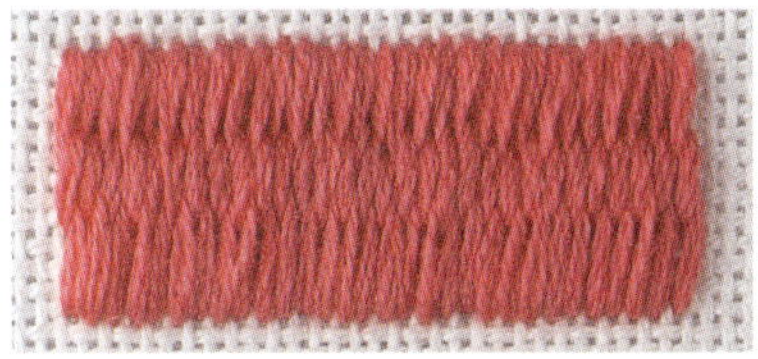
Rumänischer Plattstich (S. 90)

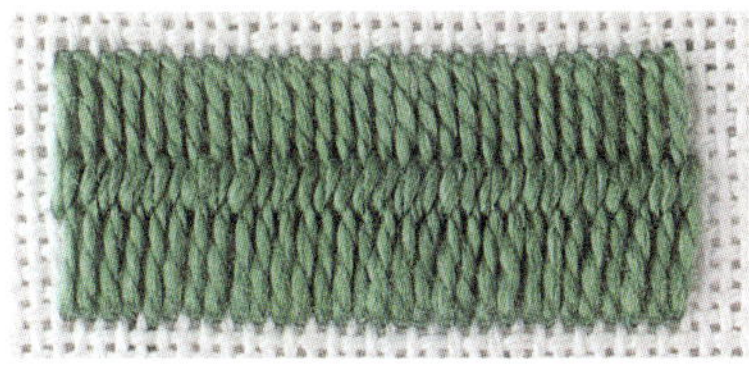
Bucharastich (S. 90)

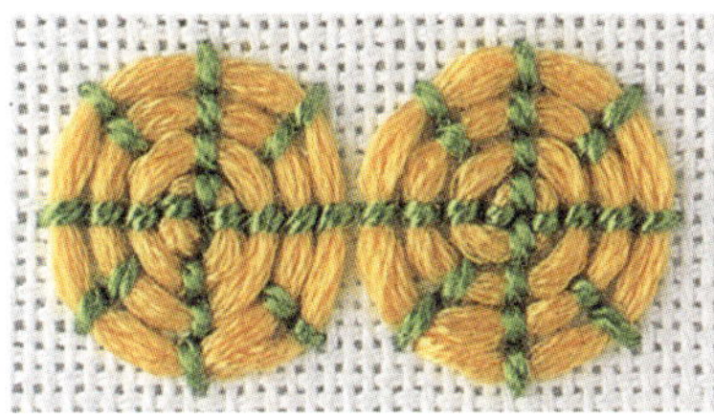
Spirale in Anlegetechnik (S. 90)

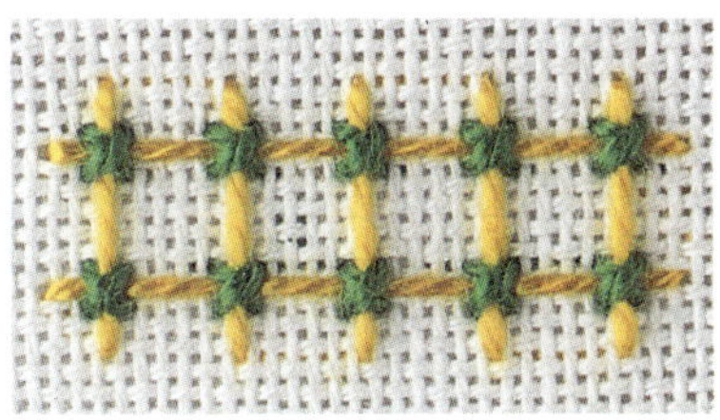
Gitterkreuzstich (S. 91)

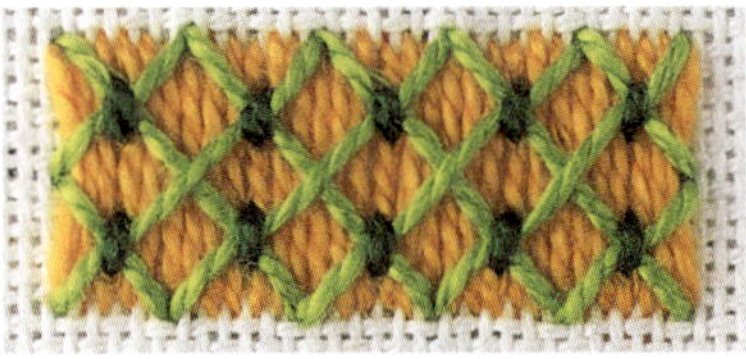

Unterlegter Gitterstich (S. 91)

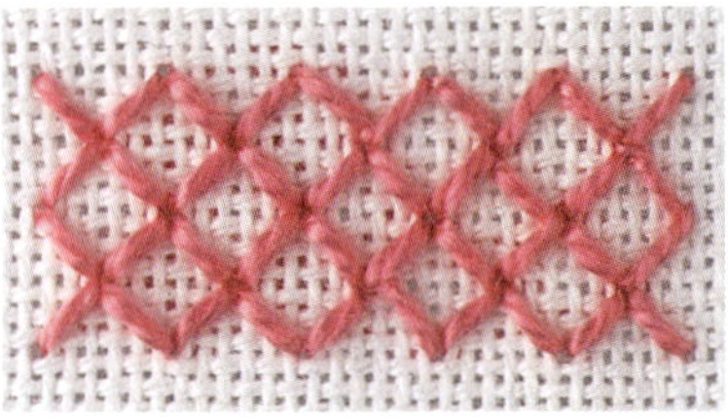

Rückstichgitter (S. 92)

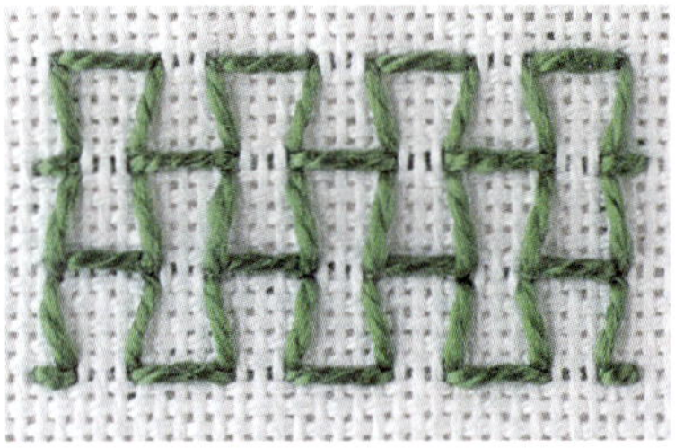

Japanischer Stopfstich (S. 92)

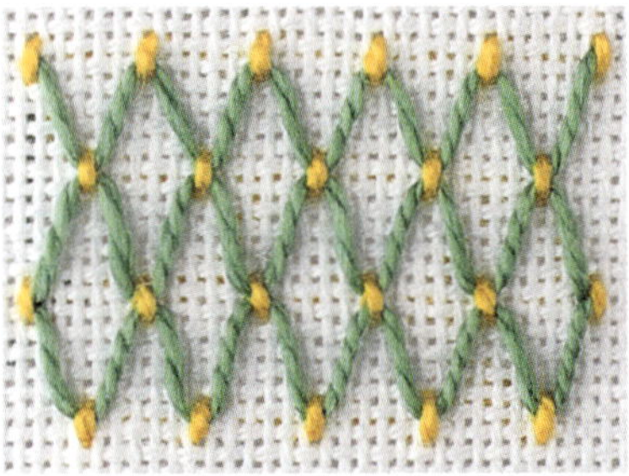

Smokstich (S. 93)

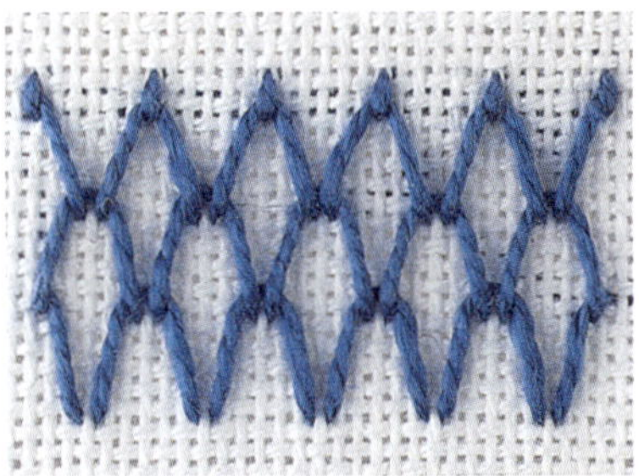

Wellenstich (S. 93)

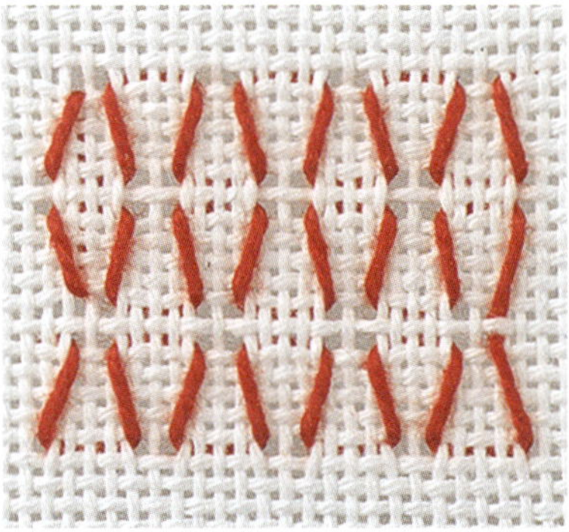

Offener Rautenstich (S. 97)

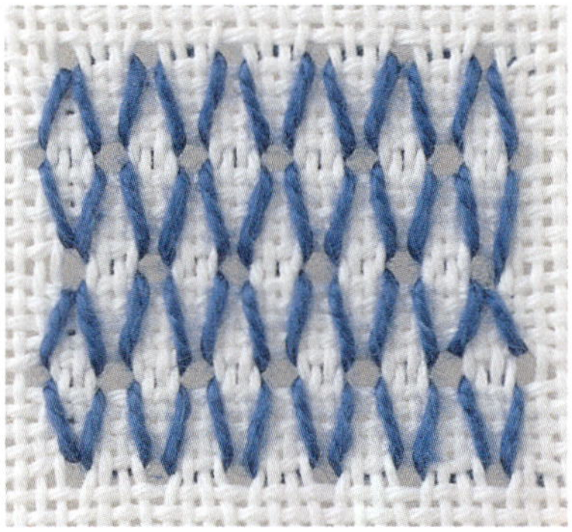

Geschlossener Rautenstich (S. 97)

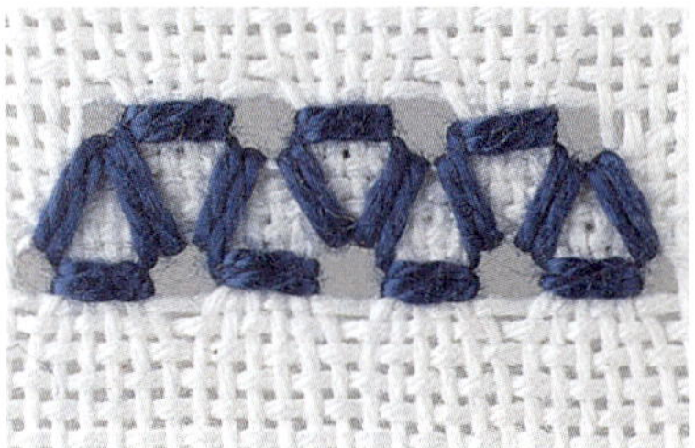

Doppelter Dreiecksstich (S. 97)

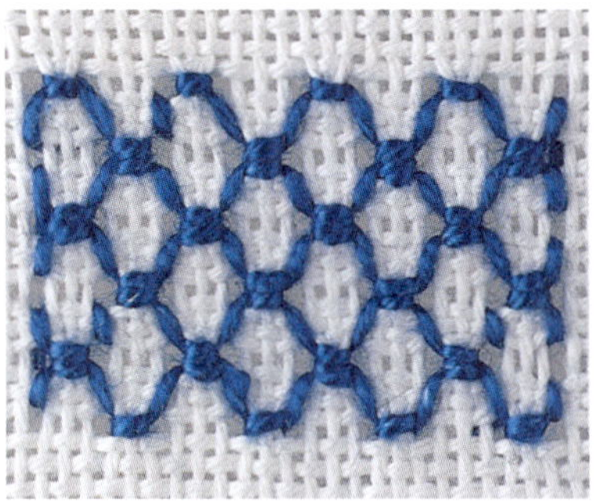

Waben-Füllstich (S. 98)

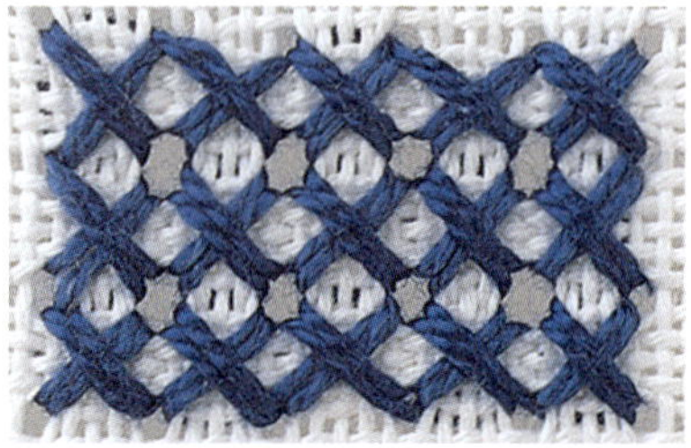

Russischer Füllstich (S. 98)

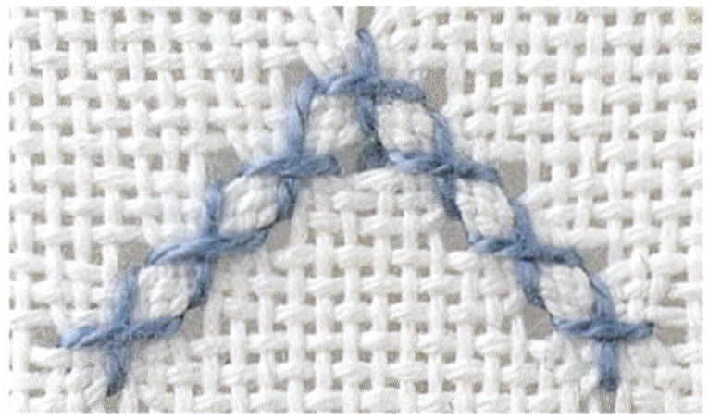

Schräger Kreuzstich (S. 99)

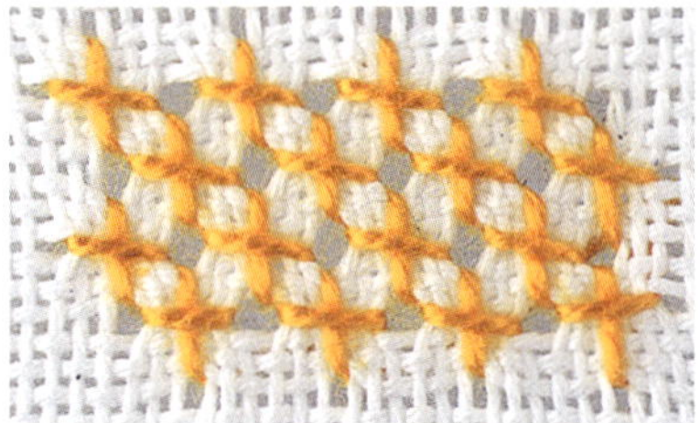

Rippenstich (S. 99)

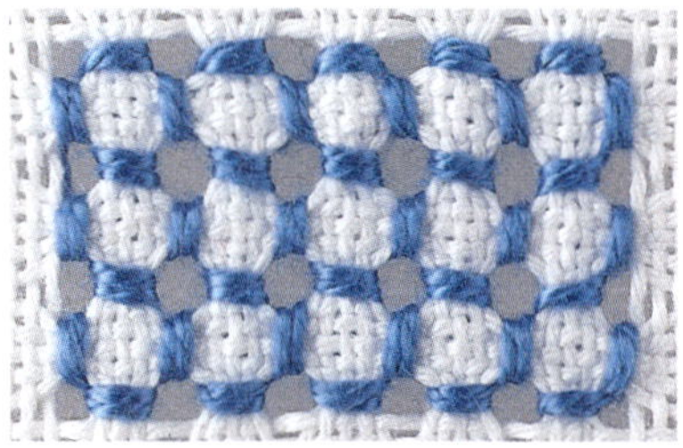

Doppelter Gitterstich (S. 99)

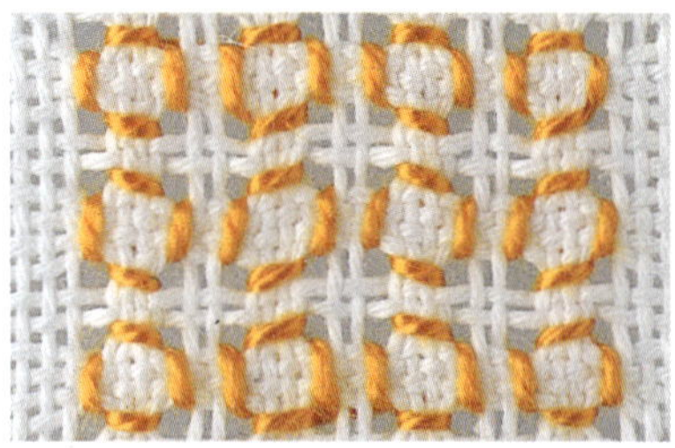

Schusterstich (S. 100)

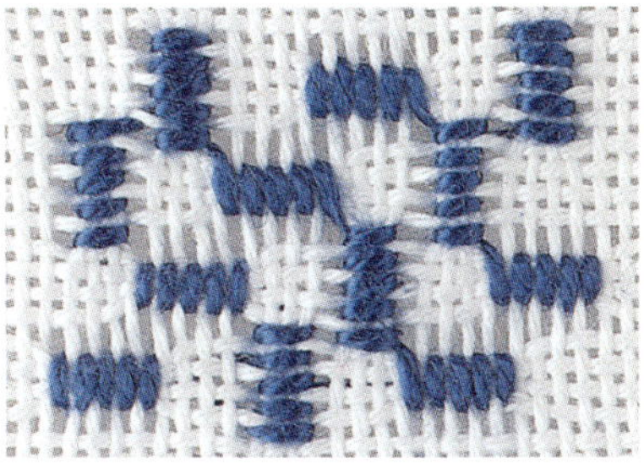
Stufenstich (S. 100)

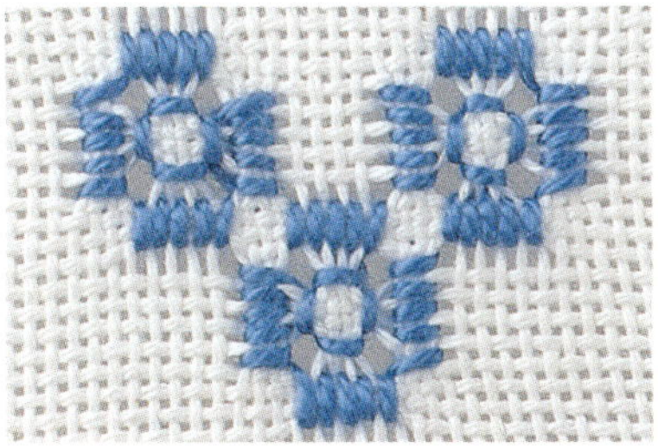
Mosaik-Füllstich (S. 101)

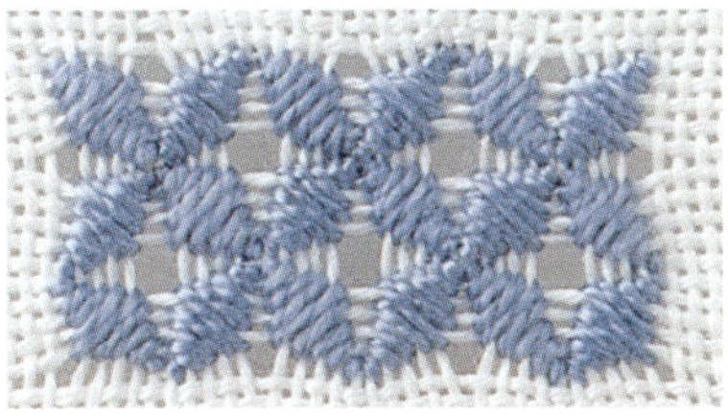
Diagonaler Plattstich (S. 101)

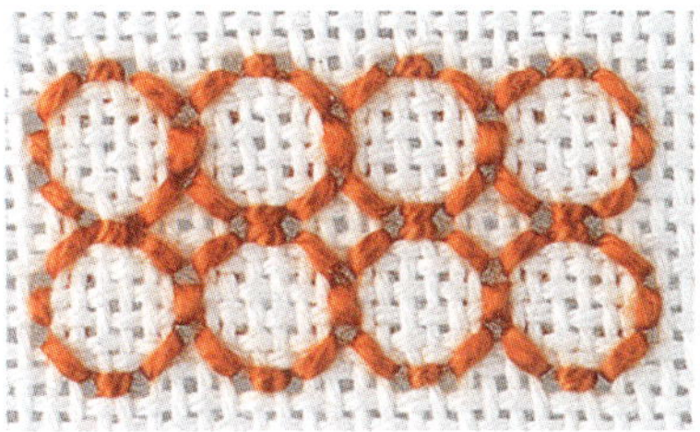
Rückstich im Achteck (S. 102)

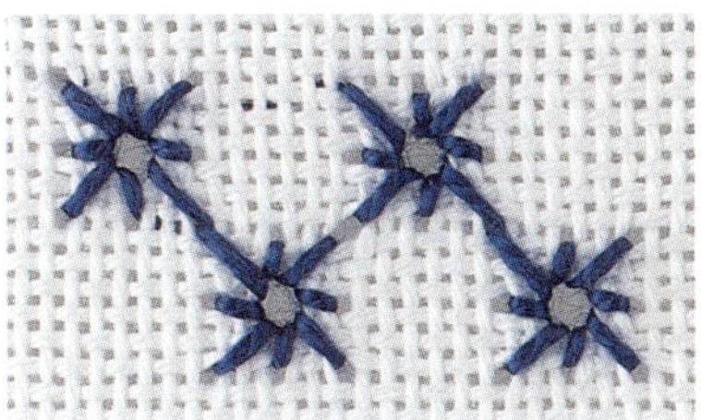
Algerischer Stich (S. 102)

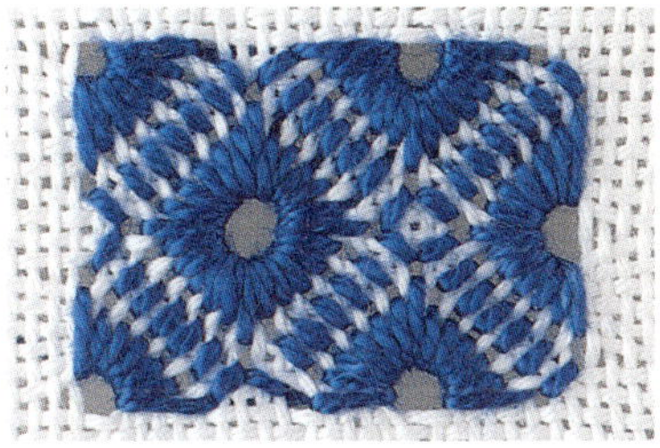
Madeira-Raute (S. 103)

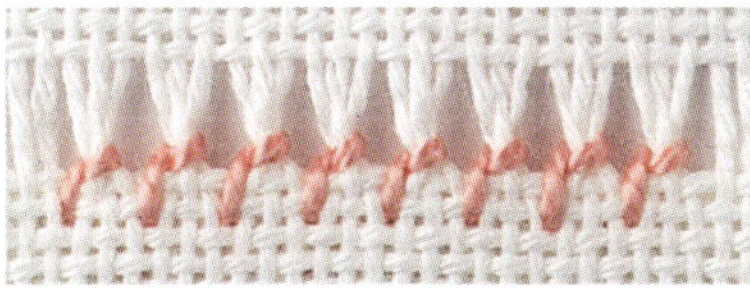
Einfacher Hohlsaum (S. 105)

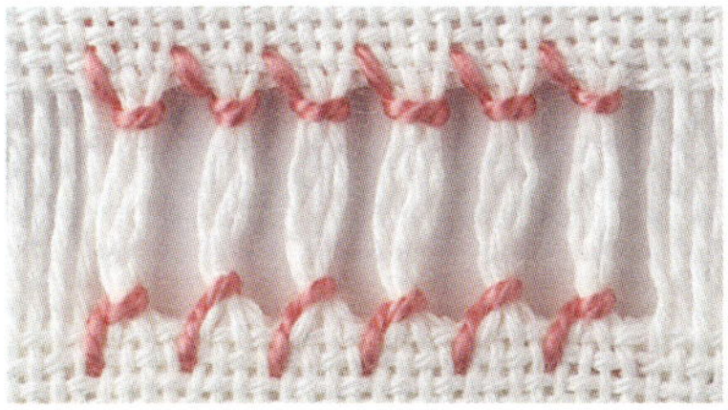
Leiter-Hohlsaum (S. 105)

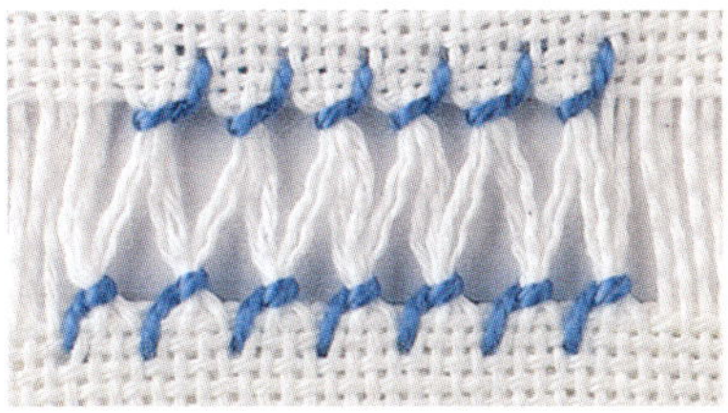
Zickzack-Hohlsaum (S. 105)

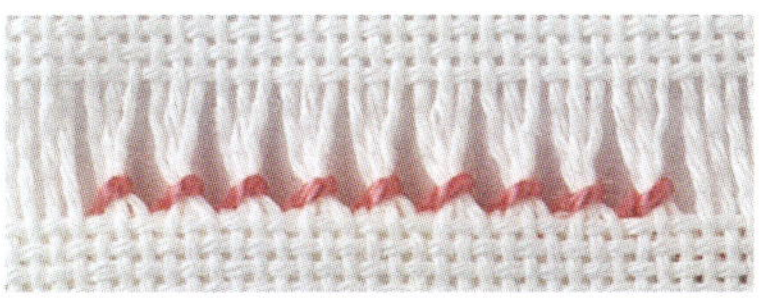
Blind-Hohlsaum (S. 105)

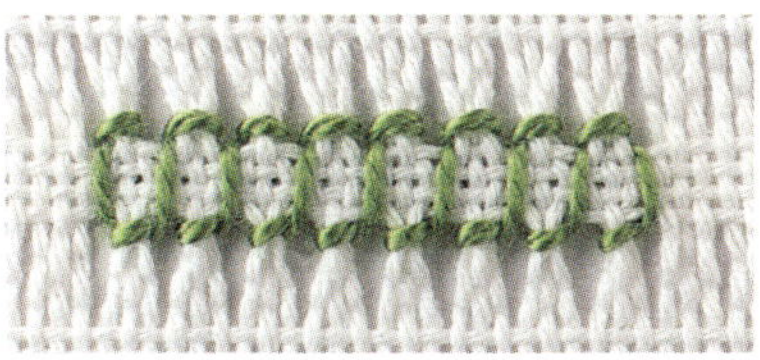
Italienischer Hohlsaum (S. 106)

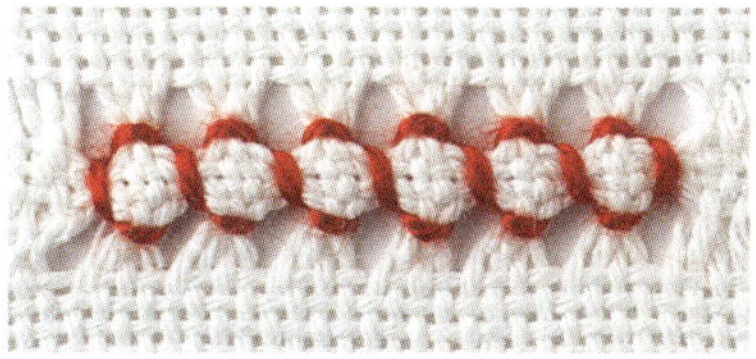
Viereck-Hohlsaum (S. 106)

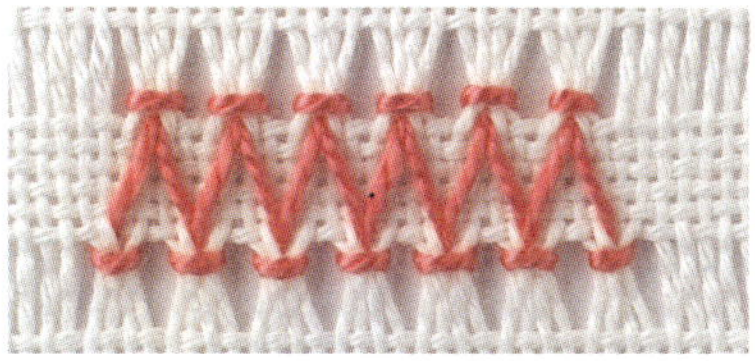
Waben-Hohlsaum (S. 107)

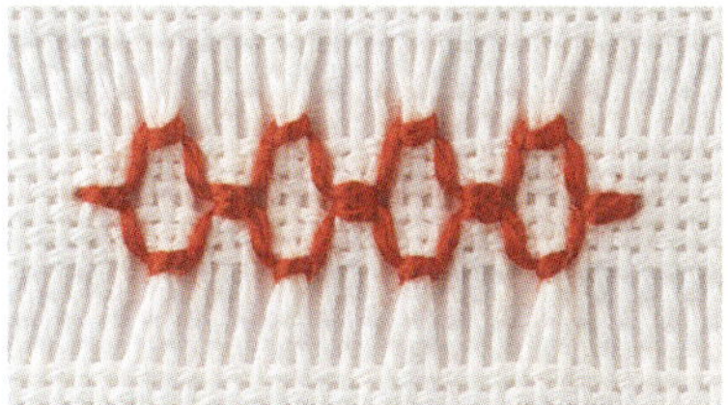
Rauten-Hohlsaum (S. 107)

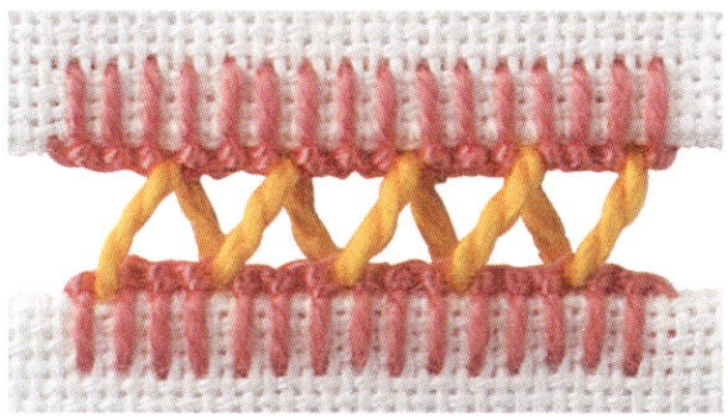
Durchzugtechnik (S. 108)

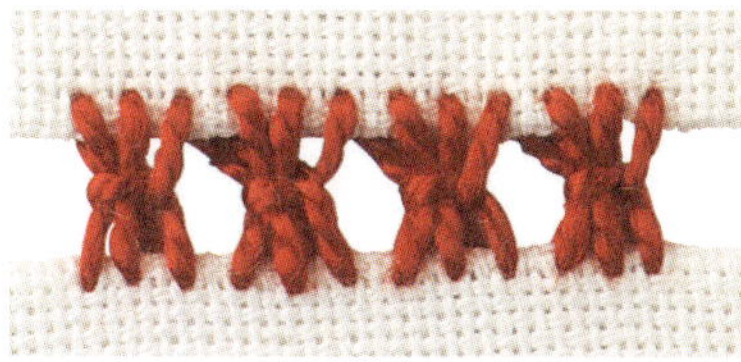
Kretischer Stäbchenstich (S. 108)

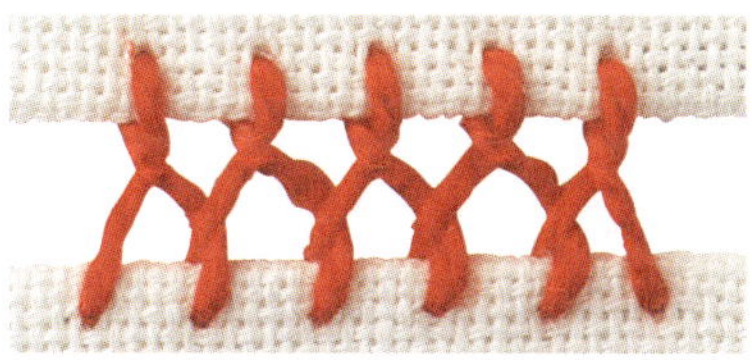
Büschel-Stäbchenstich (S. 108)

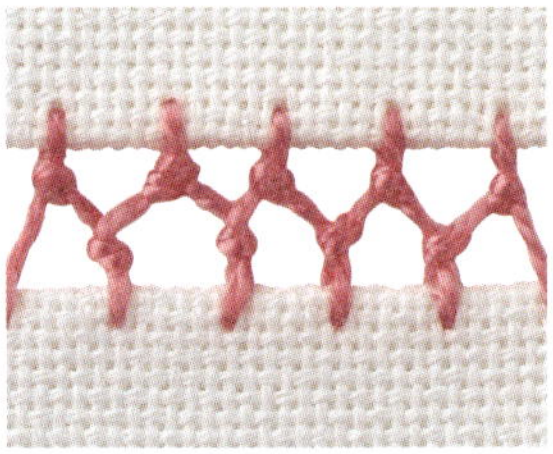

Knoten-Stäbchenstich (S. 109)

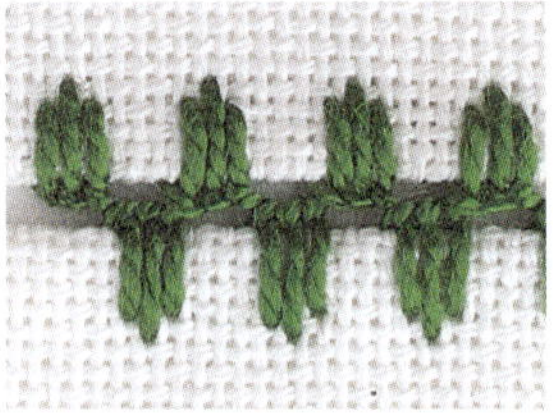

Knopfloch-Stäbchenstich (S. 109)

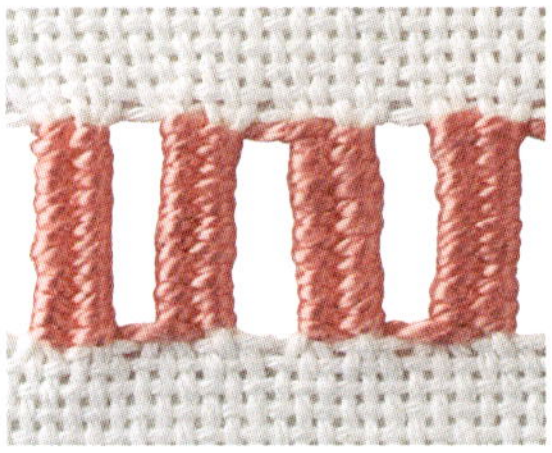

Stopfhohlsaum-Riegel (S. 110)

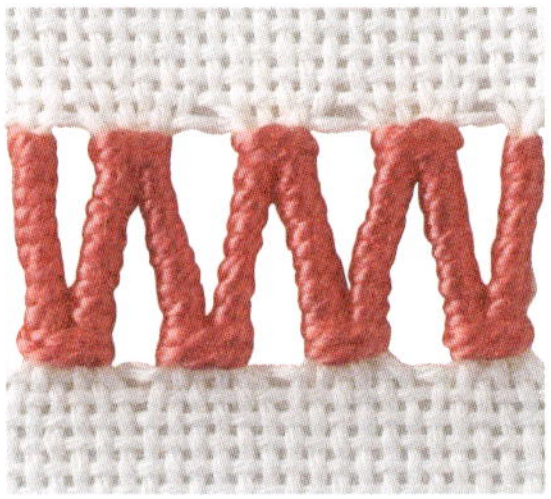

Zackenstäbchen (S. 110)

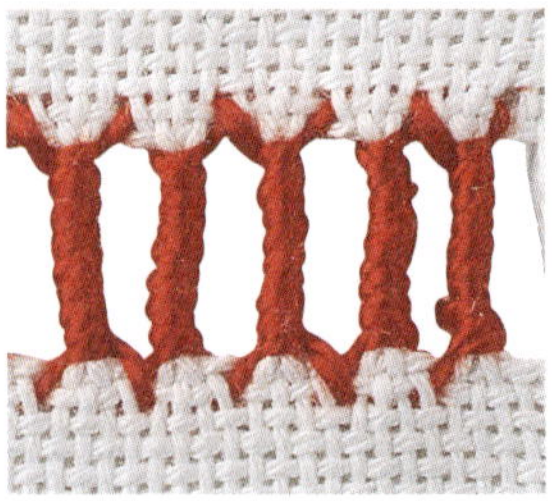

Wickelstäbchen (S. 110)

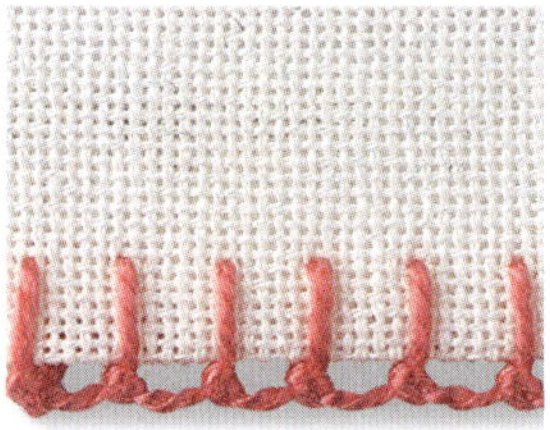

Antwerpener Kantenstich (S. 112)

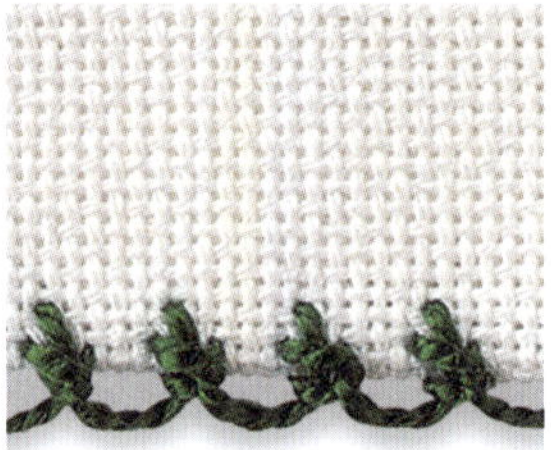

Knoten-Kantenstich (S. 112)

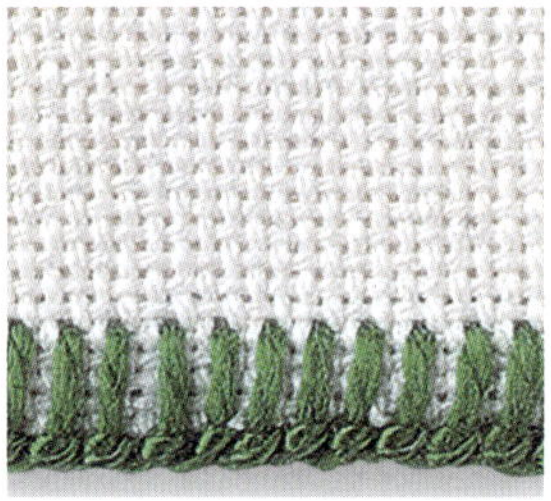

Knoten-Langettenstich (S. 113)

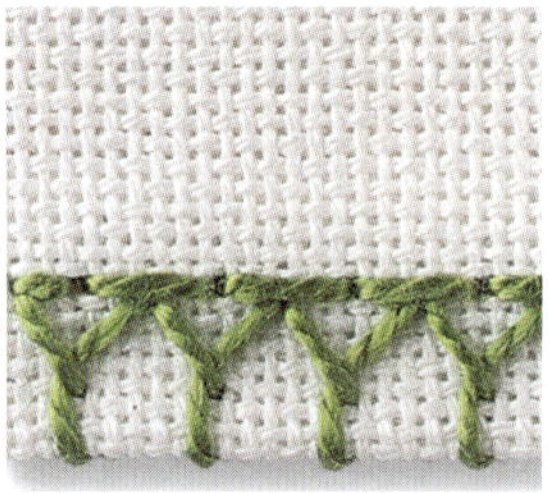

Halber Wabenstich (S. 113)

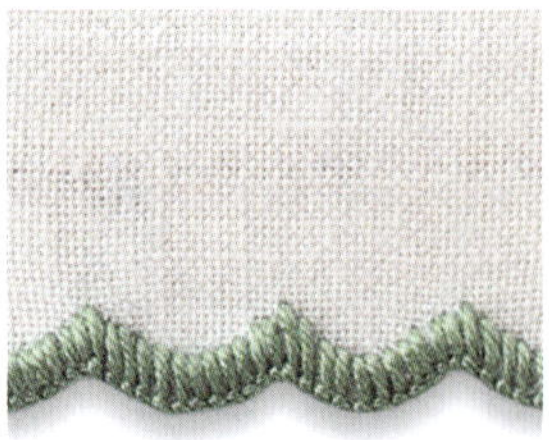

Bogenkante (S. 114)

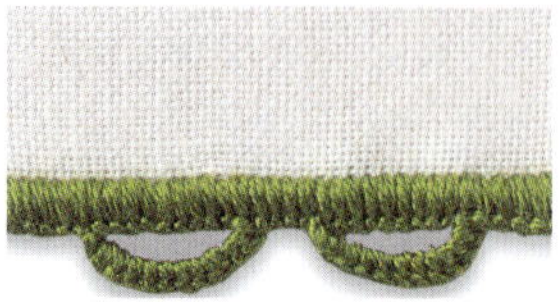

Picotkante (S. 114)

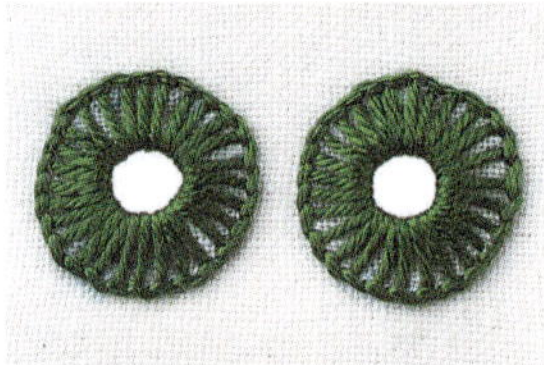

Rundloch mit Langettenstich (S. 115)

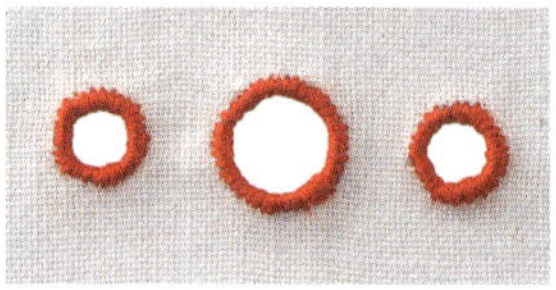

Bindloch (S. 115)

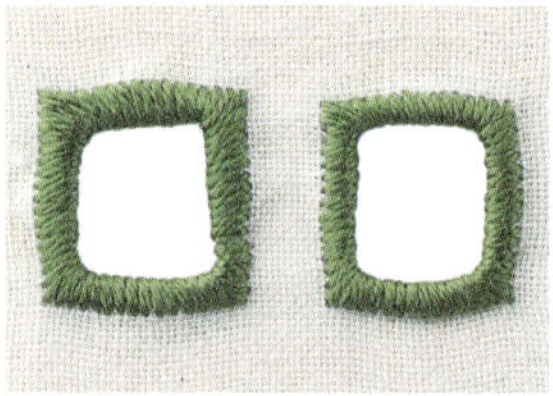

Quadratisches Loch (S. 115)

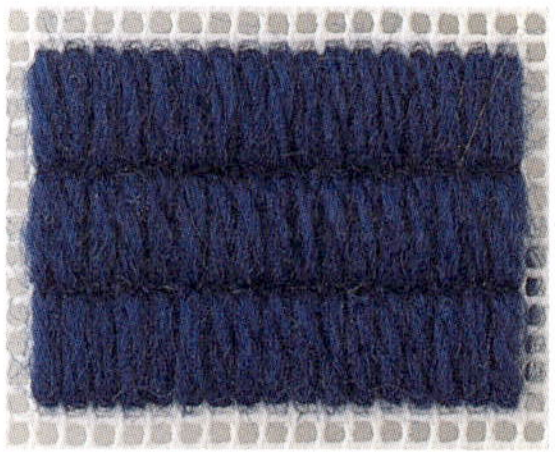

Aufrechter Gobelinstich (S. 119)

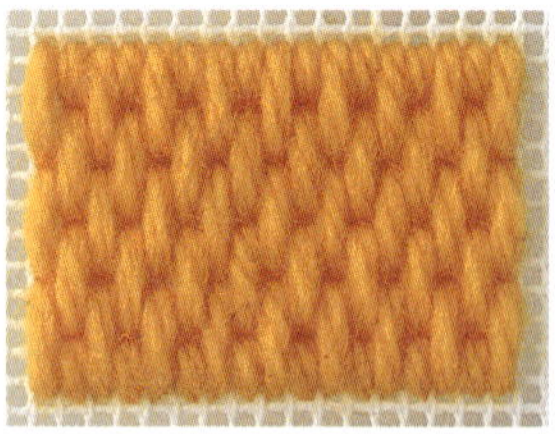

Verzahnter Gobelinstich (S. 119)

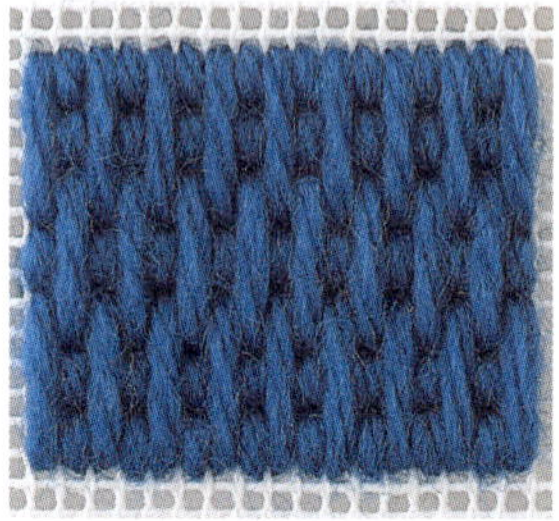

Pariser Stich (S. 119)

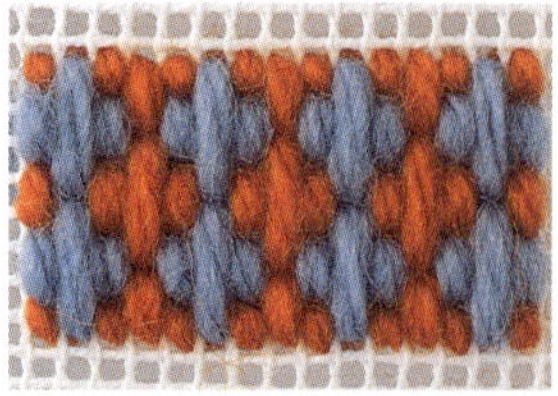

Ungarischer Stich (S. 120)

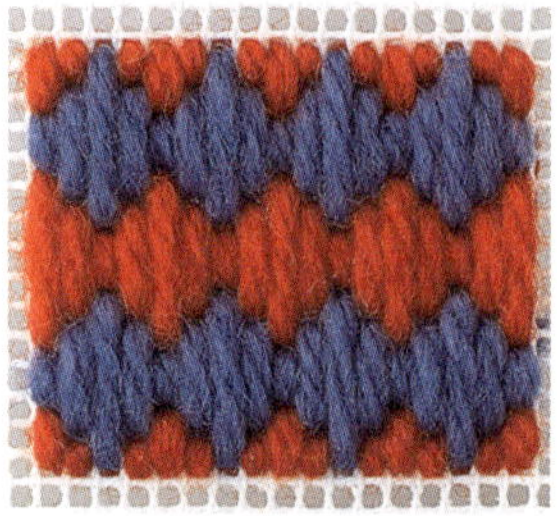

Ungarischer Rhombenstich (S. 120)

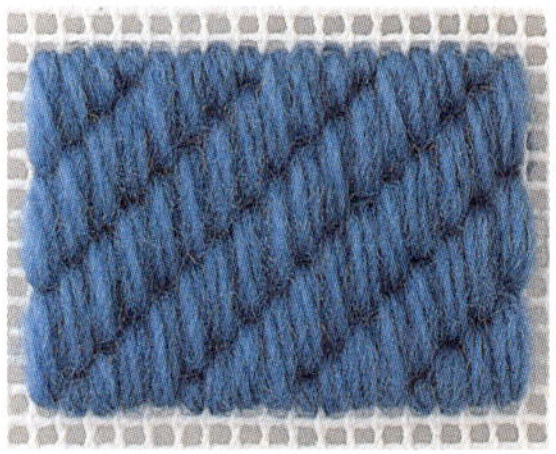

Einfacher Köperstich (S. 121)

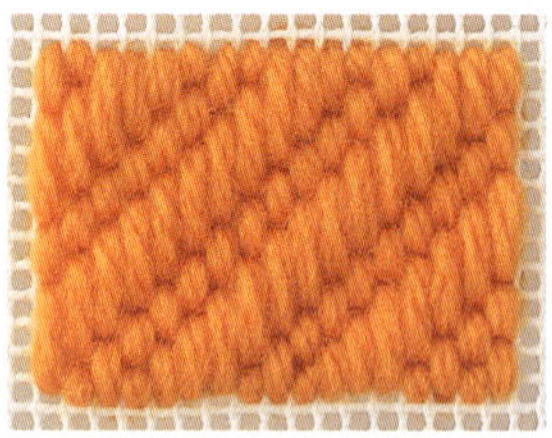

Doppelter Köperstich (S. 121)

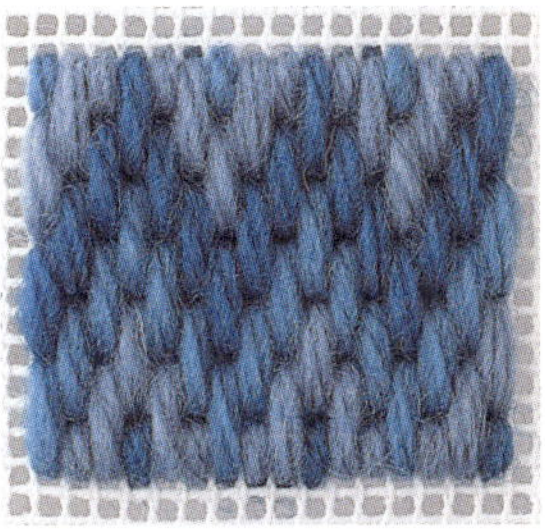
Bargellostich (S. 121)

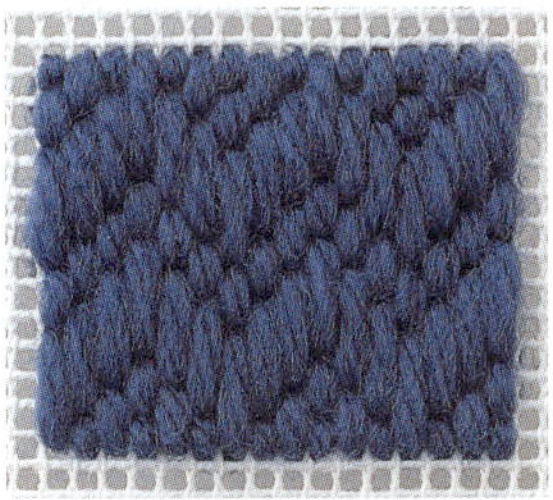
Zickzackgrund (S. 122)

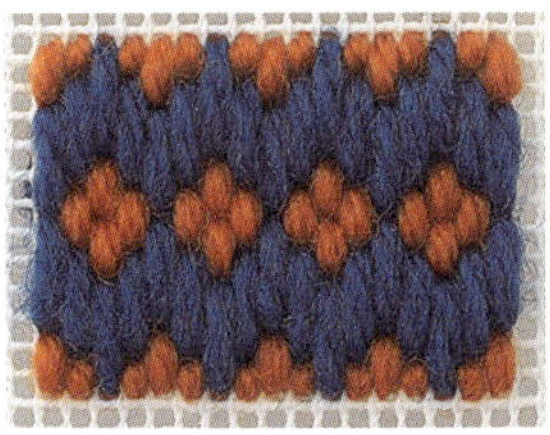
Ungarischer Grund (S. 122)

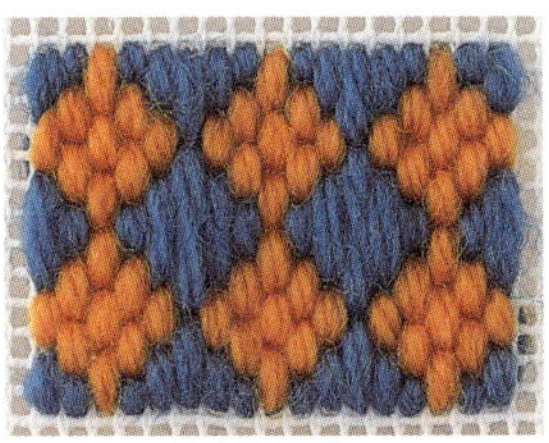
Gerader Kissenstich (S. 123)

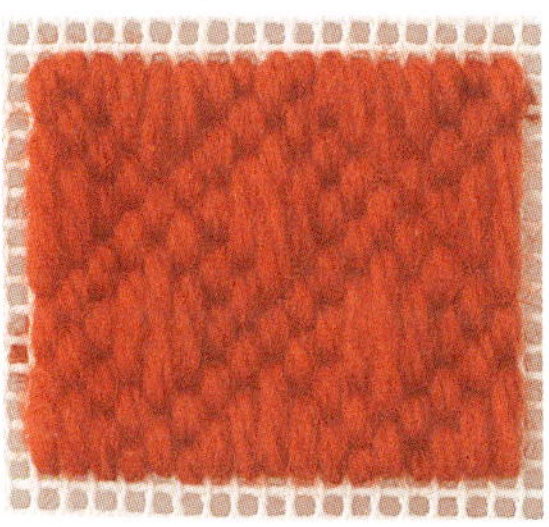
Schottischer Rhombenstich (S. 123)

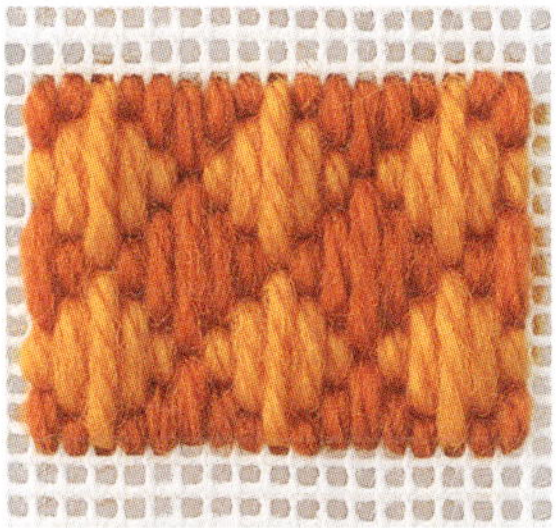
Rhombengrund (S. 124)

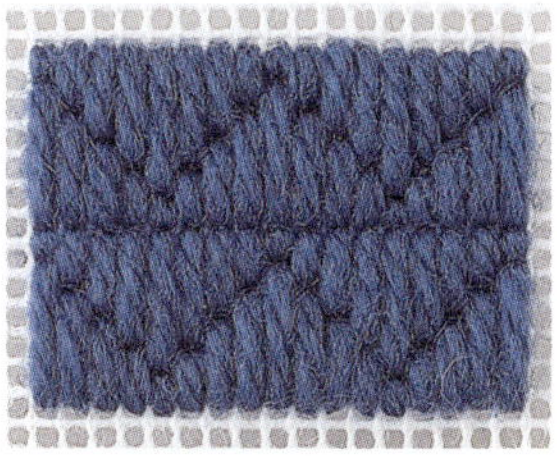
Dreiecksgrund (S. 124)

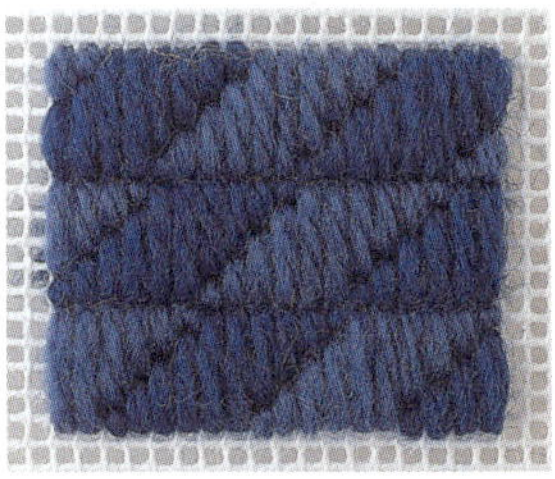
Rautengrund (S. 125)

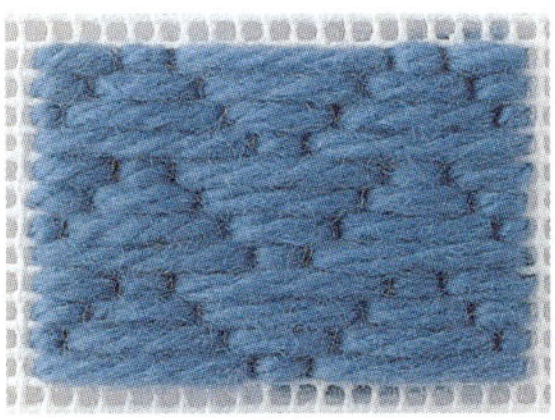
Gerader Mailänder Stich (S. 125)

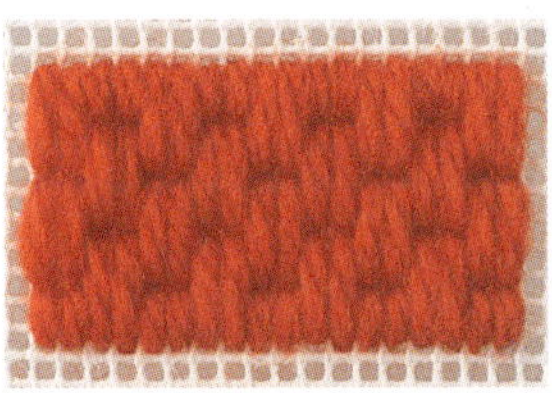
Doppelter Flechtstich (S. 126)

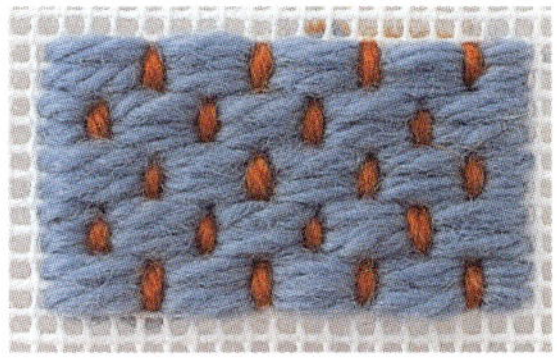
Ziegelstein-Füllstich (S. 126)

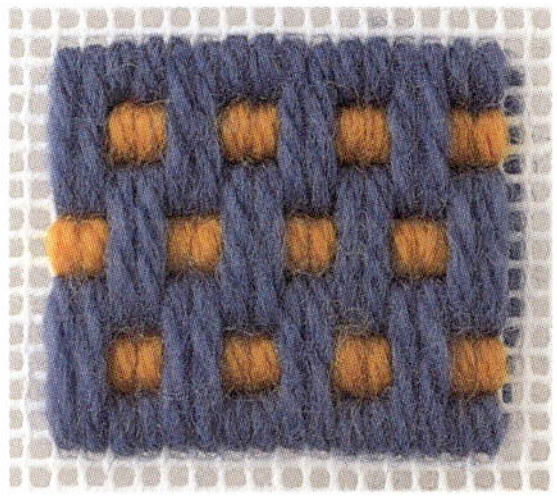
Großer Ziegelstein-Füllstich (S. 127)

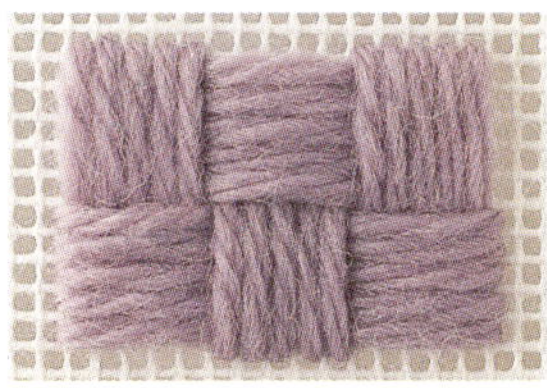
Schachbrettstich (S. 127)

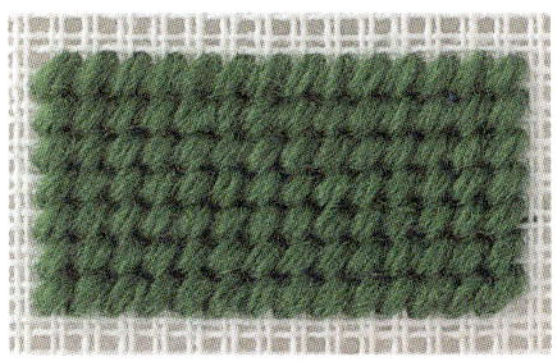
Halber Kreuzstich (S. 129)

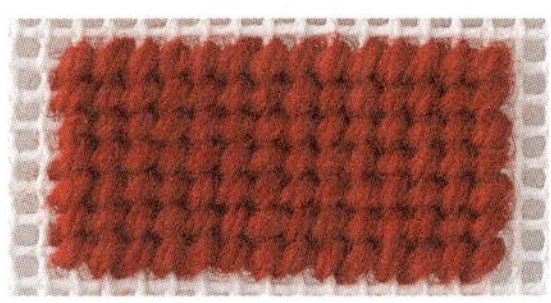
Web-Perlstich (S. 129)

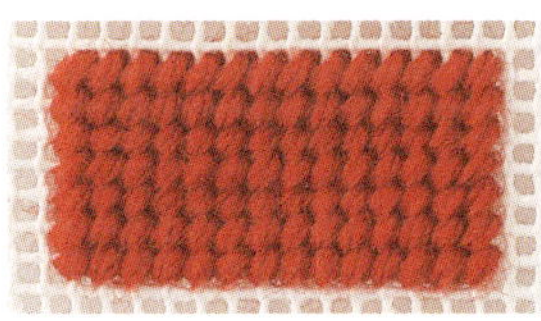
Perlstich (S. 129)

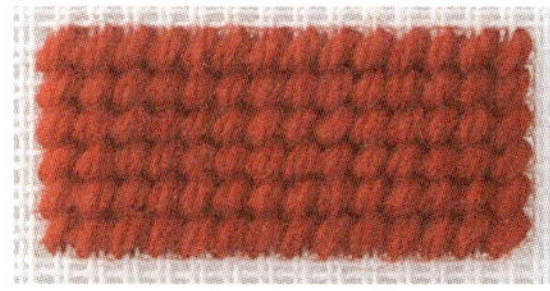
Unterlegter Perlstich (S. 129)

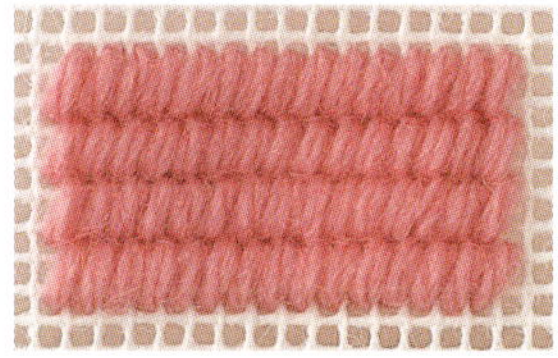
Gobelinstich (S. 130)

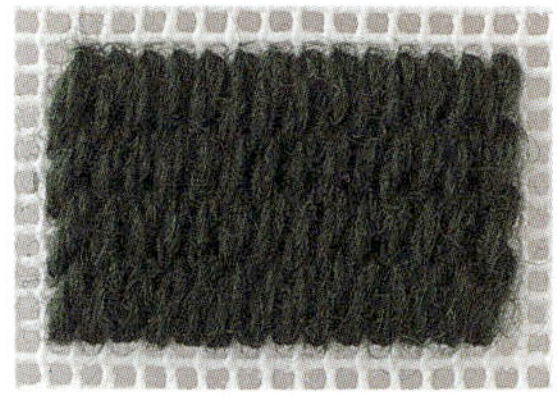
Verzahnter Gobelinstich (S.130)

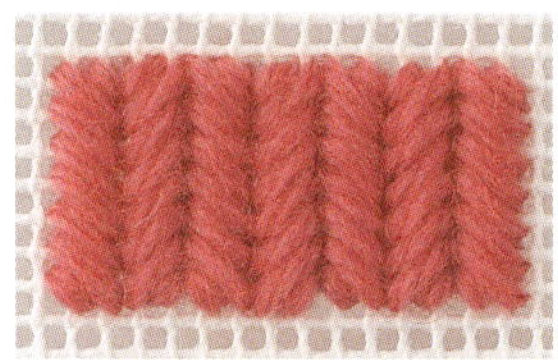
Zickzack-Gobelinstich (S. 131)

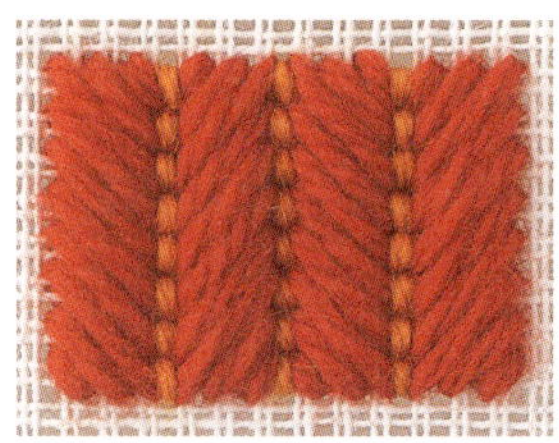
Nachgesteppter Zickzack-Gobelinstich (S. 131)

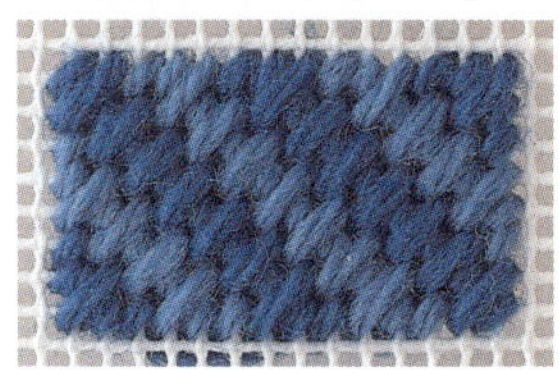
Florentiner Stich (S. 132)

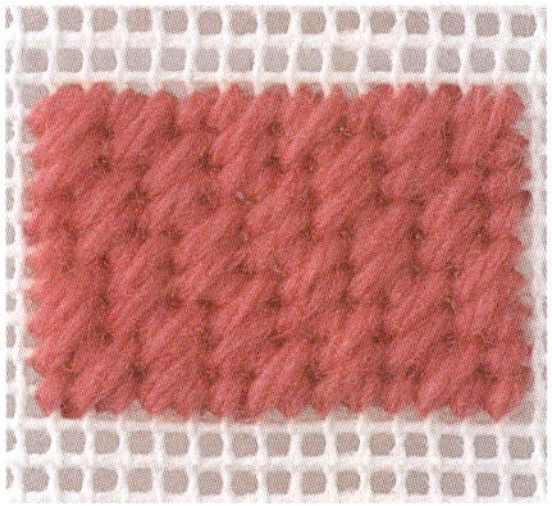
Kaschmirstich (S. 132)

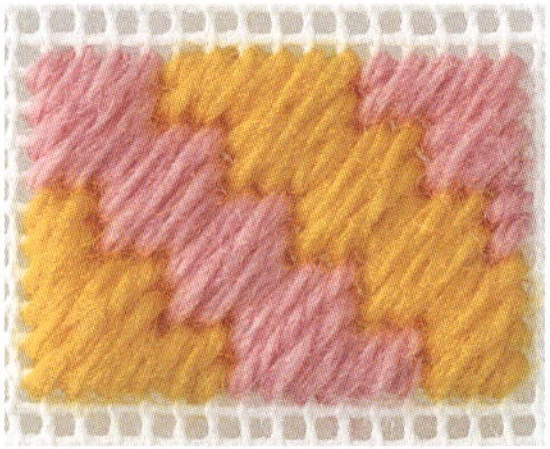
Diagonalstich (S. 133)

Byzantiner Stich (S. 133)

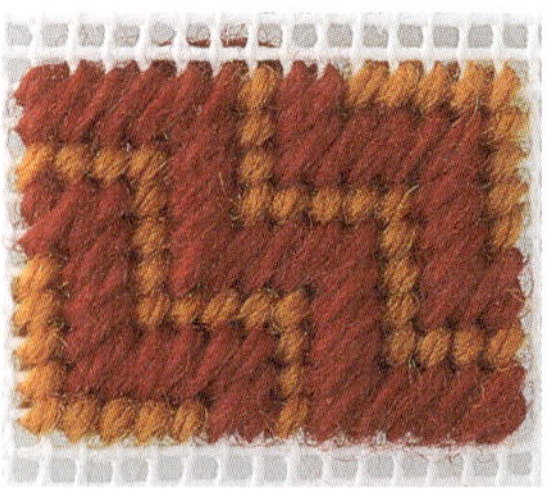
Jacquardstich (S. 134)

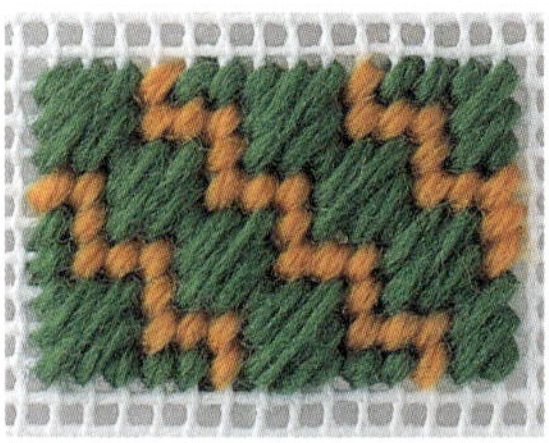
Maurischer Stich (S. 135)

Mailänder Stich (S. 135)

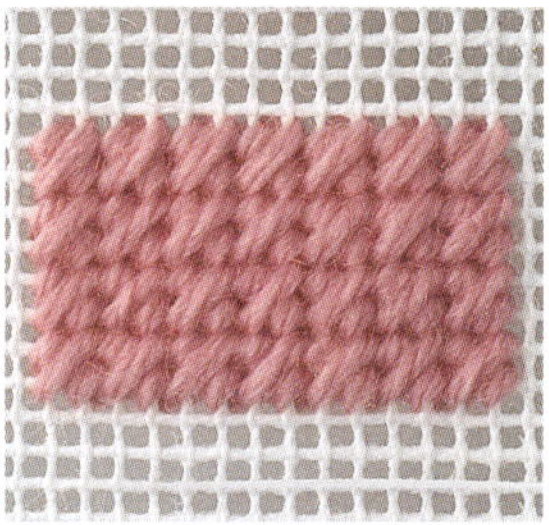
Mosaikstich (S. 136)

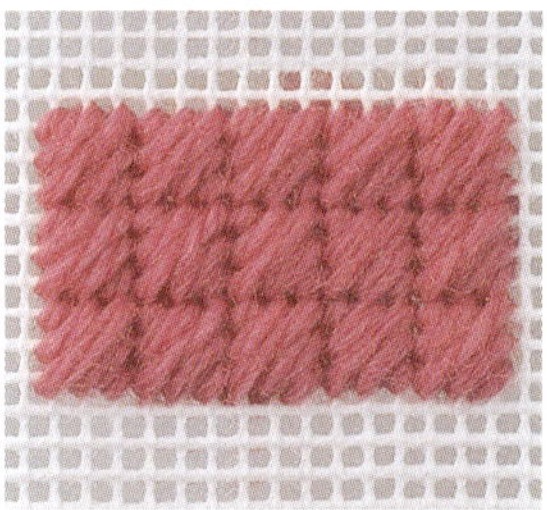
Kissenstich (S. 136)

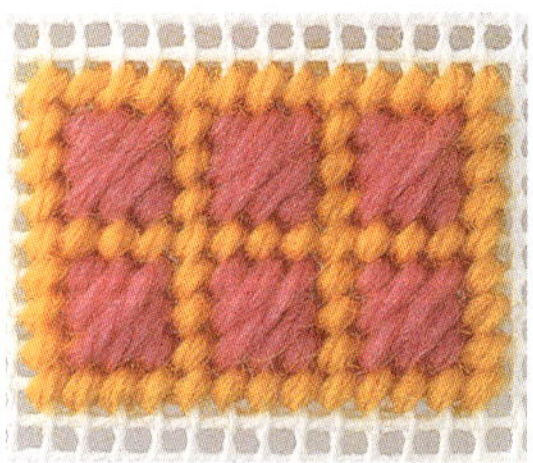
Schottenkaro (S. 137)

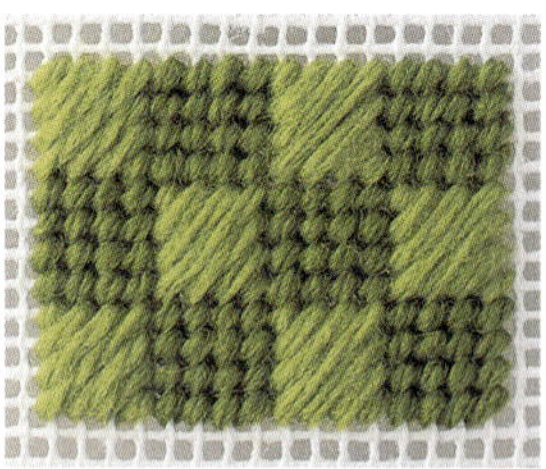
Schachbrettstich (S. 137)

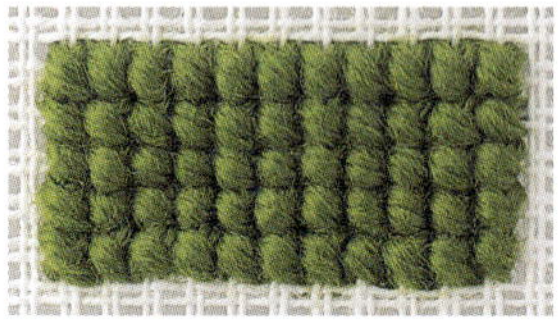
Kreuzstich (S. 139)

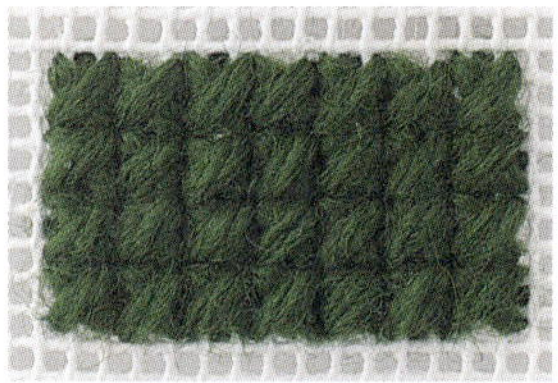
Schräger Kreuzstich (S. 139)

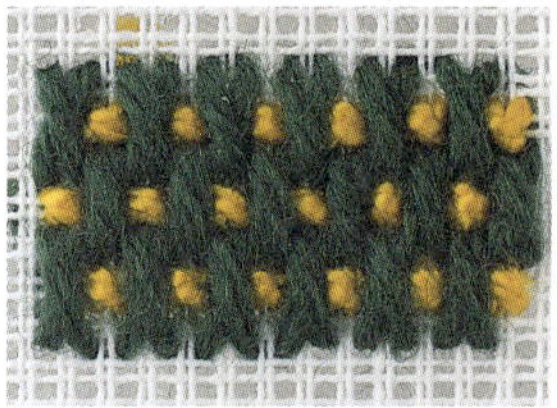
Doppelter Kreuzstich (S. 139)

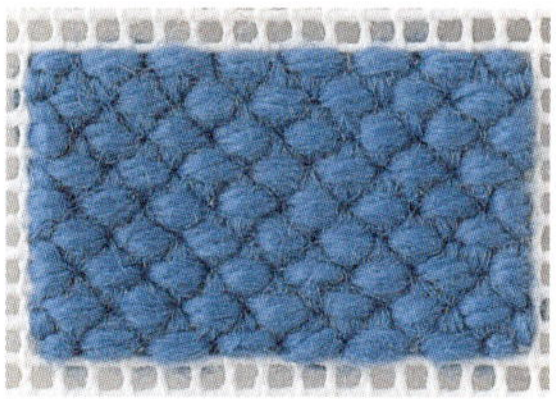
Gerader Kreuzstich (S. 140)

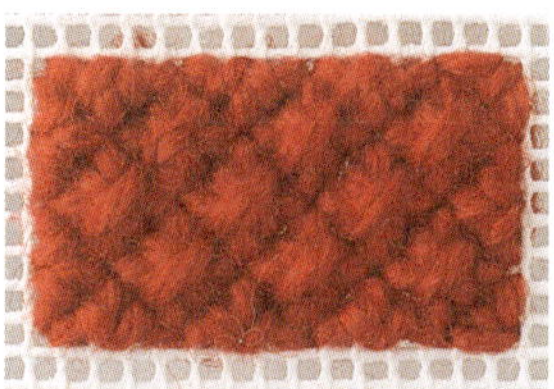
Sternrautenstich (S. 140)

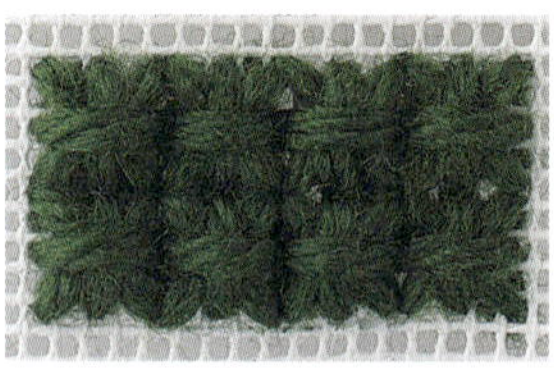
Smyrnastich (S. 140)

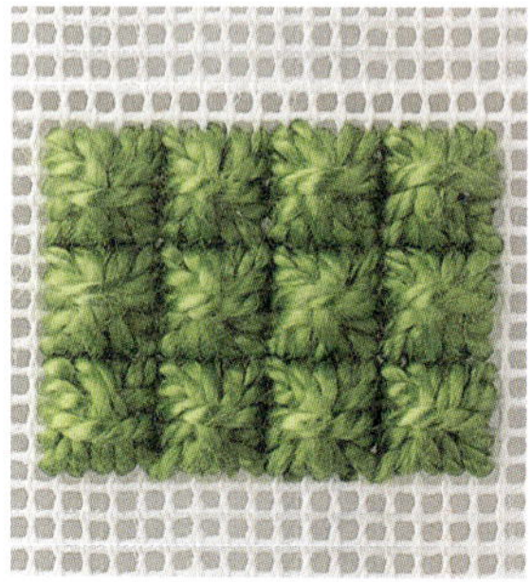
Doppelter Sternstich (S. 141)

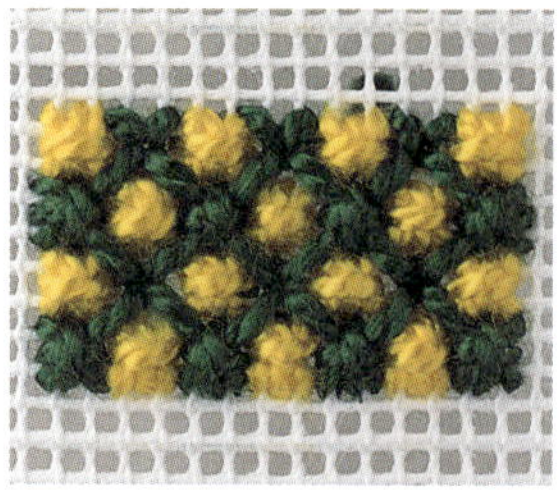
Tweedstich (S. 141)

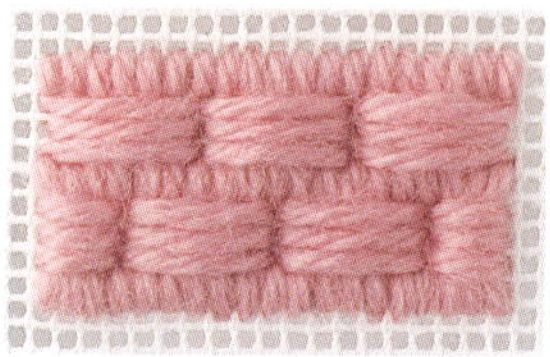
Waffelstich (S. 142)

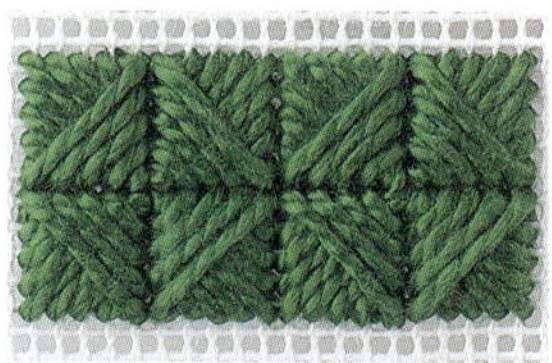
Schachbrett-Kissenstich (S. 142)

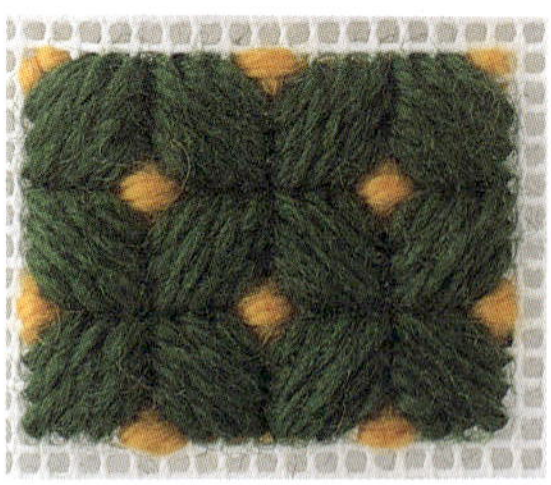
Brighton-Stich (S. 143)

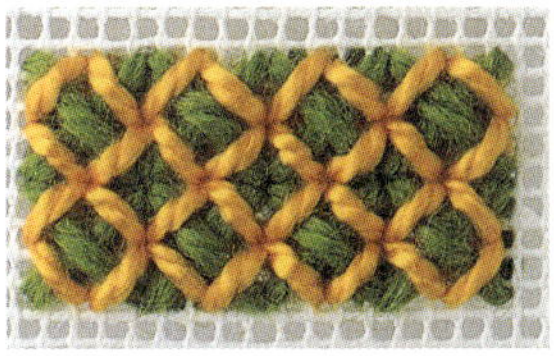
Reisstich (S. 143)

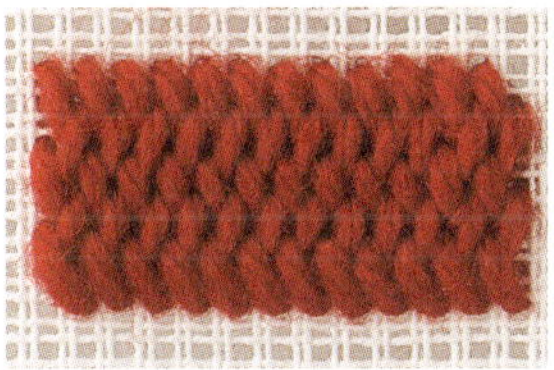
Korbstich (S. 144)

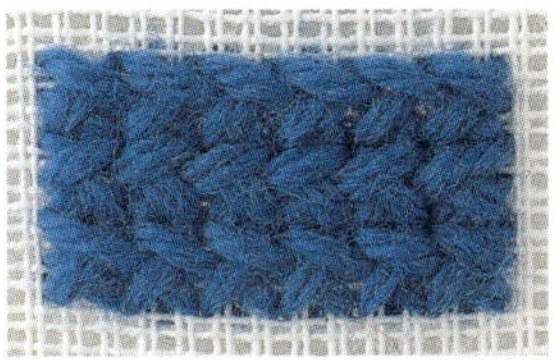
Griechischer Stich (S. 144)

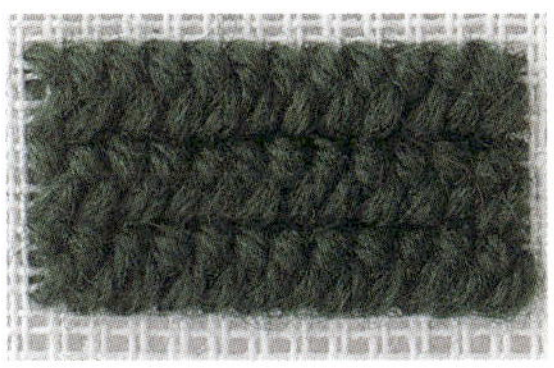
Flechtstich (S. 145)

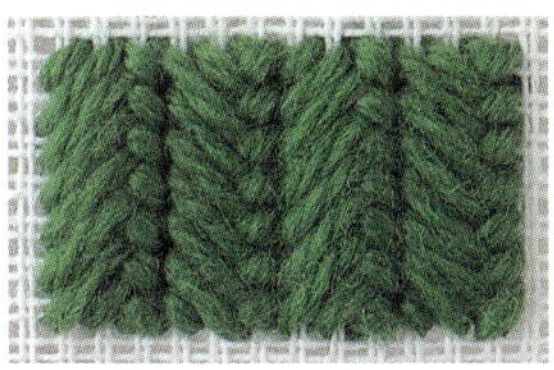
Fischgrätstich (S. 145)

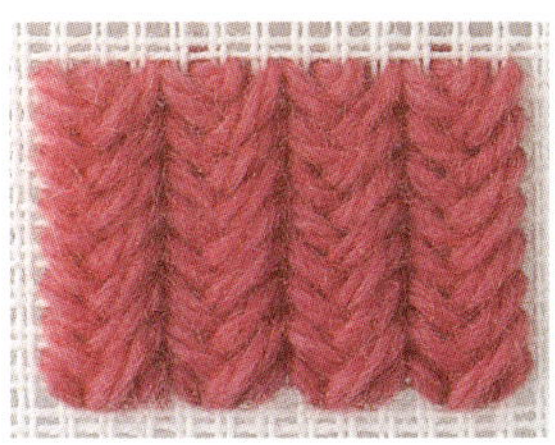
Bäumchenstich (S. 146)

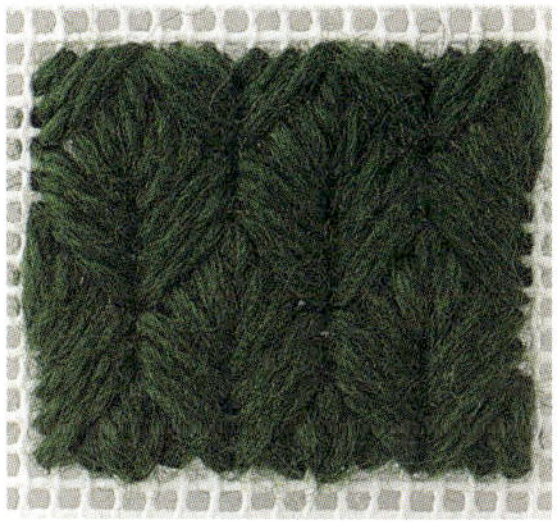
Blattstich (S. 146)

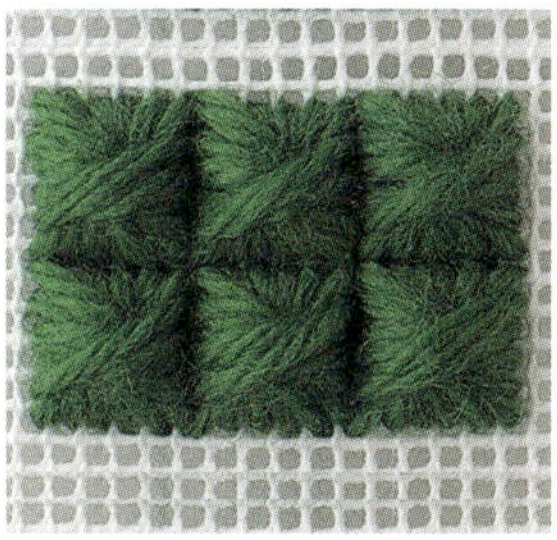
Rhodes-Stich (S. 147)

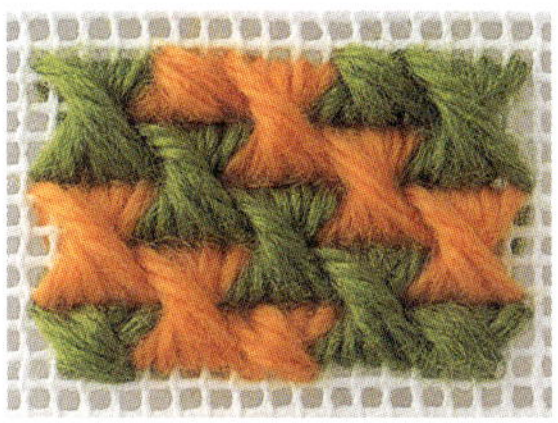
Halber Rhodes-Stich (S. 147)

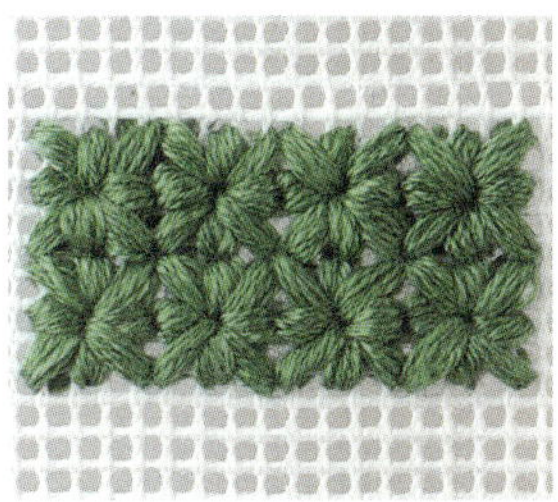
Algerischer Stich (S. 148)

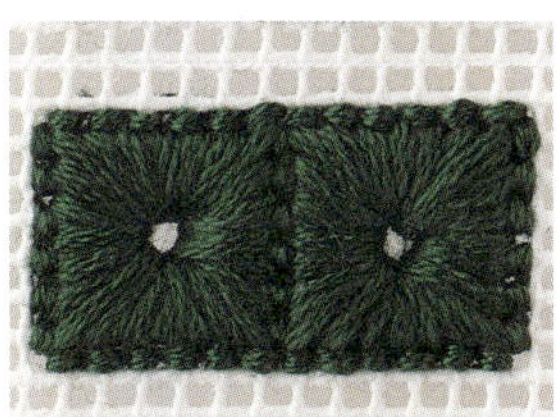
Algerischer Lochstich (S. 148)

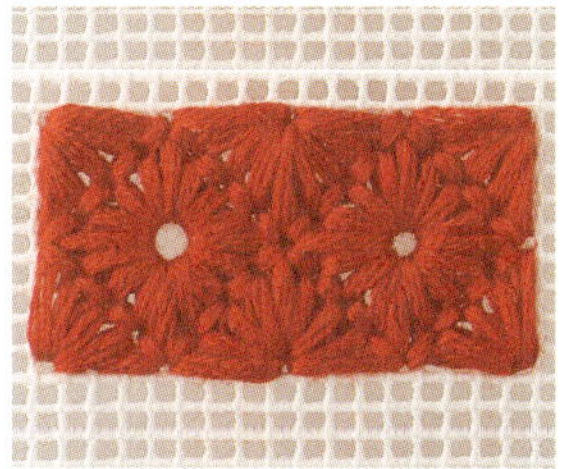
Rauten-Lochstich (S. 149)

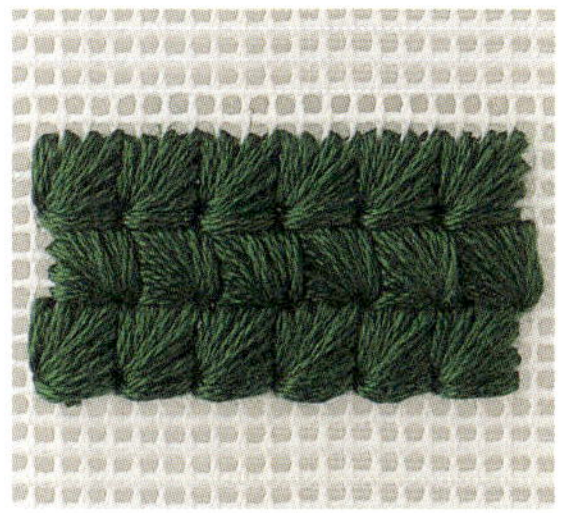
Fächerstich (S. 149)

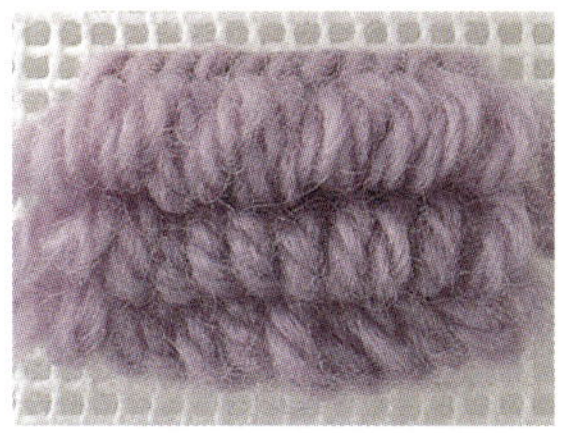
Schlingenstich (S. 151)

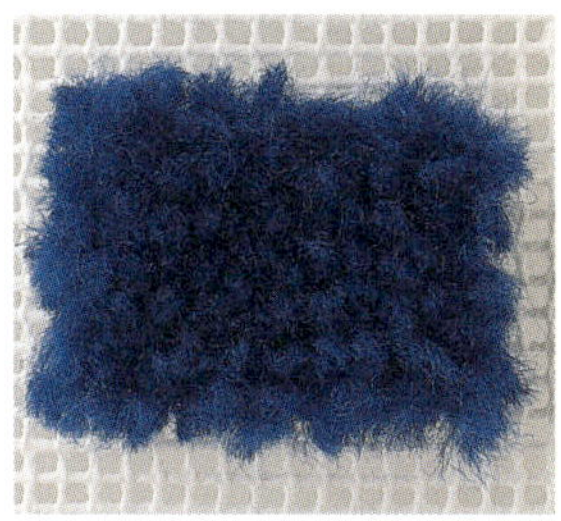
Türkischer Teppichstich (S. 151)

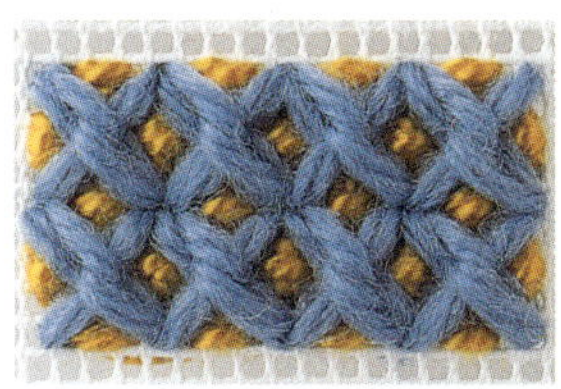
Hahnentrittstich (S. 152)

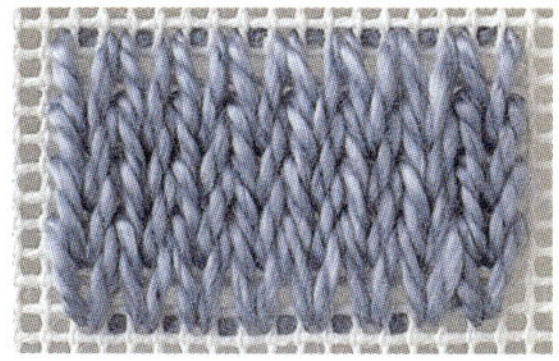
Maschenstich (S. 153)

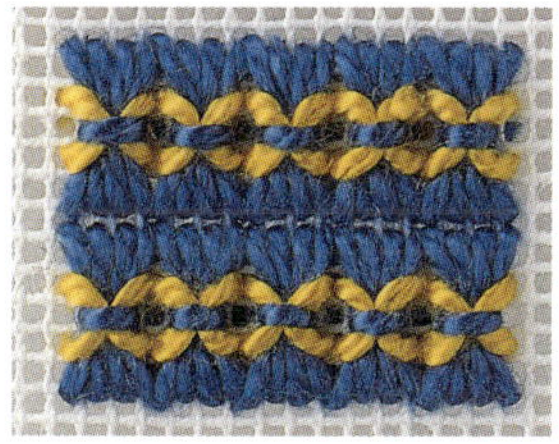
Alter Ährenstich (S. 153)

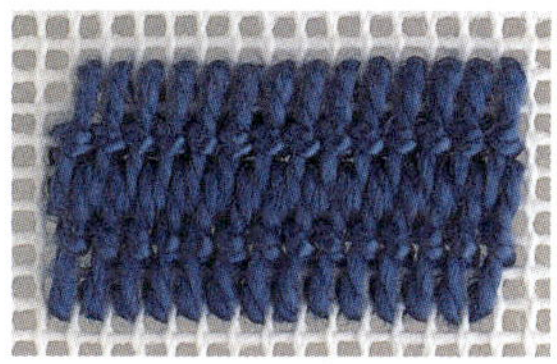
Hinkender Kreuzstich (S. 154)

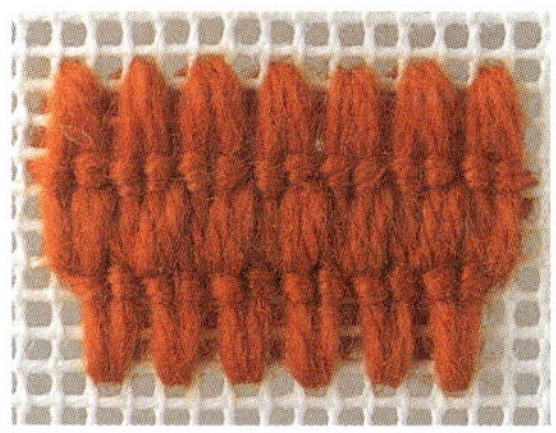
Französischer Stich (S. 154)

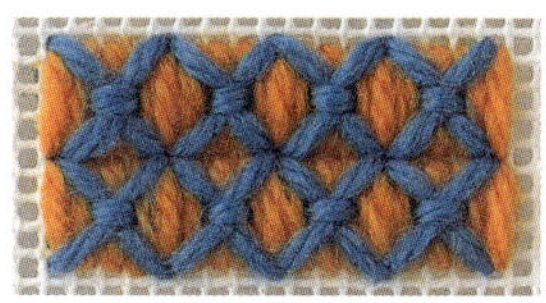
Ananasstich (S. 155)

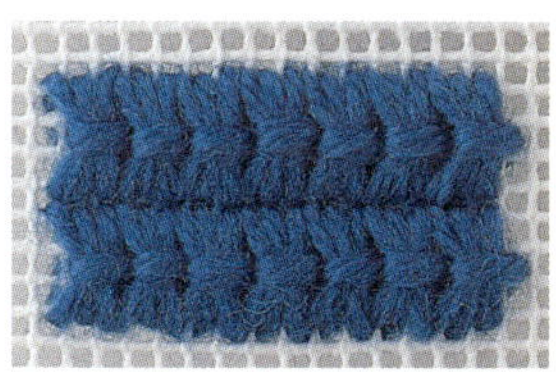
Pfeilstich (S. 155)

Geradstiche und Bordüren

Konturstiche

Diese Gruppe umfasst einfache und kompliziertere Stiche, die alle in einer durchgehenden Linie gearbeitet werden. Sie können mit jedem Garn und auf jeder Art von Stoff gestickt werden und eignen sich für feine Details oder starke grafische Konturen. Sie lassen sich für Motive, Monogramme und Schriftzüge oder als Kontur für eine Form, die mit einem anderen Stich ausgefüllt wird, verwenden.

Der erste und einfachste dieser Stiche ist der Vorstich. Er bildet die Grundlage vieler Sticktechniken aus aller Welt, darunter Stopfstiche, Applikationen, indische Kantha-Stickerei und walisische Quilts sowie japanische Sashiko-Stickerei und Boro-Patching.

Vorstich

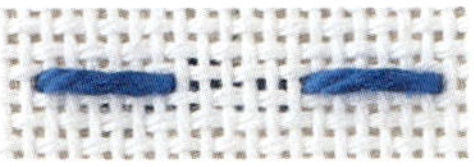

SCHWIERIGKEITSGRAD
Einfach

VERWENDUNG
Einfache Linien und Konturen; Grundlage für andere Stiche; Nähen und Quilten von Hand; Verstärkung bei Lochstickerei

METHODE
Gerade Stiche gleicher Länge in regelmäßigen Abständen

MATERIAL
Alle Stoffe und Garne

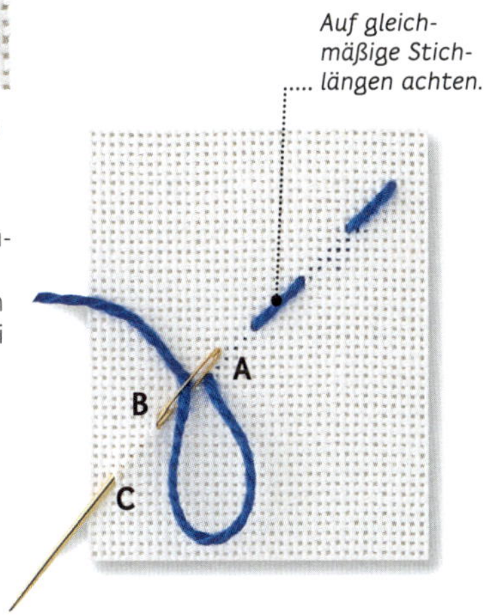

Bei **A** ausstechen, dann die Nadel bei **B** einstechen. Bei **C** wieder ausstechen. Fortlaufend wiederholen, dabei auf gleichmäßige Stichlängen achten.

Umschlungener Vorstich

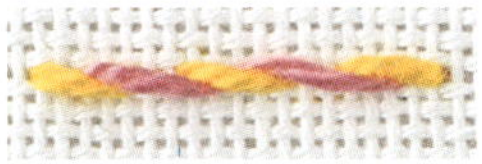

ANDERE NAMEN
Kördelchenstich

SCHWIERIGKEITSGRAD
Einfach

VERWENDUNG
Gerade und gekrümmte Konturen

METHODE
Umschlungener Vorstich

MATERIAL
Beliebiger Stoff; zwei Garne in verschiedenen Farben oder Stärken; Nadel ohne Spitze zum Umschlingen

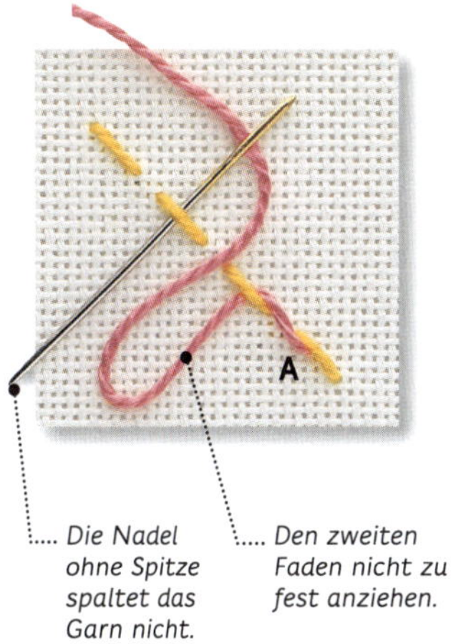

Eine Grundreihe im Vorstich arbeiten (siehe Anleitung links). Mit einer Nadel ohne Spitze den zweiten Faden bei **A** ausstechen. Die Nadel von rechts nach links unter dem nächsten Stich durchschieben und den Faden durchziehen. Fortlaufend wiederholen.

Doppelter Vorstich

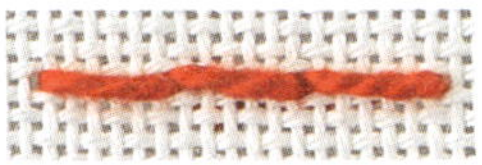

ANDERE NAMEN
Holbeinstich, Assisi-Stich

SCHWIERIGKEITSGRAD
Einfach

VERWENDUNG
In Kreuzstickereien, Assisi- und Schwarzstickereien

METHODE
Ausgezählter Vorstich in Hin- und Rückreihen

MATERIAL
Auszählbarer Stoff, beliebiges Stickgarn

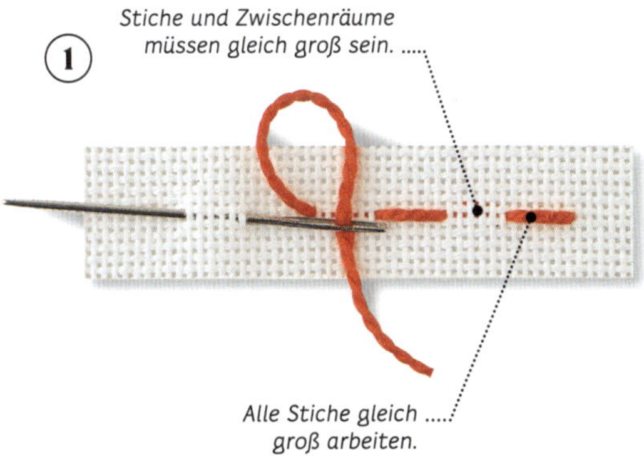

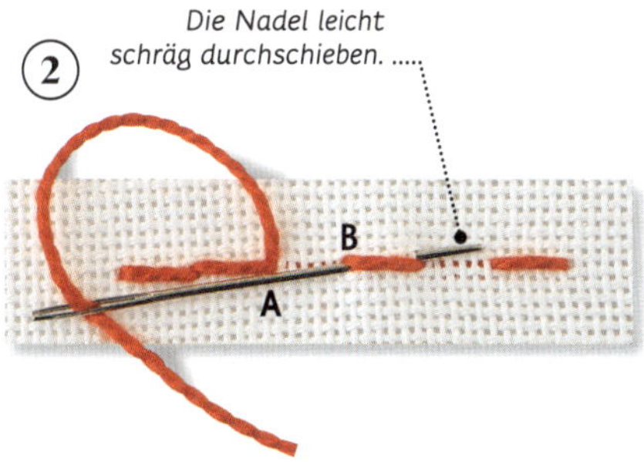

1 Eine Reihe im Vorstich arbeiten (siehe oben). Alle Stiche und ihre Abstände müssen gleich lang sein.

2 In der Rückreihe die Zwischenräume ausfüllen. Über dem vorhandenen Stich bei **A** ausstechen. Die Nadel bei **B** unter dem Faden des nächsten Stichs einstechen. Fortlaufend wiederholen.

Technikvariante

Mit doppeltem Vorstich kann man auch kunstvolle Bordüren und Füllmuster gestalten. Das Muster auf Karopapier vorzeichnen. Auf dem Hinweg jeden zweiten Stich sticken, auf dem Rückweg in entgegengesetzter Richtung arbeiten und die Zwischenräume füllen.

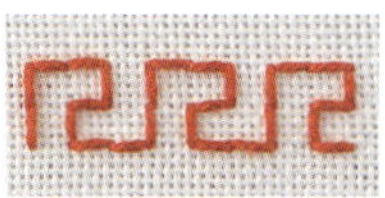

Rückstich

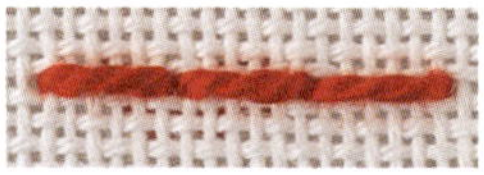

ANDERE NAMEN
Steppstich

SCHWIERIGKEITSGRAD
Einfach

VERWENDUNG
Details und feine Konturen, Monogramme, Grundlage für zusammengesetzte Stiche

MATERIAL
Stoff und Garn beliebig, wirkt mit ungedrehtem Faden besonders glatt

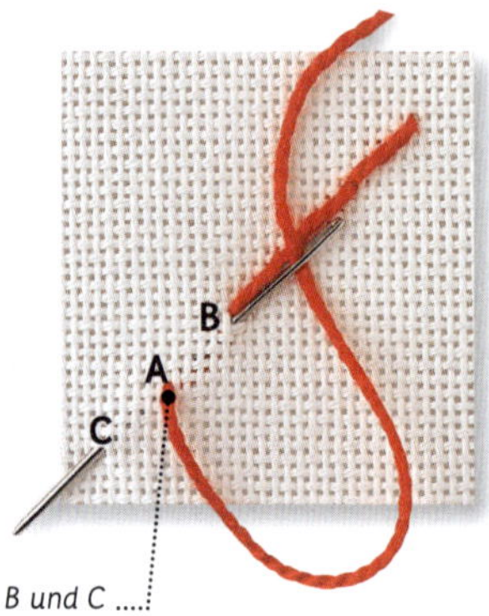

Bei **A** ausstechen. Die Nadel bei **B** einstechen und in Punkt **C** (eine Stichlänge vor **A**) wieder ausstechen. Bei **A** einstechen und mit regelmäßigen Stichlängen fortlaufend wiederholen.

Spaltstich

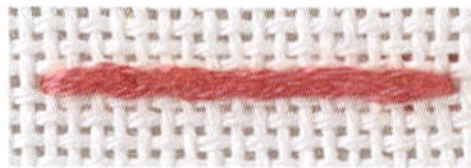

SCHWIERIGKEITSGRAD
Einfach

VERWENDUNG
Konturen; in dichten Reihen als Füllstich; erhabene Kontur für geschlossene Füllstiche

MATERIAL
Beliebiger Stoff; weiches, ungedrehtes Garn wie Baumwoll- oder Seidentwist; Nadel mit Spitze

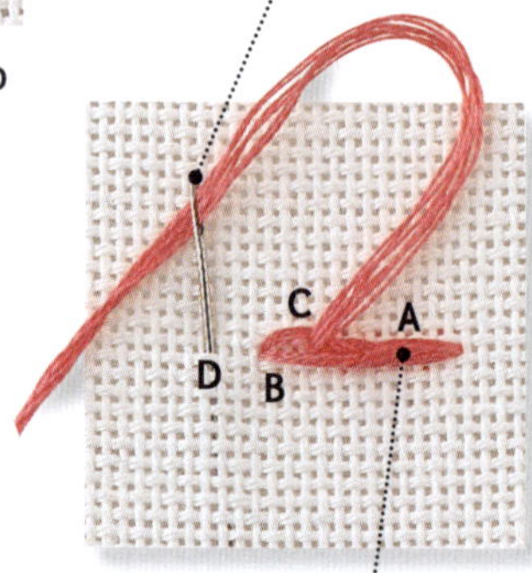

Bei **A** ausstechen und einen Vorstich nach **B** arbeiten. Bei **C**, auf der Hälfte dieses Vorstichs, durch den Faden hindurch ausstechen. Bei D einstechen und fortlaufend wiederholen.

Umschlungener Rückstich

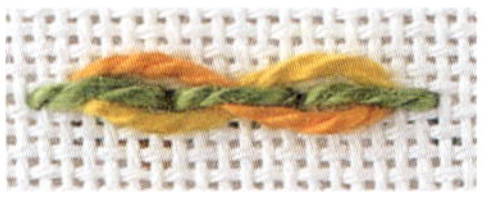

SCHWIERIGKEITSGRAD
Einfach

VERWENDUNG
Flexible Konturen und Bordüren

METHODE
Rückstichreihe, umschlungen mit einem oder zwei Fäden

MATERIAL
Beliebiger Stoff; dickes Stickgarn in zwei oder drei Farben; Nadel ohne Spitze

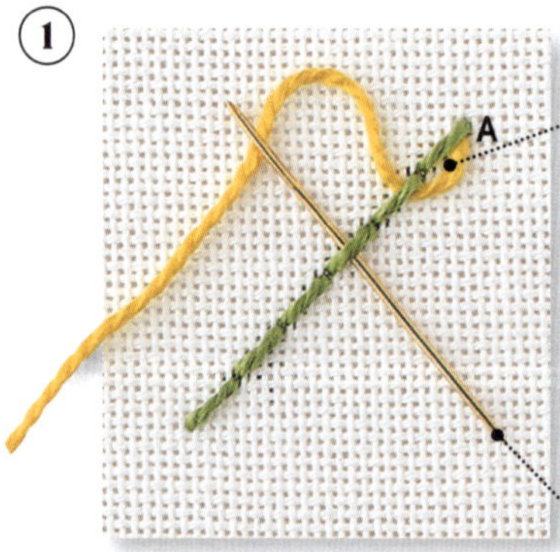

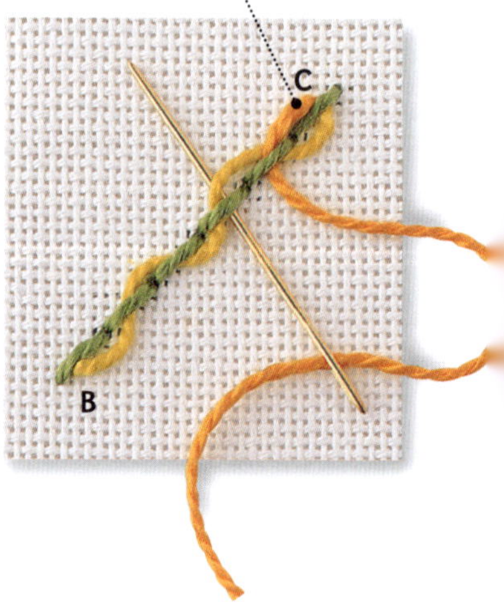

1 Eine Grundreihe im Rückstich (siehe oben) arbeiten. Mit dem zweiten Faden bei **A** ausstechen. Die Nadel unter dem nächsten Stich durch und unter dem Folgestich zurückschieben. Fortlaufend wiederholen.

2 Bei **B** zur Rückseite stechen und den Faden vernähen. Für eine doppelte Umschlingung bei **C** ausstechen und die Nadel unter den Fäden durchschieben.

Stielstich

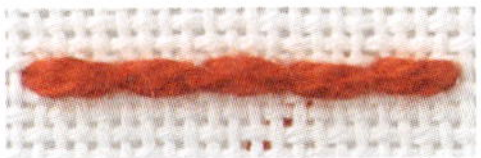

ANDERE NAMEN
Konturstich

SCHWIERIGKEITSGRAD
Einfach

VERWENDUNG
Konturen, Blütenstiele, in Reihen als Füllmuster

MATERIAL
Beliebiger Stoff; beliebiges Stickgarn oder feine Stickwolle

(1)

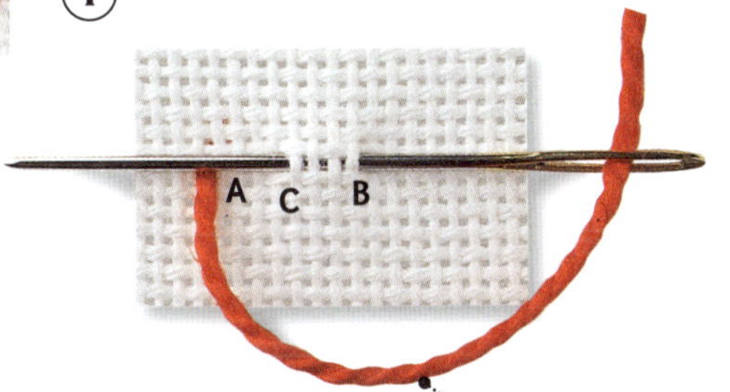

Schlaufe unter die Nadel legen.

(2)

Faden kommt über dem vorigen Stich heraus.

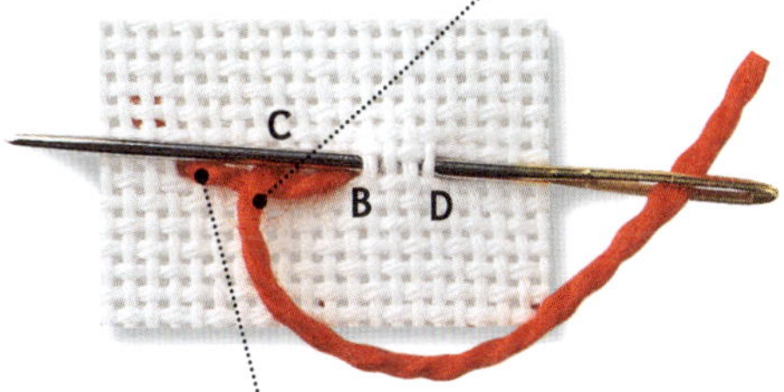

Auf gleichmäßige Stichlängen achten.

1 Bei **A** beginnen. Die Nadel bei **B** einstechen und bei **C** (zwischen **A** und **B**) ausstechen.

2 Bei **D** einstechen und am Ende des vorigen Stichs **(B)** ausstechen. Fortlaufend wiederholen.

Technikvariante

Mit schräg gearbeiteten Stichen wirkt der Stich eher wie eine Kordel.

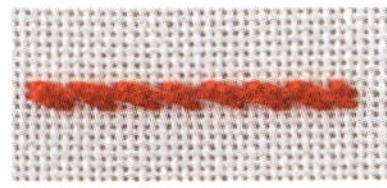

Wechselstich

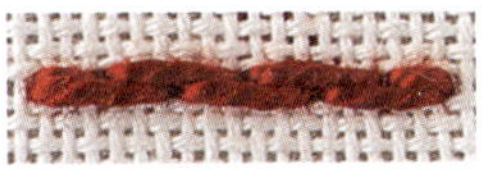

ANDERE NAMEN
Zweiseitiger Stielstich

SCHWIERIGKEITSGRAD
Einfach

VERWENDUNG
Gerade und gekrümmte Konturen; schmale Bordüren

MATERIAL
Stoff und Stickgarn beliebig

(1)

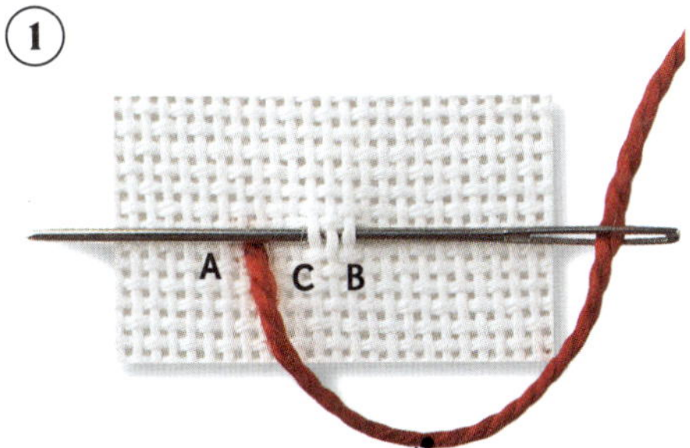

Schlaufe liegt unter der Nadel.

(2)

Schlaufe liegt über der Nadel.

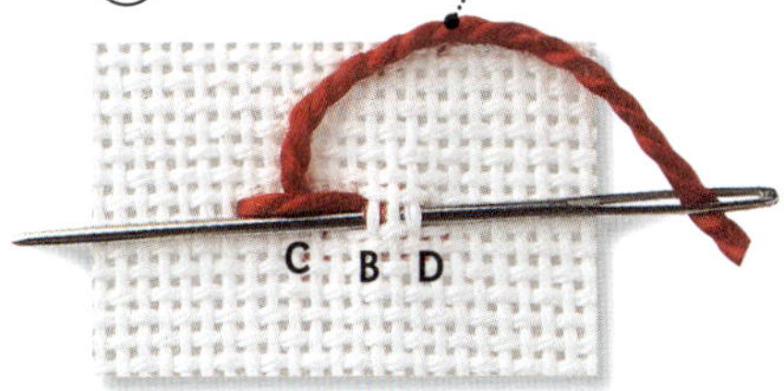

(3)

E und B sind gleich weit von D entfernt.

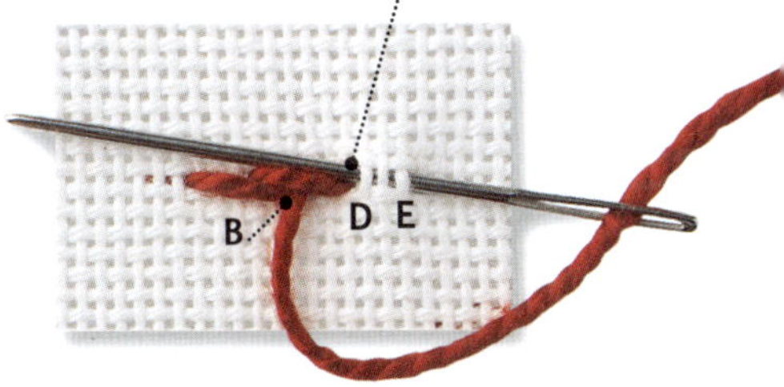

1 Bei **A** beginnen. Die Nadel bei **B** einstechen, auf halbem Rückweg bei **C** ausstechen und durchziehen.

2 Bei **D** ein- und bei **B** ausstechen.

3 Die Schlaufe unter die Nadel legen, bei **E** ein- und bei **D** ausstechen. Schritt 2 und 3 fortlaufend wiederholen.

Anlegetechnik

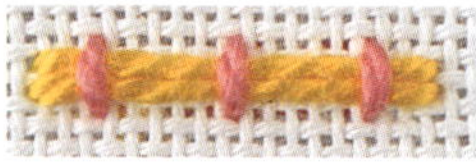

SCHWIERIGKEITSGRAD
Einfach

VERWENDUNG
Gerade und gekrümmte Konturen; Goldstickerei; in Reihen als Füllstich

METHODE
Der angelegte Faden wird mit kleinen Fixierstichen festgehalten.

MATERIAL
Alle dicht gewebten Stoffe; dickes oder empfindliches Stickgarn; feines Garn zum Fixieren; Stickrahmen

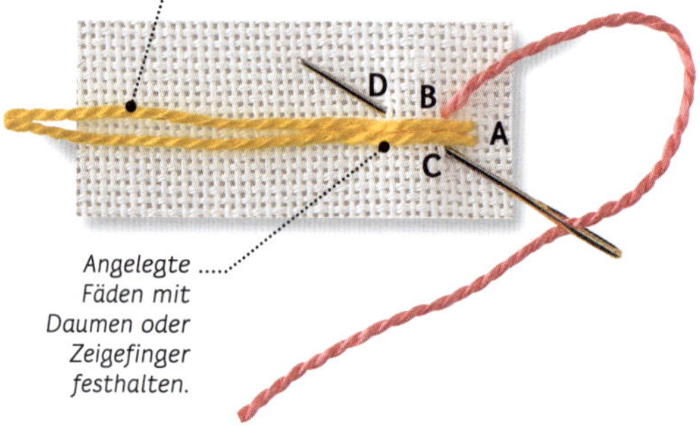

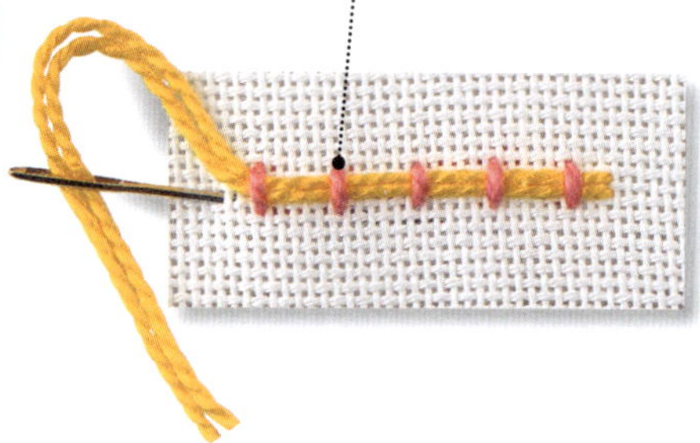

1 Den Hauptfaden bei **A** ausstechen und auf die vorgesehene Linie legen. Für die Fixierstiche (Seite 20) mit dem feinen Garn bei **B** ausstechen. Bei **C** auf der anderen Seite des angelegten Fadens einstechen. Bei **D** ausstechen, um den nächsten Stich zu beginnen.

2 Den angelegten Faden bis zum Ende mit kleinen Stichen in gleichmäßigen Abständen aufnähen. Alle Fäden auf der Rückseite vernähen.

Stichvariante

Der überwendliche Stich ist eine Variante der Anlegetechnik. Die Fixierstiche werden in so engen Abständen gearbeitet, dass sie den angelegten Faden komplett verdecken.

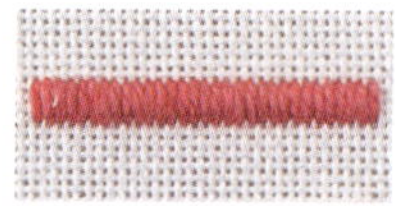

Perlstich

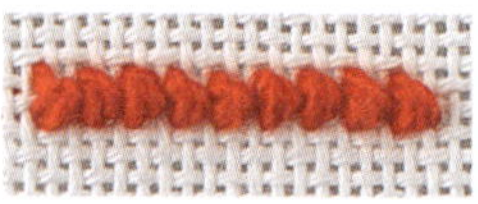

SCHWIERIGKEITSGRAD
Mittel

VERWENDUNG
Gerade oder gekrümmte Konturen, Monogramme

METHODE
Fortlaufende Reihe aus Knötchen

MATERIAL
Beliebiger Stoff; dickes, nicht teilbares Stickgarn

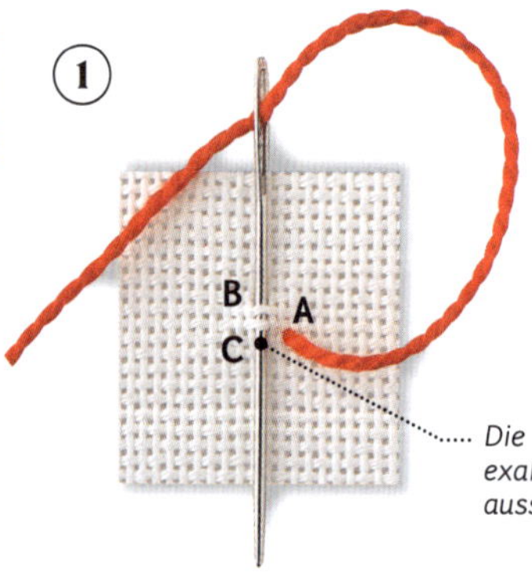

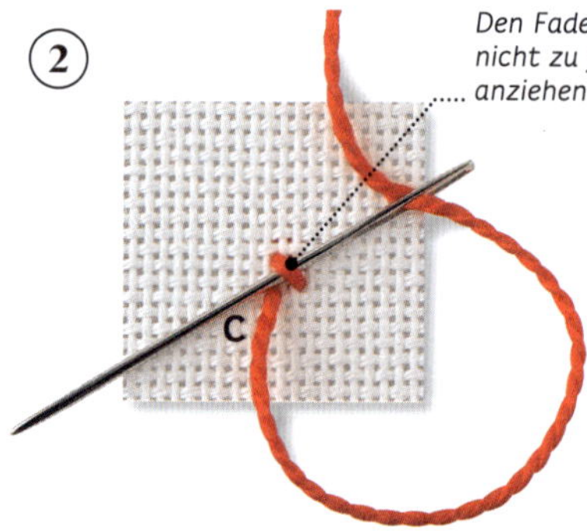

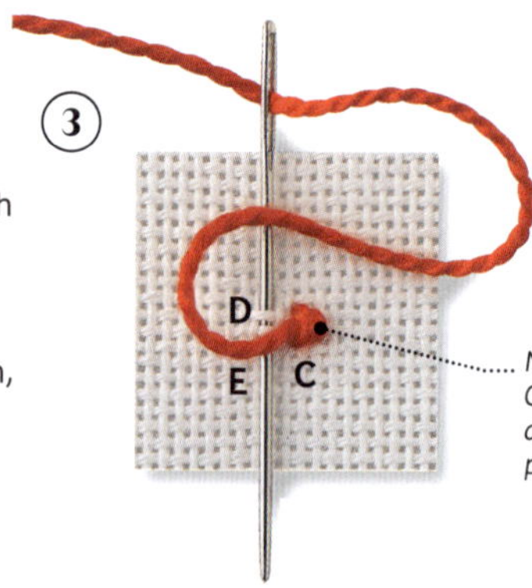

1 Bei **A** beginnen und einen schrägen Stich nach **B** arbeiten. Bei **C** ausstechen.

2 Den Faden anziehen. Die Nadel von rechts nach links unter dem schrägen Stich durchziehen.

3 Durch leichten Zug nach unten den Knoten festziehen. Links vom Knoten bei **D** einstechen, um den schrägen Stich für den nächsten Knoten zu bilden. Bei **E** ausstechen. Schritt 2 und 3 fortlaufend wiederholen.

Korallenstich

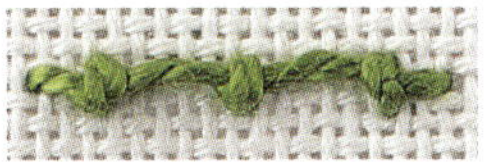

ANDERE NAMEN
Knötchenstich, Schneckenstich, Perlenknötchen

SCHWIERIGKEITSGRAD
Einfach

VERWENDUNG
Gerade und gekrümmte Konturen; in Reihen als strukturierter Füllstich

METHODE
Reihe aus einzelnen Knötchen in engen oder weiten Abständen

MATERIAL
Beliebiger Stoff; dickes, nicht teilbares Garn

1

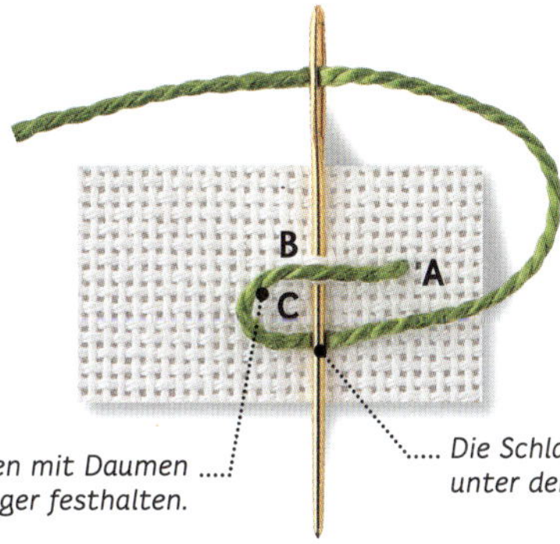

Den Faden mit Daumen oder Zeigefinger festhalten.

Die Schlaufe liegt unter der Nadel.

2

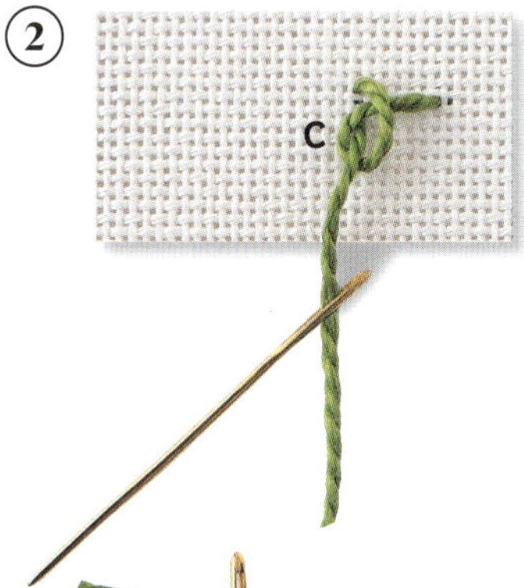

3

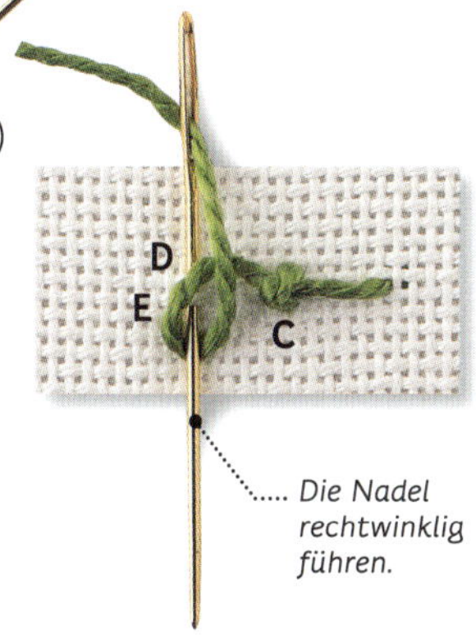

Die Nadel rechtwinklig führen.

1 Bei **A** beginnen. Den Faden in Stichrichtung festhalten. Bei **B** einstechen und von links nach rechts eine Schlaufe legen. Bei **C** über den Arbeitsfaden hinweg ausstechen.

2 Die Nadel vorsichtig durch die Schlaufe ziehen, sodass ein Knoten entsteht.

3 Die Nadel links bei **D** ein- und bei **E** ausstechen, um den nächsten Knoten zu bilden. Schritt 1 und 2 fortlaufend wiederholen.

Makrameestich

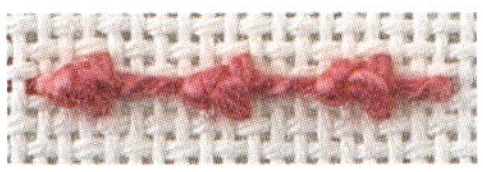

ANDERE NAMEN
Doppelter Knötchenstich, Palestrinastich

SCHWIERIGKEITSGRAD
Mittel

VERWENDUNG
Konturen und Bordüren

METHODE
Fortlaufende Reihe aus Knötchen

MATERIAL
Beliebiger Stoff; dickes, nicht teilbares Stickgarn

1

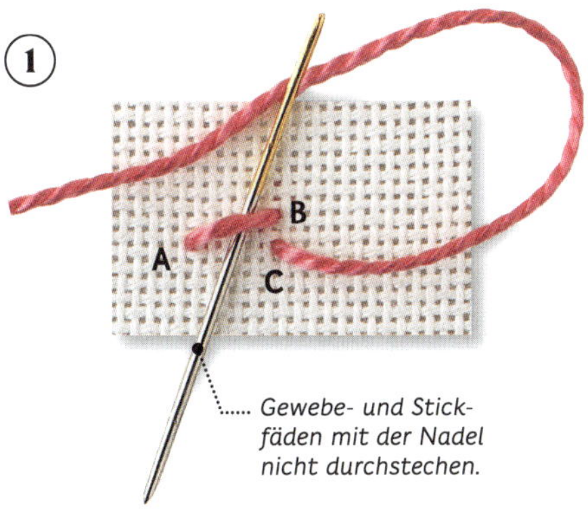

Gewebe- und Stickfäden mit der Nadel nicht durchstechen.

2

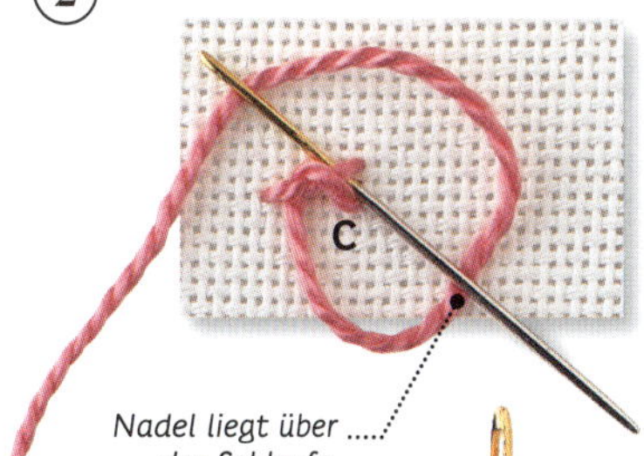

Nadel liegt über der Schlaufe.

3

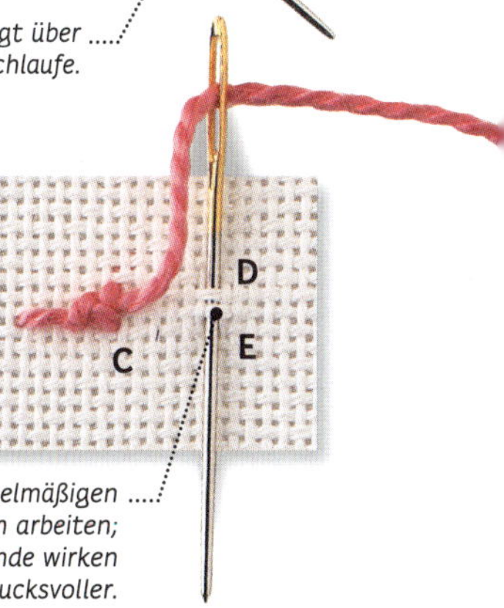

Knoten in regelmäßigen Abständen arbeiten; enge Abstände wirken ausdrucksvoller.

1 Bei **A** beginnen und einen schrägen Stich nach **B** arbeiten. Bei **C** ausstechen und die Nadel von oben nach unten unter dem Stich durchschieben.

2 Die Nadel rechts von der Schlaufe nochmals unter dem schrägen Stich durchführen und über den Arbeitsfaden legen.

3 Den Knoten festziehen. Bei **D** ein- und bei **E** (auf gleicher Höhe mit **C**) ausstechen, um den nächsten Stich zu beginnen.

Kettenstich

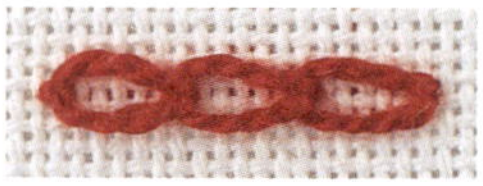

ANDERE NAMEN
Tambourstich

SCHWIERIGKEITSGRAD
Einfach

VERWENDUNG
Gerade Linien und Kurven; Monogramme; in Reihen oder Spiralen als Füllstich

METHODE
Schlingstich, von oben nach unten gearbeitet

MATERIAL
Stoff und Garn beliebig

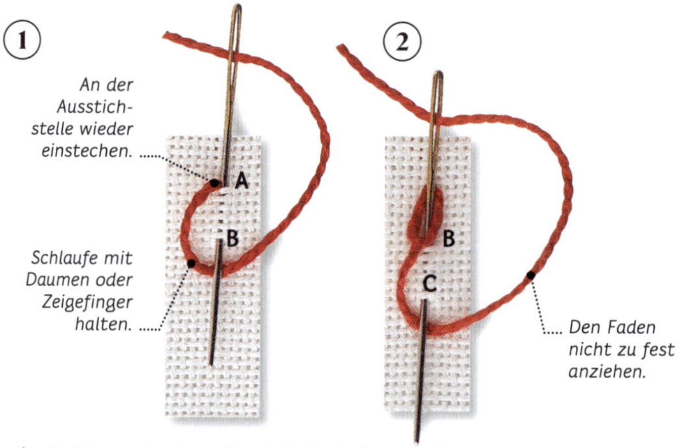

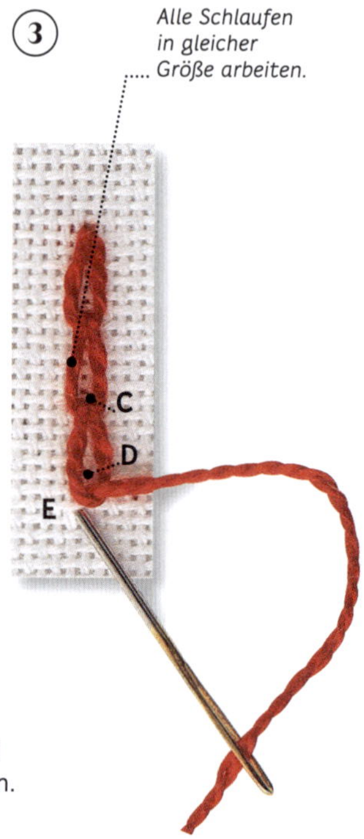

1 Bei **A** ausstechen. Den Arbeitsfaden von links nach rechts zur Schlaufe legen, die Nadel bei **A** wieder einstechen. Innerhalb der Schlaufe bei **B** ausstechen.

2 Schritt 1 wiederholen. Nun aber die Nadel in der ersten Schlaufe bei **B** ein- und bei **C** wieder ausstechen.

3 Am Ende der Reihe innerhalb der letzten Schlaufe ausstechen und diese mit einem kleinen Fixierstich (Seite 20) von **D** nach **E** sichern.

Offener Kettenstich

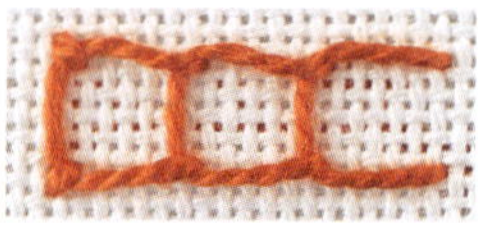

ANDERE NAMEN
Leiterstich, römischer Kettenstich

SCHWIERIGKEITSGRAD
Einfach

VERWENDUNG
Breite Konturen, Anlegetechnik, Grundlage für Durchzugsarbeiten mit Bändern, indische Stickerei

METHODE
Schlingstich, von oben nach unten gearbeitet

MATERIAL
Stoff und Garn beliebig

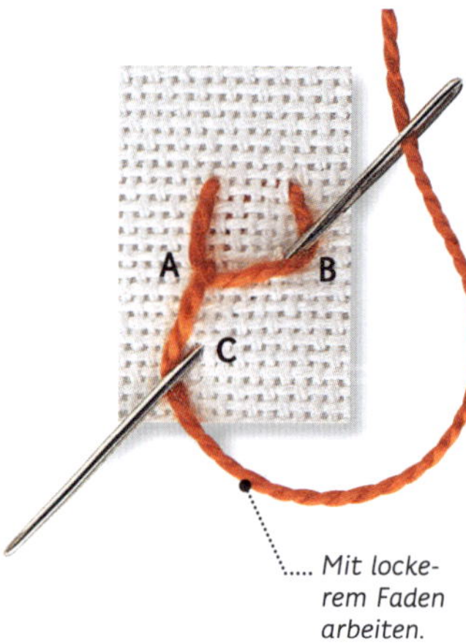

Bei **A** ausstechen. Die Nadel innerhalb der ersten Schlaufe bei **B** einstechen. Oberhalb des Arbeitsfadens bei **C** ausstechen, dabei eine lockere Schlaufe hängen lassen. Fortlaufend wiederholen. Die letzte Schlaufe mit zwei kleinen Fixierstichen sichern.

Gedrehter Kettenstich

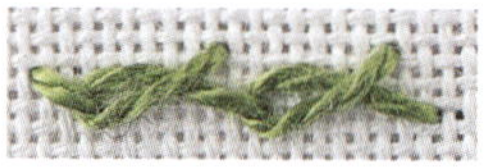

SCHWIERIGKEITSGRAD
Einfach

VERWENDUNG
Gerade und strukturierte Konturen

METHODE
Kettenstichvariation mit gekreuzten Schlaufen

MATERIAL
Stoff und Faden beliebig, nicht-teilbares Garn eignet sich am besten.

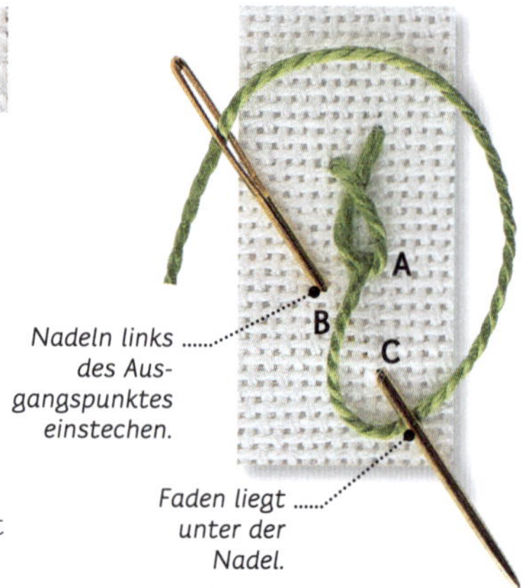

Bei **A** ausstechen. Eine Schlaufe von links nach rechts legen, bei **B** ein- und bei **C** über dem Arbeitsfaden ausstechen. Fortlaufend wiederholen, das Ende mit einem Fixierstich (Seite 20) sichern.

Ankerkettenstich

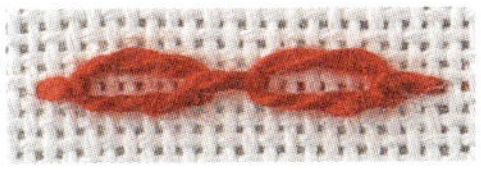

SCHWIERIGKEITSGRAD
Mittel

VERWENDUNG
Dekorative gerade oder gekrümmte Konturen

METHODE
Gedrehter Schlingstich, von oben nach unten gearbeitet

MATERIAL
Stoff beliebig, dickes Stickgarn

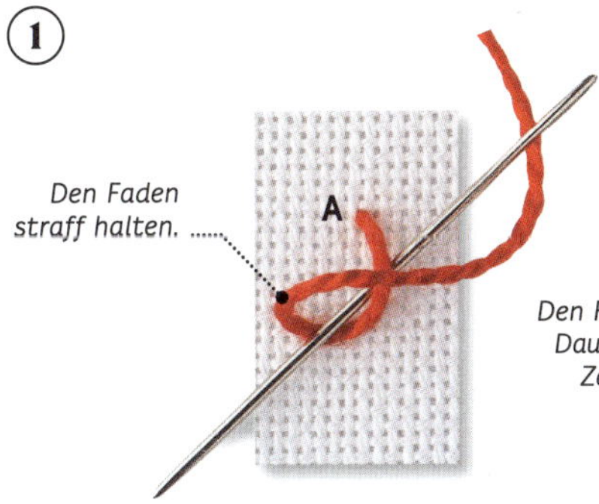

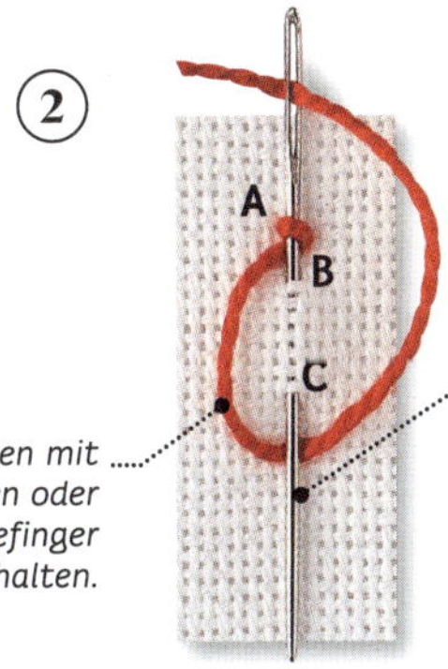

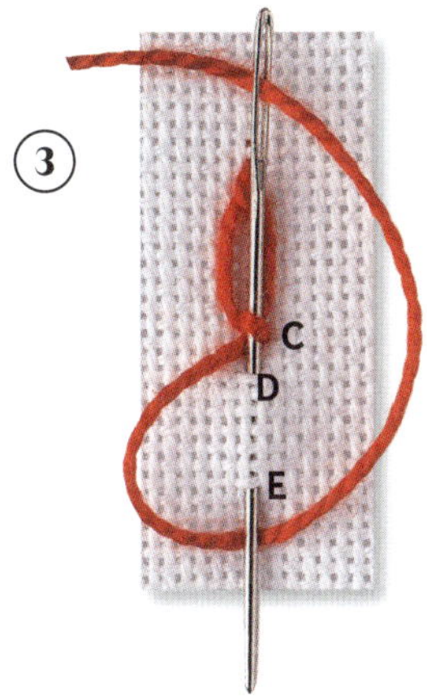

1 Bei **A** beginnen. Den Faden von links nach rechts erst über, dann unter die Nadel legen.

2 Bei **B** einstechen. Die Nadelspitze bei **C** über dem Arbeitsfaden ausstechen. Die Nadel durchziehen, um die ersten beiden Kettenglieder zu erhalten.

3 Wieder den Faden um die Nadel wickeln. Den nächsten Stich von **D** nach **E** arbeiten. Schritt 1 und 2 fortlaufend wiederholen, dabei von oben nach unten arbeiten.

Breiter Kettenstich

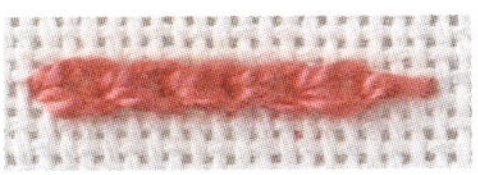

ANDERE NAMEN
Verkehrter Kettenstich, Maschenstich

SCHWIERIGKEITSGRAD
Mittel

VERWENDUNG
Kompakte, aber flexible Kontur

METHODE
Schlingstich, von oben nach unten gearbeitet

MATERIAL
Beliebiger Stoff, festes Stickgarn

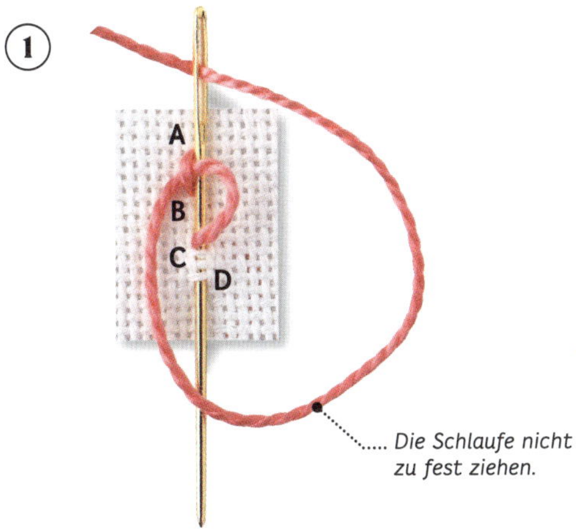

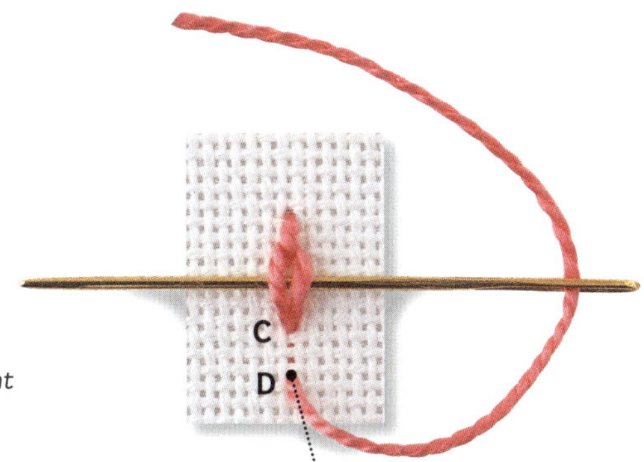

1 Einen kurzen, senkrechten Stich von **A** nach **B** arbeiten. Die Nadel in Punkt **C** ausstechen, von rechts nach links unter dem Stich durchschieben und den Faden für die erste Schlaufe nachziehen. Bei **D** ausstechen.

2 Die Nadel von rechts nach links unter beiden Fäden der vorigen Schlaufe durchziehen, bei **D** einstechen. Ab **C** fortlaufend wiederholen.

Kordelstich

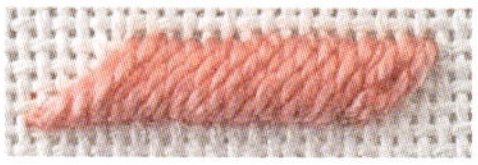

ANDERE NAMEN
Schnurstich

SCHWIERIGKEITSGRAD
Anspruchsvoll

VERWENDUNG
Gerade, gekrümmte und spiralförmige Konturen

MATERIAL
Beliebiger Stoff; dickes Stickgarn (Sticktwist ist besonders glatt); Stickrahmen

TIPP
In Rundungen den Winkel der einzelnen Stiche variieren

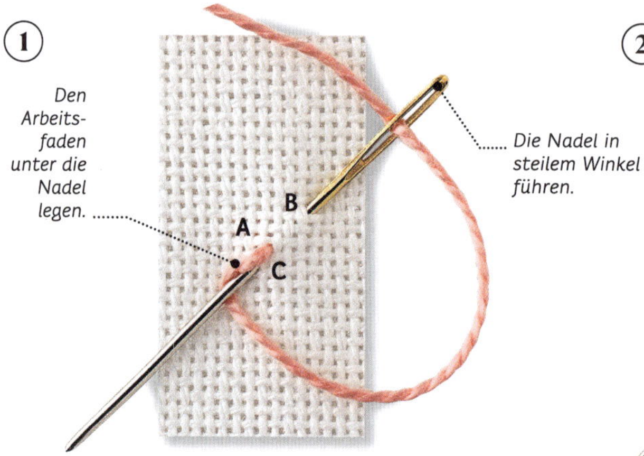

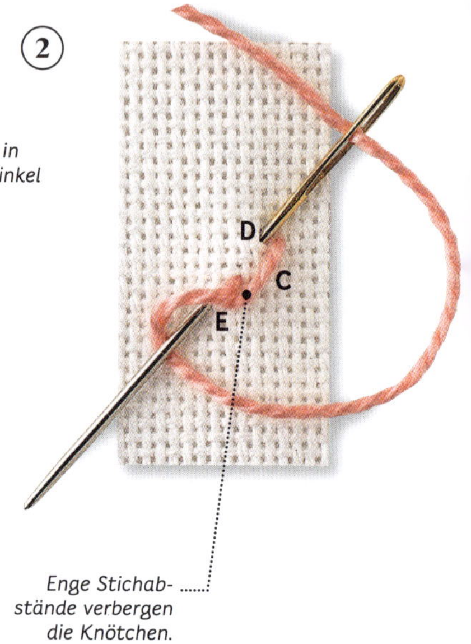

1 Bei **A** beginnen. Einen schrägen Stich nach **B** arbeiten. In **C** (links unterhalb von **A**) ausstechen.

2 Die Nadel über dem Arbeitsfaden durchziehen, sodass am Grund des nächsten Stichs ein kleiner Knoten entsteht. Bei **D** ein- und bei **E** ausstechen. Diesen Schritt fortlaufend wiederholen.

Schneckenstich

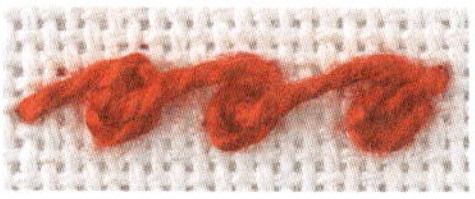

ANDERE NAMEN
Rollstich

SCHWIERIGKEITSGRAD
Mittel

VERWENDUNG
Dekorative Konturen

METHODE
Schlingstich mit Knötchen

MATERIAL
Beliebiger Stoff; festes, nicht teilbares Stickgarn; Stickrahmen

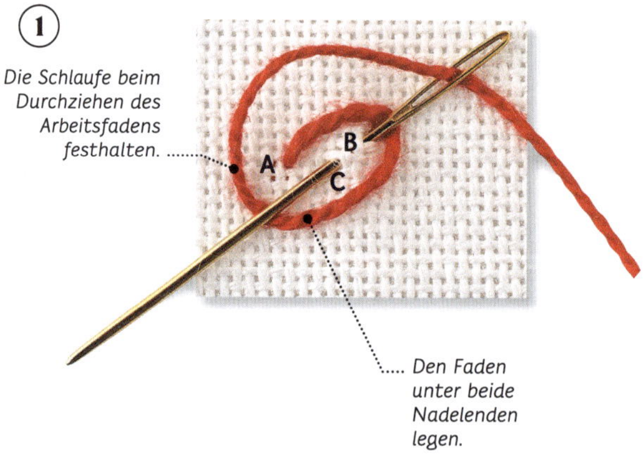

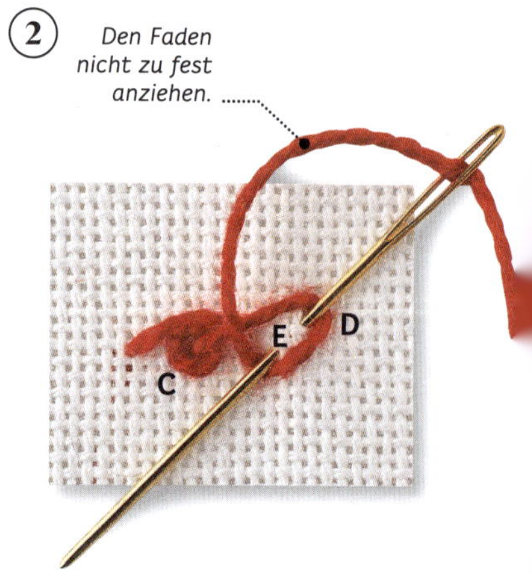

1 Bei **A** ausstechen und einen schrägen Stich nach **B** arbeiten. Die Nadelspitze schräg unterhalb bei **C** ausstechen, aber nicht durchziehen. Den Arbeitsfaden im Uhrzeigersinn unter der Nadel durchführen.

2 Die Nadel vorsichtig durchziehen, dabei die Schlaufe in Form halten. Bei **D** einstechen. Die Spitze bei **E** ausstechen, sodass die Nadel im gleichen Winkel liegt wie beim vorigen Stich. Fortlaufend wiederholen.

Bordürenstiche

Dies ist eine besonders große Familie von Stichen. Bei manchen wird der Faden verschlungen oder verknotet, um interessante Effekte zu erzielen. Verwenden Sie Bordürenstiche für breite, dekorative Linien, Rahmen und Einfassungen oder wiederholen Sie sie in geraden oder geschwungenen Reihen, um eine größere Fläche zu bedecken. Glatter Stoff eignet sich für freie Stickereien, während die Stickerei auf Stoff mit zählbaren Fäden ein eher geometrisches Aussehen erhält.

Bordürenstiche lassen sich vielfältig abwandeln. Der Langettenstich verleiht einer Stoffkante einen dekorativen Abschluss, der Federstich und seine Variationen sind zusammen mit dem Chevron-Stich traditionelle Smokstiche, und der Kreuzstich, der nach Zählmuster auf Aida-Stoff gearbeitet wird, kommt vermutlich nie aus der Mode.

Pariser Stich

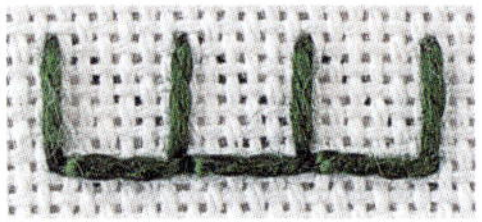

ANDERE NAMEN
Kästchenstich

SCHWIERIGKEITSGRAD
Einfach

VERWENDUNG
Luftige Bordüre,
in Reihen als Füllstich

METHODE
Variante des Rückstichs mit senkrechten Verzweigungen

MATERIAL
Auszählbarer Stoff,
beliebiges Stickgarn

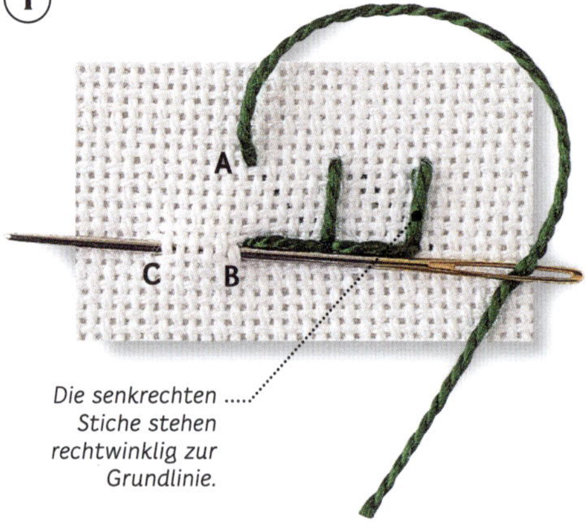

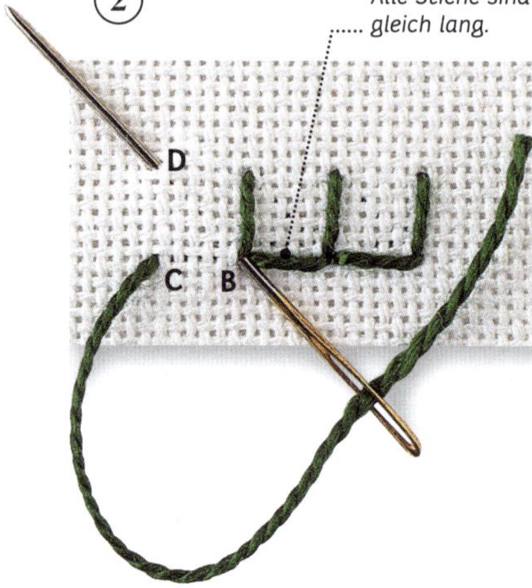

1 Bei **A** ausstechen und einen aufrechten Stich nach **B** arbeiten. Bei **C** (links von **B**) wieder ausstechen.

2 Nochmals bei **B** einstechen und einen Rückstich arbeiten. Bei **D** (oberhalb von **C**) ausstechen. Fortlaufend solche Paare aus rechtwinklig zueinander stehenden Stichen arbeiten.

Bäumchenstich

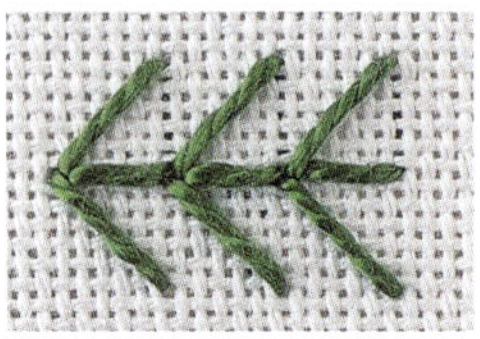

SCHWIERIGKEITSGRAD
Einfach

VERWENDUNG
Blattadern und feine Zweige

MATERIAL
Stoff und Garn beliebig

TIPP
In Rundungen die Stichlänge variieren

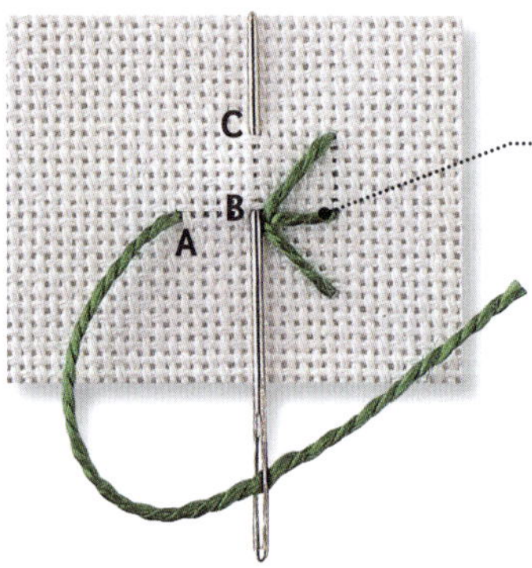

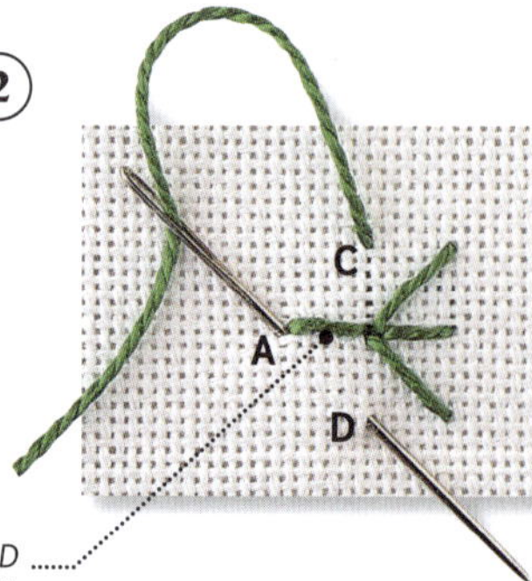

1 Bei **A** ausstechen. Einen waagerechten Stich nach **B** arbeiten. Bei **C** (direkt über **B**) ausstechen.

2 Wieder bei **A** einstechen. Nun bei **D** (unter **C**) ausstechen.

3 Nochmals bei **A** einstechen und bei **E** ausstechen. Hier beginnt die nächste Dreiergruppe von Stichen.

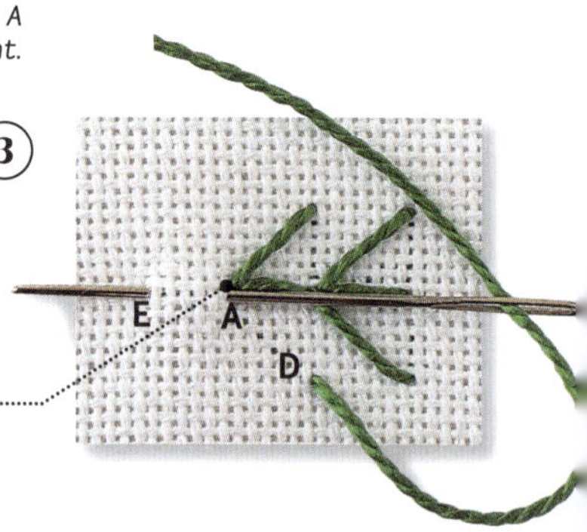

Bosnischer Stich

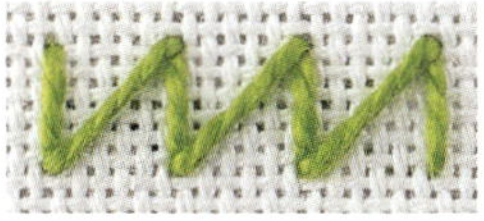

SCHWIERIGKEITSGRAD
Einfach

VERWENDUNG
Gerade Bordüren und Rahmen, mehrreihig als Füllstich

METHODE
Waagerecht in Hin- und Rückreihen arbeiten

MATERIAL
Stoff und Garn beliebig

(1)

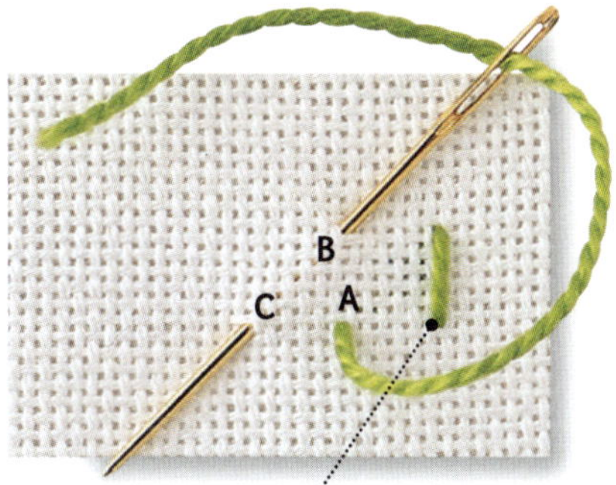

Auf gleichmäßige Stichhöhen achten.

(2)

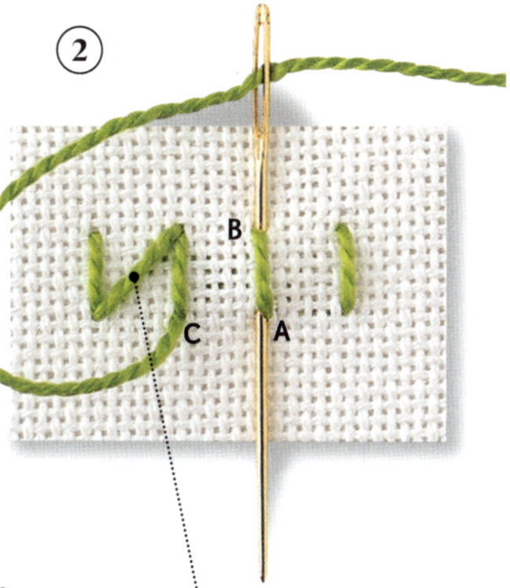

Die Schrägstiche bilden eine Zickzacklinie.

1 Bei **A** ausstechen und einen senkrechten Stich nach **B** arbeiten. Bei **C** (links von **A**) ausstechen. Fortlaufend wiederholen, dabei auf gleiche Abstände zwischen den Senkrechtstichen achten.

2 Die Zwischenräume mit schrägen Stichen ausfüllen. Bei **C** ausstechen, bei **B** ein- und bei **A** wieder ausstechen. Fortlaufend wiederholen.

Wabenstich

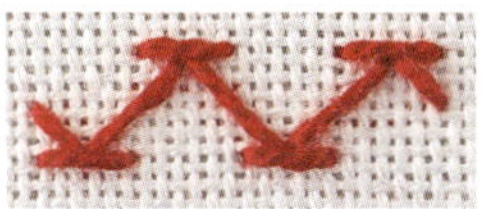

SCHWIERIGKEITSGRAD
Einfach

VERWENDUNG
Gerade Bordüren; in engen Reihen als Füllstich; verziert als Smokstich die Stoffoberfläche wabenartig

METHODE
Waagerecht zwischen parallelen Linien arbeiten

MATERIAL
Stoff und Garn beliebig

(1)

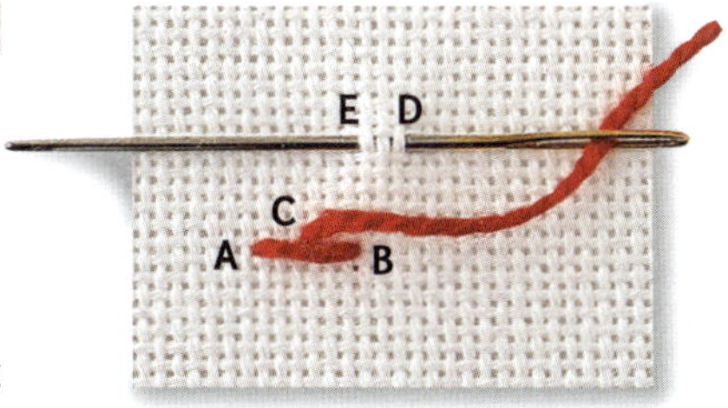

(2)

Faden liegt über der Nadel.

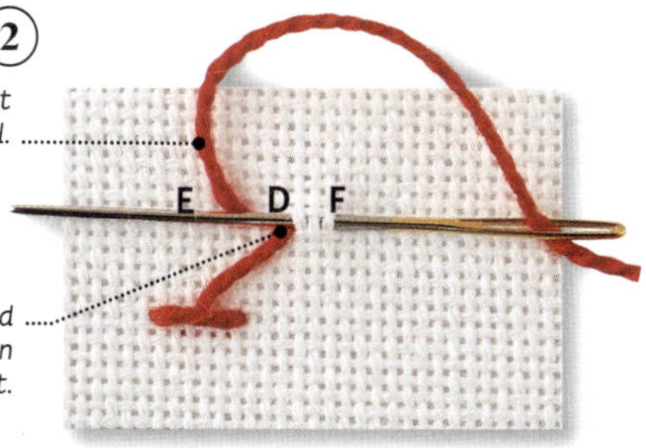

E und F sind gleich weit von D entfernt.

1 Bei **A** ausstechen und einen waagerechten Stich nach **B** arbeiten. In der Mitte des Stichs bei **C** ausstechen. Rechts oberhalb bei **D** einstechen und bei **E** (auf gleicher Höhe mit **D**) ausstechen.

2 Bei **F** (rechts von **E**) einstechen und bei **D** wieder ausstechen.

3 Rechts unterhalb bei **G** ein- und bei **H** wieder ausstechen. Weiter rechts bei **J** einstechen und bei **G** ausstechen. Die gesamte Folge fortlaufend wiederholen.

Gleicher Winkel bei allen schrägen Stichen

Gleiche Länge bei allen waagerechten Stichen

(3)

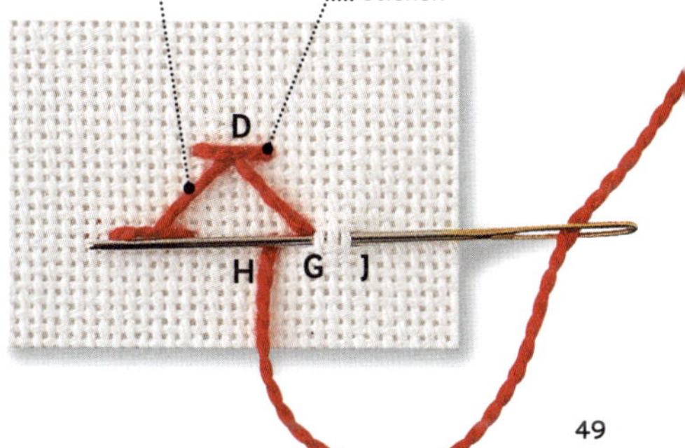

Dornenstich

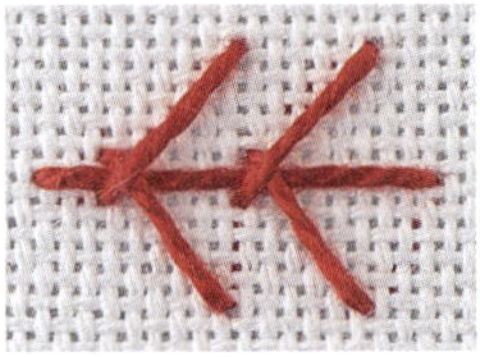

SCHWIERIGKEITSGRAD
Einfach

VERWENDUNG
Gekrümmte Blatt- und Blütenzweige; gerade Bordüren

METHODE
Ein angelegter Faden wird durch Paare aus Schrägstichen fixiert (siehe auch Seite 42).

MATERIAL
Stoff und Garn beliebig, Stickrahmen

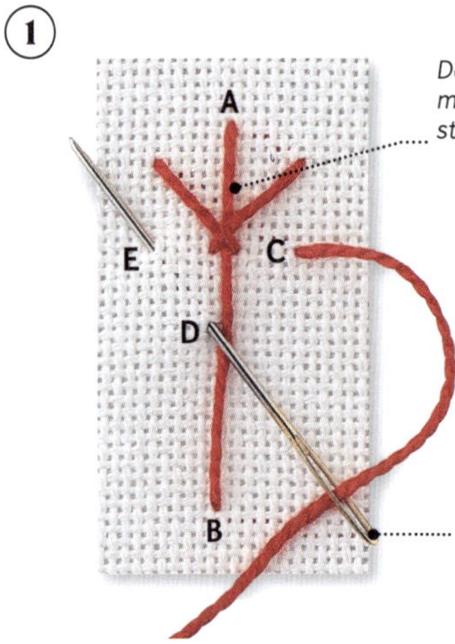

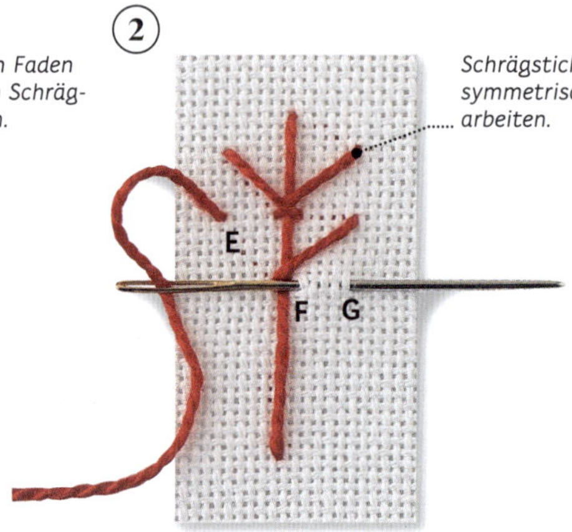

1 Bei **A** beginnen und einen langen senkrechten Stich nach **B** arbeiten. Die Schrägstiche mit einem zweiten Faden sticken. Mit diesem bei **C** ausstechen und jenseits des angelegten Fadens bei **D** ein- und bei **E** wieder ausstechen.

2 Bei **F** ein- und bei **G** ausstechen, um den nächsten Schrägstich zu beginnen. Weitere Stichpaare ebenso über den angelegten Faden arbeiten.

Kreuzstich

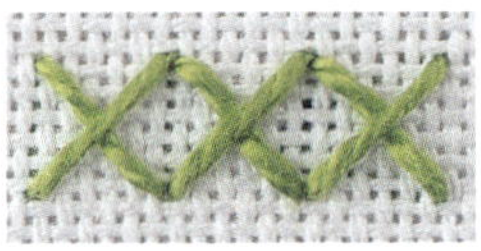

SCHWIERIGKEITSGRAD
Einfach

VERWENDUNG
Geometrische Muster, Zählmuster, Monogramme

METHODE
Wird über die gleiche Zahl waagerechter und senkrechter Fäden gearbeitet

MATERIAL
Auszählbarer Stoff, beliebiges Stickgarn

Sticken in Reihen

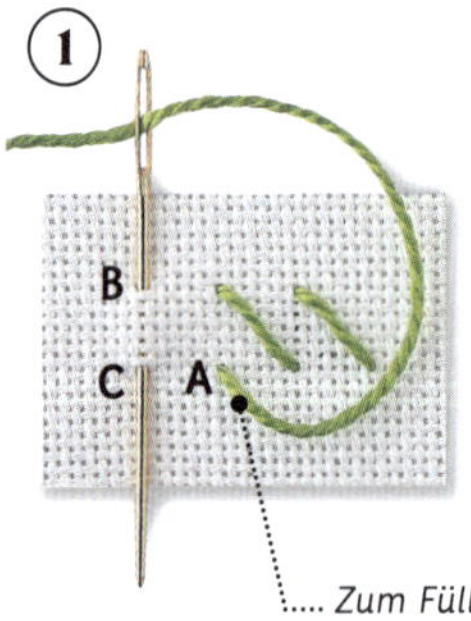

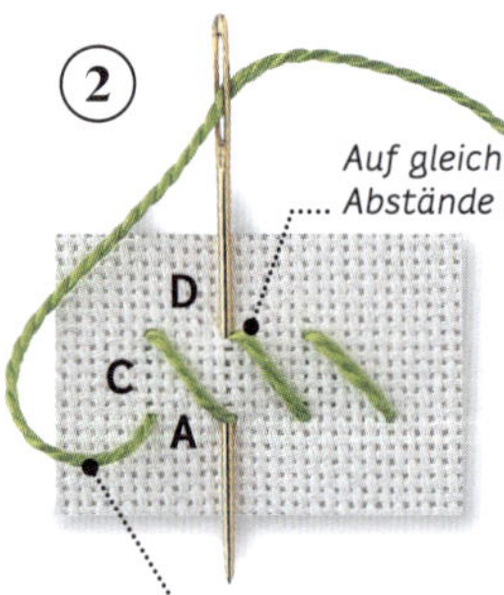

1 Bei **A** ausstechen, bei **B** ein- und bei **C** wieder ausstechen. Für eine Reihe von Schrägstichen fortlaufend wiederholen.

2 In der Rückreihe die Kreuze durch Deckstiche vervollständigen. Bei **D** ein- und bei **A** wieder ausstechen. Fortlaufend wiederholen.

Einzelne Kreuzstiche

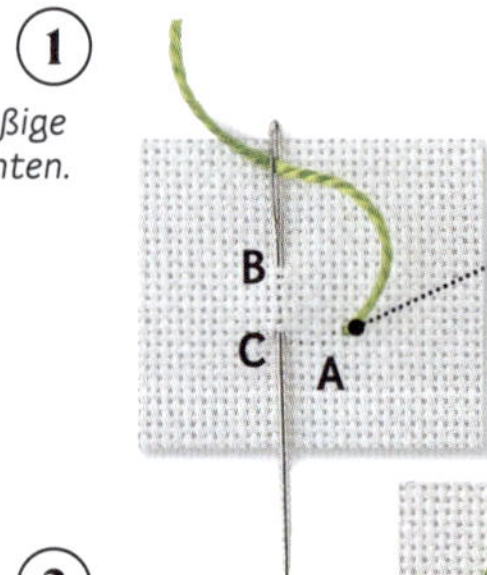

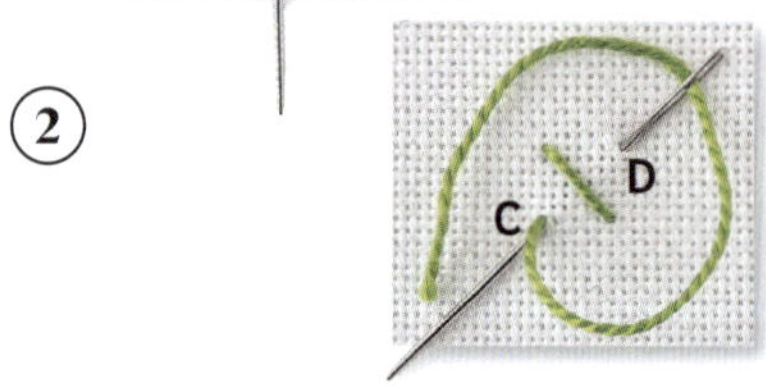

1 Bei **A** beginnen. Schräg links bei **B** einstechen und bei **C** ausstechen.

2 Bei **D** einstechen, um das Kreuz zu vervollständigen. Bei **C** ausstechen, um den nächsten Stich zu beginnen.

Wiener Flechtstich

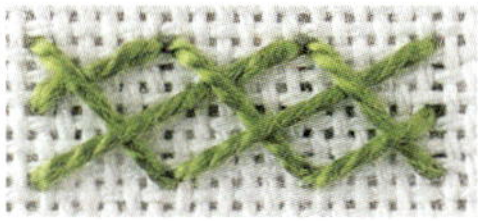

ANDERE NAMEN
Belgischer Kreuzstich, langarmiger Kreuzstich

SCHWIERIGKEITSGRAD
Mittel

VERWENDUNG
Gerade Bordüren und Rahmen, in Reihen als Füllstich

METHODE
Horizontal gearbeitete Kreuzstichvariante

MATERIAL
Auszählbarer Stoff, beliebiges Garn; mit dickem Garn wirkt der Stich plastischer.

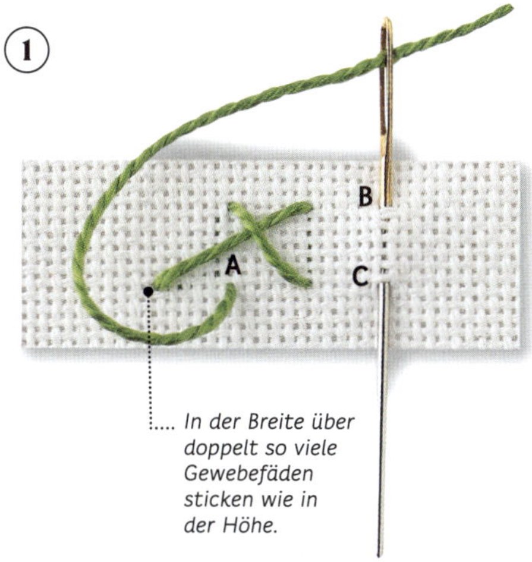

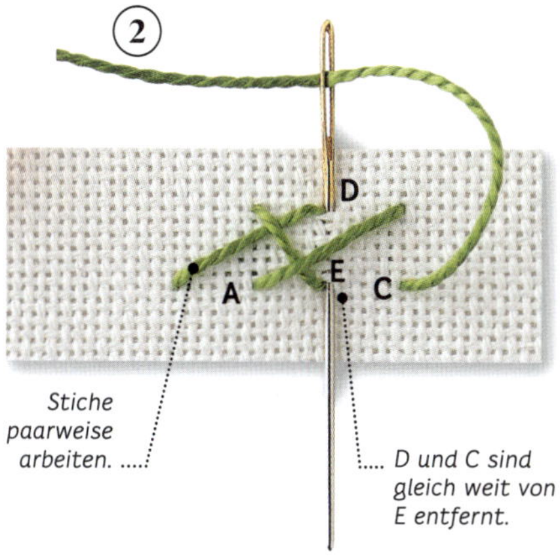

1 Bei **A** ausstechen und einen langen, schrägen Stich nach **B** arbeiten. Bei **C** (genau unterhalb von **B**) ausstechen.

2 Links oberhalb bei **D** einstechen und senkrecht darunter bei **E** ausstechen. Diese beiden Schritte fortlaufend wiederholen.

Rautenstich

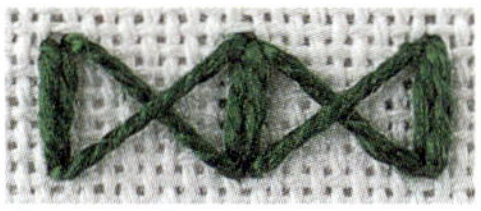

SCHWIERIGKEITSGRAD
Einfach

VERWENDUNG
Lockere Konturen; in dichten Reihen als Füllstich

METHODE
Senkrechte und schräge Stiche wechseln ab und werden in waagerechten Hin- und Rückreihen gestickt.

MATERIAL
Stoff und Garn beliebig; mit gedrehtem Garn wirkt der Stich lockerer.

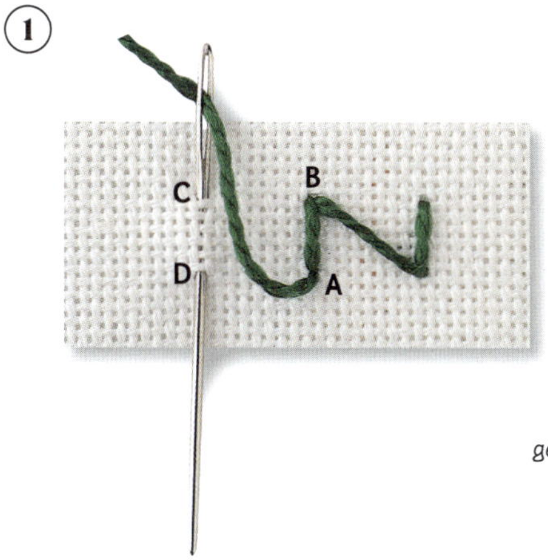

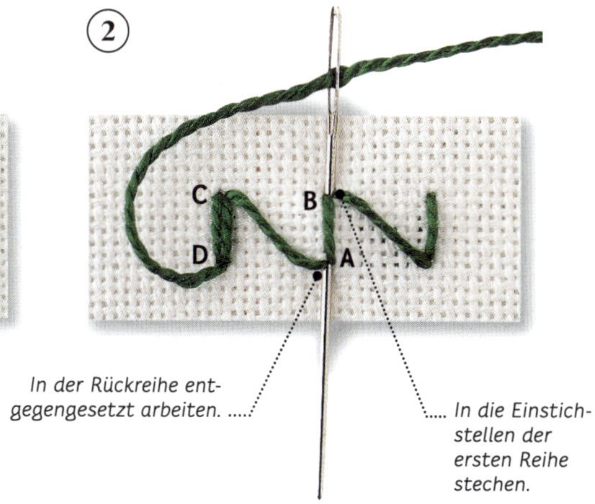

1 Bei **A** aus- und direkt darüber bei **B** einstechen. Wieder bei **A** ausstechen und einen schrägen Stich nach **C** arbeiten. Bei **D** genau unter **C** ausstechen. Fortlaufend wiederholen, die Reihe mit einem senkrechten Stich beenden.

2 Wieder bei **C** ein- und bei **D** ausstechen, um einen zweiten vertikalen Stich zu erhalten. Einen schrägen Stich nach **B** arbeiten und bei **A** ausstechen. Fortlaufend wiederholen, bis alle Kreuze vollständig sind.

Hexenstich

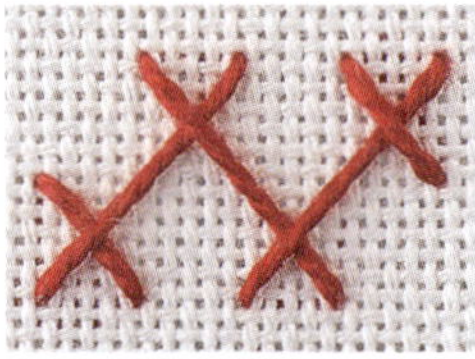

ANDERE NAMEN
Russischer Kreuzstich

SCHWIERIGKEITSGRAD
Einfach

VERWENDUNG
Dekorative gerade Bordüren und Kanten; Grundlage für zusammengesetzte Stiche; mehrreihig als Füllstich

MATERIAL
Auszählbarer Stoff, beliebiges Stickgarn

1

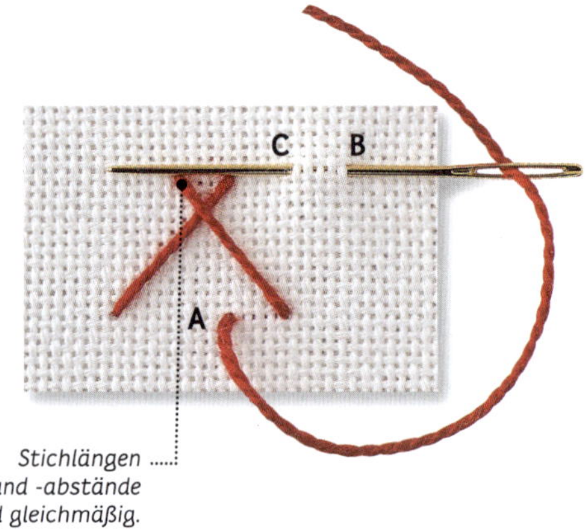

2

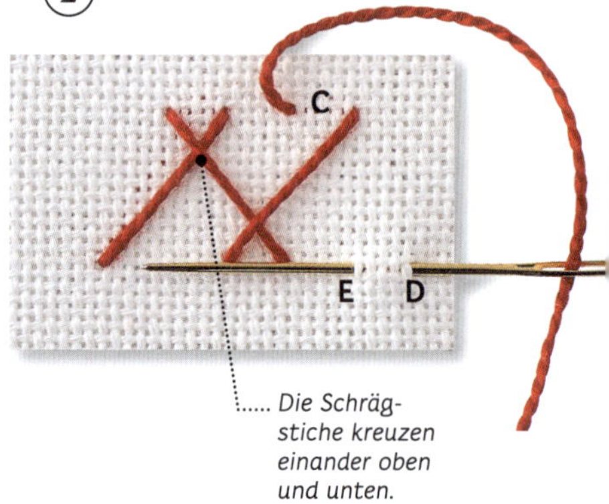

1 Bei **A** ausstechen. Einen schrägen Stich nach **B** arbeiten. Mit einem kleinen Rückstich bei **C** ausstechen.

2 Schräg darunter bei **D** ein- und bei **E** ausstechen. Diese beiden Schritte fortlaufend wiederholen.

Geschlossener Hexenstich

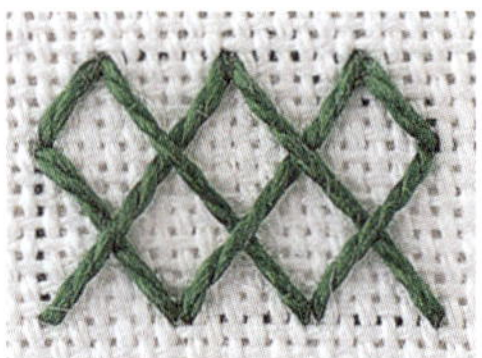

ANDERE NAMEN
Doppelter Rückstich

SCHWIERIGKEITSGRAD
Mittel

VERWENDUNG
Lockere Bordüren; in Reihen als gitterartiger Füllstich

METHODE
Variante des Hexenstichs

MATERIAL
Auszählbarer Stoff, beliebiges Stickgarn, Stickrahmen

1

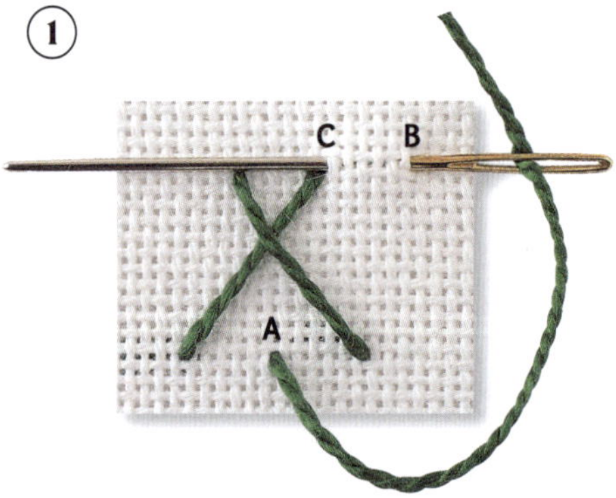

2

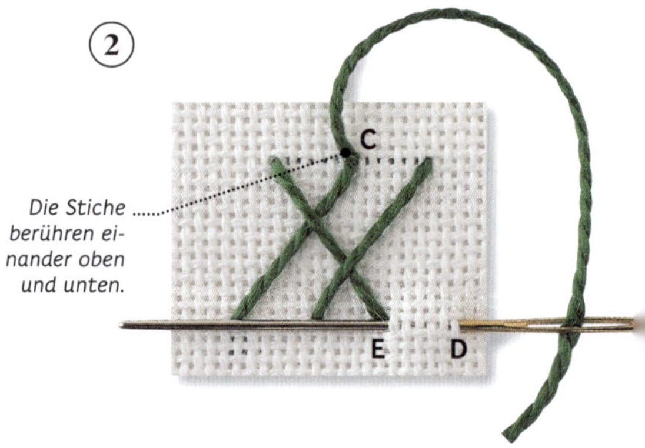

1 Bei **A** ausstechen. Einen schrägen Stich nach **B** arbeiten, auf gleicher Höhe bei **C** wieder ausstechen.

2 Schräg unterhalb bei **D** einstechen und bei **E** ausstechen. Fortlaufend wiederholen.

Stichvariante

Bei der Schattenstickerei arbeitet man geschlossene Hexenstiche auf der Rückseite eines halbtransparenten Stoffes. Auf der Vorderseite ist die Kontur klar sichtbar, während die Schrägstiche durch den Stoff schimmern. Solche Stickereien sollten gerahmt werden.

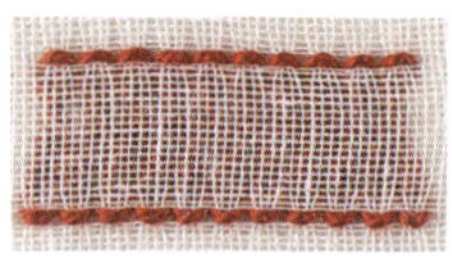

Flechtstich

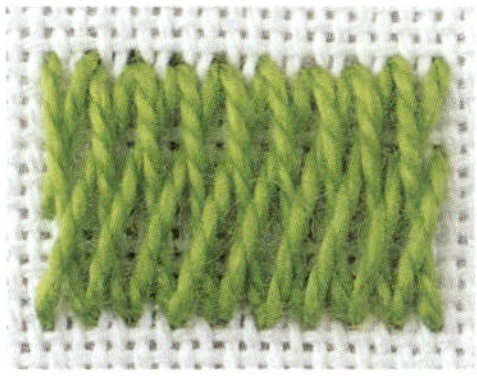

SCHWIERIGKEITSGRAD
Anspruchsvoll

VERWENDUNG
Gerade Bordüren, in Reihen als Füllstich

METHODE
Vor- und Rückstich werden abwechselnd zwischen parallelen Linien von oben nach unten gearbeitet.

MATERIAL
Beliebiger Stoff, der Stich wirkt mit Sticktwist besonders glatt.

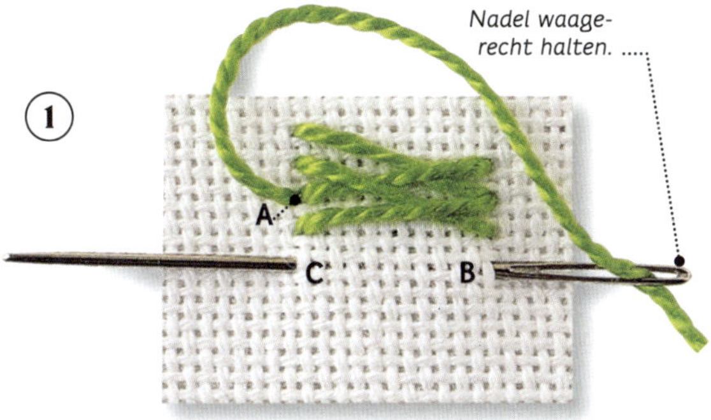

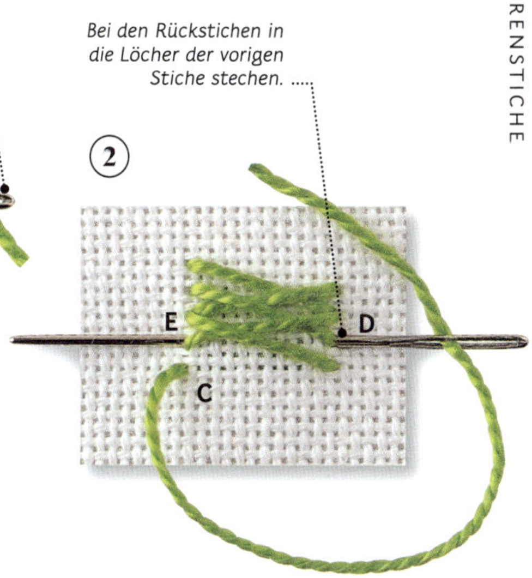

1 Bei **A** ausstechen. Bei **B** einstechen und auf gleicher Höhe bei **C** ausstechen.

2 Der nächste Stich wird rückwärts gearbeitet. Die Nadel bei **D** einstechen und bei **E** ausstechen. Die beiden Schritte fortlaufend wiederholen.

Ährenstich

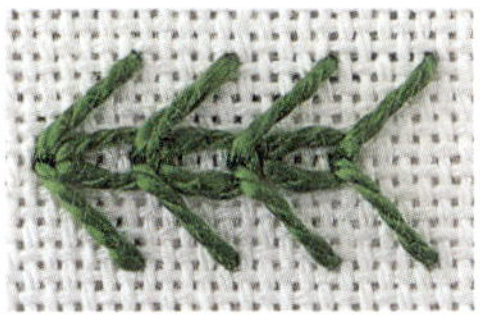

SCHWIERIGKEITSGRAD
Mittel

VERWENDUNG
Gerade oder gebogene Konturen; traditioneller Zierstich für Kinderkleidung; Einzelstiche auch als Streumuster-Füllstich

METHODE
Schlingstich, von oben nach unten gearbeitet

MATERIAL
Beliebiger Stoff; wirkt mit nicht-teilbarem Garn besonders plastisch

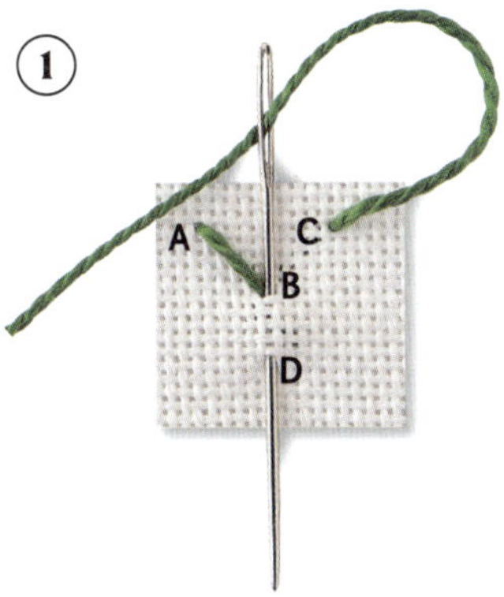

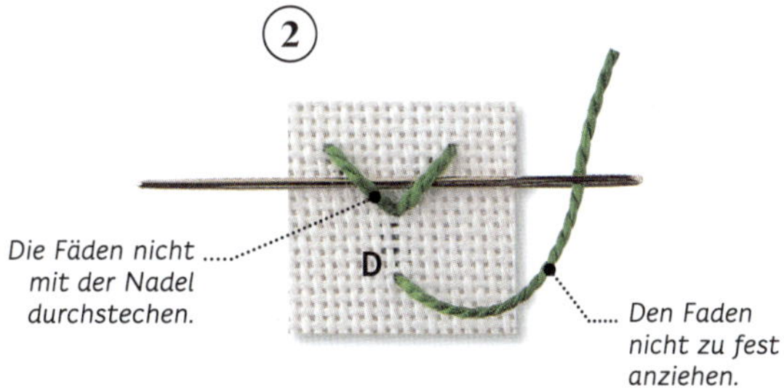

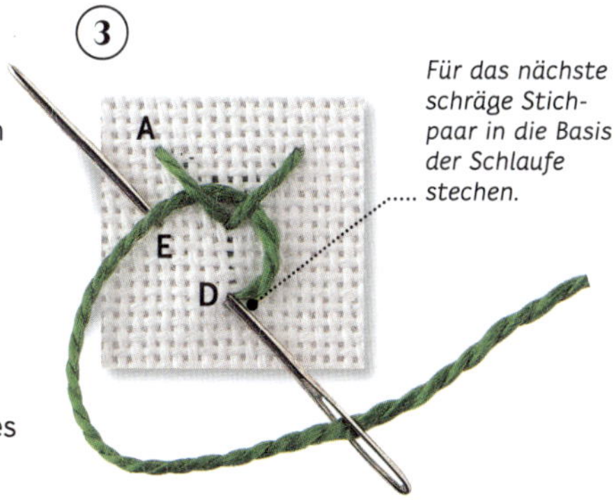

1 Bei **A** beginnen und einen Stich schräg abwärts nach **B** arbeiten. Bei **C** (rechts von **A**) ausstechen und wieder bei **B** einstechen. Bei **D** (unter **B**) ausstechen.

2 Die Nadel von rechts nach links unter beiden Schrägstichen durchziehen und den Faden behutsam nachziehen.

3 Bei **D** einstechen. Bei **E** (unter **A**) ausstechen. Dies ist der Ausgangspunkt für den nächsten Stich.

Russischer Kettenstich

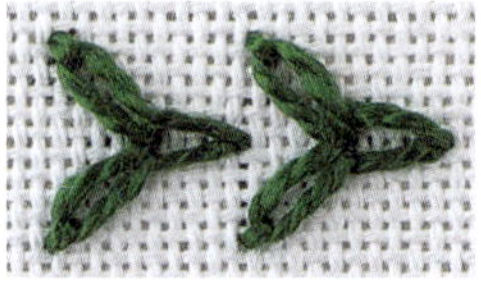

SCHWIERIGKEITSGRAD
Einfach

VERWENDUNG
Gerade und gekrümmte Bordüren; einzeln als Streumuster-Füllstich

METHODE
Isolierte Gruppen aus je drei Kettenstichen

MATERIAL
Beliebiger Stoff, dickes Stickgarn

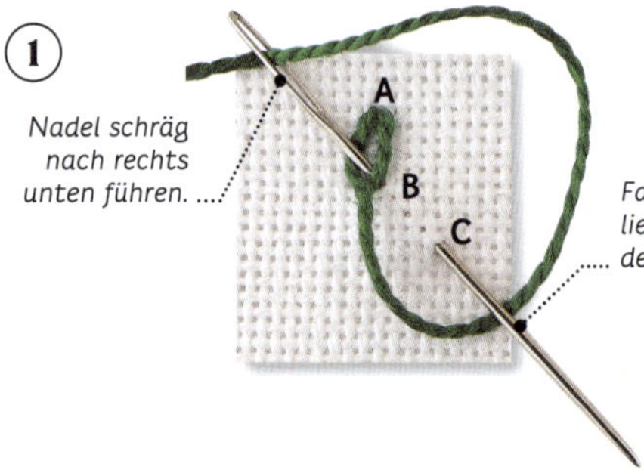

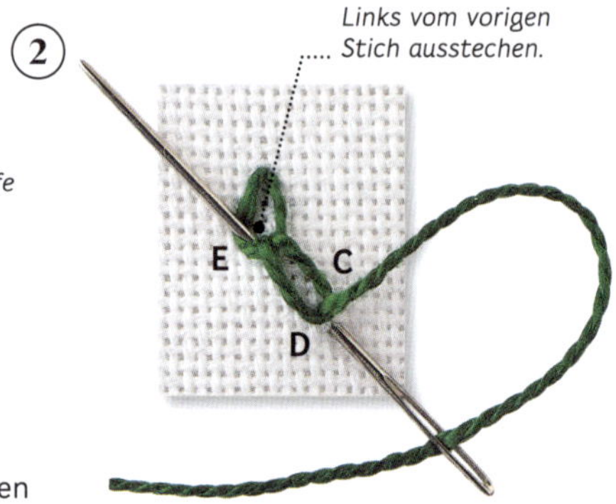

1 Einen Kettenstich (Seite 44) von **A** nach **B** arbeiten und rechts von der Mitte ausstechen. Wieder bei **B** einstechen, den Faden von links nach rechts zur Schlaufe legen und bei **C** ausstechen.

2 Bei **D** einstechen und einen Fixierstich (Seite 20) arbeiten. Dann innerhalb der ersten Schlaufe bei **E** ausstechen.

3 Den dritten Kettenstich schräg zwischen **E** und **F** ebenso sticken und mit einem Fixierstich sichern. Die nächste Stichgruppe und die folgenden direkt unter der ersten sticken.

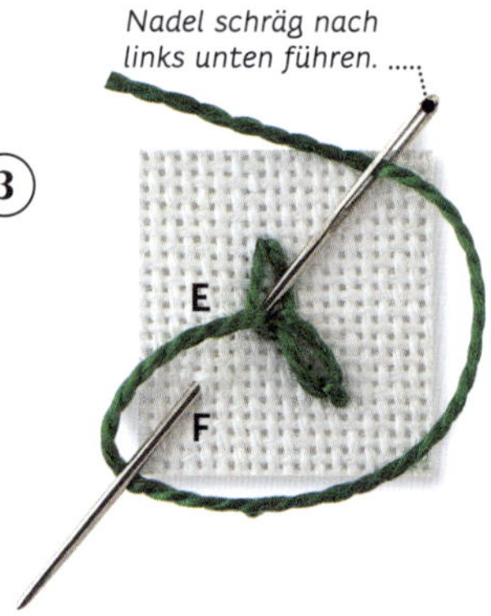

Girlandenstich

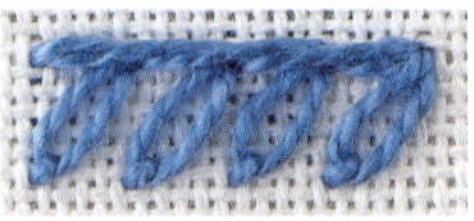

SCHWIERIGKEITSGRAD
Mittel

VERWENDUNG
Gerade und gekrümmte Konturen, in Reihen als Füllstich

METHODE
Schräg gestellter Kettenstich, kombiniert mit einer Reihe aus Stielstichen

MATERIAL
Beliebiger Stoff, dickes Stickgarn

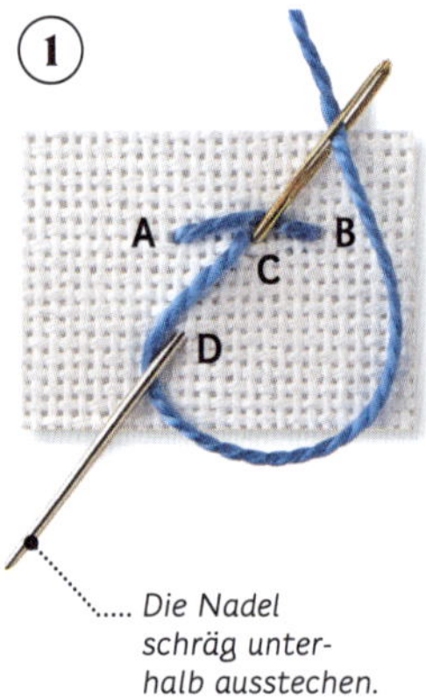

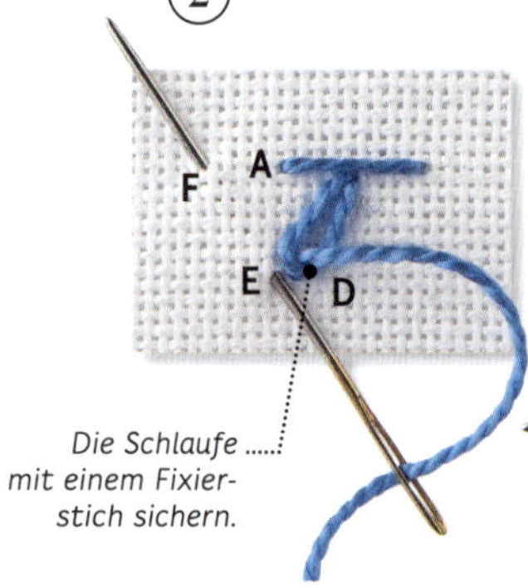

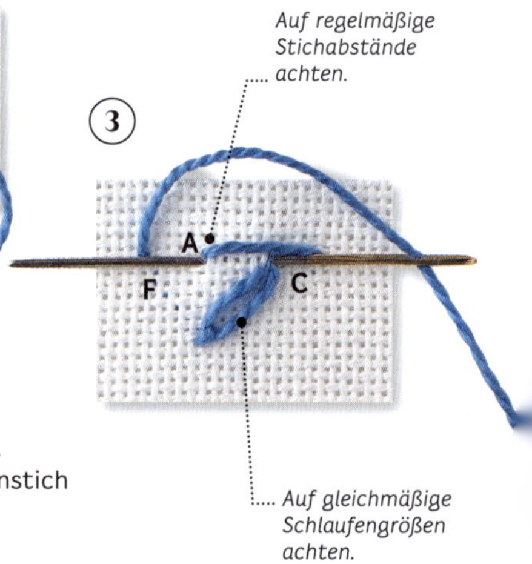

1 Bei **A** beginnen und einen Geradstich nach **B** arbeiten. Bei **C** in der Mitte des Stichs ausstechen. Einen Kettenstich (Seite 44) von **C** nach **D** arbeiten.

2 Bei **E** einstechen und einen Fixierstich (Seite 20) sticken. Bei **F** (links von **A**) ausstechen.

3 Am oberen Ende des Kettenstichs bei **C** einstechen und bei **A** ausstechen, um das nächste Stichpaar zu beginnen.

Zickzack-Kettenstich

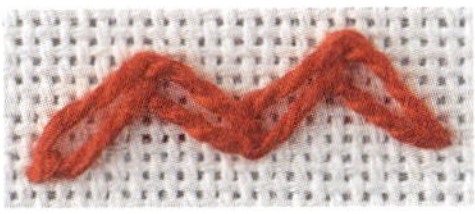

ANDERE NAMEN
Vandyke-Kettenstich

SCHWIERIGKEITSGRAD
Mittel

VERWENDUNG
Gerade und leicht gekrümmte Linien und Konturen

METHODE
Kettenstich in wechselnder Schrägstellung

MATERIAL
Beliebiger Stoff; Perlgarn; Nadel mit Spitze

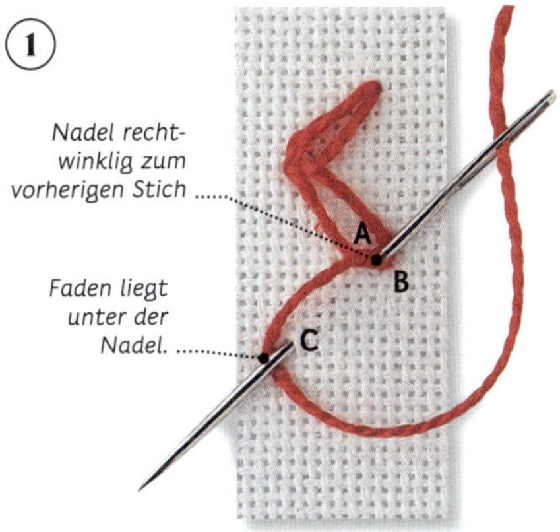

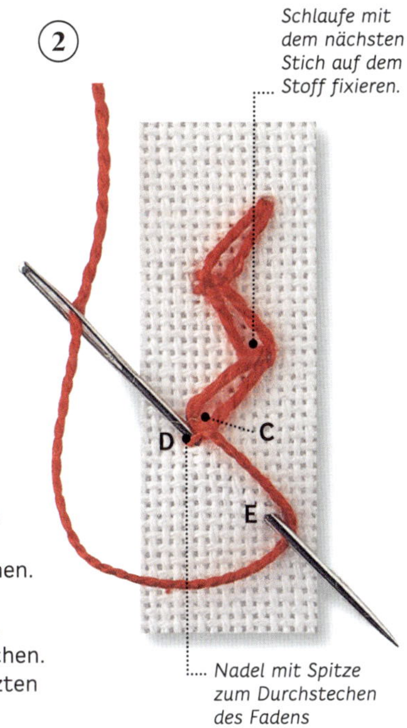

1 Im Inneren des vorherigen Stichs bei **A** ausstechen. Den Faden von links nach rechts zur Schlaufe legen. Bei **B** einstechen, dabei den Faden am unteren Ende des vorigen Stichs durchstechen und bei **C** ausstechen.

2 Den Faden von rechts nach links zur Schlaufe legen. Bei **D** einstechen, dabei wieder den Faden durchstechen. Bei **E** ausstechen. Fortlaufend wiederholen. Den letzten Stich mit einem Fixierstich (Seite 20) sichern.

Rosettenstich

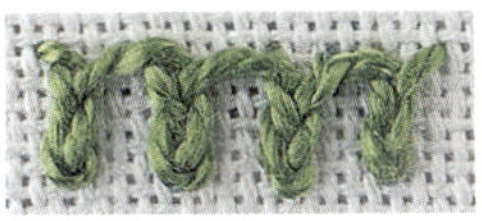

ANDERE NAMEN
Perlkantenstich

SCHWIERIGKEITSGRAD
Anspruchsvoll

VERWENDUNG
Gerade und gekrümmte Bordüren

METHODE
Waagerecht gearbeitete Variante des Kettenstichs

MATERIAL
Beliebiger Stoff; dickes, nicht-teilbares Garn

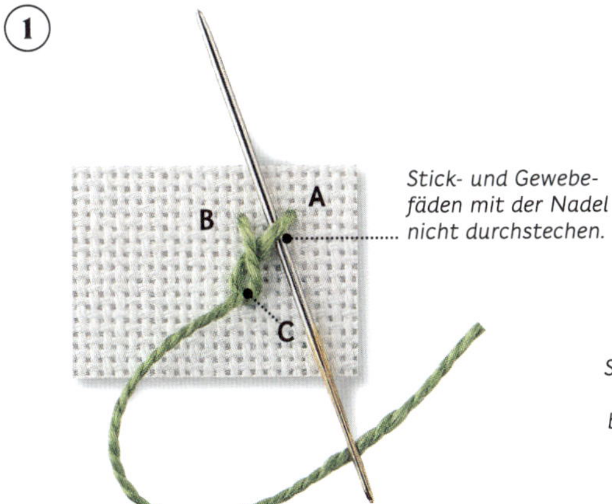

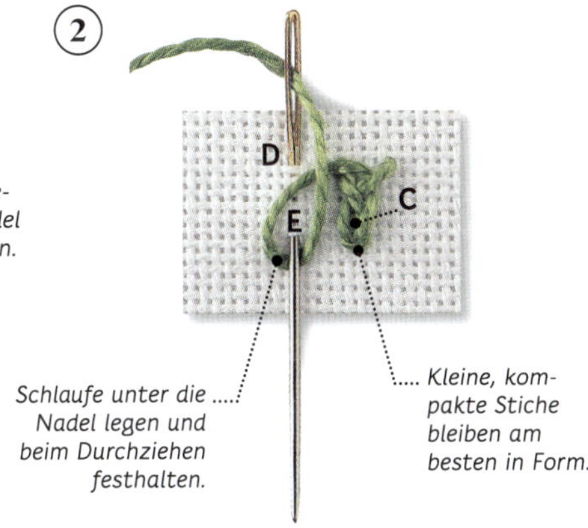

1 Bei **A** beginnen. Eine Schlaufe von links nach rechts legen und die Nadel bei **B** einstechen. Bei **C** ausstechen und die Nadel durch die Schlaufe ziehen. Die Nadel von unten nach oben unter dem Faden links von **A** durchschieben, Faden nachziehen.

2 Bei **D** ein- und bei **E** ausstechen. Fortlaufend wiederholen.

Technikvariante

Für ein Blütenmotiv kann man den Rosettenstich im Kreis arbeiten. Dabei auf gleiche Abstände zwischen den »Blättern« achten.

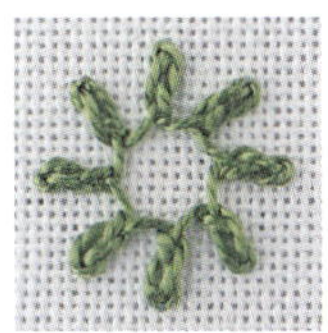

Tausendfüßlerstich

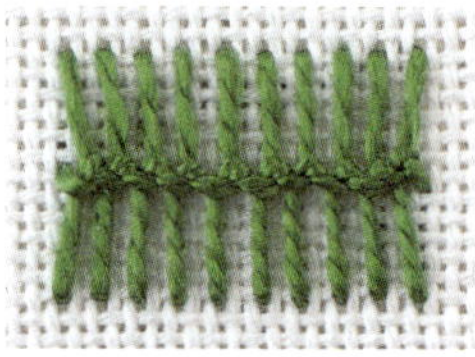

ANDERE NAMEN
Doppelter Schlingstich

SCHWIERIGKEITSGRAD
Mittel

VERWENDUNG
Gerade und gerundete Bordüren; Füllstich für Blattformen

METHODE
Waagerecht gearbeiteter Schlingstich

MATERIAL
Stoff und Garn beliebig, Nadel ohne Spitze

①

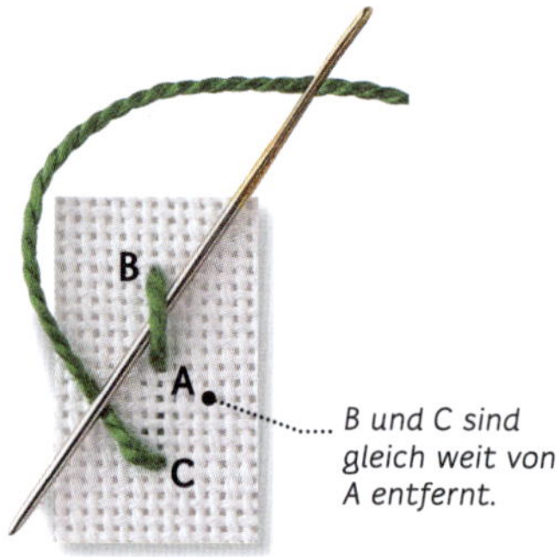

②

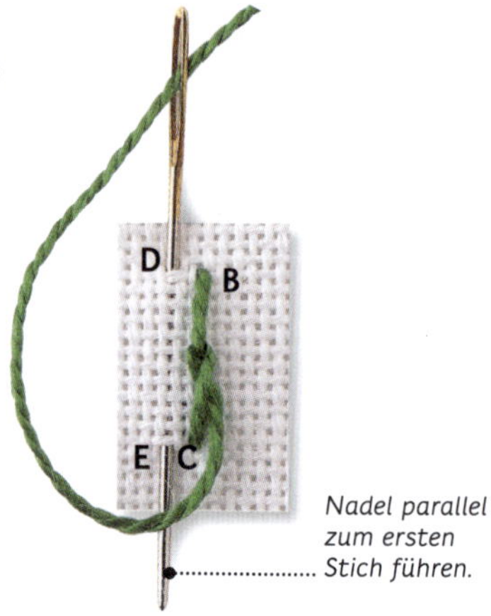

1 Bei **A** beginnen. Einen senkrechten Stich nach **B** arbeiten und bei **C** (genau unter **A**) ausstechen. Die Nadel von rechts nach links unter dem Stich durchziehen und über den Arbeitsfaden legen.

2 Bei **D** (auf gleicher Höhe mit **B**) ein- und bei **E** ausstechen, dabei liegt die Nadel unter dem Arbeitsfaden.

③

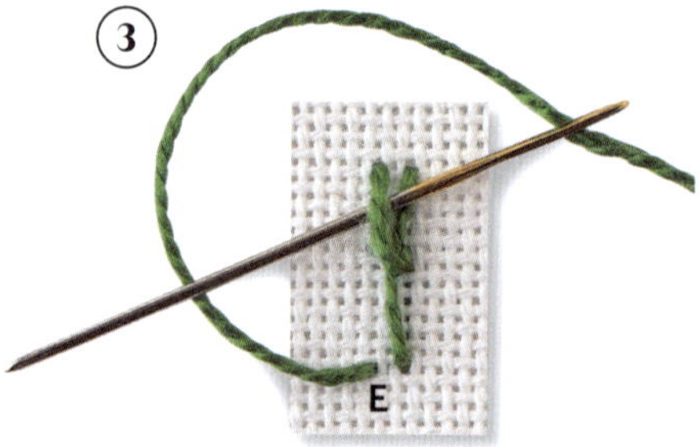

3 Die Nadel von rechts nach links unter dem Stich durchziehen. Den Arbeitsfaden unter die Nadel legen. Schritt 2 und 3 fortlaufend wiederholen.

Gekreuzter Grätenstich

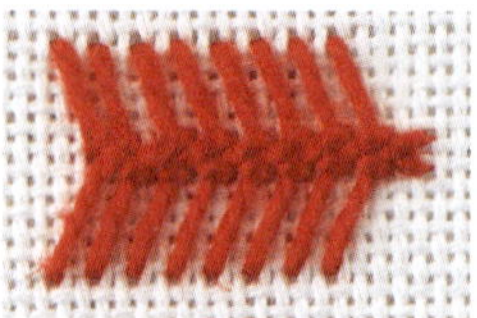

SCHWIERIGKEITSGRAD
Mittel

VERWENDUNG
Gerade und leicht gekrümmte Bordüren

METHODE
Von oben nach unten gearbeiteter Stich aus überlappenden, »langbeinigen« Kreuzen

MATERIAL
Beliebiger Stoff; beliebiges, dickes Stickgarn

①

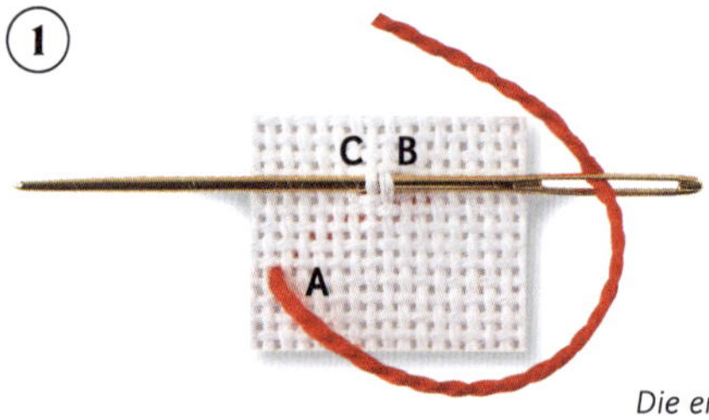

②

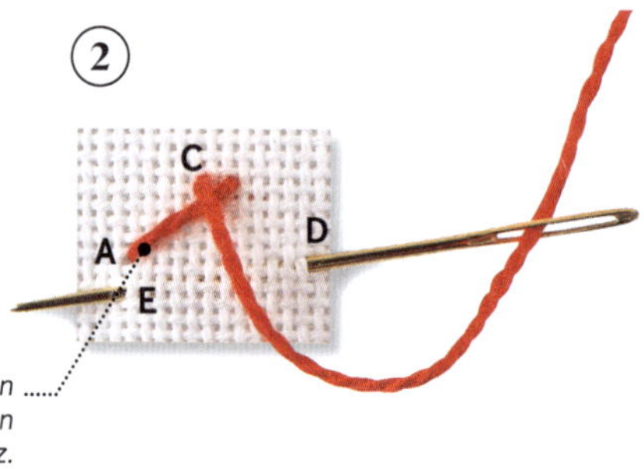

1 Bei **A** ausstechen und einen schrägen Stich nach **B** arbeiten. Bei **C** (links von **B**) ausstechen.

2 Bei **D** (auf gleicher Höhe mit **A**) einstechen. Bei **E** (unterhalb von **A**) ausstechen.

3 Die Nadel unter den gekreuzten Stichen durchziehen, dabei von **F** nach **G** durch das Gewebe stechen. Schritt 2 und 3 fortlaufend wiederholen.

③

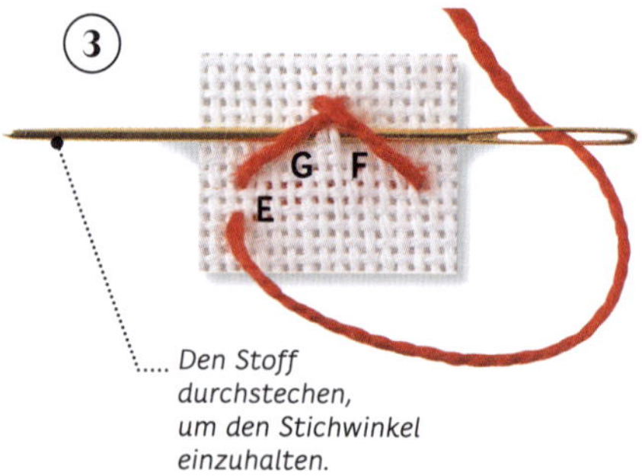

Leiterstich

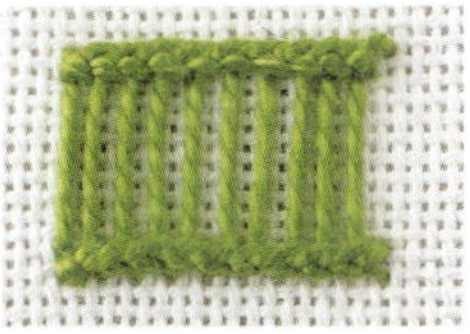

ANDERE NAMEN
Sprossenstich

SCHWIERIGKEITSGRAD
Anspruchsvoll

VERWENDUNG
Breite, gerade Bordüren

METHODE
Von oben nach unten zwischen parallelen Linien arbeiten

MATERIAL
Stoff und Garn beliebig, Stickrahmen

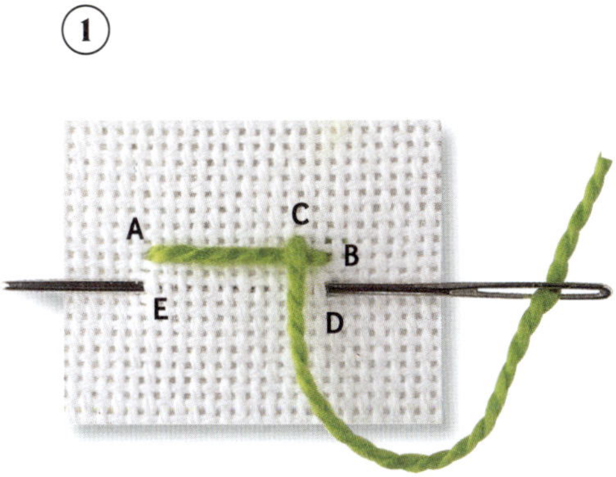

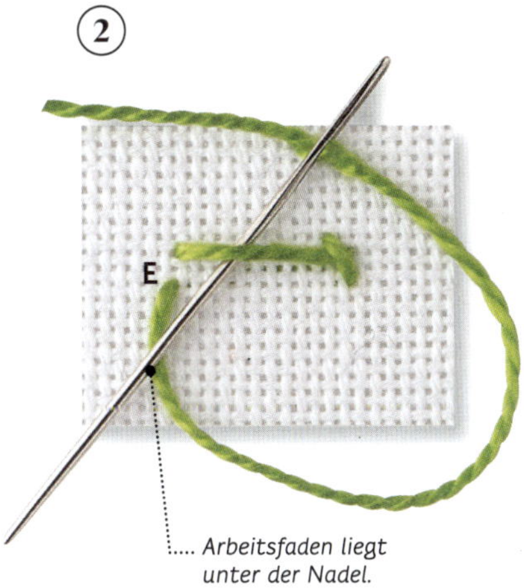

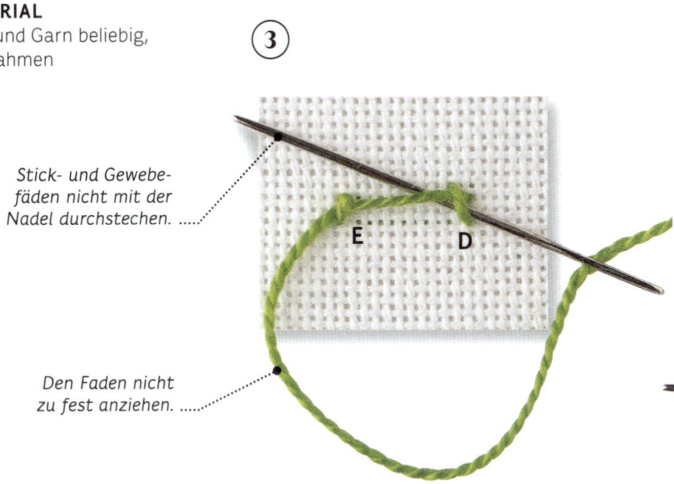

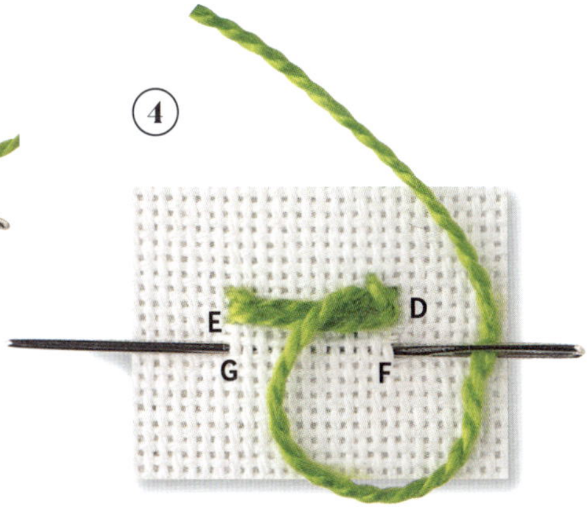

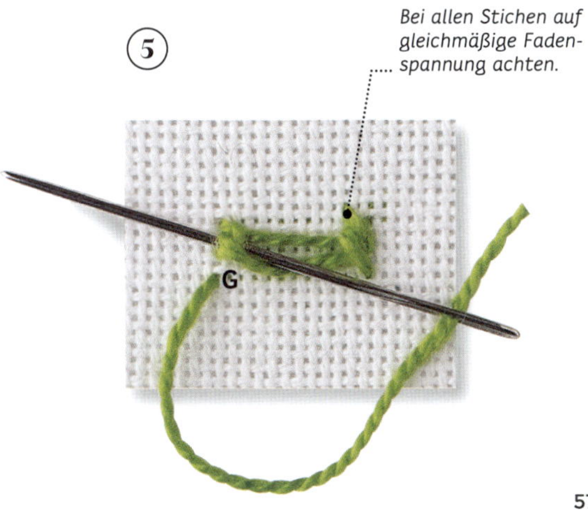

1 Bei **A** ausstechen und einen waagerechten Stich nach **B** arbeiten. Bei **C** aus- und bei **D** einstechen. Dann bei **E** (unter **A**) wieder ausstechen.

2 Die Nadel von oben nach unten unter dem langen Stich durchschieben und den Faden vorsichtig nach links durchziehen, sodass ein Knoten entsteht.

3 Die Nadel auf der rechten Seite von unten nach oben unter den ersten beiden Stichen durchschieben.

4 Bei **F** (unter **D**) einstechen und bei **G** (unter **E**) ausstechen.

5 Die Nadel von rechts nach links und von unten nach oben unter dem linken Knoten durchschieben. Ab Schritt 3 fortlaufend wiederholen.

Langettenstich

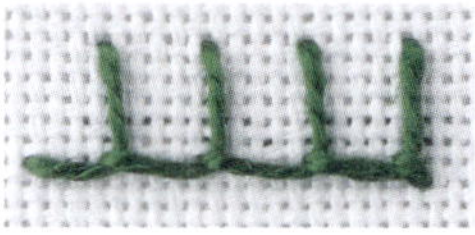

ANDERE NAMEN
Schlingstich

SCHWIERIGKEITSGRAD
Einfach

VERWENDUNG
Gerade und gekrümmte Bordüren; Versäubern von Kanten; Befestigen von Applikationen; Füllstich (siehe Seite 87)

METHODE
Waagerecht gearbeiteter Schlingstich

MATERIAL
Gewebte Stoffe oder Filz; beliebiges Stickgarn oder Wolle

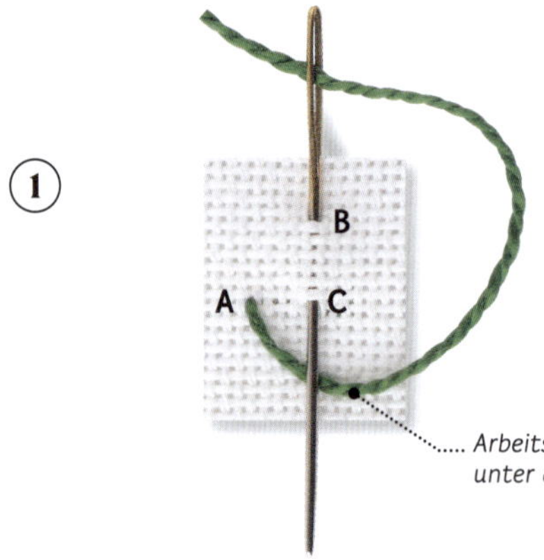

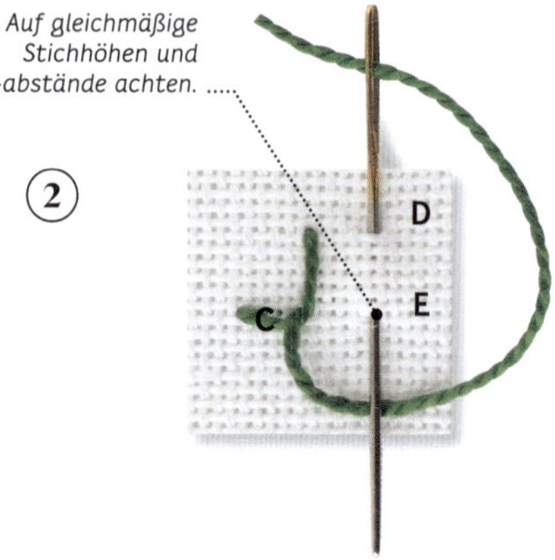

1 Bei **A** ausstechen. Schräg oberhalb bei **B** ein- und genau darunter bei **C** (auf gleicher Höhe mit **A**) ausstechen.

2 Den Arbeitsfaden unter die Nadel legen und die Nadel durchziehen. Bei **D** ein- und bei **E** ausstechen, die Nadel wieder über dem Arbeitsfaden durchziehen. Fortlaufend wiederholen. Zuletzt mit einem Fixierstich sichern.

Stichvariante

Der Knopflochstich wird ebenso gearbeitet, die Stiche liegen aber lückenlos nebeneinander. Dabei wird der Stickgrund komplett abgedeckt. Der Knopflochstich eignet sich gut für Lochstickerei (Seite 112–113) und zum Versäubern von Stoffkanten und Knopflöchern.

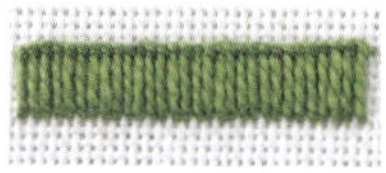

Geschlossener Langettenstich

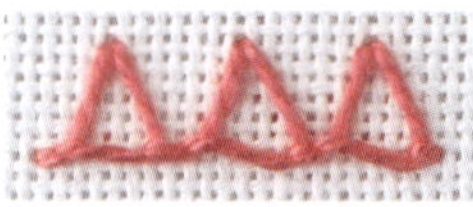

SCHWIERIGKEITSGRAD
Einfach

VERWENDUNG
Dekorative Bordüren und Einfassungen, in Reihen als Füllstich

METHODE
Dreieckiger Langettenstich, in waagerechten Reihen gearbeitet

MATERIAL
Stoff und Garn beliebig

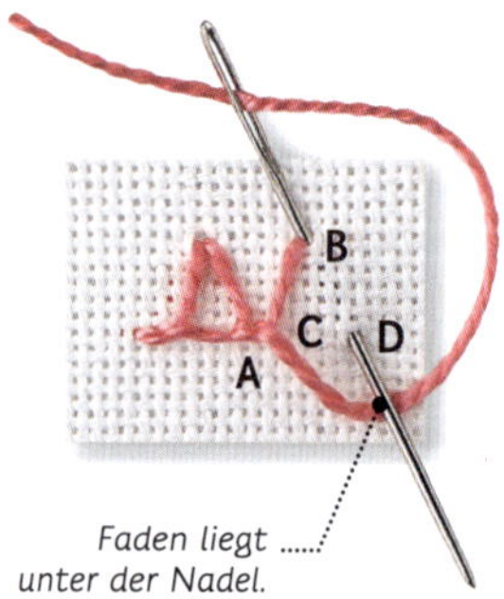

Bei **A** aus- und bei **B** einstechen. Bei **C** (dicht neben **A**) ausstechen und die Nadel über dem Arbeitsfaden durchziehen. Wieder bei **B** ein- und rechts unterhalb bei **D** ausstechen. Die Nadel über dem Faden durchziehen.

Einseitiger Federstich

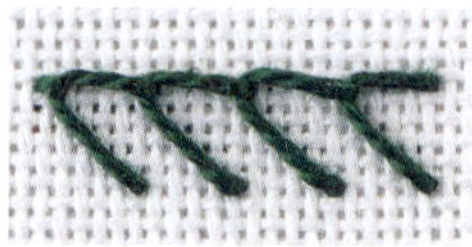

SCHWIERIGKEITSGRAD
Einfach

VERWENDUNG
Dekorative Einfassung, Konturen und Bordüren, zum Smoken, in Reihen als lockerer Füllstich

METHODE
Von oben nach unten gearbeitete Variante des Langettenstichs

MATERIAL
Stoff und Garn beliebig

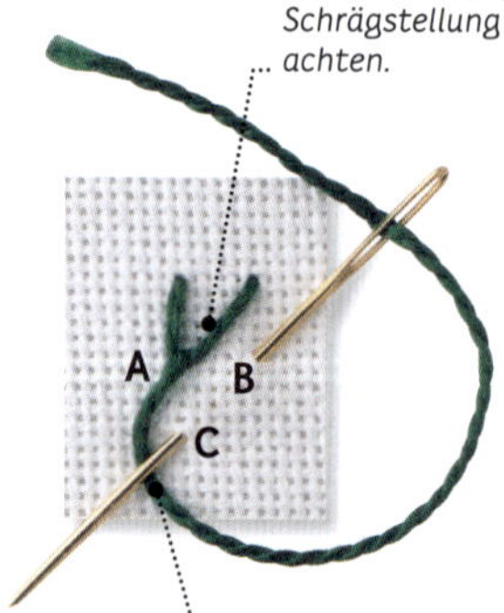

Bei **A** ausstechen. Weiter rechts bei **B** ein- und bei **C** wieder ausstechen. Die Nadel über dem Arbeitsfaden durchziehen. Fortlaufend wiederholen.

Doppelter Langettenstich

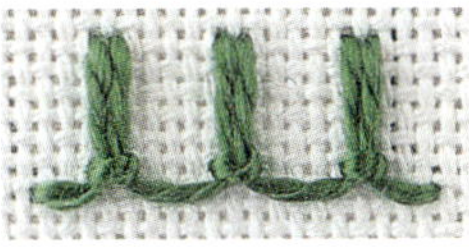

SCHWIERIGKEITSGRAD
Mittel

VERWENDUNG
Gerade und gekrümmte Konturen und Bordüren, in Reihen als Füllstich

METHODE
Variante des Knopflochstichs, abwechselnd auf- und abwärts gearbeitet

MATERIAL
Stoff und Garn beliebig

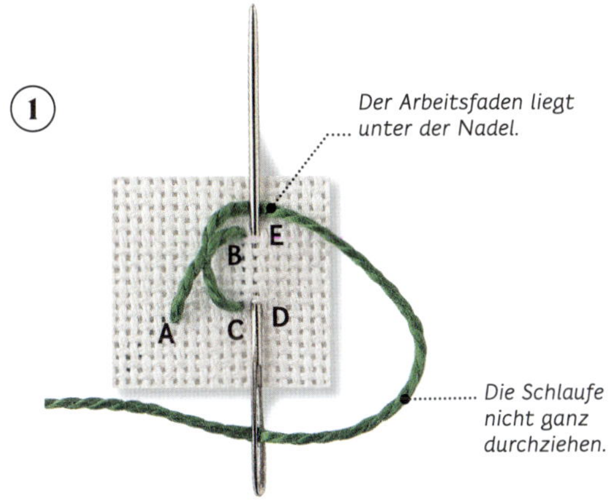

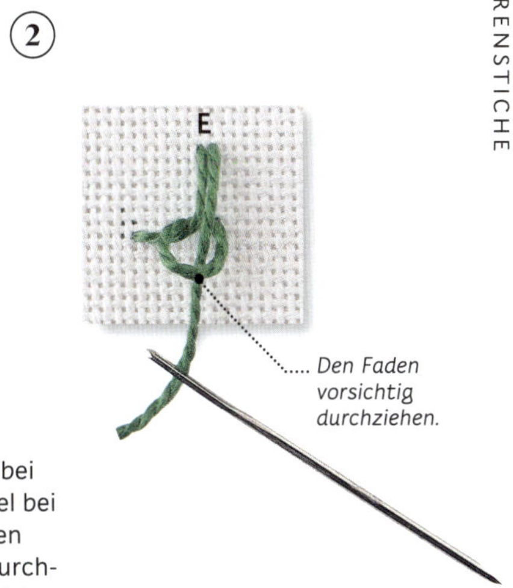

1 Bei **A** beginnen. Bei **B** ein- und bei **C** ausstechen wie bei Schritt 1 des Langettenstichs (siehe links). Die Nadel bei **D** einstechen und bei **E** ausstechen. Den Arbeitsfaden unter die Nadelspitze legen. Die Nadel nach oben durchziehen, sodass der Faden einen lockeren Knoten bildet.

2 Die Nadel nach unten ziehen, sodass sich der Knoten um die beiden senkrechten Stiche festzieht. Diese beiden Schritte fortlaufend wiederholen.

Offener kretischer Stich

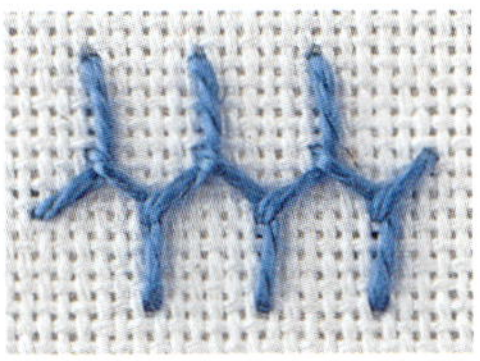

SCHWIERIGKEITSGRAD
Einfach

VERWENDUNG
Gerade und gekrümmte Bordüren, lockerer Füllstich

METHODE
Von oben nach unten gearbeiteter Schlingstich

MATERIAL
Stoff und Garn beliebig (wirkt mit feinem Garn zarter); Stickrahmen

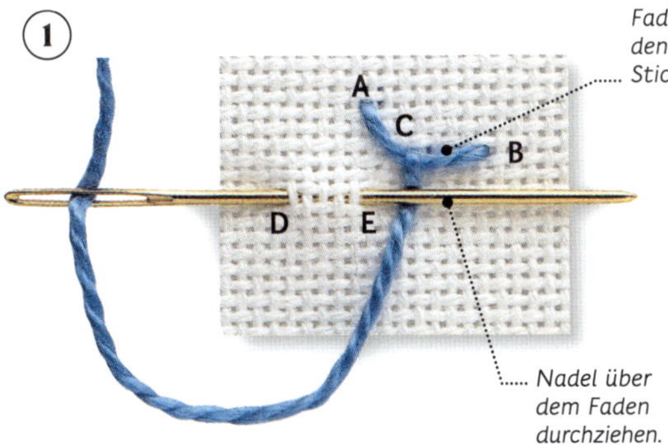

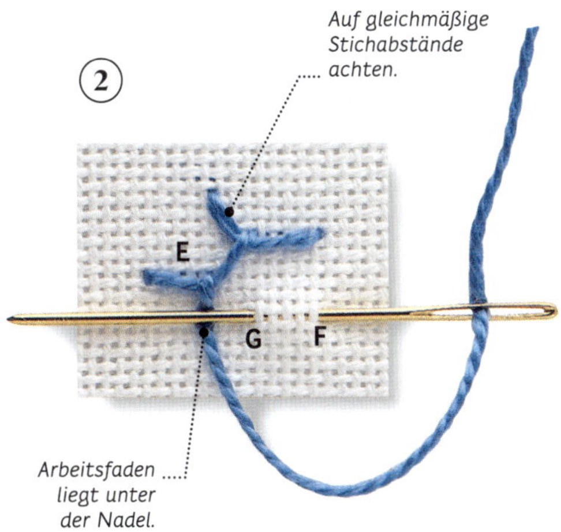

1 Bei **A** beginnen und einen lockeren, schrägen Stich nach **B** sticken. Bei **C** ausstechen. Bei **D** ein- und bei **E** (unter **A**) ausstechen.

2 Dann bei **F** ein- und bei **G** ausstechen. Diese beiden Schritte fortlaufend wiederholen und abwechselnd Stiche nach rechts und links sticken.

Federstich

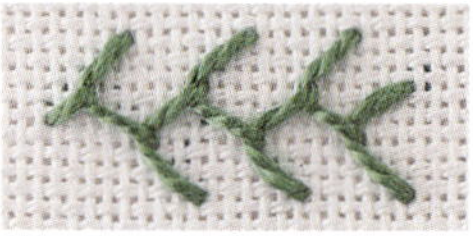

ANDERE NAMEN
Einfacher Korallenstich

SCHWIERIGKEITSGRAD
Einfach

VERWENDUNG
Smokarbeiten, Säume, freies Patchwork, Bändchenstickerei

METHODE
Schlingstich, in gerader oder gekrümmter Linie abwechselnd nach rechts und links gearbeitet

MATERIAL
Stoff und Garn beliebig

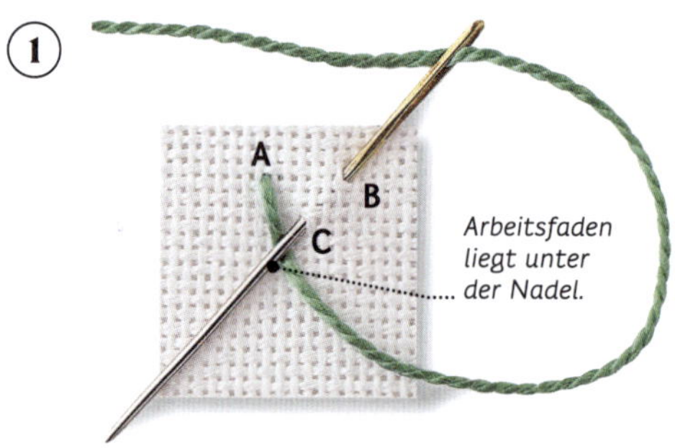

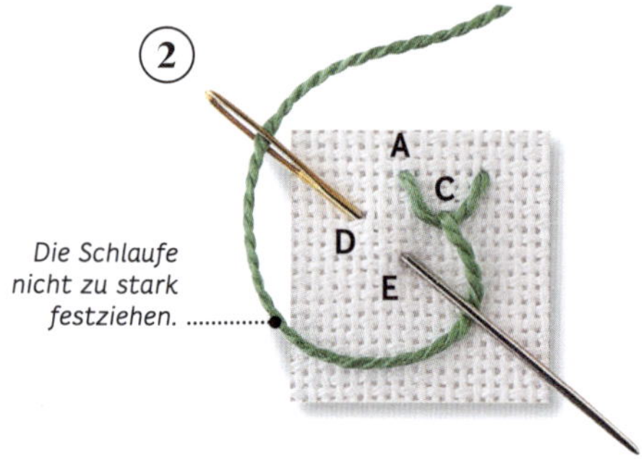

1 Bei **A** aus- und bei **B** einstechen, dabei den Faden als Schlaufe hängen lassen. Bei **C** ausstechen. Den Faden unter die Nadel legen und diese durchziehen.

2 Bei **D** (links von **C**) einstechen. Bei **E** (genau unter **A**) ausstechen. Die Nadel über dem Faden durchziehen.

3 Bei **F** ein- und bei **G** ausstechen. Beim Durchziehen liegt der Faden wieder unter der Nadel. Schritt 2 und 3 fortlaufend wiederholen. Den letzten Stich mit einem Fixierstich (siehe Seite 20) sichern.

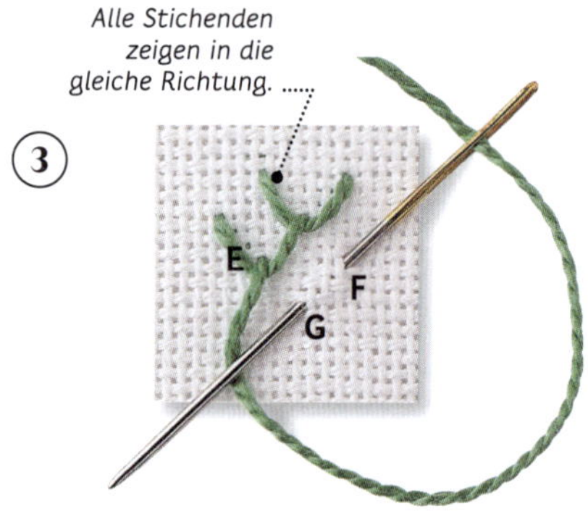

Geschlossener Federstich

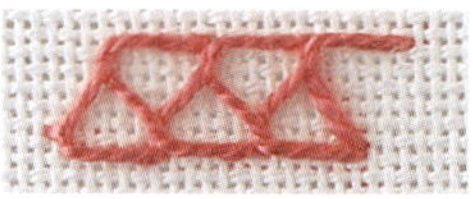

SCHWIERIGKEITSGRAD
Einfach

VERWENDUNG
Gerade Linien und Bordüren, in Reihen als lockerer Füllstich

METHODE
Von oben nach unten gearbeitete Variante des Federstichs

MATERIAL
Beliebiger Stoff; wirkt mit dickerem Garn besonders plastisch

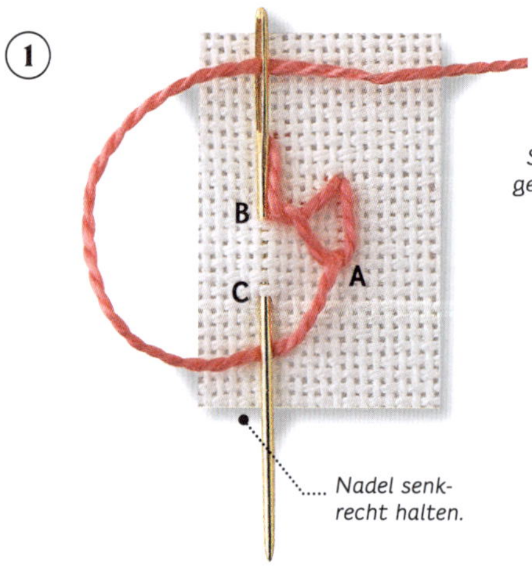

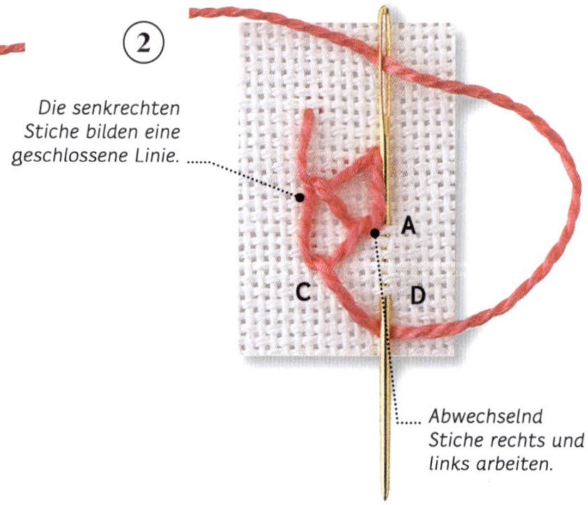

1 Bei **A** ausstechen und einen schrägen Stich nach **B** arbeiten. Die Nadelspitze über dem Arbeitsfaden bei **C** ausstechen und durchziehen.

2 Wieder bei **A** einstechen. Bei **D** ausstechen und die Nadel über dem Arbeitsfaden durchziehen. Fortlaufend wiederholen. Den letzten Stich mit einem kleinen Fixierstich (siehe Seite 20) sichern.

Doppelter Federstich

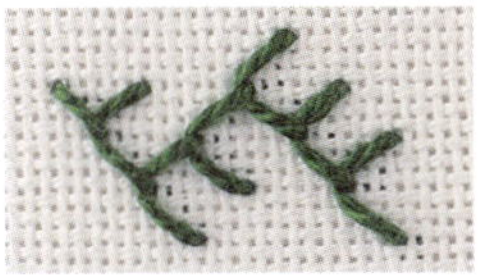

ANDERE NAMEN
Doppelter Zweigstich

SCHWIERIGKEITSGRAD
Einfach

VERWENDUNG
Zweige und Blätter, Zierstich für Kinderkleidung

METHODE
Abwechselnd nach rechts und links gearbeiteter Schlingstich

MATERIAL
Beliebiger Stoff; wirkt mit feinem Garn besonders zart

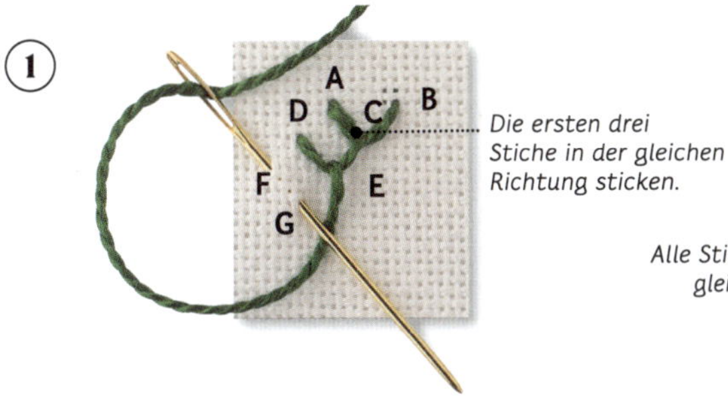

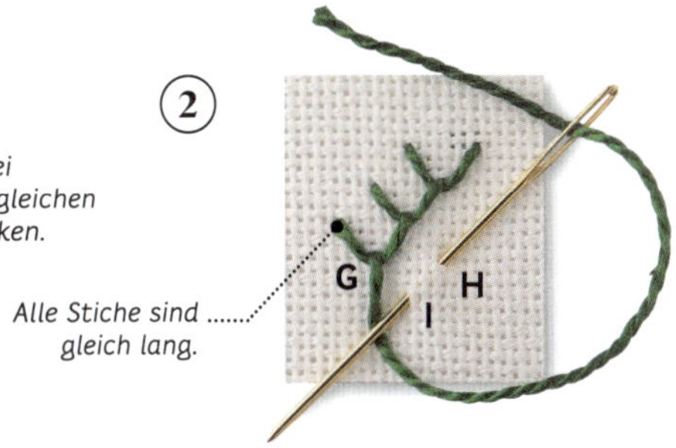

1 Die ersten beiden Stiche wie beim Federstich arbeiten. Einen weiteren Stich nach links anschließen. Bei **F** (auf Höhe von **E**) ein- und bei **G** ausstechen. Die Nadel über dem Arbeitsfaden durchziehen.

2 Nun rechts bei Punkt **H** einstechen. Bei **I** ausstechen und die Nadel über dem Faden durchziehen.

3 Einen zweiten Stich nach rechts sticken. Bei **J** ein- und bei **K** ausstechen, die Nadel über dem Faden durchziehen. Fortlaufend mit wechselnder Richtung wiederholen.

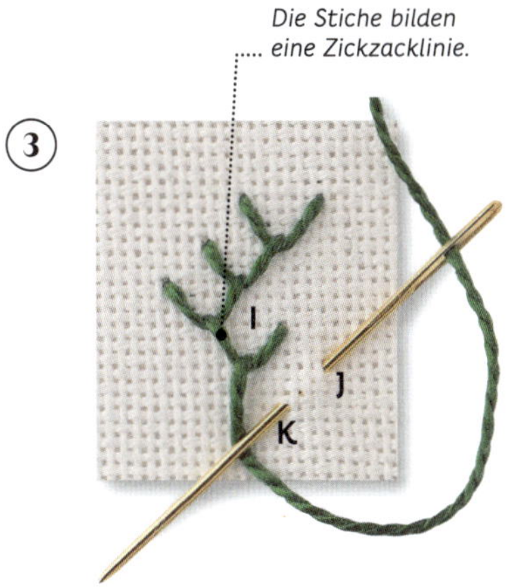

Gefiederter Kettenstich

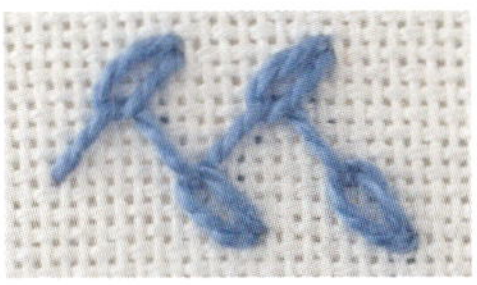

SCHWIERIGKEITSGRAD
Mittel

VERWENDUNG
Dekorative Bordüren, Ranken und Zweige

METHODE
Reihe aus Picots in wechselndem Winkel

MATERIAL
Stoff und Garn beliebig

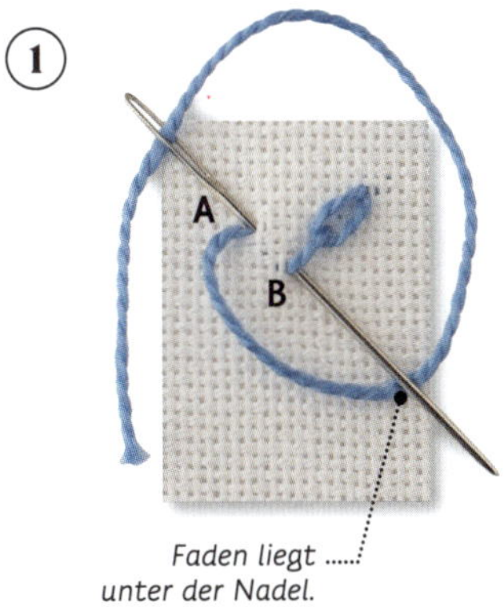

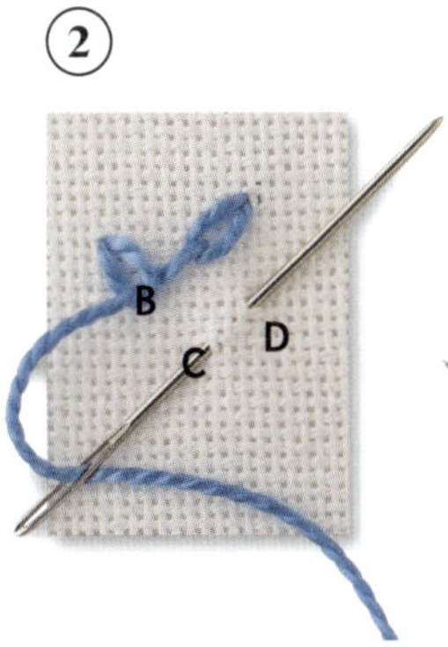

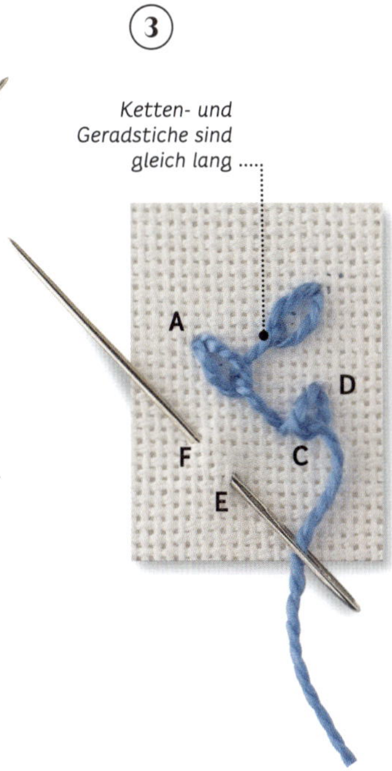

1 Bei **A** ausstechen und schräg nach rechts einen Kettenstich (siehe Seite 44) zwischen **A** und **B** sticken. Die Nadel über dem Arbeitsfaden durchziehen.

2 Bei **C** ein- und bei **D** ausstechen.

3 Zwischen **C** und **D** einen nach rechts abgeschrägten Kettenstich sticken. Bei **E** einstechen und bei **F** (genau unter **A**) ausstechen. Die drei Schritte fortlaufend wiederholen.

Zusammengesetzte Bordüren

In diese Gruppe fallen einige raffinierte, detaillierte Stickstiche. Manche werden durch die Verflechtung von Grundkonturen und Bordüren mit einem kontrastierenden Faden gearbeitet, während die komplexeren Stiche eine Kombination aus zwei oder sogar drei Stichen sein können. Einige sind flexibel und eignen sich für geschwungene Linien und Konturen, andere sollten in geraden Reihen gearbeitet werden. Wiederholen Sie die Stiche, um strukturierte Muster zu gestalten, oder werden Sie kreativ, indem Sie verschiedene Stiche miteinander kombinieren oder abwechseln.

Crazy Quilting, eine aufwendige Form des Patchwork, entwickelte sich in den 1800er-Jahren, um diese kunstvollen Stiche zu präsentieren. Die Technik ist aber ebenso nützlich, um Reparaturen oder Flicken auf Lieblingskleidungsstücken zu verschönern, etwa indem man einzelne Zierstiche und Perlen einarbeitet.

Pekingstich

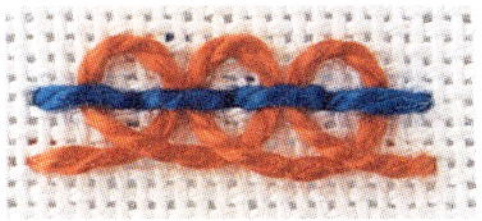

ANDERE NAMEN
Durchschlungener Steppstich, verbotener Stich, Blindenstich

SCHWIERIGKEITSGRAD
Einfach

VERWENDUNG
Dekorative gerade und gekrümmte Bordüren; mehrreihig als Füllstich

METHODE
Waagerecht gearbeiteter, umschlungener Rückstich

MATERIAL
Beliebiger Stoff, dickeres Garn; Nadel ohne Spitze

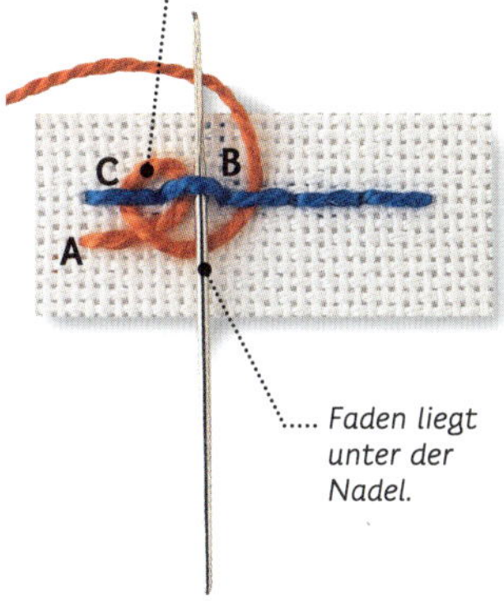

Eine Reihe Rückstiche sticken. Mit dem Faden für die Umschlingung bei **A** ausstechen. Die Nadel von unten nach oben unter dem zweiten Stich **(B)** und von oben nach unten unter dem ersten **(C)** durchschieben. Den Faden nachziehen. Wiederholen.

Umschlungener Langettenstich

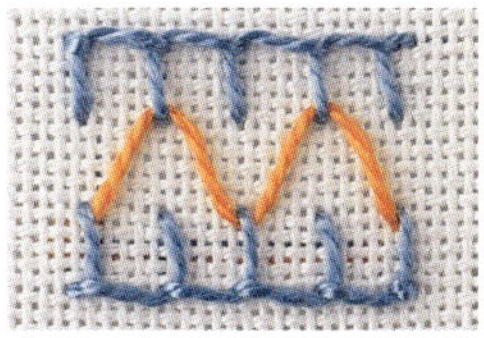

SCHWIERIGKEITSGRAD
Einfach

VERWENDUNG
Dekorative gerade Bordüren

METHODE
Zwei Reihen Langettenstiche, verbunden mit einem Durchzugmuster

MATERIAL
Beliebiger Stoff; Stickgarn in zwei Farben; Nadel ohne Spitze; Stickrahmen

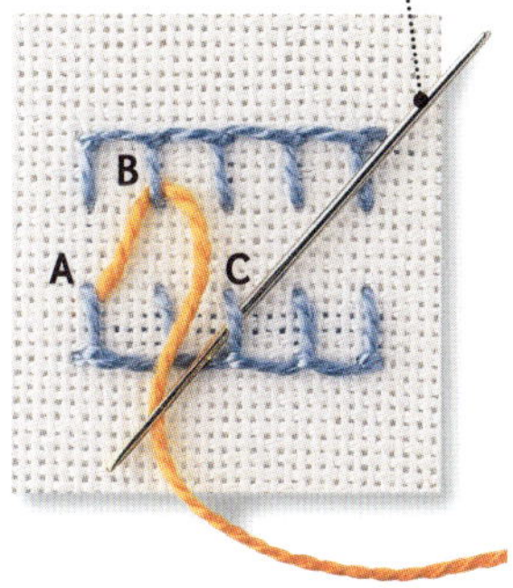

Zwei parallele Reihen im Langettenstich (Seite 58) sticken. Die senkrechten Stiche zeigen nach innen. Mit dem Durchzugfaden bei **A** ausstechen. Die Nadel unter Stich **B** und dann unter Stich **C** durchziehen und wiederholen.

Hexenleiterstich

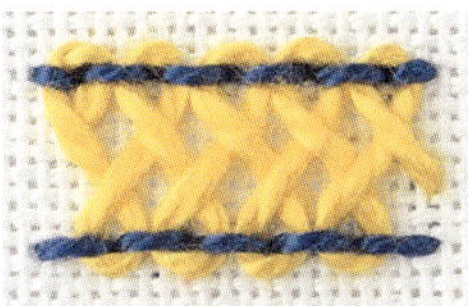

ANDERE NAMEN
Doppelter Pekingstich

SCHWIERIGKEITSGRAD
Mittel

VERWENDUNG
Gerade Bordüren

METHODE
Zwei Reihen Rückstiche, verbunden mit einer Umschlingung

MATERIAL
Beliebiger Stoff; Garn in zwei Farben; Stickrahmen; Nadel ohne Spitze

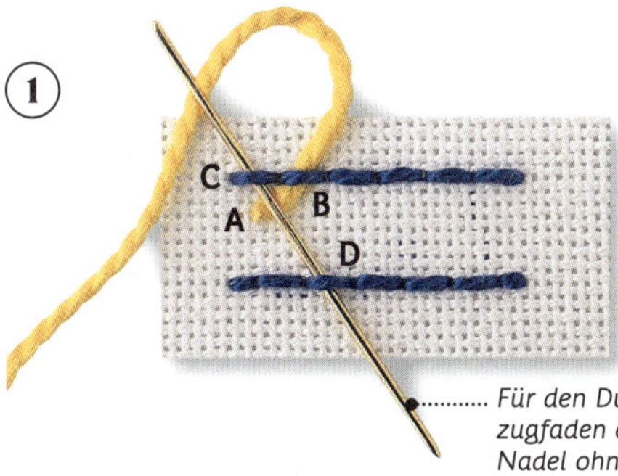

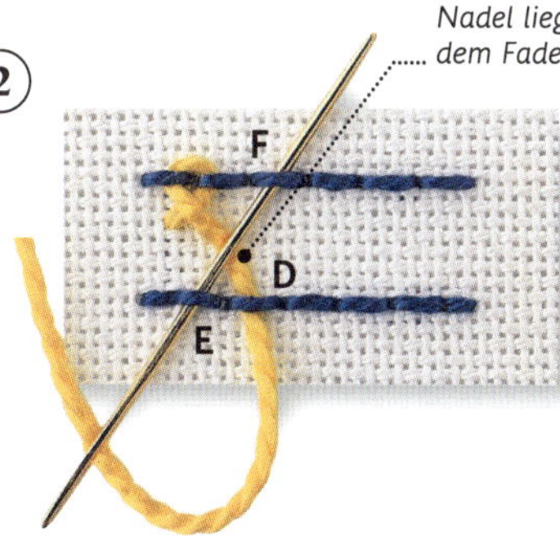

1 Zwei parallele Reihen im Rückstich (Seite 40) arbeiten, dabei die untere mit einem Stich in halber Länge beginnen. Mit dem Durchzugfaden bei **A** ausstechen. Die Nadel aufwärts bei **B** und abwärts bei **C** und **D** unter den Rückstichen durchschieben.

2 Die Nadel nun links bei **E** unter dem Stich durchschieben, dann bei **F** in der oberen Reihe.

Technikvariante

Um eine breitere, offenere Bordüre zu erhalten, kann man auch zwei Reihen Langettenstiche mit nach außen gerichteten Senkrechtstichen umschlingen.

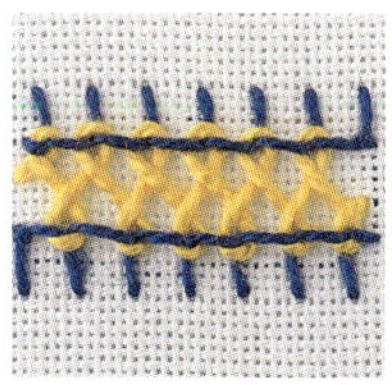

Magischer Kettenstich

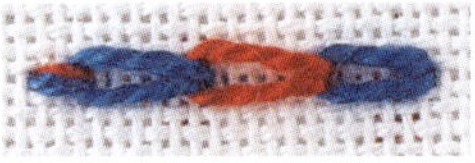

ANDERE NAMEN
Zweifarbiger Kettenstich

SCHWIERIGKEITSGRAD
Mittel

VERWENDUNG
Gerade und gekrümmte Konturen

METHODE
Kettenstich-Variante mit zwei Fäden

MATERIAL
Beliebiger Stoff; zwei Garne gleicher Qualität in verschiedenen Farben; Nadel mit langem Öhr

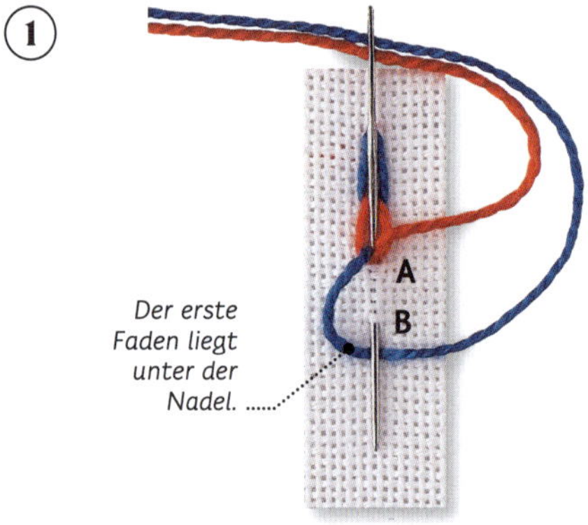

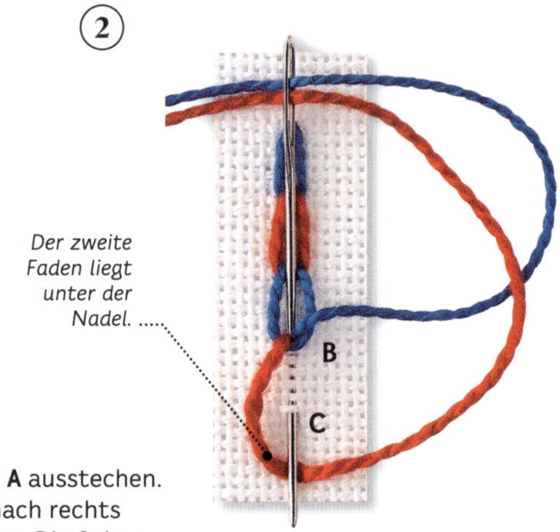

1 Beide Fäden in die Nadel einfädeln und bei **A** ausstechen. Mit beiden Fäden eine Schlaufe von links nach rechts legen und die Nadel wieder bei **A** einstechen. Die Spitze bei **B** ausstechen und den ersten Faden darunter legen. Die Fäden vorsichtig durchziehen. Dabei rutscht der zweite Faden nach hinten.

2 Eine Schlaufe von links nach rechts legen und bei **B** einstechen. Die Nadelspitze bei **C** ausstechen, den zweiten Faden darunter legen und die Nadel durchziehen. Fortlaufend wiederholen und die letzte Schlaufe mit einem Fixierstich (siehe Seite 20) sichern.

Singhalesischer Kettenstich

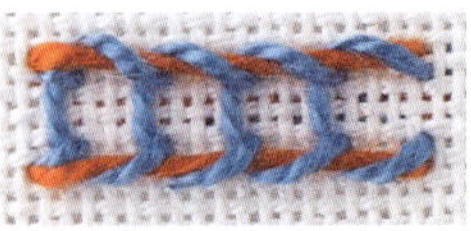

SCHWIERIGKEITSGRAD
Anspruchsvoll

VERWENDUNG
Dekorative gerade und gekrümmte Bordüren; zum Übersticken schmaler Bänder

METHODE
Von oben nach unten gearbeiteter, offener Kettenstich mit zwei Fäden

MATERIAL
Beliebiger Stoff; zwei Garne gleicher Qualität in verschiedenen Farben

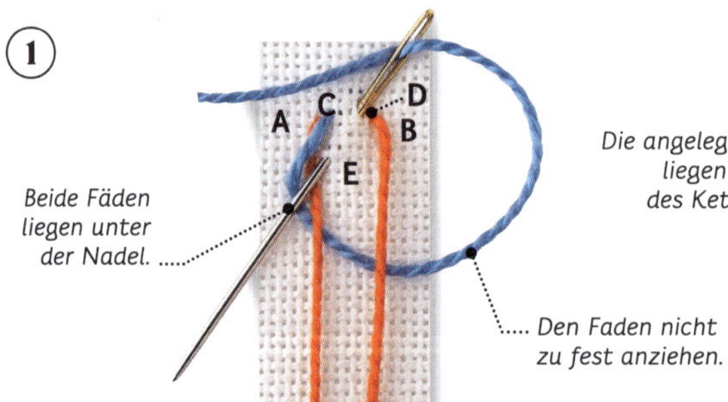

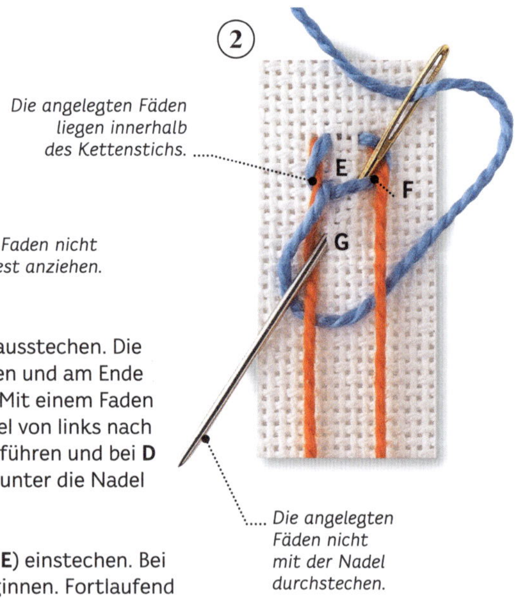

1 Mit zwei Fäden der ersten Farbe bei **A** und **B** ausstechen. Die Fäden auf den vorgesehenen Linien ausrichten und am Ende zur Rückseite stechen, aber nicht vernähen. Mit einem Faden der zweiten Farbe bei **C** ausstechen. Die Nadel von links nach rechts unter den angelegten Fäden hindurchführen und bei **D** einstechen. Bei **E** ausstechen und den Faden unter die Nadel legen.

2 Die Nadel durchziehen und bei **F** (rechts von **E**) einstechen. Bei **G** ausstechen, um den nächsten Stich zu beginnen. Fortlaufend wiederholen, dabei die angelegten Fäden in Position halten. Die letzte Schlaufe mit zwei Fixierstichen (siehe Seite 20) in den Ecken sichern, dann alle Fäden auf der Rückseite vernähen.

Umschlungener Margeritenstich

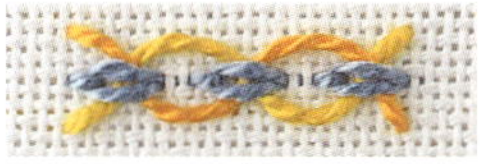

SCHWIERIGKEITSGRAD
Mittel

VERWENDUNG
Schmale Bordüren und Konturlinien

METHODE
Reihe aus Margeritenstichen mit zweiseitiger Umschlingung

MATERIAL
Beliebiger Stoff; drei Garne in gleicher oder verschiedener Farbe und Stärke; Nadel ohne Spitze

(1)

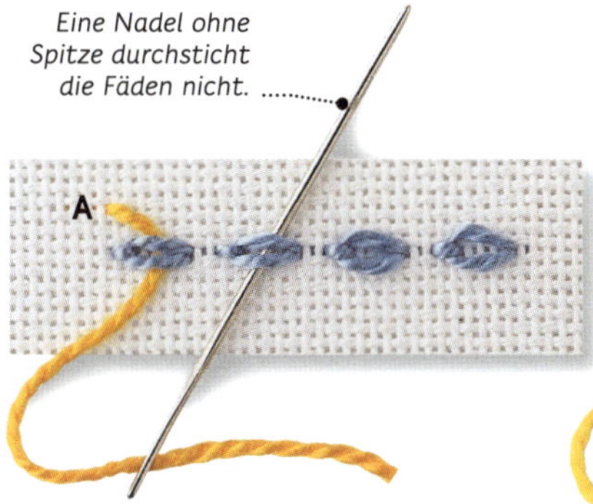

(2)

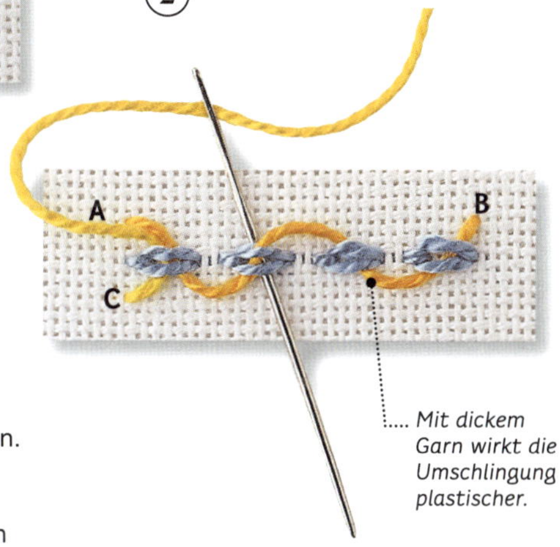

1 Mit der ersten Farbe eine Grundreihe aus Margeritenstichen (Seite 80) in gleichmäßigen Abständen sticken. Einen Faden in Kontrastfarbe in die Nadel einfädeln und bei **A** ausstechen. Die Nadel abwärts unter dem ersten Margeritenstich durchschieben, dann aufwärts unter dem zweiten. Fortlaufend wiederholen.

2 Bei **B** zur Rückseite stechen. Mit der dritten Farbe bei **C** ausstechen und die Margeritenstiche in entgegengesetzter Richtung umschlingen.

Guillochestich

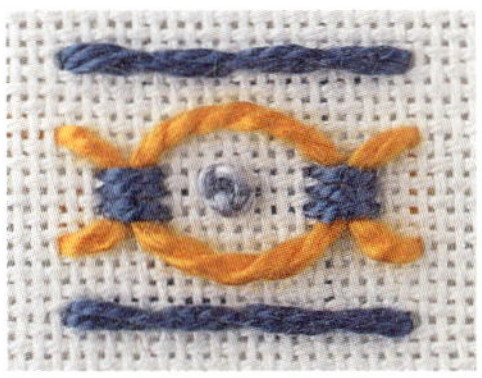

SCHWIERIGKEITSGRAD
Anspruchsvoll

VERWENDUNG
Mehrfarbige gerade Bordüren und Rahmen

METHODE
Kombination aus Stielstich, Plattstich, Knötchenstich und Durchzugtechnik

MATERIAL
Auszählbarer Stoff; dickes Garn in drei Farben; Nadel ohne Spitze

(1)

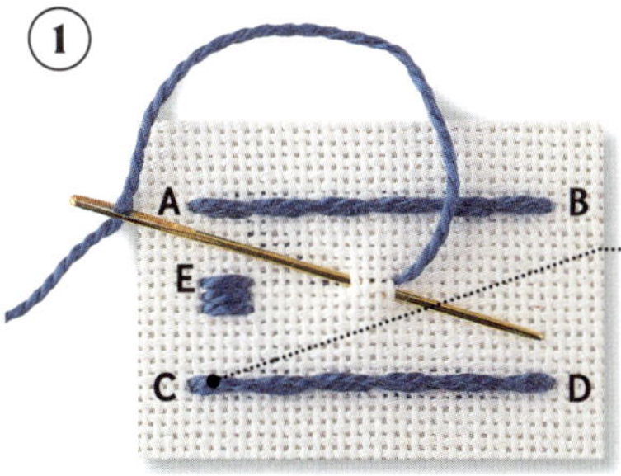

(2)

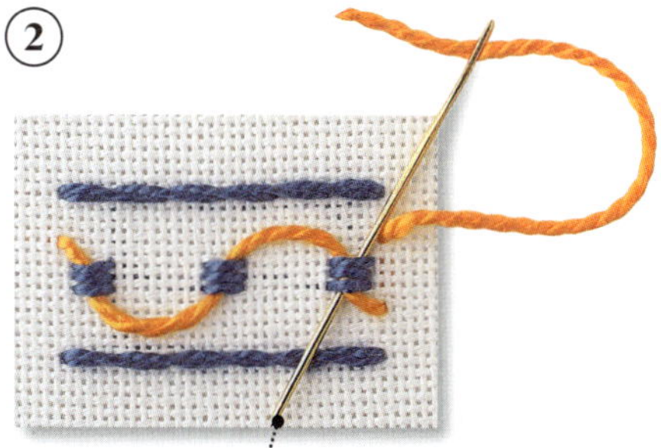

(3)

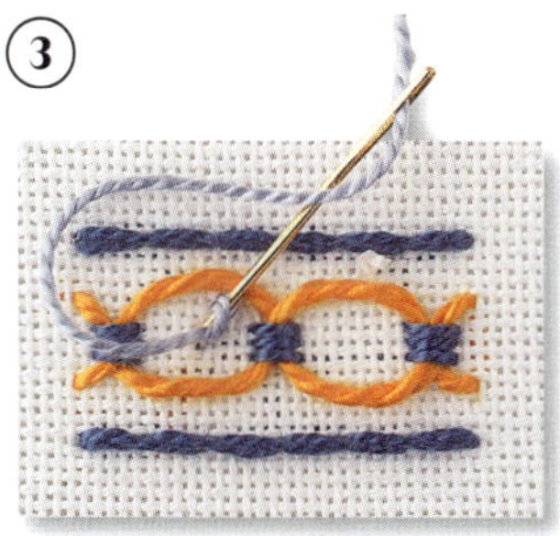

1 In der Hauptfarbe zwei parallele Linien im Stielstich (Seite 41) von **A** nach **B** und von **C** nach **D** sticken. Dazwischen bei **E** beginnend in regelmäßigen Abständen Gruppen aus drei kurzen Plattstichen (Seite 86) sticken.

2 Die Plattstichgruppen in beiden Richtungen mit kontrastfarbenem Garn umschlingen.

3 In die Mitte der entstandenen Ovale je einen Knötchenstich (Seite 76) in einer dritten Farbe sticken.

Astipalaiastich

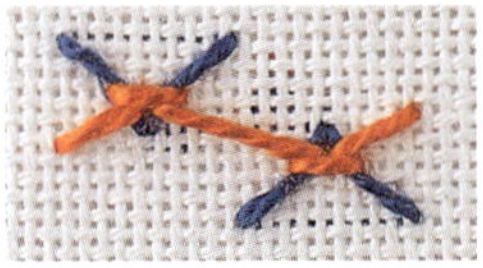

SCHWIERIGKEITSGRAD
Mittel

VERWENDUNG
Gerade, luftige Bordüren

METHODE
Wabenstich über zwei Reihen aus Zackenstichen

MATERIAL
Beliebiger Stoff; Garn in zwei Kontrastfarben (dickeres Garn wirkt plastischer)

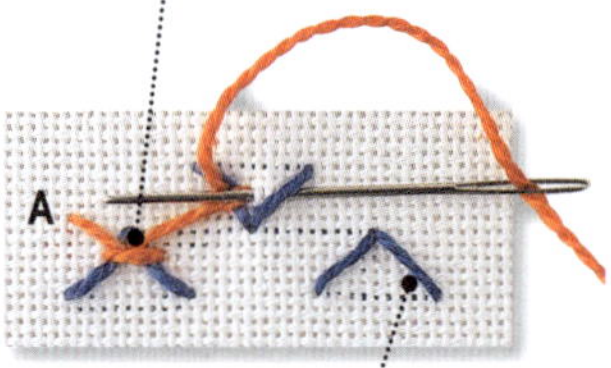

Mit der ersten Farbe zwei parallele Reihen im Zackenstich (Seite 73) sticken. Mit dem zweiten Faden bei **A** ausstechen und eine Reihe Wabenstiche (Seite 49) von links nach rechts arbeiten.

Nachgesteppter Hexenstich

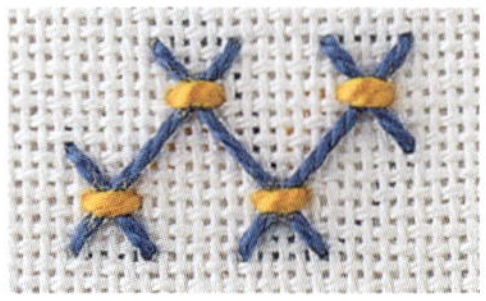

SCHWIERIGKEITSGRAD
Einfach

VERWENDUNG
Lockere Bordüren; mehrreihig als Füllmuster

METHODE
Hexenstiche, überstickt mit Rückstichen

MATERIAL
Beliebiger Stoff; Garn in zwei Farben, gleich oder unterschiedlich stark

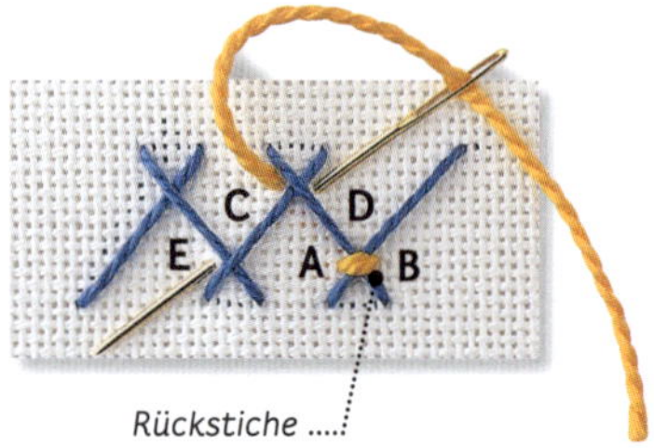

Eine Reihe im Hexenstich (Seite 52) sticken. Mit dem zweiten Faden einen Stich von **A** nach **B** sticken. Bei **C** ausstechen, bei **D** ein- und bei **E** wieder ausstechen. Fortlaufend wiederholen.

Gehöhter umschlungener Hexenstich

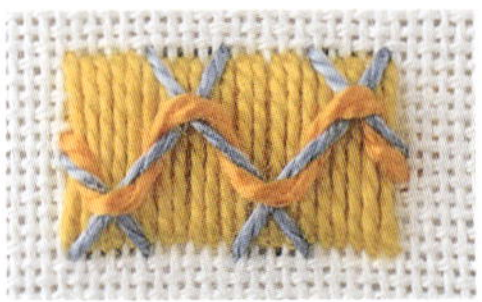

SCHWIERIGKEITSGRAD
Anspruchsvoll

VERWENDUNG
Dekorative Bordüren

METHODE
Umschlungener Hexenstich auf einem Grund aus Plattstichen

MATERIAL
Beliebiger Stoff; glänzendes Stickgarn in drei Farben; Nadel ohne Spitze; Stickrahmen

(1)

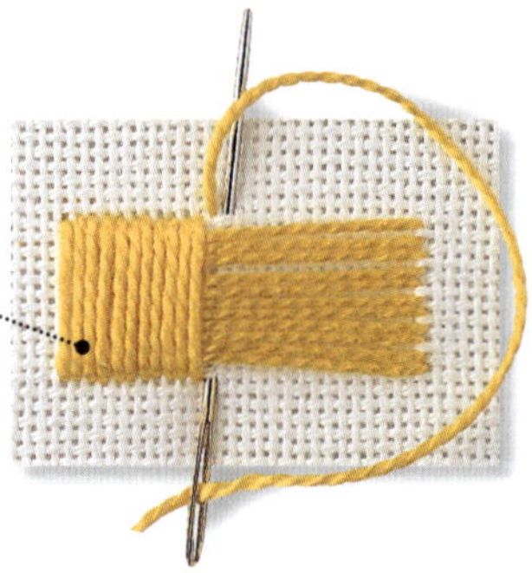

(2)

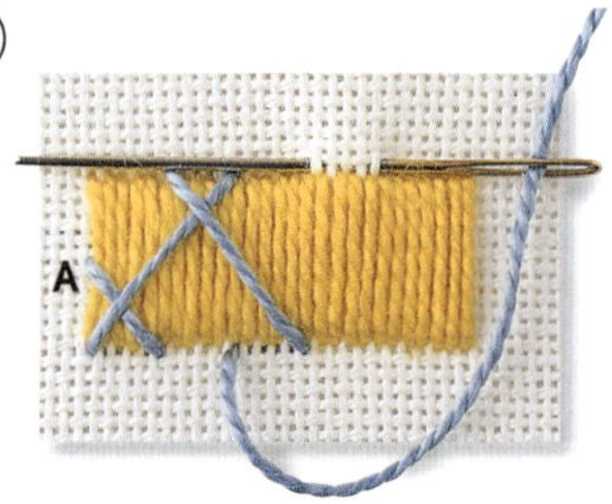

(3)

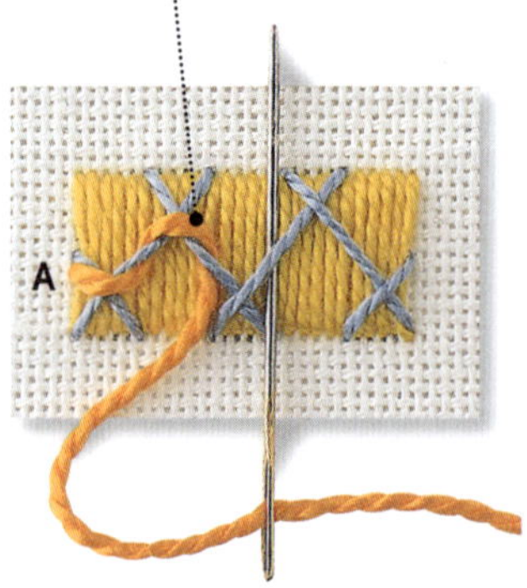

1 Eine Grundreihe aus langen, waagerechten Plattstichen (Seite 86) sticken und diese von links nach rechts mit senkrechten Plattstichen übersticken.

2 Mit einem zweiten Faden bei **A** ausstechen und eine Reihe Hexenstiche (Seite 52) sticken.

3 Einen Faden in der dritten Farbe in die Nadel ohne Spitze einfädeln und bei **A** ausstechen. Den Faden aufwärts unter dem ersten langen Schrägstich durchziehen, dann abwärts unter dem zweiten. Fortlaufend wiederholen.

Doppelter Hexenstich

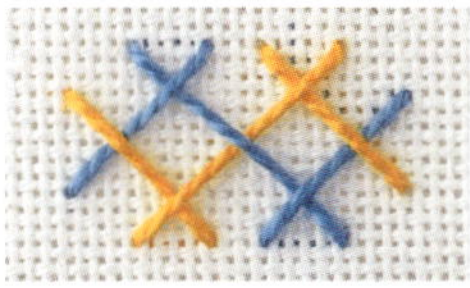

SCHWIERIGKEITSGRAD
Anspruchsvoll

VERWENDUNG
Geometrische Bordüren; mehrreihig als lockeres Füllmuster

METHODE
Zwei versetzte und miteinander verflochtene Reihen aus Hexenstichen

MATERIAL
Beliebiger Stoff; dickes Stickgarn in zwei Farben

① 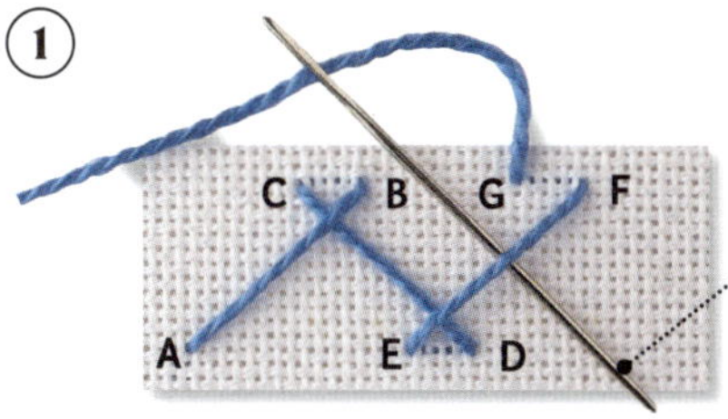

② 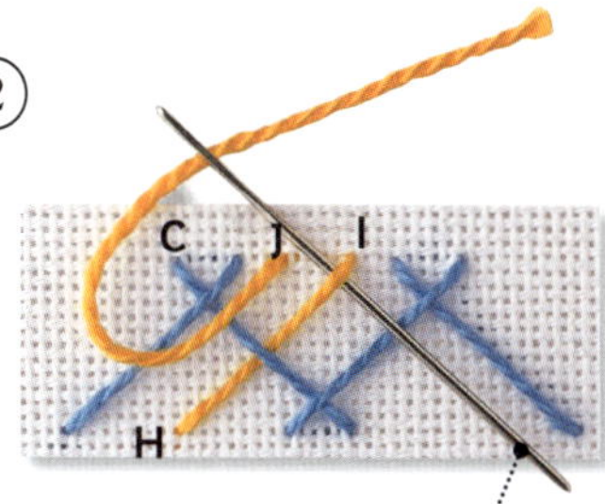

③ 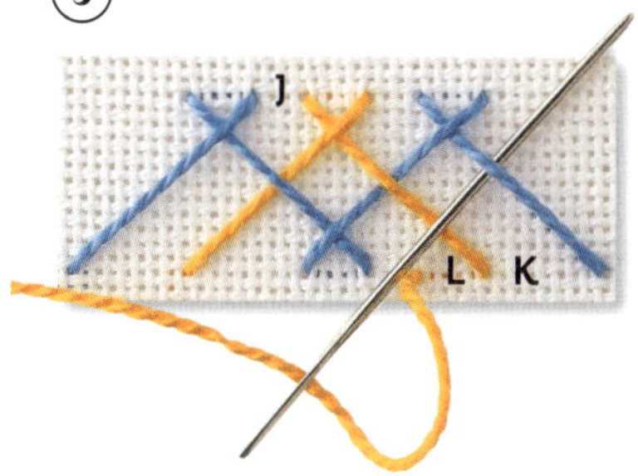

1 Bei **A** ausstechen und schräg nach **B** sticken. Bei **C** ausstechen, die Nadel unter dem Stich durchschieben und bei **D** einstechen. Bei **E** aus- und bei **F** wieder einstechen. Bei **G** ausstechen und die Nadel unter dem letzten Stich durchschieben.

2 Fortlaufend bis zum Reihenende wiederholen. Zur Rückseite stechen und bei **E** wieder ausstechen. Die unteren Überkreuzungen der Hexenstiche auf dem Rückweg ebenso umschlingen.

3 Bei **K** ein- und bei **L** ausstechen. Die Nadel über dem ersten und unter dem zweiten Faden führen. Schritt 2 und 3 fortlaufend wiederholen.

Umschlungener Hexenstich

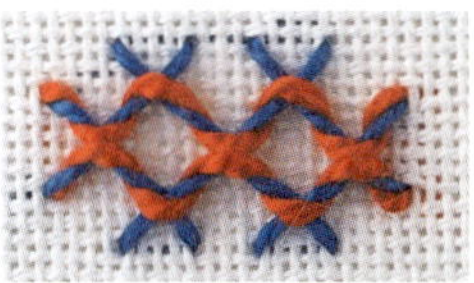

SCHWIERIGKEITSGRAD
Anspruchsvoll

VERWENDUNG
Dekorative Bordüre; mehrreihig als Füllstich

METHODE
Doppelter Hexenstich mit zwei Durchzugfäden

MATERIAL
Beliebiger Stoff; dickes Stickgarn in zwei Farben

① 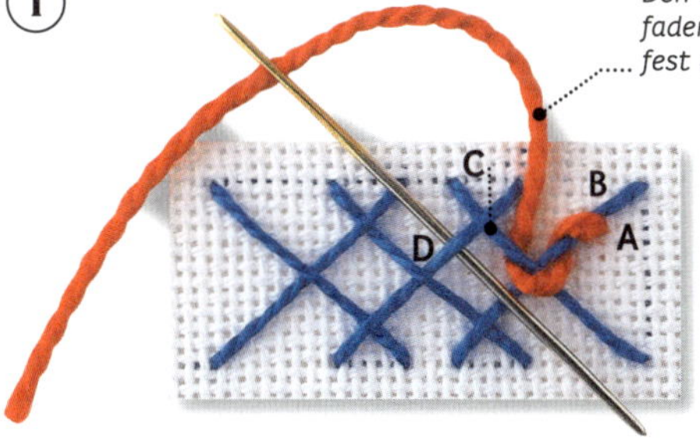

② 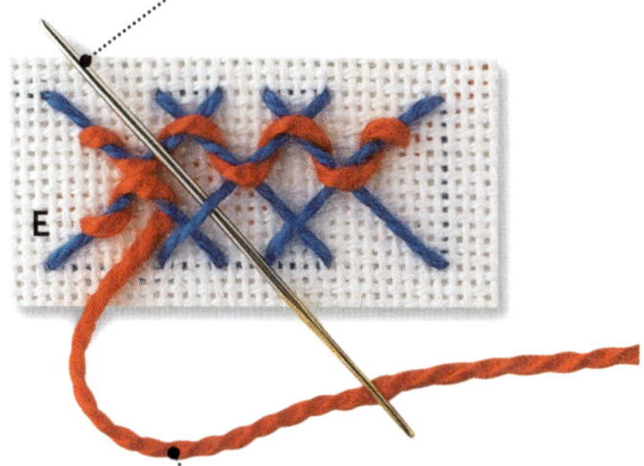

1 Mit der ersten Farbe eine Grundreihe im doppelten Hexenstich (siehe oben) sticken. Mit dem Durchzugfaden bei **A** ausstechen. Die Nadel abwärts unter dem ersten Schrägstich (**B**) und aufwärts unter dem zweiten (**C**) durchschieben, dann wieder abwärts unter dem dritten (**D**).

2 Fortlaufend bis zum Reihenende wiederholen. Zur Rückseite stechen und bei **E** wieder ausstechen. Die unteren Überkreuzungen der Hexenstiche auf dem Rückweg ebenso umschlingen.

Schleifen-Kettenstich

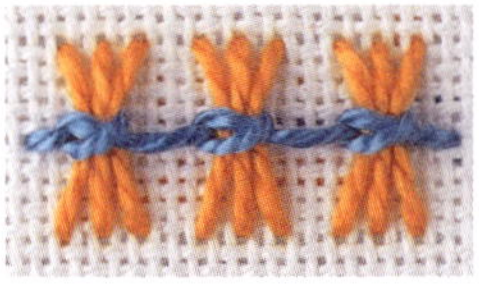

SCHWIERIGKEITSGRAD
Mittel

VERWENDUNG
Luftige Rahmen und Bordüren

METHODE
Gruppen aus drei Spannstichen, zusammengefasst mit gedrehten Kettenstichen, die den Stickgrund nicht durchstechen

MATERIAL
Beliebiger Stoff; dickes Garn in zwei Farben; Nadel ohne Spitze

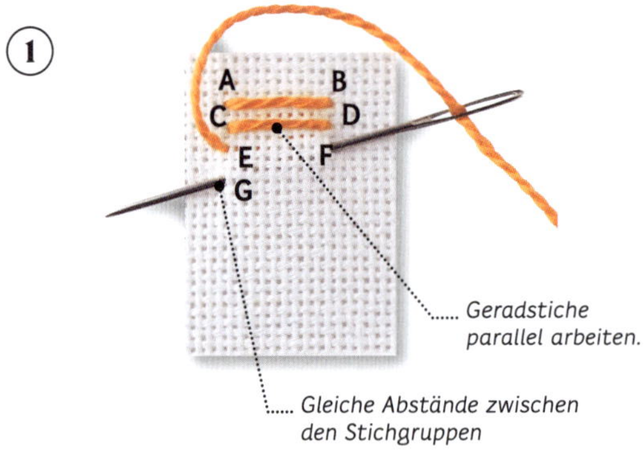

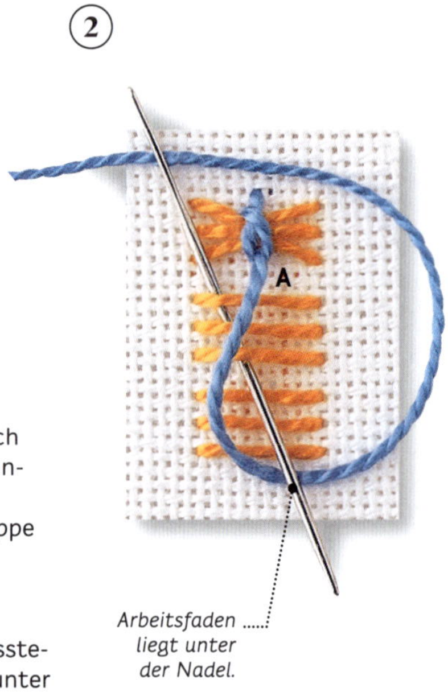

1 Bei **A** beginnen und einen waagerechten Spannstich nach **B** sticken. Direkt darunter zwei weitere Spannstiche von **C** nach **D** und von **E** nach **F** arbeiten. Dann bei **G** ausstechen und die nächste Dreiergruppe aus Spannstichen sticken.

2 Mit andersfarbigem Garn gedrehte Kettenstiche (Seite 44) über die Spannstiche arbeiten. Bei **A** ausstechen, eine Schlaufe nach rechts legen. Die Nadel unter drei Spannstichen durchschieben und durchziehen. Den Faden festziehen, um die drei Spannstiche zu bündeln.

Gehöhter Kettenstich

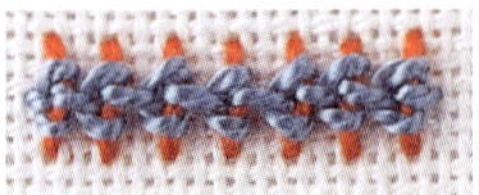

SCHWIERIGKEITSGRAD
Mittel

VERWENDUNG
Plastische Bordüren

METHODE
Grundreihe von Spannstichen, darüber Kettenstiche, die den Stickgrund nicht durchstechen

MATERIAL
Beliebiger Stoff; dickes Garn in zwei Farben; Nadel ohne Spitze

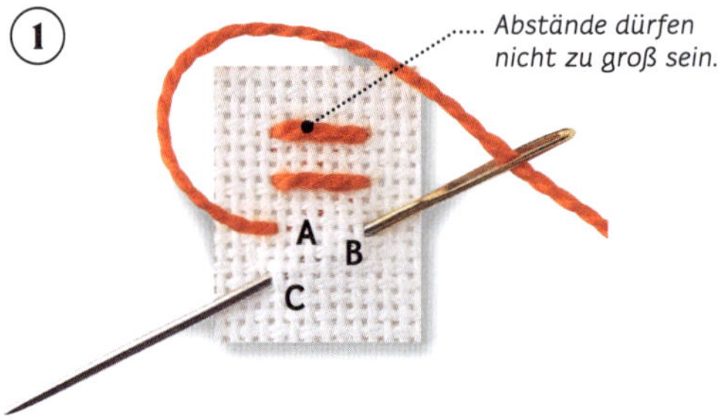

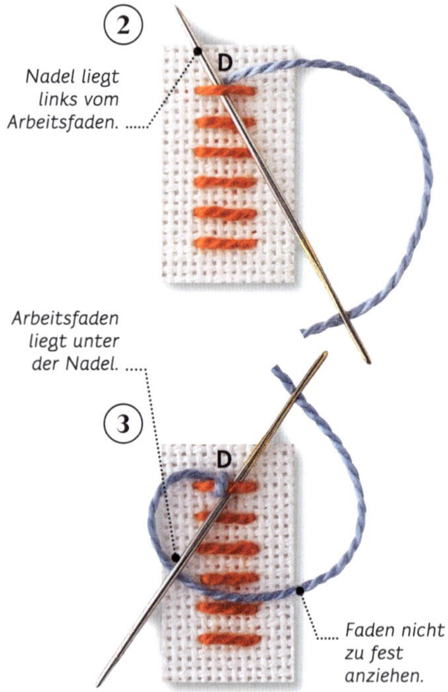

1 Kurze, parallele Spannstiche arbeiten. Bei **A** aus-, bei **B** ein- und bei **C** ausstechen. Fortlaufend wiederholen.

2 Mit dem zweiten Faden bei **D** ausstechen. Die Nadel von unten nach oben unter dem obersten Spannstich durchschieben.

3 Den Faden nach rechts zur Schlaufe legen. Die Nadel rechts von **D** von oben nach unten unter dem ersten Stich durchschieben. Schritt 2 und 3 wiederholen.

Schräger Webestich

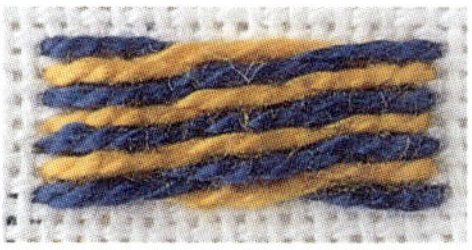

SCHWIERIGKEITSGRAD
Anspruchsvoll

VERWENDUNG
Kompakte, gestreifte Bordüren oder Rahmen

METHODE
Zwei verschiedenfarbige Fäden werden durch Reihen von Spannstichen gewebt.

MATERIAL
Beliebiger Stoff; Perlgarn in zwei Farben; zwei Nadeln ohne Spitze

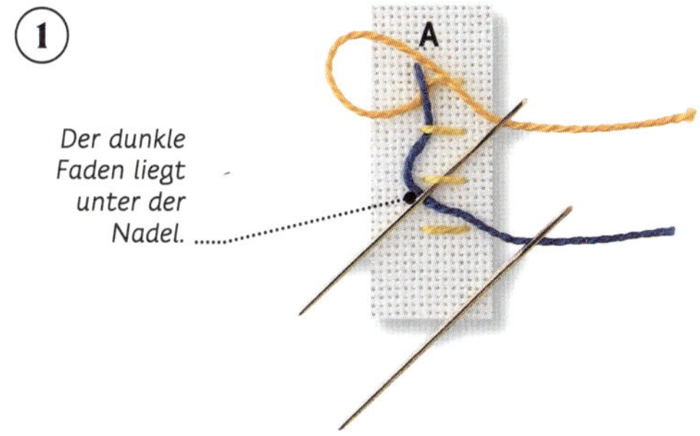

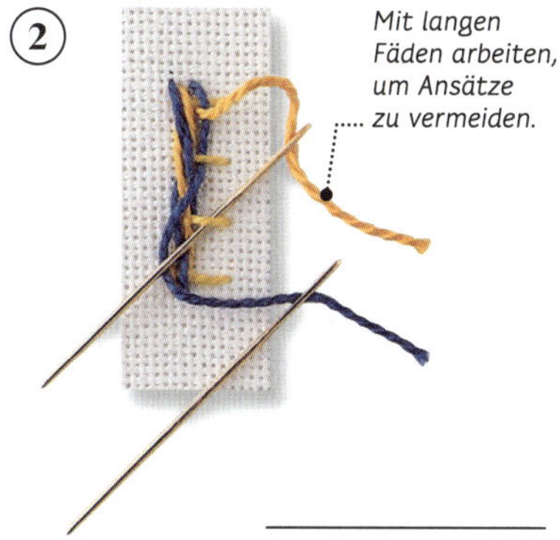

1 Eine Säule aus Spannstichen (Seite 68, gehöhter Kettenstich, Schritt 1) sticken. Mit dem dunklen Faden bei **A** ausstechen. Die Nadel unter dem zweiten Stich durchschieben und nach rechts legen. Mit dem hellen Garn bei **A** ausstechen. Die Nadel links unter dem ersten Stich und dem dunklen Faden durchschieben, dann unter dem dritten und über dem dunklen Faden führen.

2 Fortlaufend abwärts weben, dabei die beiden Fäden im Wechsel über und unter den Spannstichen führen. Die folgenden Reihen ebenso sticken.

Stichvariante

Beginnt man jede Webreihe mit der gleichen Farbe, entsteht ein Blockstreifeneffekt.

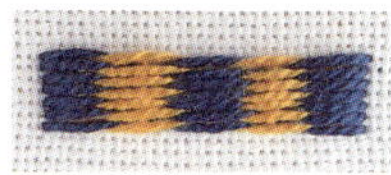

Portugiesischer Stich

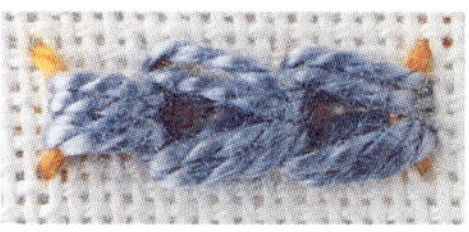

SCHWIERIGKEITSGRAD
Anspruchsvoll

VERWENDUNG
Plastische Bordüre

METHODE
Schräge Stiche auf einem Grund aus Spannstichen

MATERIAL
Beliebiger Stoff; Perlgarn in zwei Farben; Nadel ohne Spitze

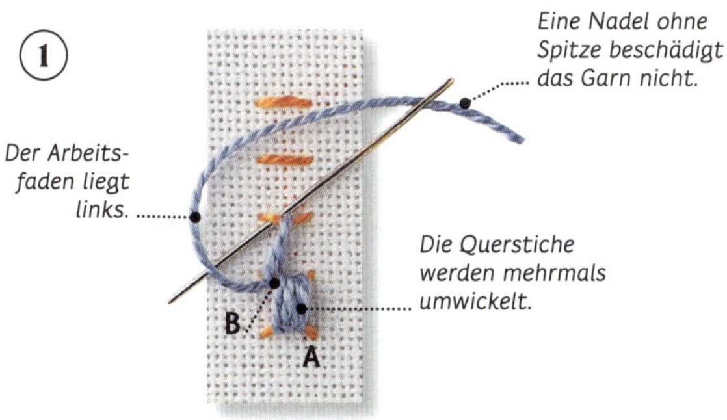

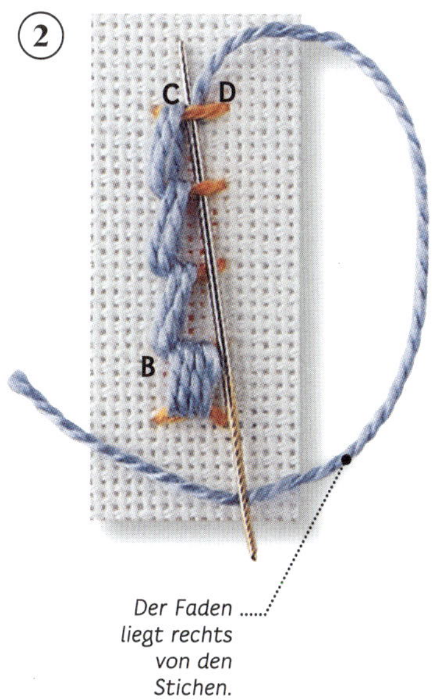

1 Eine Säule aus Spannstichen (Seite 68, gehöhter Kettenstich, Schritt 1) sticken. Mit dem zweiten Faden bei **A** ausstechen und über die ersten beiden Spannstiche drei Plattstiche (Seite 86) sticken. Bei **B** ausstechen. Die Nadel abwärts zunächst unter den nächsten beiden Querstichen, dann unter dem dritten Querstich durchschieben, um zwei Schrägstiche zu erhalten. Aufwärts wiederholen. Es ergeben sich einseitig Paare aus Schrägstichen.

2 Am oberen Ende die Nadel bei **C** abwärts führen und bei **D** ausstechen. Aufwärts unter den obersten beiden Querstichen durchschieben. Fortlaufend wiederholen.

Füllstiche

Streumuster und Einzelstiche

Diese freistehenden Stiche variieren in Größe und Form von winzigen Punkten und Kreuzen bis hin zu Sternen, naturalistischen Blumen und Spinnennetzen. Arbeiten Sie sie einzeln als Akzent oder Hingucker. Sie können sie auch in regelmäßigen Abständen in Reihen sticken, um geometrische Muster zu erzeugen, oder dicht an dicht arbeiten, um eine strukturierte Oberfläche zu schaffen.

Streumuster werden traditionell zum Ausfüllen einer konturierten Form verwendet, aber man kann sie auch locker auf einer Fläche verteilen und das Muster quasi nach dem Zufallsprinzip beim Sticken entstehen lassen. Das achtsame, konzentrierte Sticken kann eine wirkungsvolle Art der Entspannung sein.

Spannstich

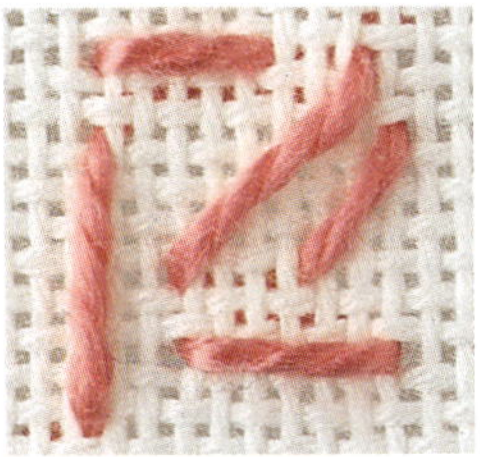

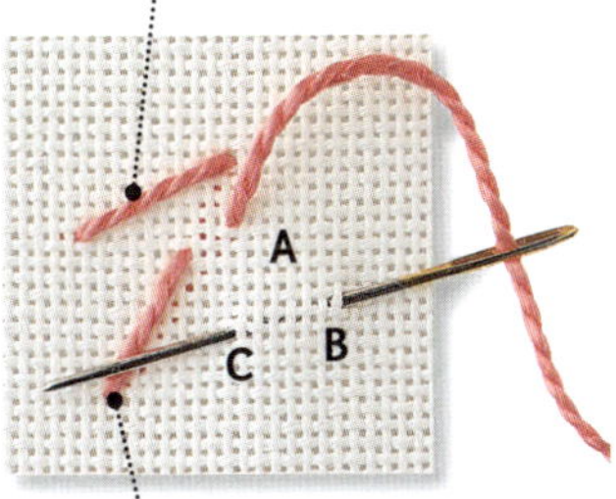

SCHWIERIGKEITSGRAD
Einfach

VERWENDUNG
Blätter; strukturierte Fülleffekte

METHODE
Unregelmäßig verteilte, einzelne Geradstiche unterschiedlicher Länge

MATERIAL
Stoff und Garn beliebig

Bei **A** ausstechen. Bei **B** ein- und bei **C** wieder ausstechen. Solche Geradstiche locker verteilt anordnen, bis die Fläche in gewünschter Dichte gefüllt ist. Spannstiche können auch regelmäßige, geometrische Muster bilden (Seite 68-69).

Zackenstich

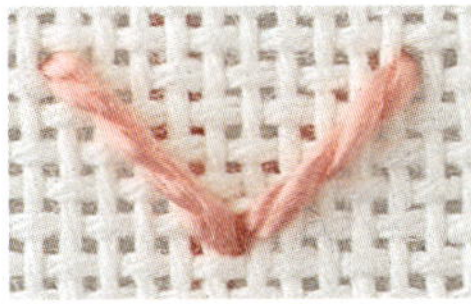

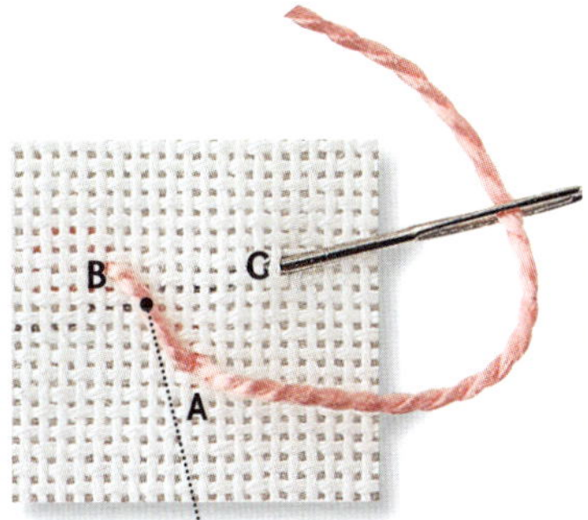

ANDERE NAMEN
Reiskornstich

SCHWIERIGKEITSGRAD
Einfach

VERWENDUNG
Streumuster; in Reihen auch als Kontur

METHODE
Eng stehende Paare aus kurzen Rückstichen

MATERIAL
Beliebiger Stoff; mit Perlgarn heben sich die Stiche gut ab

Bei **A** beginnen. Einen schrägen Stich nach **B** arbeiten und bei **A** wieder ausstechen. Bei **C** einstechen, um die Zacke zu beenden.

Punktstich

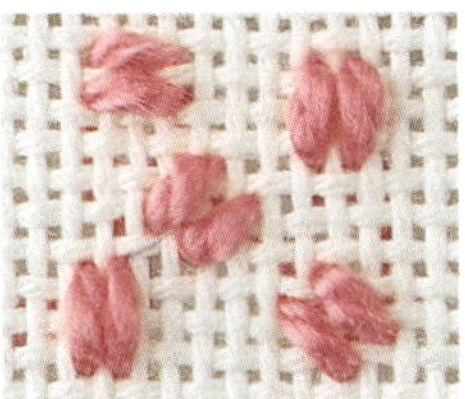

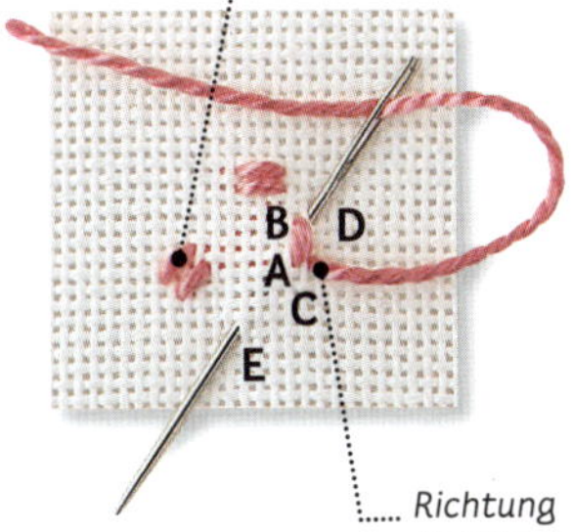

ANDERE NAMEN
Reiskornstich

SCHWIERIGKEITSGRAD
Einfach

VERWENDUNG
Streumuster; Kontur

METHODE
Eng stehende Paare aus kurzen Rückstichen

MATERIAL
Beliebiger Stoff; mit Perlgarn heben sich die Stiche gut ab.

Bei **A** ausstechen, bei **B** ein- und bei **C** wieder ausstechen. Mit einem Einstich bei **D** das erste Stichpaar beenden. Bei E ausstechen, um das nächste Paar zu beginnen.

Gerader Kreuzstich

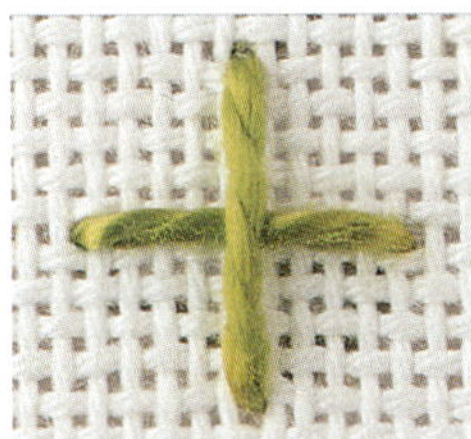

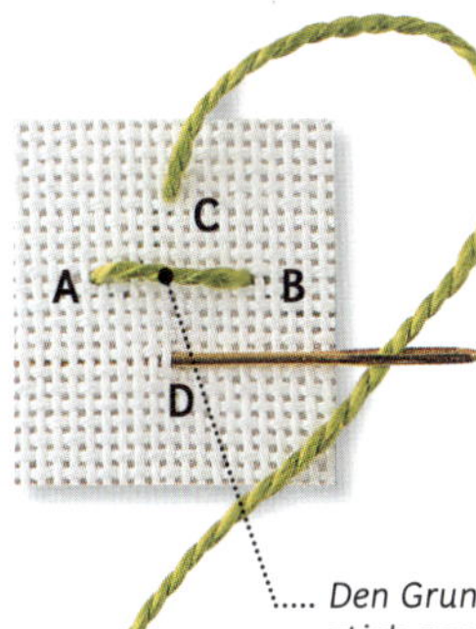

SCHWIERIGKEITSGRAD
Einfach

VERWENDUNG
Regelmäßiges oder unregelmäßiges Füllmuster; Einzelstich

MATERIAL
Beliebiger Stoff; Perlgarn wirkt besonders plastisch.

Bei **A** beginnen und einen waagerechten Grundstich nach **B** arbeiten. Bei **C** ausstechen. Senkrecht darunter bei **D** einstechen, um das Kreuz mit dem Deckstich zu vervollständigen.

Bourbonenstich

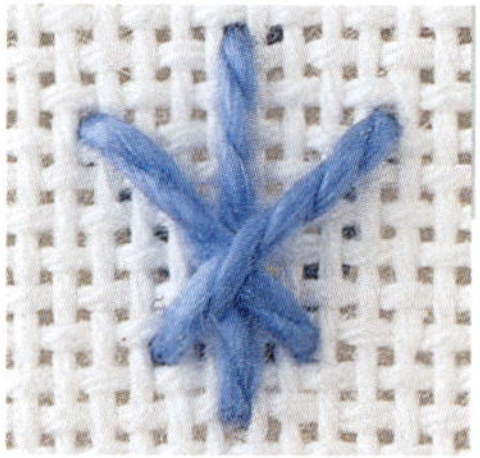

SCHWIERIGKEITSGRAD
Einfach

VERWENDUNG
Streumuster; Bordüre; Einzelstich; in der Schwarzstickerei

METHODE
Breiter Kreuzstich über einem vertikalen Spannstich

MATERIAL
Auszählbarer Stoff; Garn

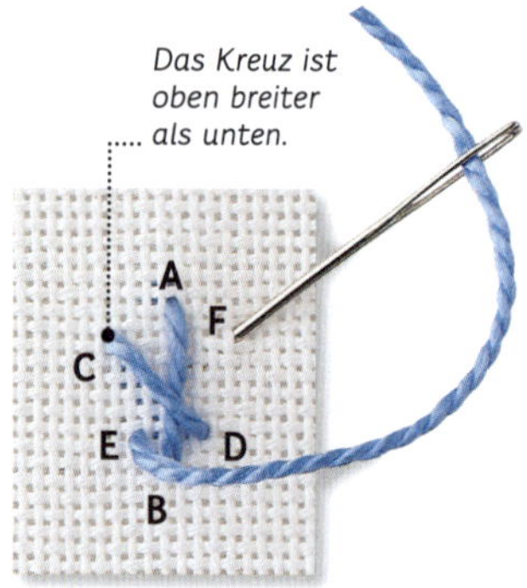

Bei **A** ausstechen und einen senkrechten Spannstich nach **B** arbeiten. Bei **C** aus- und bei **D** wieder einstechen. Bei **E** ausstechen, die Nadel über die beiden vorhandenen Stiche führen und bei **F** einstechen.

Gefangener Kreuzstich

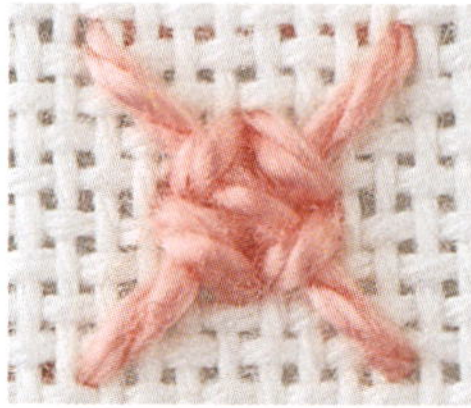

SCHWIERIGKEITSGRAD
Mittel

VERWENDUNG
Lockere Füllmuster; in Reihen als Bordüre; Einzelstich

METHODE
Quadrat aus Rückstichen über einem Kreuzstich

MATERIAL
Beliebiger Stoff; wirkt mit dickem Garn plastischer

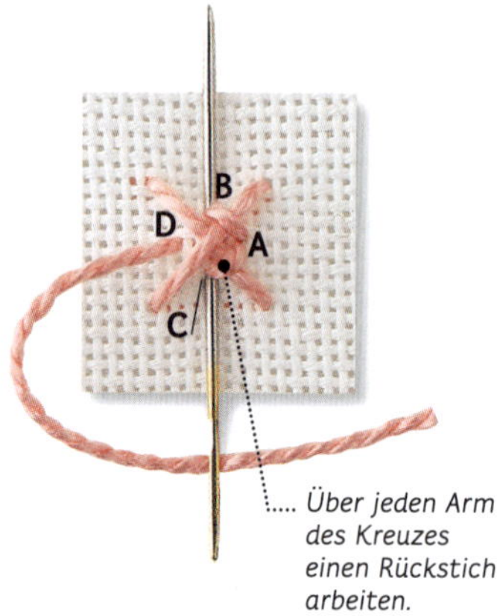

Einen Kreuzstich (Seite 50) sticken. Bei **A** aus- und bei **B** einstechen. Dann bei **C** aus- und wieder bei **A** einstechen. Bei **D** aus- und bei **C** einstechen. Den letzten Rückstich von **B** nach **D** arbeiten.

Sternstich

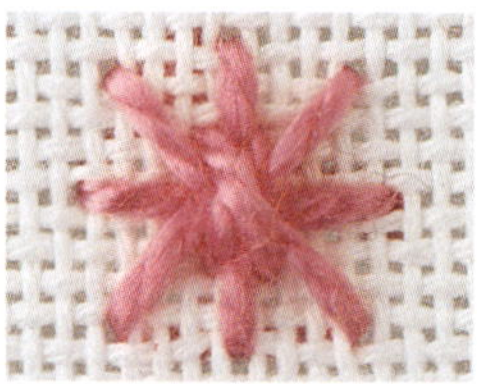

SCHWIERIGKEITSGRAD
Mittel

VERWENDUNG
Streumuster; in Reihen als Bordüre; Einzelstich

METHODE
Konventioneller Kreuzstich über einem geraden Kreuzstich

MATERIAL
Stoff und Garn beliebig

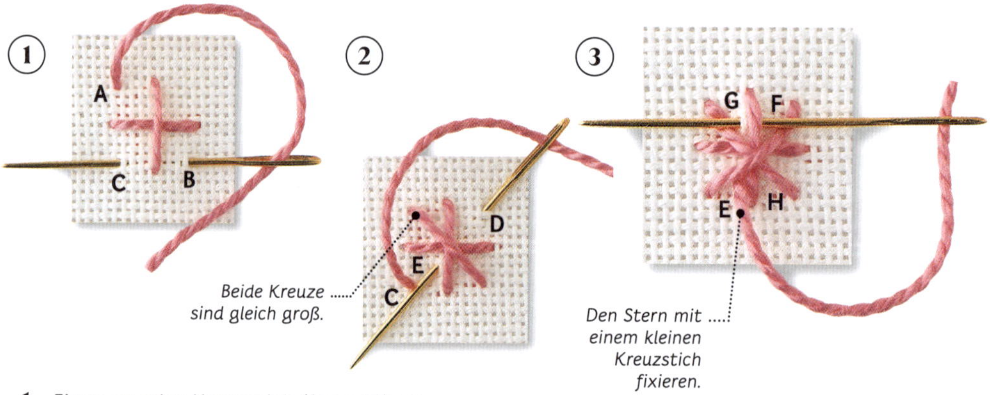

1 Einen geraden Kreuzstich (Seite 73) sticken. Bei **A** ausstechen und einen schrägen Stich nach **B** arbeiten. Bei **C** (links von **B**) ausstechen.

2 Schräg oberhalb bei **D** einstechen und in der Nähe der Sternmitte bei **E** ausstechen.

3 Bei **F** ein- und bei **G** ausstechen. Mit dem Einstich bei **H** den Stern beenden.

Technikvariante

Noch dekorativer sieht es aus, wenn man für den kleinen Kreuzstich in der Mitte (siehe Schritt 3) ein andersfarbiges Garn verwendet.

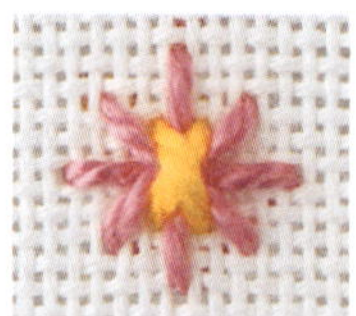

Flechtstern

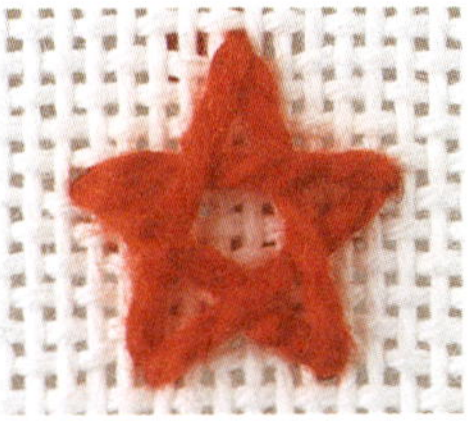

SCHWIERIGKEITSGRAD
Mittel

VERWENDUNG
Streumuster; Einzelstich

METHODE
Fünf miteinander verflochtene Spannstiche

MATERIAL
Stoff und Garn beliebig

① 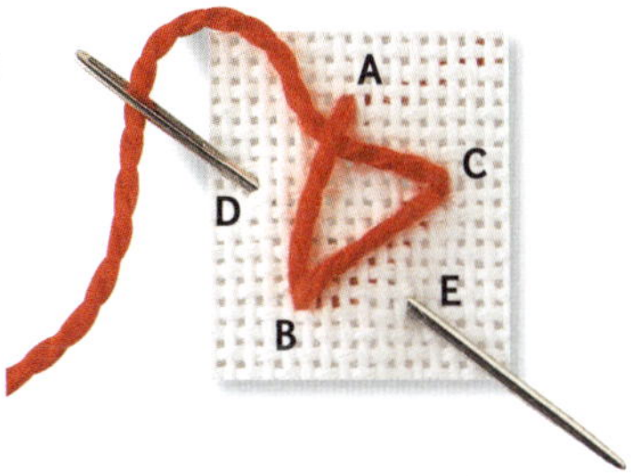

② 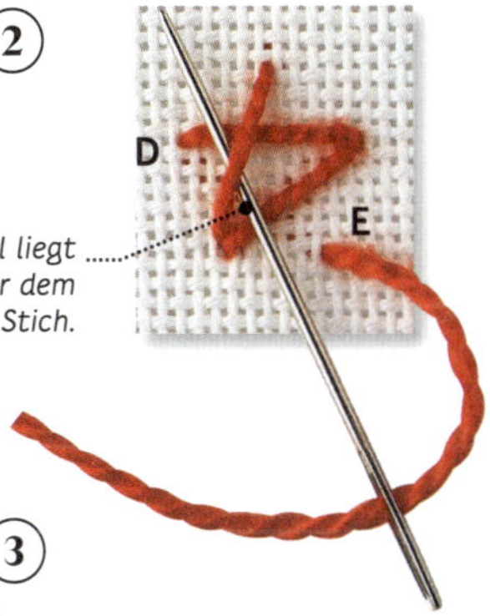

③ 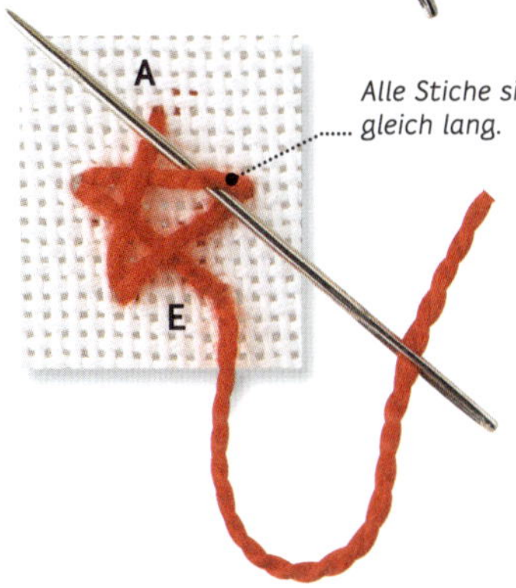

1 Bei **A** beginnen und einen schrägen Stich abwärts nach **B** sticken. Bei **C** aus- und bei **B** wieder einstechen. Erneut bei **C** ausstechen und die Nadel unter dem ersten Stich durchschieben. Dann bei **D** ein- und bei **E** ausstechen.

2 Die Nadel über den ersten Faden und unter dem zweiten entlang führen, bei **D** einstechen.

3 Bei **E** ausstechen. Die Nadel über den ersten Stich und unter dem zweiten führen. Bei **A** einstechen.

Flechtkreuz

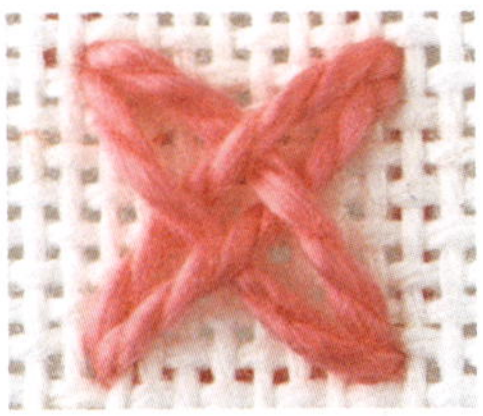

SCHWIERIGKEITSGRAD
Mittel

VERWENDUNG
Streumuster; Einzelstich

METHODE
Vier miteinander verflochtene Spannstiche

MATERIAL
Beliebiger Stoff; dickes Stickgarn

① 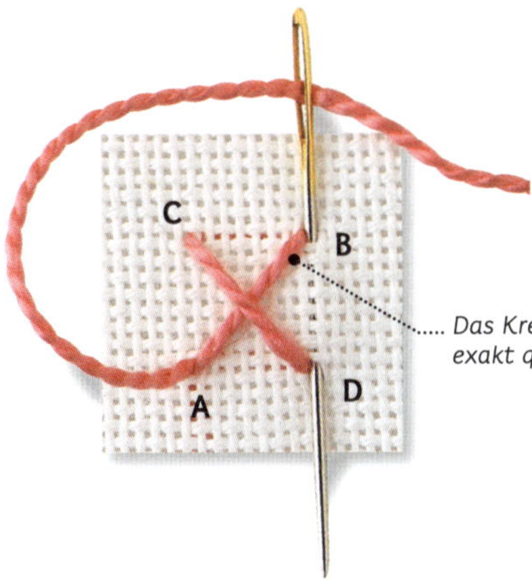

② 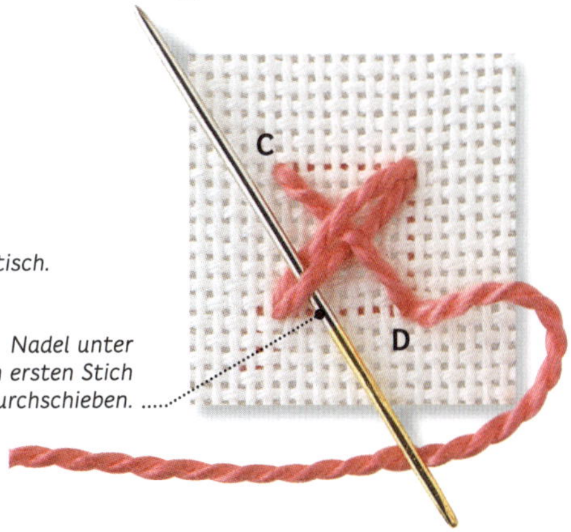

1 Einen Kreuzstich (Seite 50) von **A** nach **B** und von **C** nach **D** sticken. Wieder bei **A** ausstechen, bei **B** ein- und bei **D** ausstechen.

2 Die Nadel unter dem ersten Faden hindurch- und über den zweiten hinwegführen und bei **C** einstechen, um das Flechtkreuz zu vervollständigen.

Knötchenstich

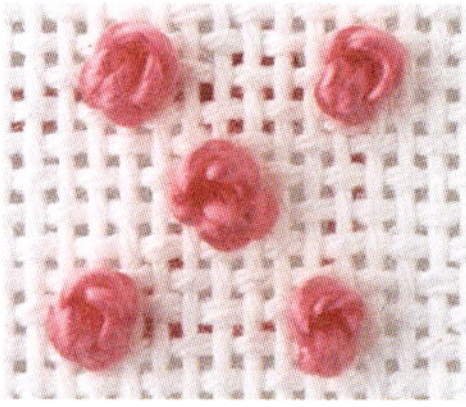

SCHWIERIGKEITSGRAD
Mittel

VERWENDUNG
Luftiges oder dichteres Füllmuster; einzeln als plastischer Akzent

METHODE
Gewickelter Knoten

MATERIAL
Beliebiger Stoff; die Garnstärke bestimmt die Knotengröße; Nadel mit kleinem Öhr

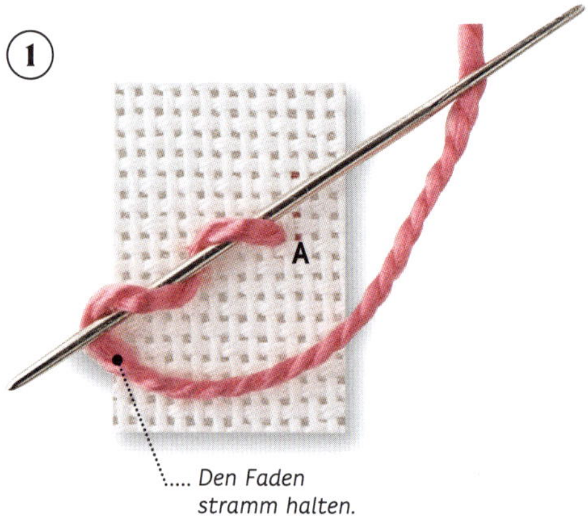

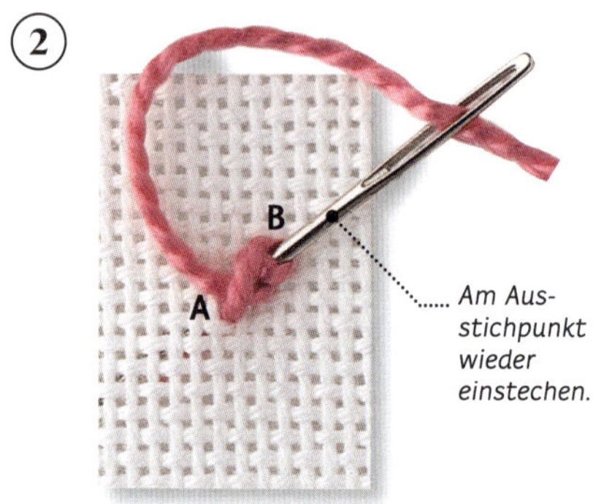

1. Bei **A** beginnen. Den Faden zweimal um die Nadel wickeln und vorsichtig stramm ziehen, damit die Wicklung fester wird.

2. Die Fadenspannung halten und die Nadel wieder bei **A** einstechen. Die Nadel durch die beiden Wicklungen ziehen, sodass ein Knötchen entsteht.

Stichvariante

Für den Stempelstich in kurzem Abstand zum Ausstichloch wieder einstechen, sodass der Knoten einen »Stiel« erhält. Acht Stempelstiche ergeben eine hübsche Blüte.

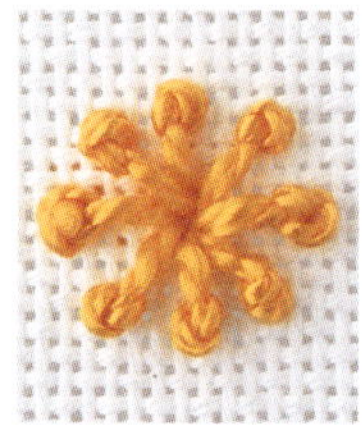

Wickelstich

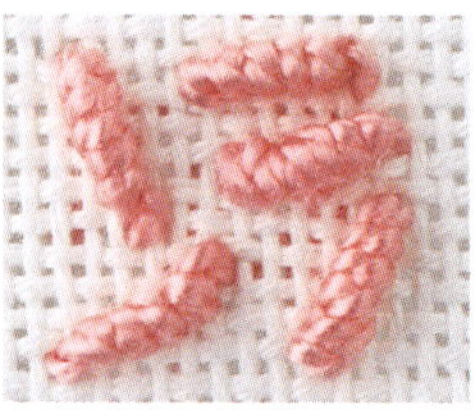

ANDERE NAMEN
Wurmstich, mehrfacher Knötchenstich

SCHWIERIGKEITSGRAD
Mittel

VERWENDUNG
Streumuster; Akzentstich

METHODE
Langer, gewickelter Knoten

MATERIAL
Beliebiger Stoff; gedrehtes Stickgarn

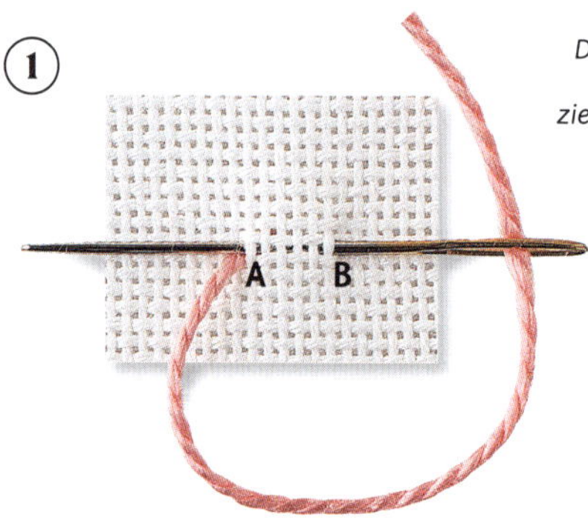

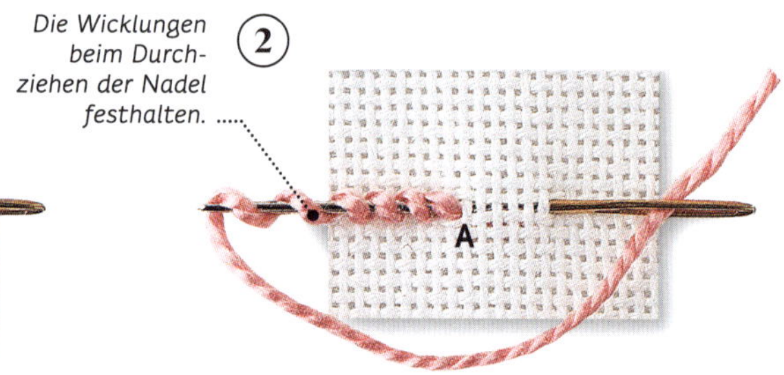

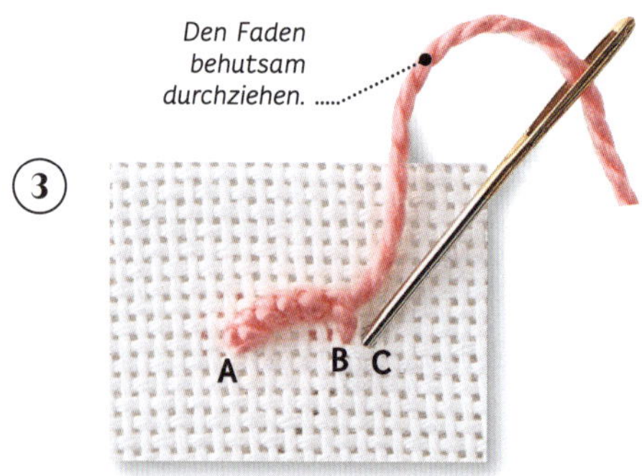

1. Bei **A** beginnen. Bei **B** einstechen und die Nadelspitze bei **A** wieder ausstechen.

2. Den Faden sechsmal um die Nadel wickeln und dort mit dem Finger festhalten. Mit der anderen Hand die Nadel vorsichtig durch den Stoff und die Fadenwicklungen ziehen.

3. Die Nadel bei **C** einstechen und den Arbeitsfaden festziehen, sodass die Wicklungen glatt liegen.

Dänischer Knötchenstich

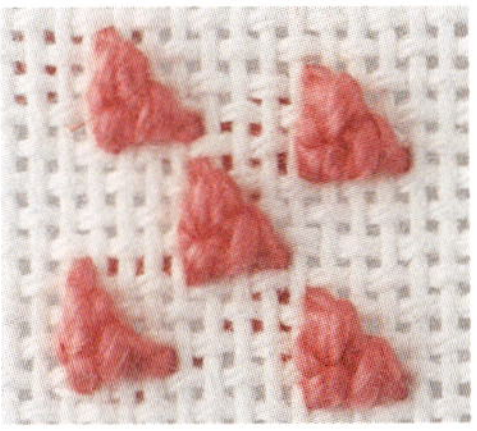

SCHWIERIGKEITSGRAD
Mittel

VERWENDUNG
Streumuster; dreieckiger Einzelzierstich

METHODE
Schlaufenknoten auf einem kurzen Schrägstich

MATERIAL
Beliebiger Stoff; dickes Perlgarn

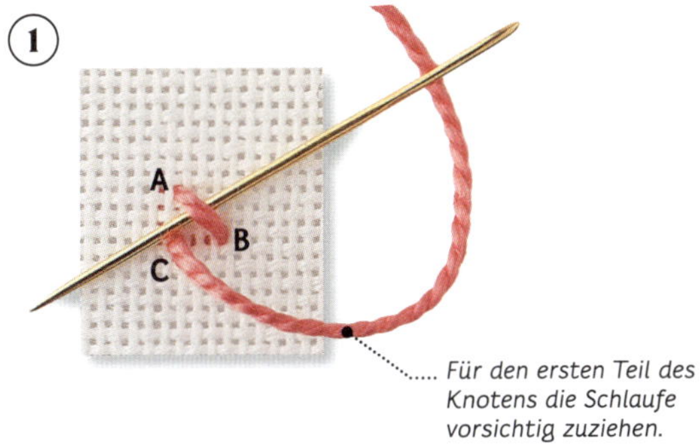

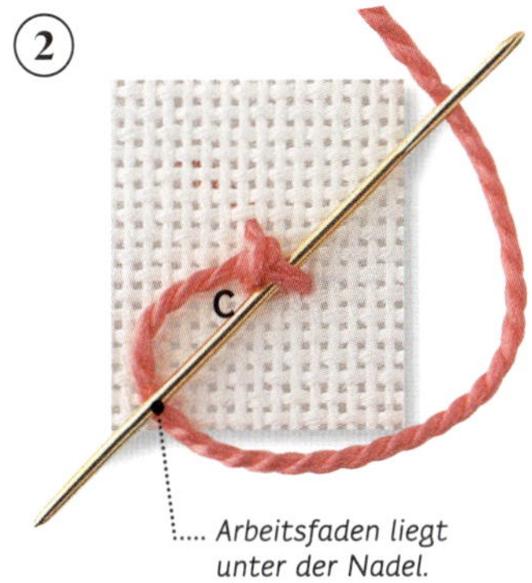

1 Bei **A** beginnen und einen kurzen Schrägstich nach **B** arbeiten. Bei **C** ausstechen und die Nadel von rechts nach links unter dem Stich durchschieben.

2 Die Nadel zur rechten Seite des Stichs bringen und nochmals von rechts nach links unter dem Schrägstich durchziehen.

3 Bei **C** zur Rückseite stechen.

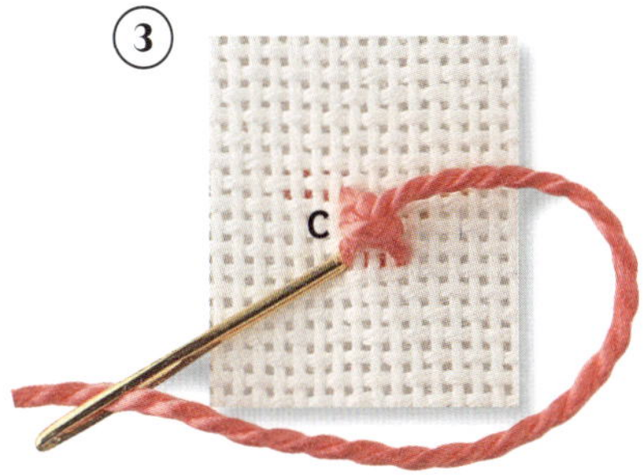

Baskischer Knötchenstich

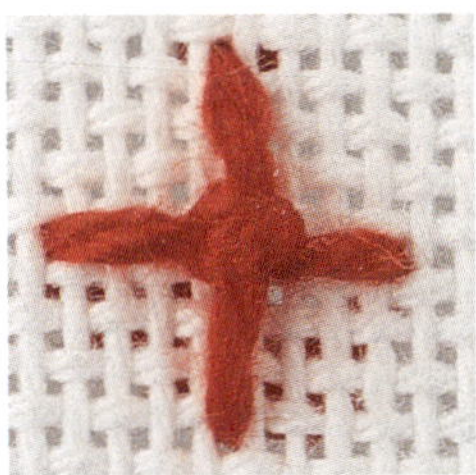

SCHWIERIGKEITSGRAD
Mittel

VERWENDUNG
Streumuster; Einzelstich

METHODE
Knoten in der Mitte eines geraden Kreuzstichs

MATERIAL
Beliebiger Stoff; dickes Stickgarn

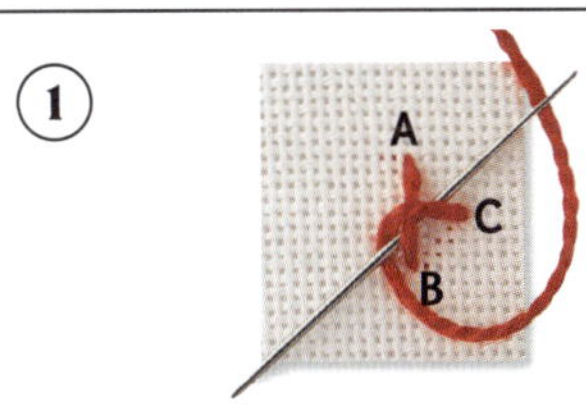

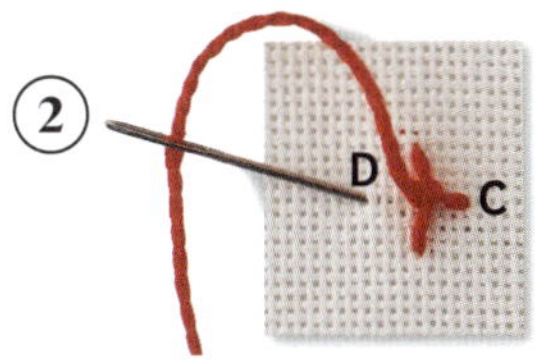

1 Von **A** nach **B** einen senkrechten Stich arbeiten und bei **C** ausstechen. Den Faden nach links zur Schlaufe legen und die Nadel unter dem Stich durchschieben.

2 Den Faden für einen Knoten festziehen. Bei **D** zur Rückseite stechen.

Schwertstich

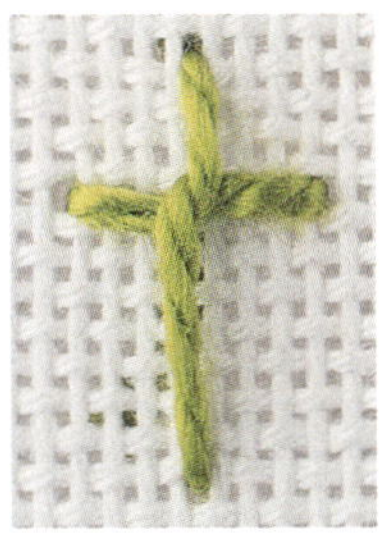

SCHWIERIGKEITSGRAD
Einfach

VERWENDUNG
Unregelmäßig verteilt als lockeres Füllmuster; in Reihen als Bordüre

METHODE
Längliches Kreuz aus verschlungenen Spannstichen

MATERIAL
Beliebiger Stoff; dickes Stickgarn

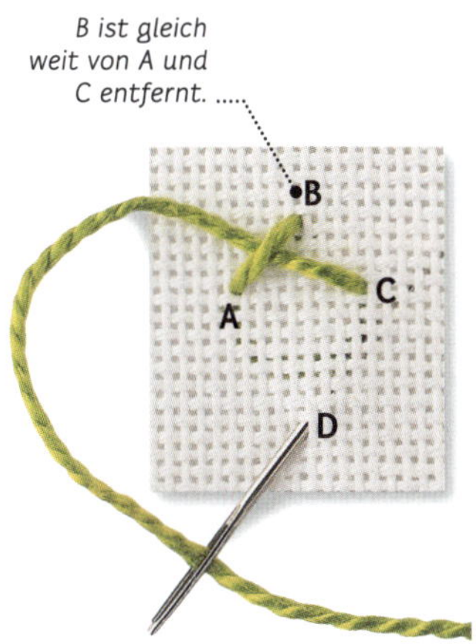

Bei **A** beginnen und einen lockeren, schrägen Stich nach **B** sticken. Bei **C** ausstechen und die Nadel von rechts nach links unter dem Schrägstich durchziehen. Dann bei **D** zur Rückseite stechen.

Fliegenstich

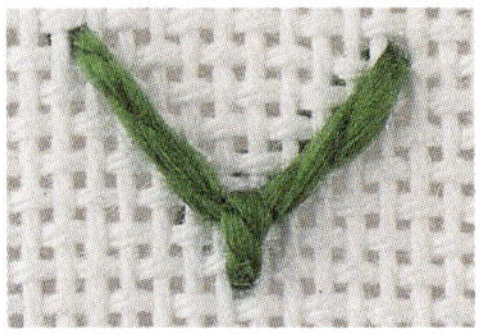

ANDERE NAMEN
Y-Stich, offener Schlingstich

SCHWIERIGKEITSGRAD
Einfach

VERWENDUNG
Luftiges Streumuster; waagerechte oder senkrechte Reihen als Bordüre

METHODE
Schlingstich mit Fixierstich

MATERIAL
Beliebiger Stoff; dickes Stickgarn

(1)

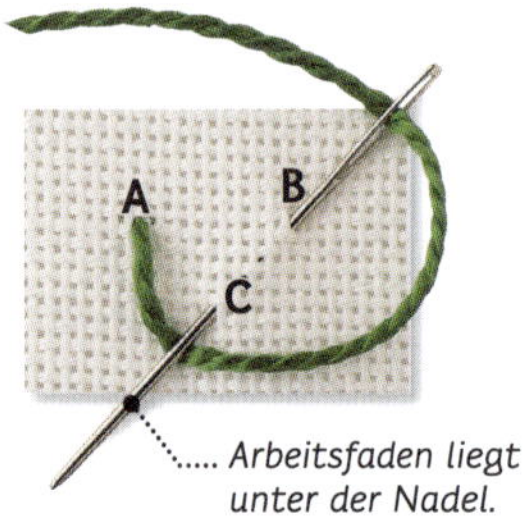

(2)

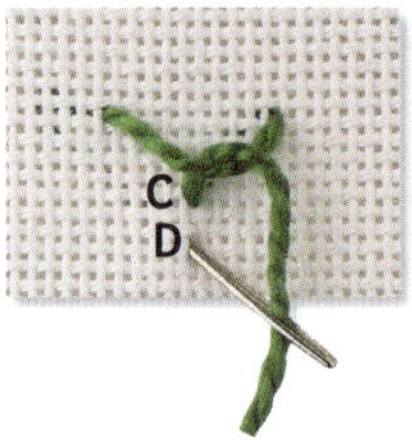

1 Bei **A** beginnen und einen lockeren waagerechten Stich nach **B** sticken. Bei **C** ausstechen.

2 Für einen kleinen Fixierstich bei **D** einstechen.

Garbenstich

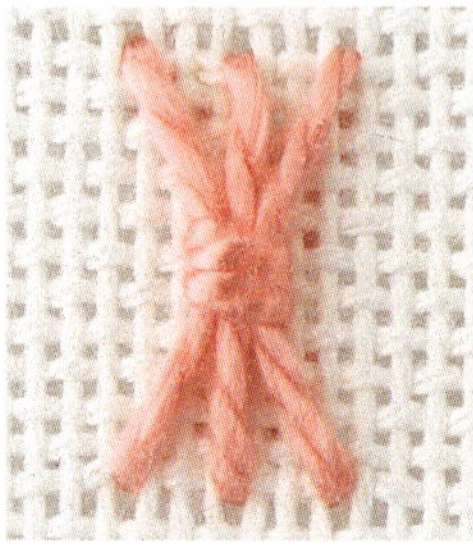

SCHWIERIGKEITSGRAD
Mittel

VERWENDUNG
Streumuster; Einzelstich

METHODE
Drei senkrechte Spannstiche, in der Mitte zusammengefasst

MATERIAL
Beliebiger Stoff; dickes Stickgarn

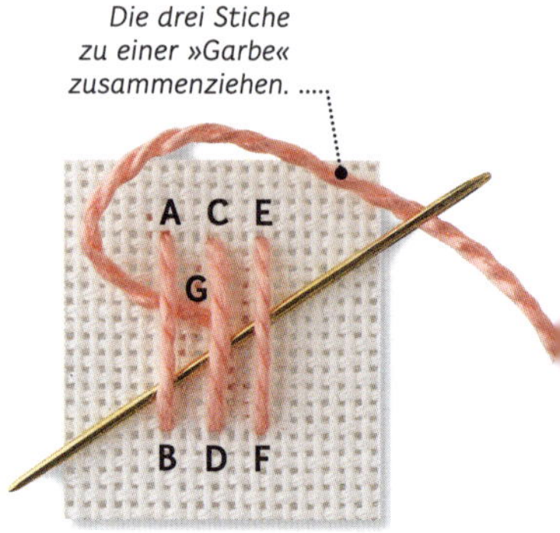

Drei parallele Spannstiche von **A** nach **B**, von **C** nach **D** und von **E** nach **F** sticken. Bei **G** ausstechen und die Nadel nach links herausziehen. Die Nadel von rechts unter allen drei Stichen durchschieben. Den Arbeitsfaden nach rechts ziehen, um die Geradstiche zusammenzuziehen. Bei **G** wieder einstechen.

Kronenstich

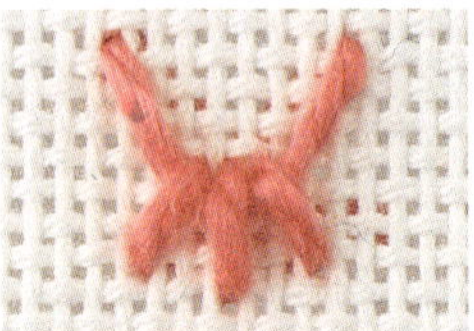

SCHWIERIGKEITSGRAD
Mittel

VERWENDUNG
Streumuster; in Reihen als Bordüre; Einzelstich

METHODE
Schlingstich, fixiert mit drei Geradstichen

MATERIAL
Beliebiger Stoff; dickes Stickgarn

(1)

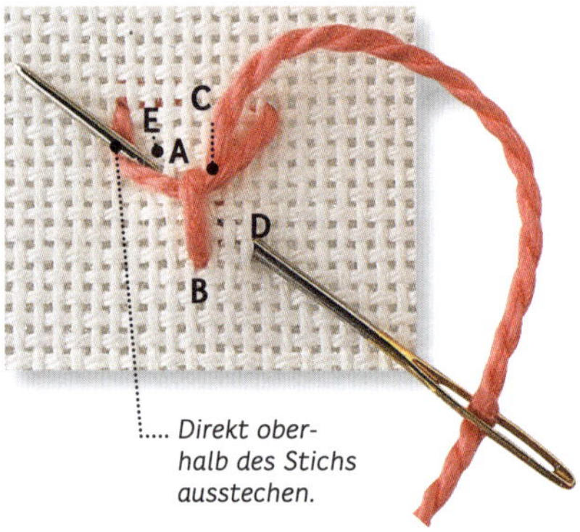

(2)

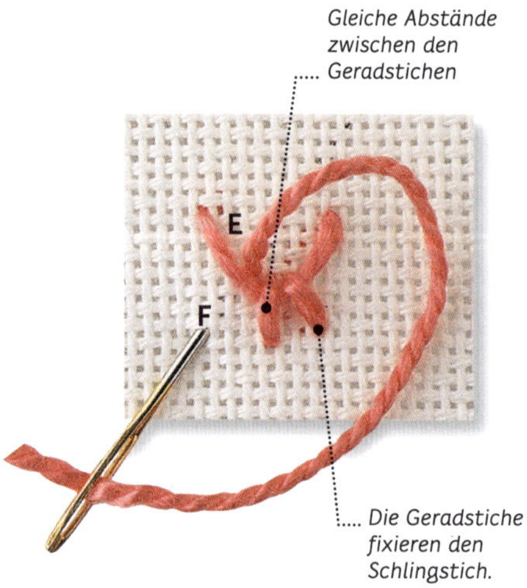

1 Einen lockeren, waagerechten Spannstich arbeiten. Oberhalb des Stichs bei **A** aus- und bei **B** einstechen. Dabei die Schlinge nach unten ziehen. Bei **C** ausstechen, den Faden über die Schlinge führen und bei **D** einstechen. Bei **E** ausstechen.

2 Die Nadel wieder über die Schlinge führen und bei **F** zur Stoffrückseite stechen.

Sorbello-Knoten

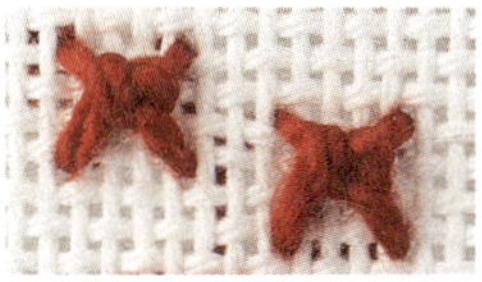

SCHWIERIGKEITSGRAD
Mittel

VERWENDUNG
Regelmäßiges Streumuster; in Reihen als Bordüre; Einzelstich

METHODE
Kompakter, eckiger Knoten

MATERIAL
Beliebiger Stoff; Perlgarn sorgt für eine plastische Wirkung.

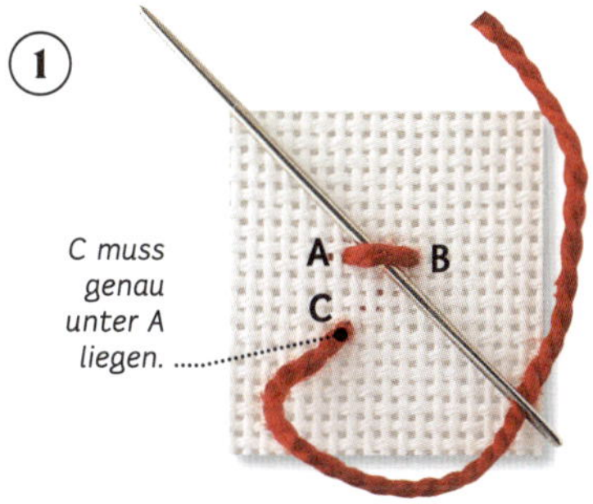

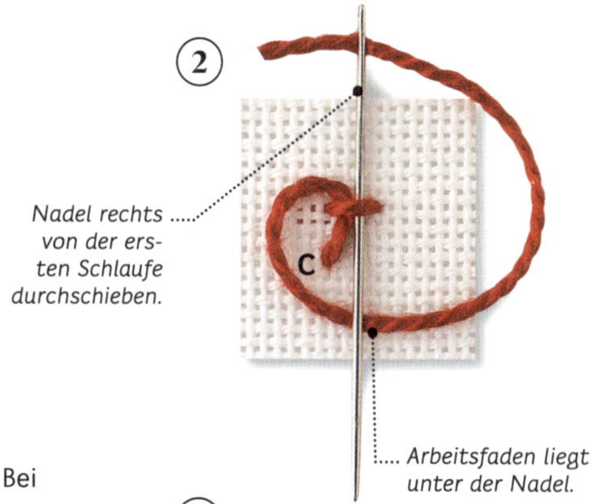

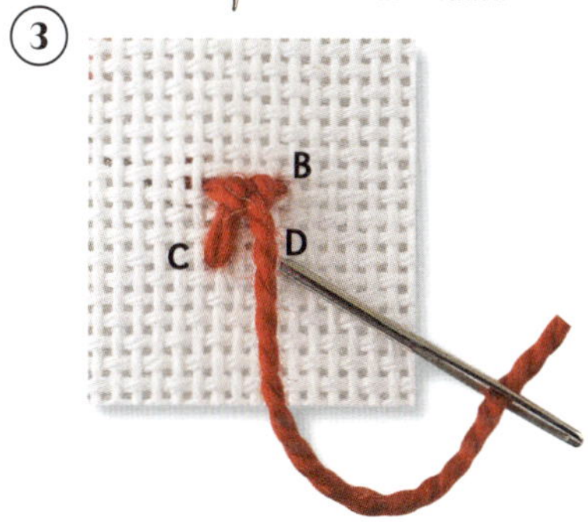

1 Einen kurzen Stich von **A** nach **B** sticken. Bei **C** (genau unter **A**) ausstechen. Die Nadel von unten nach oben unter dem horizontalen Stich durchziehen.

2 Den Faden nach links zur Schlaufe legen. Die Nadel nochmals unter dem Stich durchschieben, nun aber von oben nach unten.

3 Den Faden vorsichtig festziehen, sodass ein Knoten entsteht. Bei **D** (genau unter **B**) zur Rückseite stechen.

Palestrinastich

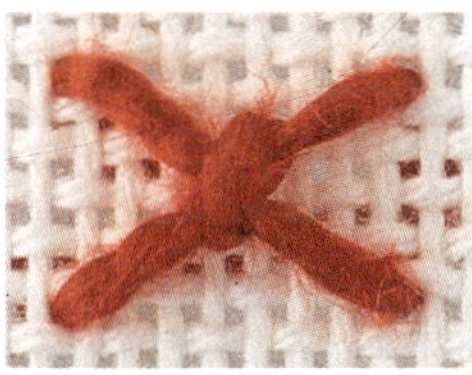

ANDERE NAMEN
Doppelter Knötchenstich

SCHWIERIGKEITSGRAD
Mittel

VERWENDUNG
Geometrisches Füllmuster; in Reihen als Bordüre; Einzelstich

METHODE
Rechteckiges Kreuz mit geschlungenem Knoten

MATERIAL
Beliebiger Stoff; dickes Stickgarn

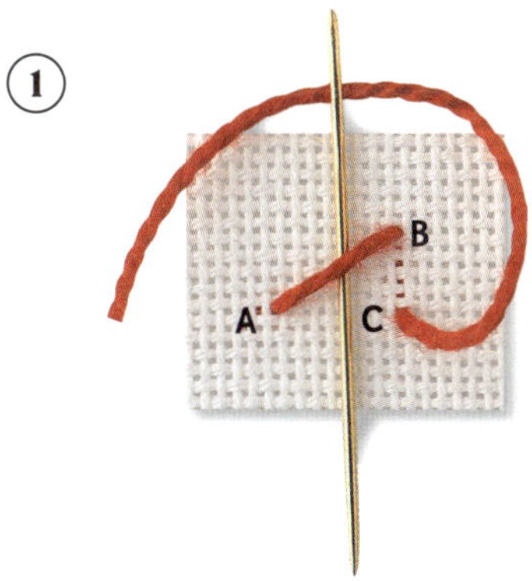

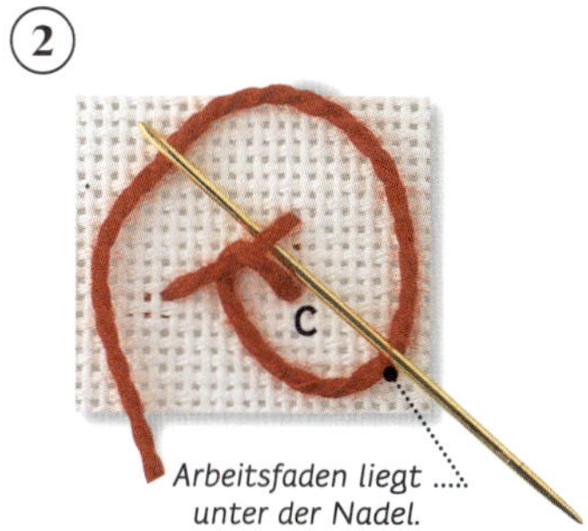

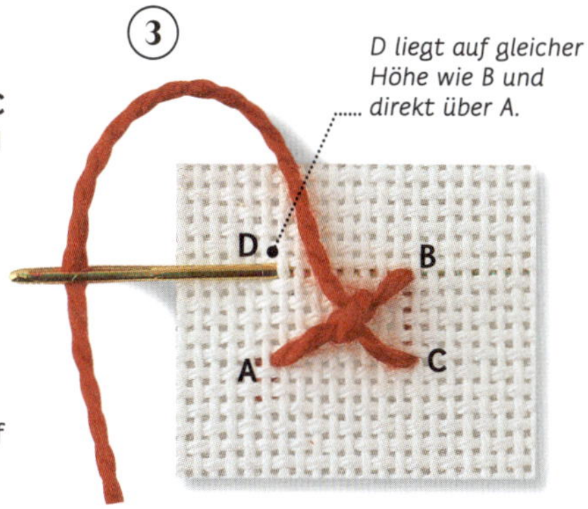

1 Einen schrägen Stich von **A** nach **B** sticken. Bei **C** (auf gleicher Höhe mit **A**) ausstechen. Die Nadel von oben nach unten unter dem Schrägstich durchziehen.

2 Die Nadel rechts von der ersten Umschlingung nochmals von oben nach unten unter dem Schrägstich durchziehen.

3 Den Knoten festziehen und den Faden bei **D** (auf gleicher Höhe mit **B**) zur Stoffrückseite ziehen.

Margeritenstich

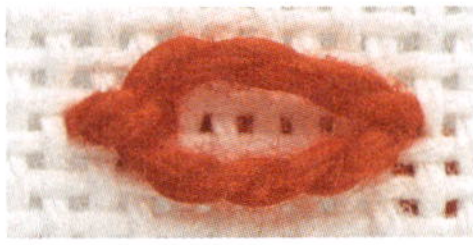

ANDERE NAMEN
Einzelner Kettenstich

SCHWIERIGKEITSGRAD
Einfach

VERWENDUNG
Für lockere Streumuster, Blüten- und Blattmotive

METHODE
Einzelner Kettenstich

MATERIAL
Stoff und Garn beliebig

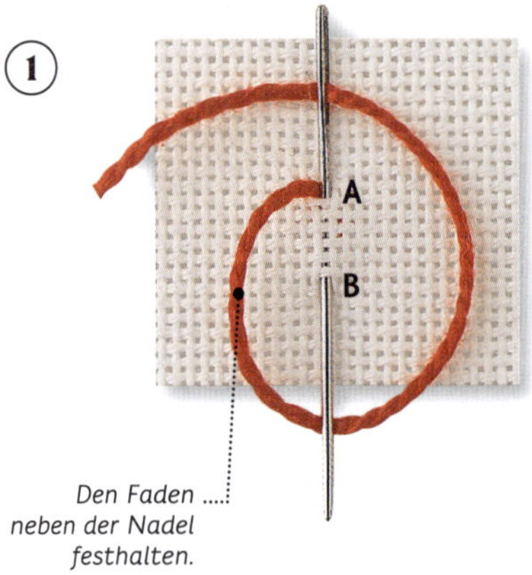

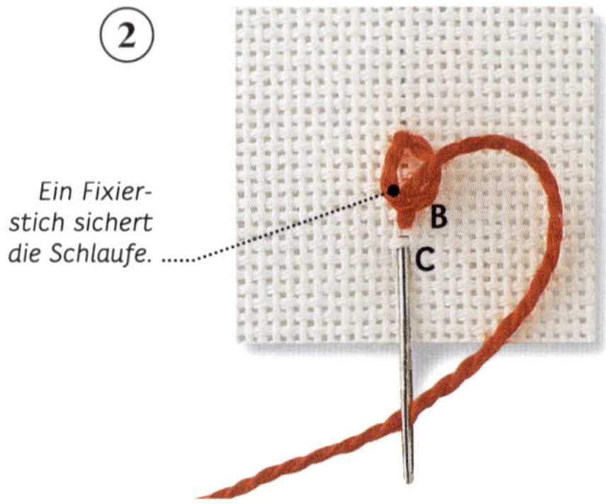

1 Bei **A** ausstechen. Den Faden zur Schlaufe legen und wieder bei **A** einstechen. Bei **B** ausstechen und die Nadel über der Schlaufe durchziehen.

2 Knapp unter **B** in Punkt **C** zur Rückseite stechen, um den kleinen Fixierstich (Seite 20) zu erhalten.

Stichvariante

Ordnet man mehrere solcher Stiche kreisförmig um einen gemeinsamen Mittelpunkt an, entsteht eine einfache Blütenform.

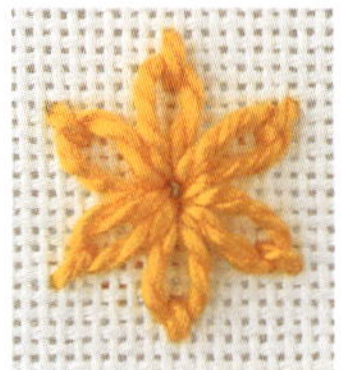

Doppelter Margeritenstich

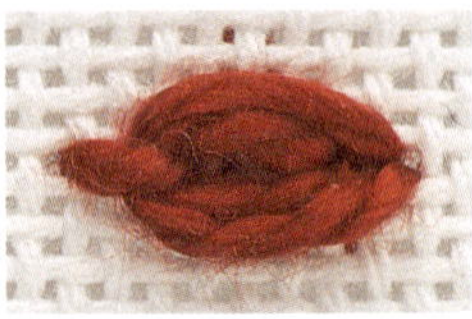

SCHWIERIGKEITSGRAD
Mittel

VERWENDUNG
Streumuster, Blüten- und Blattmotive

METHODE
Doppelter Margeritenstich

MATERIAL
Stoff und Garn beliebig

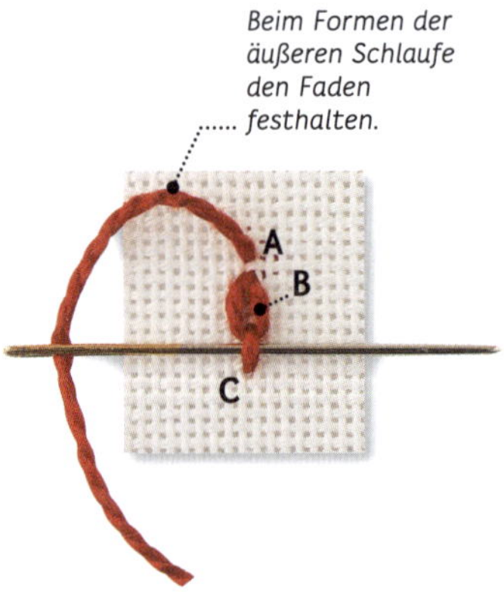

Einen kleinen Margeritenstich (siehe oben) sticken. Dann bei **A** ausstechen und die Nadel unter dem kleinen Fixierstich durchschieben. Wieder bei **A** einstechen, um den Stich zu beenden.

Gestielter Margeritenstich

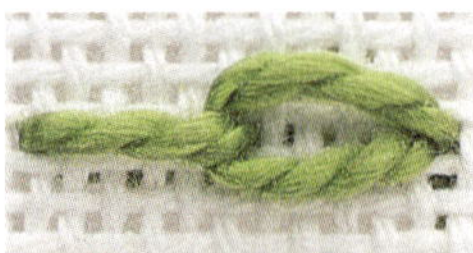

SCHWIERIGKEITSGRAD
Einfach

VERWENDUNG
Streumuster, im Kreis als Blütenmotiv

METHODE
Variante des Margeritenstichs mit langem Fixierstich

MATERIAL
Stoff und Garn beliebig

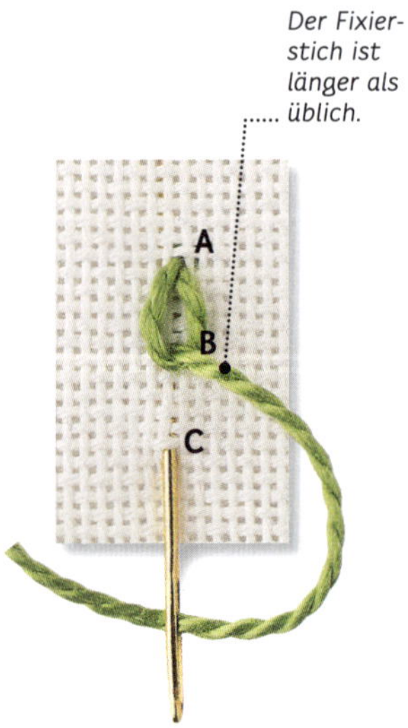

Bei **A** beginnen und einen Margeritenstich sticken. Hier aber den Abstand zwischen **B** und **C** deutlich vergrößern.

Einzelner Ährenstich

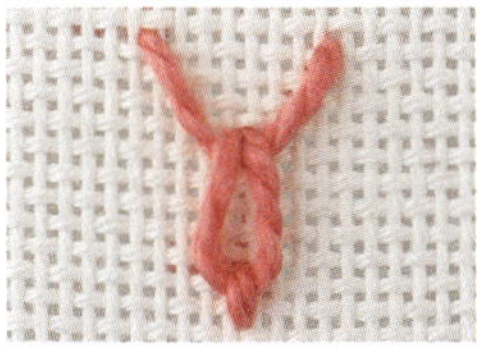

ANDERE
Ochsenkopf

SCHWIERIGKEITSGRAD
Mittel

VERWENDUNG
Streumuster, Einzelstich

METHODE
Margeritenstich über einem langen Querstich

MATERIAL
Stoff und Garn beliebig

①

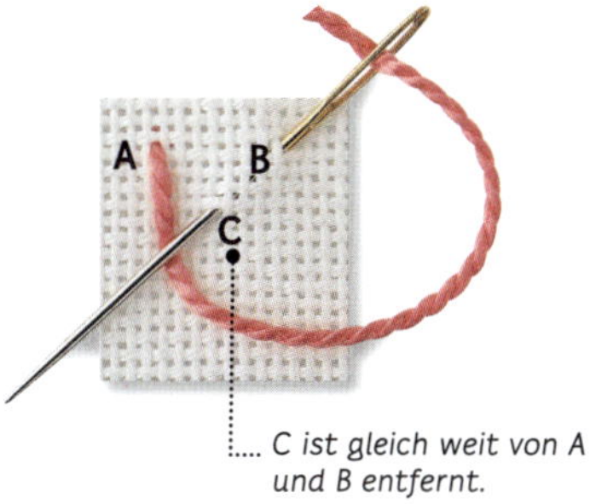

②

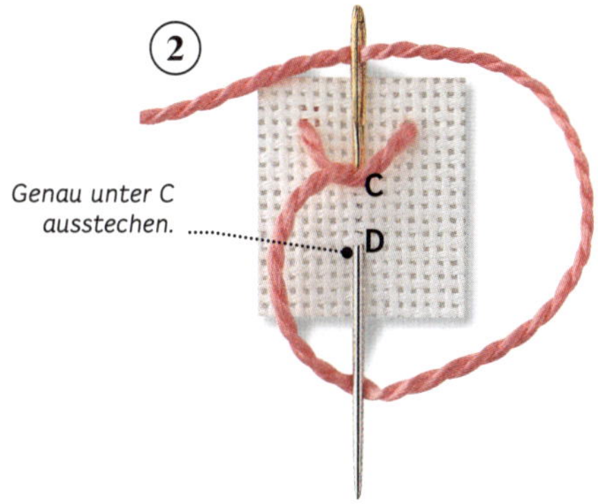

③

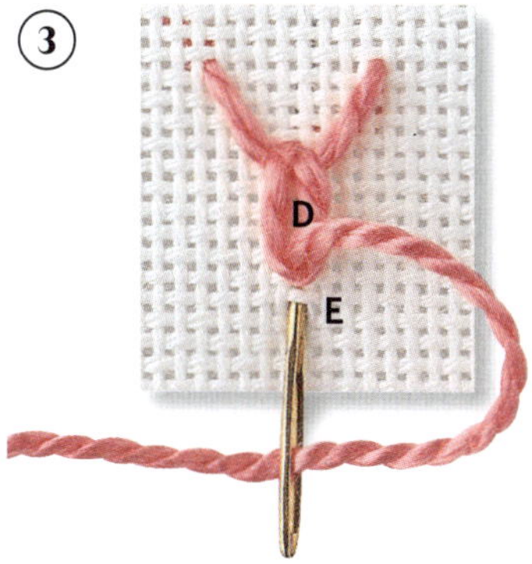

1. Bei **A** beginnen. Bei **B** einstechen und bei **C** wieder ausstechen, dabei liegt der Faden unter der Nadel.
2. Den Faden zur Schlaufe legen und die Nadel bei **C** einstechen. Die Schlaufe liegt unter der Nadel.
3. Den so entstandenen Margeritenstich mit einem kleinen Fixierstich (Seite 20) sichern.

Tulpenstich

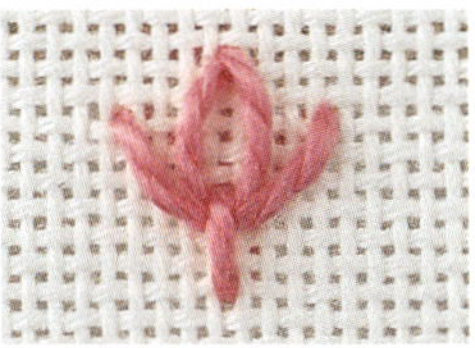

SCHWIERIGKEITSGRAD
Mittel

VERWENDUNG
In versetzten Reihen als Füllmuster; Blumenmotiv

METHODE
Kombination aus Margeriten- und Spannstich

MATERIAL
Stoff und Garn beliebig

①

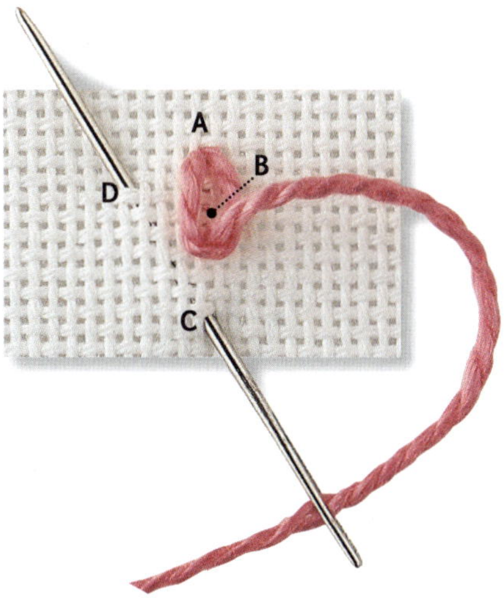

②

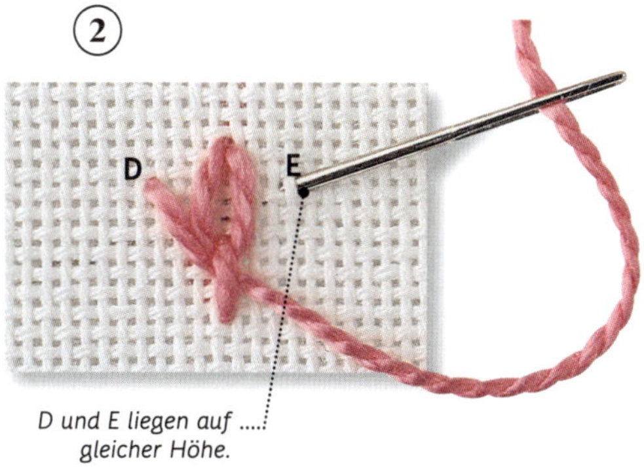

1. Bei **A** beginnen und einen gestielten Margeritenstich (Seite 80) sticken. Bei **C** einstechen und links oberhalb bei **D** ausstechen.
2. Für die Tulpenblätter die Nadel unter dem Fixierstich durchschieben und bei **E** einstechen.

Technikvariante

Statt einen langen Geradstich durch den Fixierstich zu ziehen, kann man auch zwei kürzere, schräge Spannstiche sticken. Dann sind die »Blätter« klarer vom Stiel getrennt.

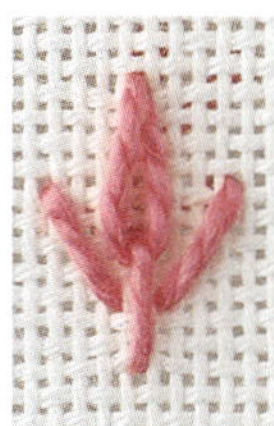

Spinnwebstich

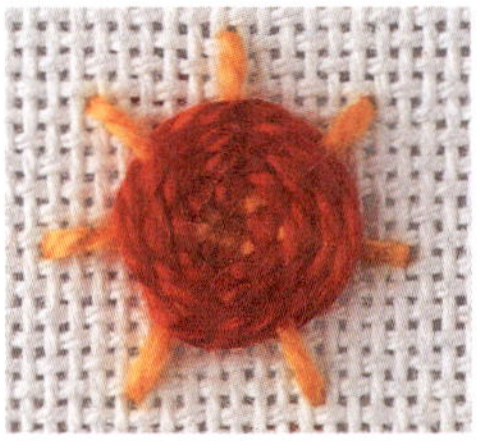

SCHWIERIGKEITSGRAD
Mittel

VERWENDUNG
Einzelstich; kompakt für große Streumuster

METHODE
Sternförmige Spannstiche, spiralförmig durchschlungen

MATERIAL
Beliebiger Stoff; Stickgarn in zwei Farben; Nadel ohne Spitze

① 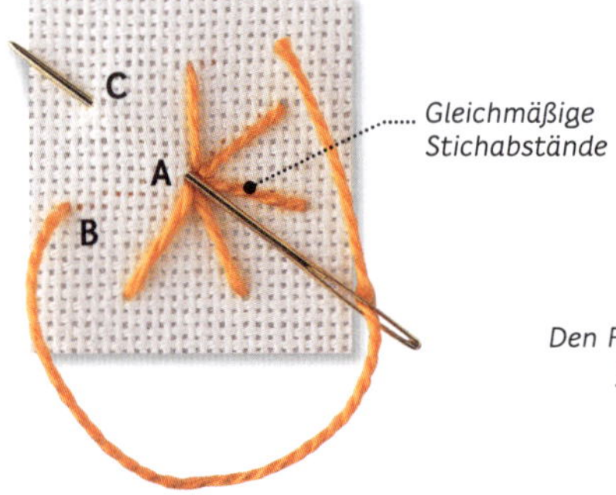

② 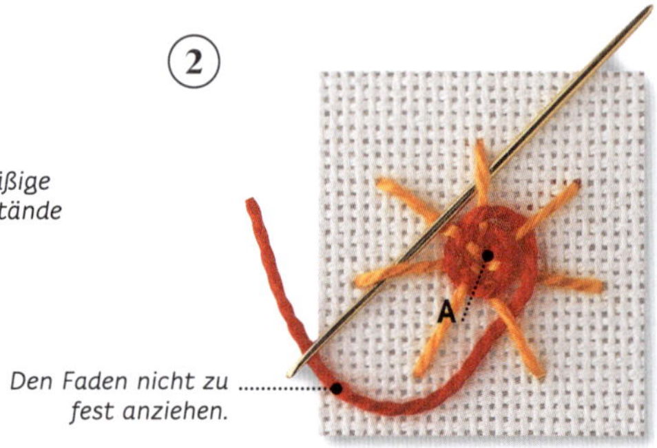

1 Ein Grundgerüst aus insgesamt sieben Spannstichen (Seite 73) sticken, die alle von Punkt **A** ausgehen. Dabei jeweils vom Rand (Punkte **B** und **C**) zur Mitte (**A**) stechen.

2 Mit dem zweiten Faden bei **A** ausstechen. Den Faden im Uhrzeigersinn abwechselnd über und unter den Geradstichen durchziehen, bis nur noch die Spitzen frei sind. Den Faden zur Rückseite ziehen und vernähen.

Stichvariante

Für eine Rose anstelle des normalen Durchzugfadens in Schritt 2 ein Seidenbändchen verwenden. Es darf sich ruhig drehen, damit die Blüte schön plastisch aussieht.

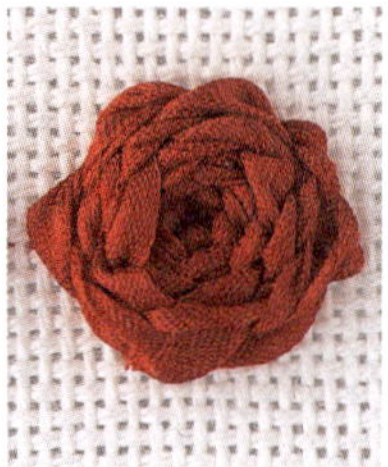

Rückstich-Spinne

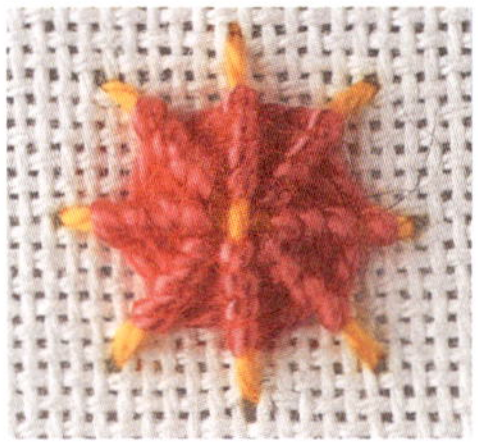

SCHWIERIGKEITSGRAD
Mittel

VERWENDUNG
Einzelstich

METHODE
Spirale aus Rückstichen über einem Stern aus Geradstichen

MATERIAL
Beliebiger Stoff; dickes Garn in zwei Farben; Nadel ohne Spitze

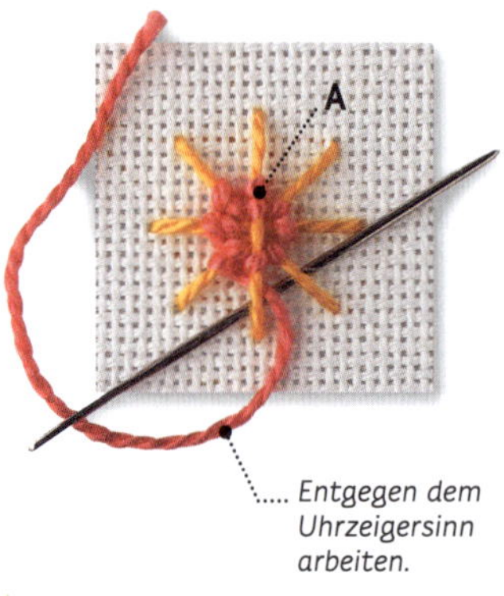

Einen Sternstich (Seite 74) ohne das kleine, mittlere Kreuz sticken. Mit dem zweiten Faden bei **A** ausstechen. Die Nadel nach links unter den ersten beiden Stichen durchführen, dann wie bei einem Rückstich (Seite 40) unter dem zweiten und dritten Stich. Fortlaufend wiederholen, bis nur noch die Spitzen des Sternstichs zu sehen sind.

Wagenrad

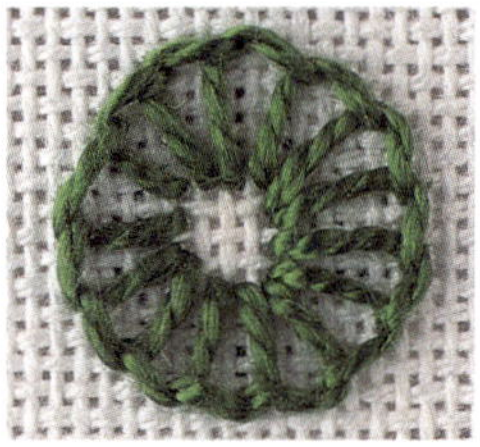

SCHWIERIGKEITSGRAD
Mittel

VERWENDUNG
Einzelstich

METHODE
Ring aus Knopflochstichen

MATERIAL
Stoff und Garn beliebig

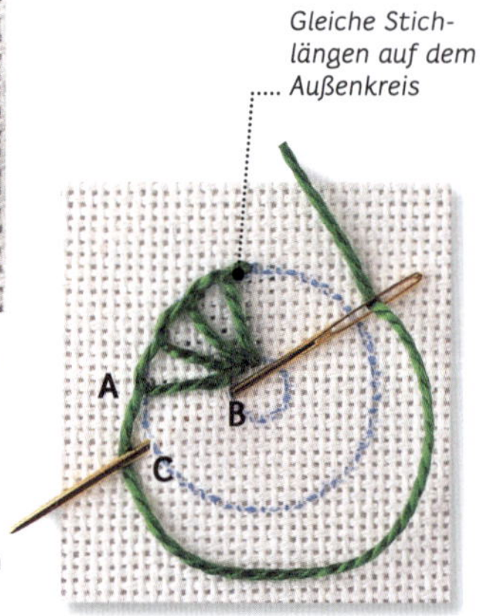

Zwei konzentrische Kreise vorzeichnen. Bei **A** ausstechen und bei **B** auf dem Innenkreis einstechen. Bei **C** über dem Arbeitsfaden wieder ausstechen. Fortlaufend wiederholen, bis der Kreis geschlossen ist.

Shisha-Stich

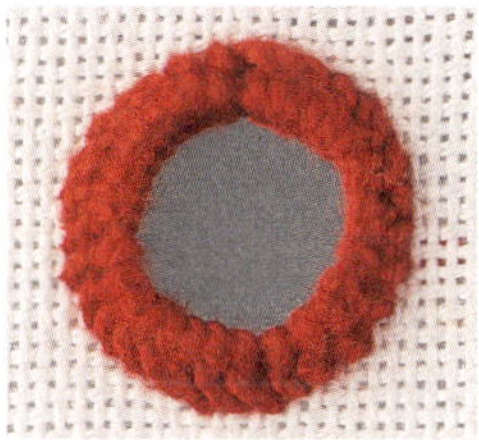

SCHWIERIGKEITSGRAD
Anspruchsvoll

VERWENDUNG
Traditionelle indische Technik, wird auch über Goldfäden gearbeitet

METHODE
Kranz aus gedrehten Stichen zur Befestigung eines Shisha-Spiegels

MATERIAL
Beliebiger Stoff; dickes Stickgarn; Shisha-Spiegel; Stickrahmen

(1)

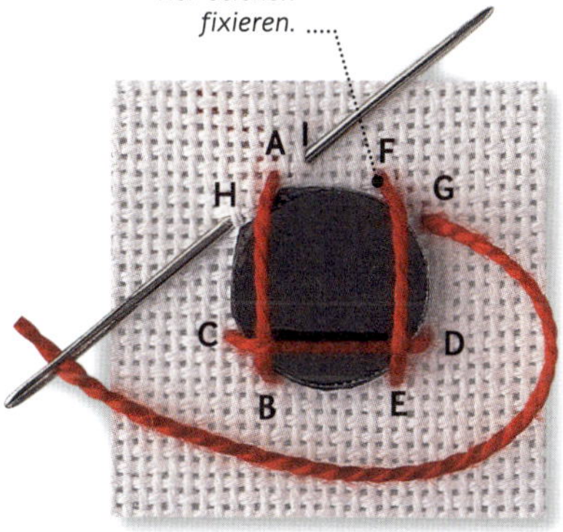

(2)

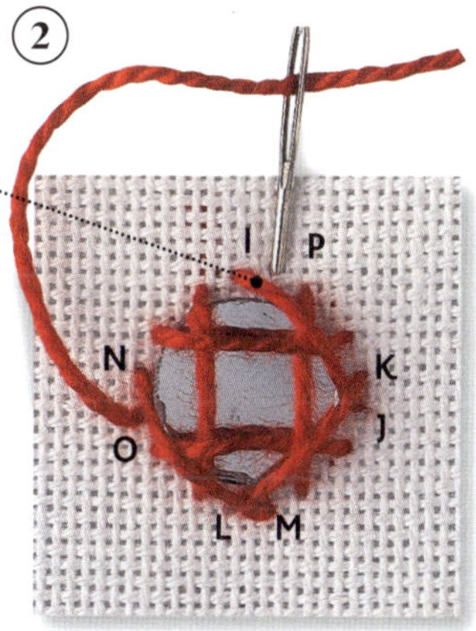

(3)

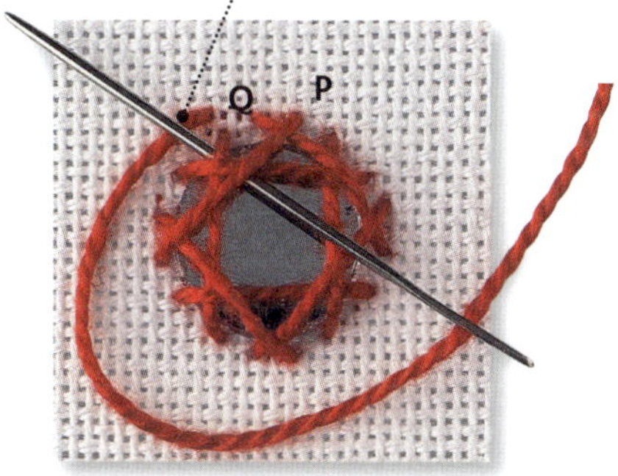

(4)

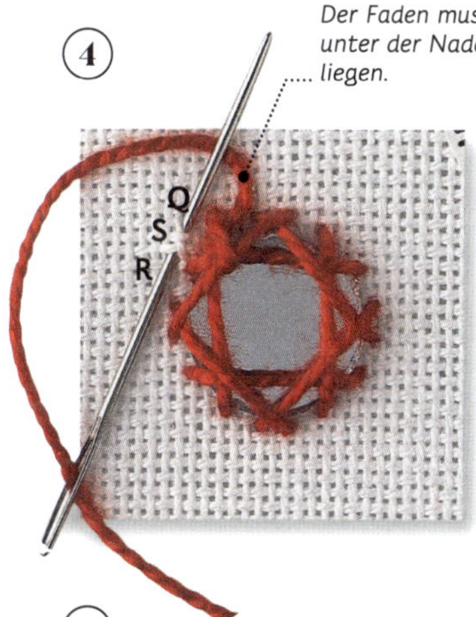

1 Den Spiegel in Position legen. Einen Spannstich von **A** nach **B** sticken. Bei **C** aus- und bei **D** wieder einstechen. Dann bei **E** aus- und bei **F** einstechen und einen vierten Spannstich von **G** nach **H** sticken. Bei **I** für die nächste Stichfolge ausstechen.

2 Einen schrägen Stich von **I** nach **J** sticken. Bei **K** aus- und bei **L** einstechen, dann weitere Schrägstiche von **M** nach **N** und von **O** nach **P** sticken.

3 Bei **Q** knapp außerhalb der Geradstiche ausstechen. Die Nadel von rechts nach links unter den Spannstichen durchschieben.

4 Die Nadel bei **R** ein- und bei **S** wieder ausstechen, sodass ein kleiner Rückstich entsteht. Die Nadel über den Arbeitsfaden legen und durchziehen.

5 Die Nadel wieder unter die Spannstiche schieben und über dem Arbeitsfaden durchziehen. Schritt 4 und 5 wiederholen, bis die Spannstiche bedeckt sind.

(5)

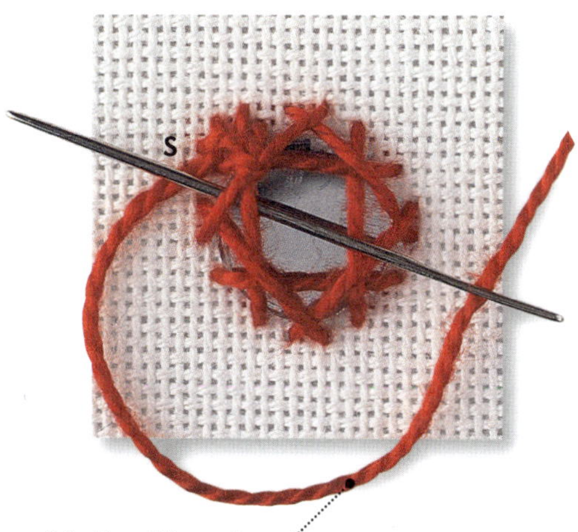

Offene und geschlossene Füllstiche

Mit diesen Stichen werden Umrisse gefüllt oder Strukturbereiche in einer Stickerei geschaffen, ganz ähnlich wie beim Ausmalen. Offene Füllstiche lassen den Hintergrundstoff durchscheinen, während geschlossene Füllstiche ihn vollständig bedecken und so kompaktere Musterelemente ergeben.

Der versetzte Plattstich wird für die Nadelmalerei verwendet, die an die historische Seidenstickerei anknüpft. Dabei werden die Stickgarnfäden wie Pinselstriche eingesetzt, um ein Bild zu erzeugen. Weil die Stiche ineinander verzahnt sind, lassen sich so sehr überzeugende Farbübergänge gestalten, die sich besonders gut für die Darstellung von Blumen, Blättern, Vögeln und sogar Porträts eignen.

Stopfstich

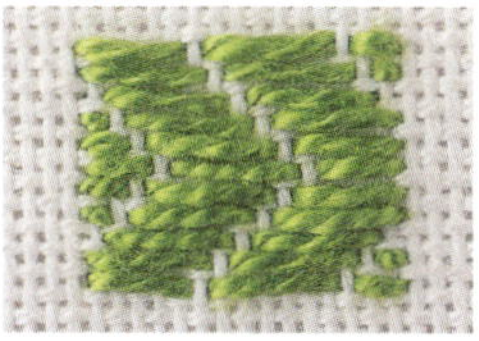

SCHWIERIGKEITSGRAD
Einfach

VERWENDUNG
Flächige Füllungen; geometrische Bordüren

METHODE
Vorstich in dicht stehenden Reihen

MATERIAL
Auszählbarer Stoff, beliebiges Garn

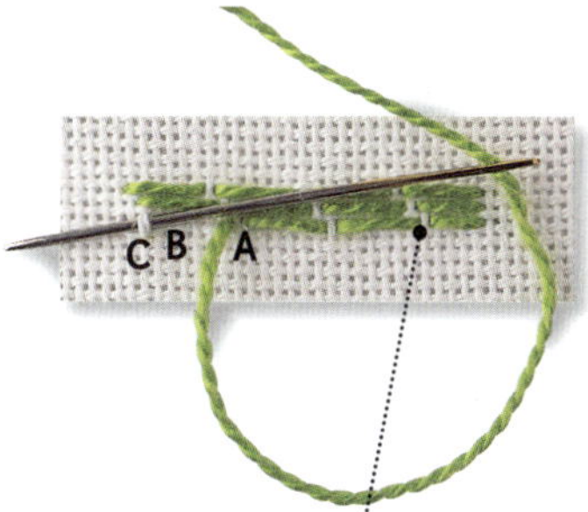

Die Stiche so anordnen, dass die Zwischenräume ein Muster bilden.

Bei **A** (rechts vom Anfang des darüber liegenden Stichs) ausstechen und bei **B** (am rechten Ende des darüber liegenden Stichs) einstechen. Einen Gewebefaden weiter links bei **C** ausstechen. Fortlaufend wiederholen, dabei dicht unter den Stichen der Vorreihe arbeiten.

Doppelter Stopfstich

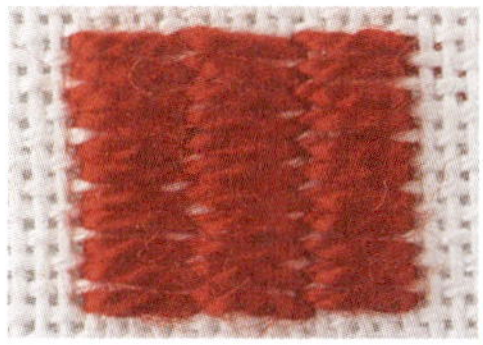

SCHWIERIGKEITSGRAD
Mittel

VERWENDUNG
Deckender Füllstich, der auf beiden Stoffseiten gleich aussieht

METHODE
Vorstich in dichten Hin- und Rückreihen

MATERIAL
Auszählbarer Stoff, beliebiges Garn

Die Stiche in senkrechten »Säulen« anordnen.

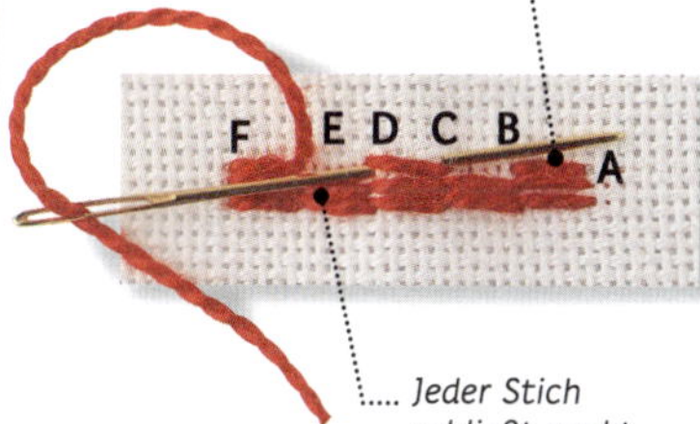

Jeder Stich schließt exakt mit dem vorherigen ab.

Eine Reihe Vorstiche (Seite 39) in gleichmäßigen Abständen sticken: von **A** nach **B**, von **C** nach **D**, von **E** nach **F** usw. In der Rückreihe die Zwischenräume ausfüllen. Bei **E** ausstechen, bei **D** ein- und bei **C** wieder ausstechen. Die folgenden Reihen ebenso sticken.

Kreuze und Streifen

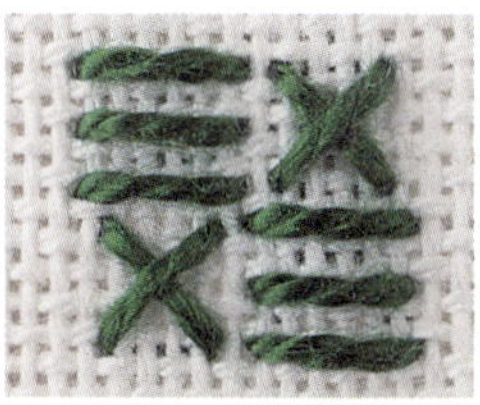

SCHWIERIGKEITSGRAD
Mittel

VERWENDUNG
Offener, geometrischer Füllstich

METHODE
Kreuze und Gruppen von Spannstichen abwechselnd in senkrechten Reihen

MATERIAL
Auszählbarer Stoff, beliebiges Garn

(1)

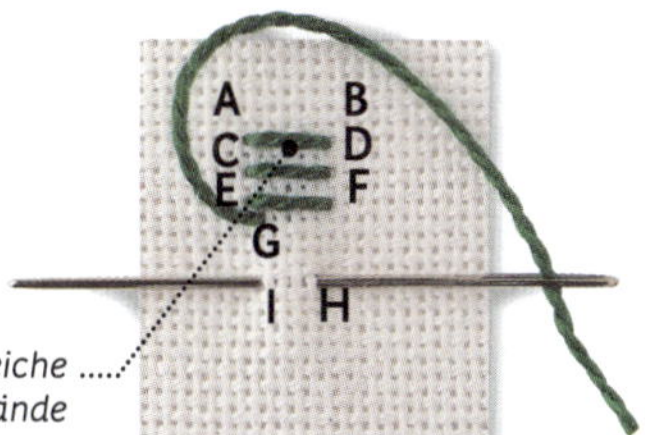

Auf gleiche Stichabstände achten.

(2)

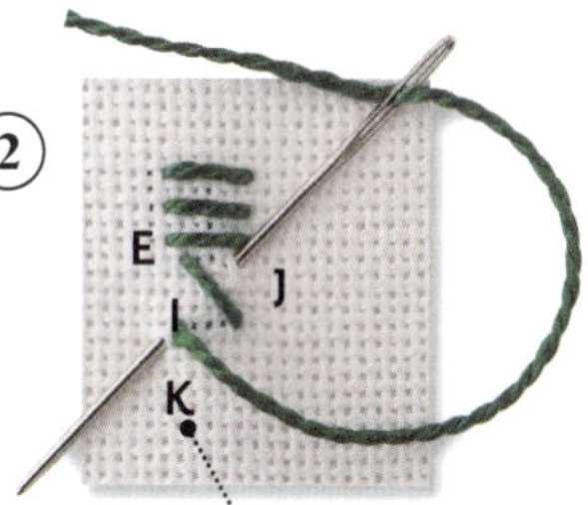

K liegt genau unter E.

(3)

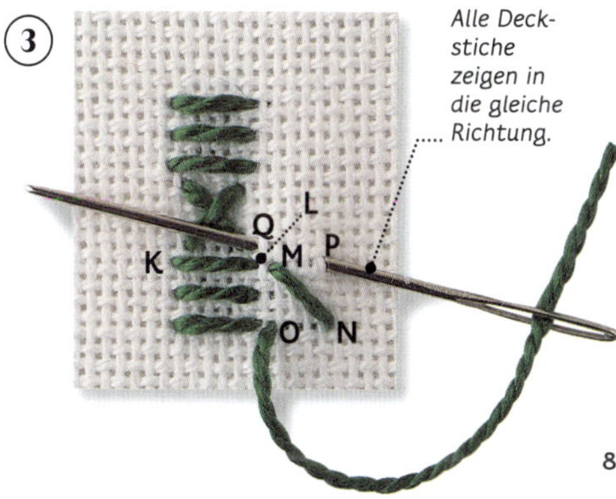

Alle Deckstiche zeigen in die gleiche Richtung.

1. Drei parallele Spannstiche von **A** nach **B**, von **C** nach **D** und von **E** nach **F** sticken. Bei **G** ausstechen und schräg unterhalb bei **H** einstechen. Bei **I** (genau unter **G**) ausstechen.
2. Bei **J** einstechen, um das Kreuz zu beenden. Dann bei **K** (links neben **I**) ausstechen.
3. Bei **L** einstechen und zwei weitere Spannstiche sticken. Bei **M** (auf gleicher Höhe mit **L**) aus- und bei **N** einstechen. Dann bei **O** aus- und bei **P** einstechen, um den zweiten Kreuzstich abzuschließen. Mit dem Ausstich bei **Q** beginnen die nächsten drei Geradstiche.

Plattstich über Konturstich

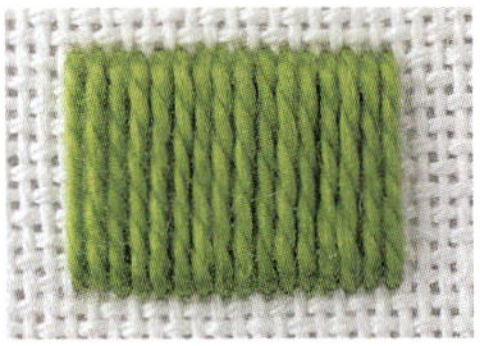

SCHWIERIGKEITSGRAD
Mittel

VERWENDUNG
Geschlossener Füllstich, Streifen

METHODE
Spannstiche in engen Abständen über Spaltstichkontur

MATERIAL
Stoff und Garn beliebig; Seiden- oder Baumwollsticktwist haben einen schönen Glanz.

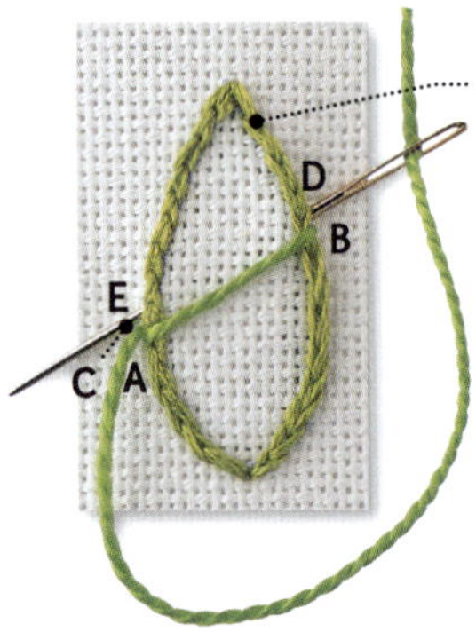

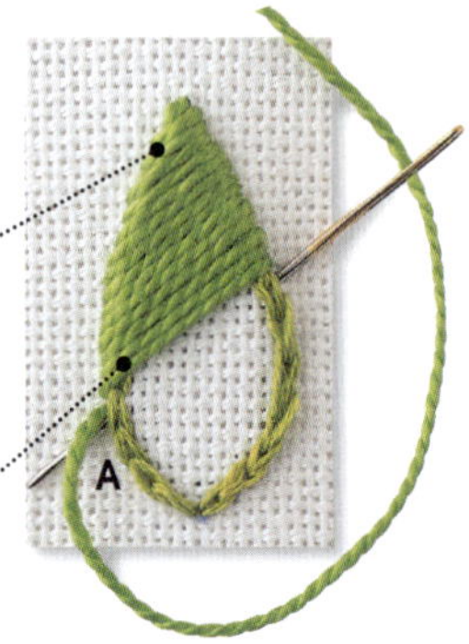

1 Zuerst die Motivkontur mit Spaltstich (Seite 40) nachsticken. Den Plattstich an der breitesten Stelle des Motivs mit einem schrägen Spannstich von **A** nach **B** beginnen. Direkt über **A** bei **C** ausstechen und direkt über **B** bei **D** wieder einstechen. Der nächste Ausstich liegt bei **E**.

2 Fortlaufend wiederholen, bis die obere Motivhälfte ausgefüllt ist. Dann knapp unter **A** ausstechen und die untere Hälfte ebenso ausfüllen.

Technikvariante

Wird der gehöhte Plattstich als geometrische Bordüre gestickt, stehen die Stiche im rechten Winkel zu den Konturstichen, und es wird von einem Ende zum anderen gearbeitet.

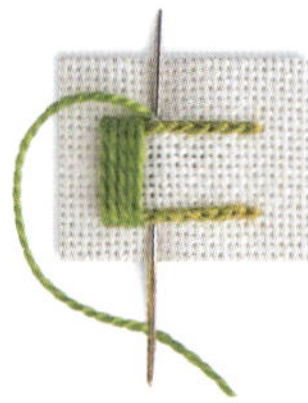

Plattstich ohne Konturstich

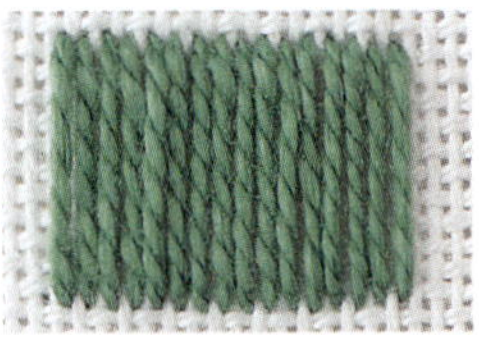

SCHWIERIGKEITSGRAD
Mittel

VERWENDUNG
Deckender Füllstich

METHODE
Geradstiche in engen Abständen, verbrauchen weniger Garn als der gehöhte Plattstich

MATERIAL
Stoff und Garn beliebig (Seiden- und Baumwolltwist glänzen schön); Stickrahmen

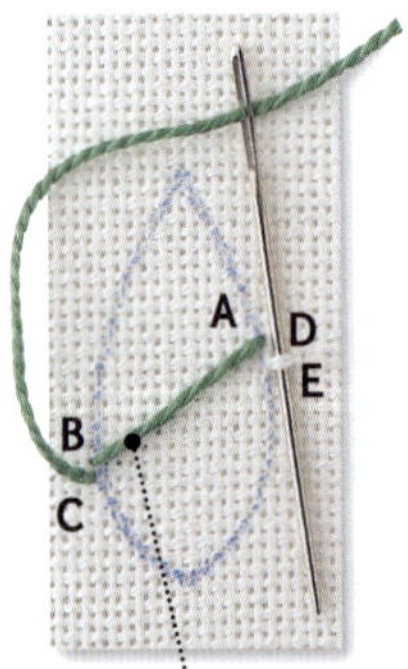

Die Motivkontur vorzeichnen. Einen schrägen Stich von **A** nach **B** sticken und bei **C** (direkt neben **B**) ausstechen. Bei **D** ein- und bei **E** ausstechen. Auf diese Weise die untere Motivhälfte ausfüllen. Knapp über **A** ausstechen und die obere Hälfte aussticken.

Verzahnter Plattstich

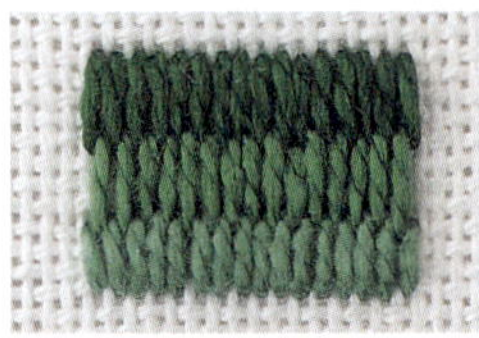

SCHWIERIGKEITSGRAD
Mittel

VERWENDUNG
Deckender Füllstich für größere Flächen

METHODE
Schmale, ineinandergreifende Reihen aus Plattstichen

MATERIAL
Stoff und Garn beliebig (z. B. mehrere Schattierungen einer Farbe); Stickrahmen

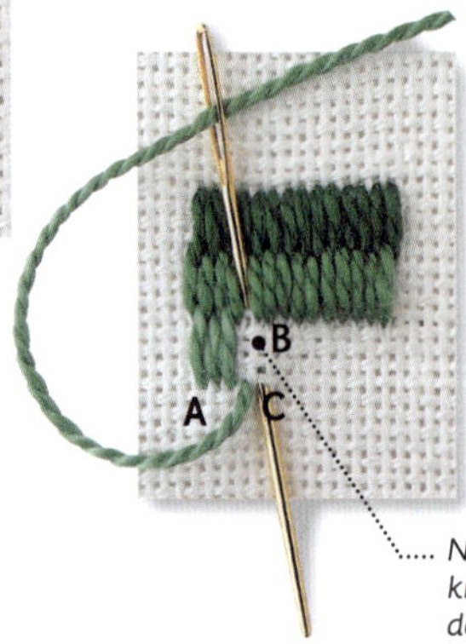

Eine Reihe Plattstiche (siehe oben) sticken. Für die folgende Reihe bei **A** ausstechen und bei **B**, zwischen zwei Stichen der Vorreihe, einstechen. Bei **C** (direkt neben **A**) ausstechen. Fortlaufend wiederholen.

Versetzter Plattstich

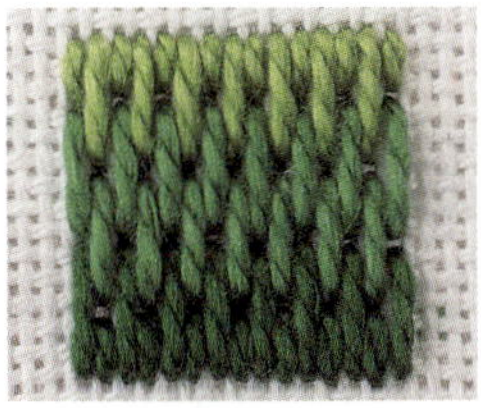

SCHWIERIGKEITSGRAD
Anspruchsvoll

VERWENDUNG
Füllstich für Farbübergänge und dreidimensionale Effekte

METHODE
Versetzte Reihen aus Plattstichen

MATERIAL
Stoff und Garn beliebig (z. B. mit Farbschattierung); Stickrahmen

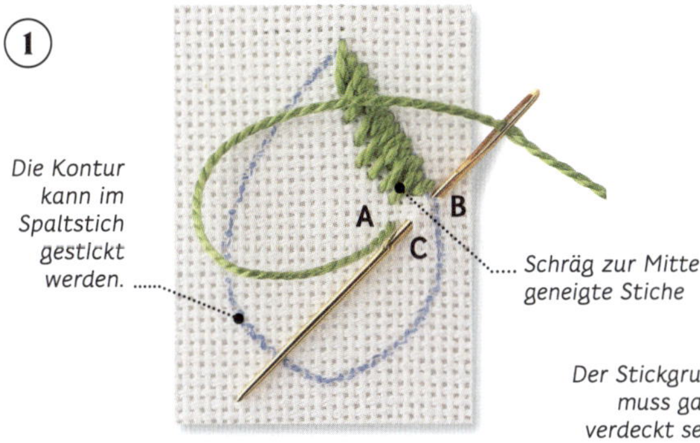

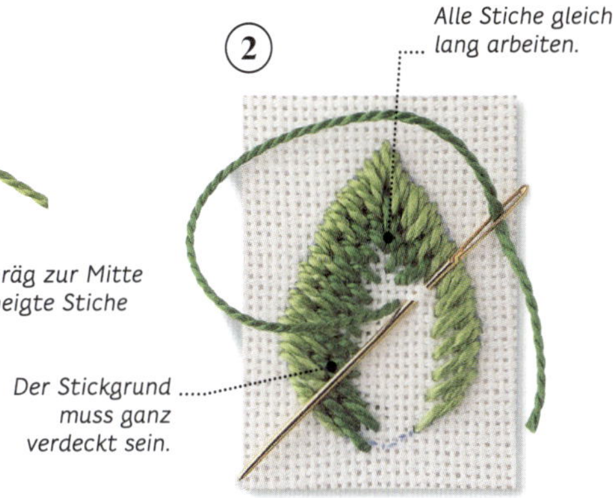

1 Die Motivkontur vorzeichnen und entlang dieser eine Reihe aus abwechselnd langen und kurzen Plattstichen (Seite 86) sticken. Für einen langen Stich bei **A** aus- und bei **B** einstechen. Bei **C** ausstechen, um einen kurzen Stich zu beginnen. Fortlaufend ringsherum wiederholen.

2 Mit einem dunkleren Grün eine Reihe aus gleich langen Plattstichen sticken und für die Mitte einen dritten Ton verwenden.

Technikvariante

Beim Ausfüllen einer rechteckigen Form die erste Reihe aus abwechselnd langen und kurzen Stichen aufbauen, sodass sich die Folgereihen versetzt daran anschließen.

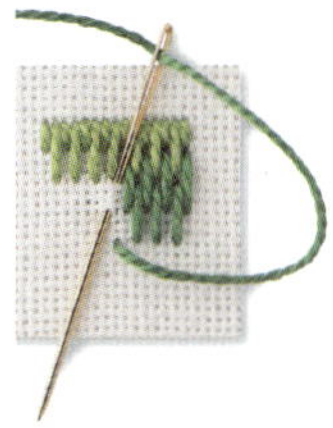

Langetten-Füllstich

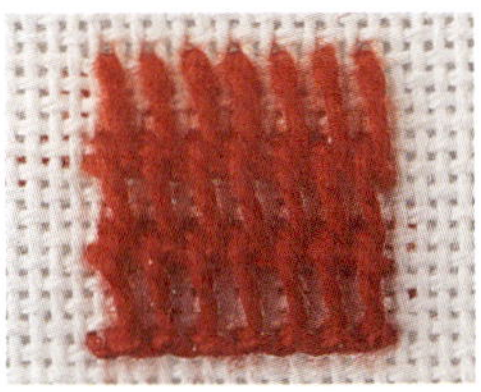

SCHWIERIGKEITSGRAD
Mittel

VERWENDUNG
Füllstich mit Farbverlauf

METHODE
Überlappende Reihen aus engen Langettenstichen

MATERIAL
Beliebiger Stoff; beliebiges Garn in mehreren Tönen einer Farbe; Stickrahmen

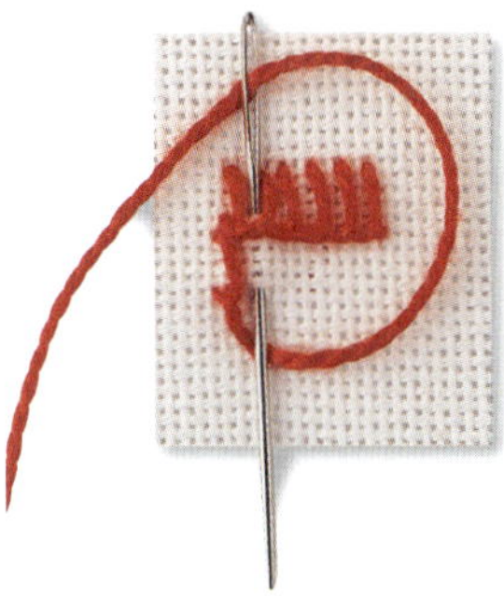

Eine Reihe im Langettenstich (Seite 58) mit der hellsten Farbe sticken. Mit einem dunkleren Ton die nächste Reihe so anschließen, dass die senkrechten Stiche über die Querfäden der Vorreihe greifen. Für die folgenden Reihen immer dunklere Farbtöne verwenden, um einen Farbverlauf zu erhalten.

Füll-Stielstich

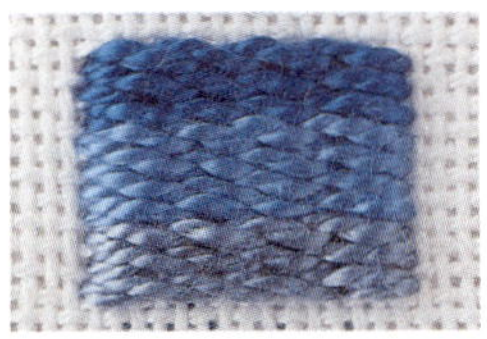

SCHWIERIGKEITSGRAD
Mittel

VERWENDUNG
Füllstich mit Farbverlauf

METHODE
Stielstich in dichten Reihen

MATERIAL
Beliebiger Stoff; beliebiges Garn in mehreren Tönen einer Farbe

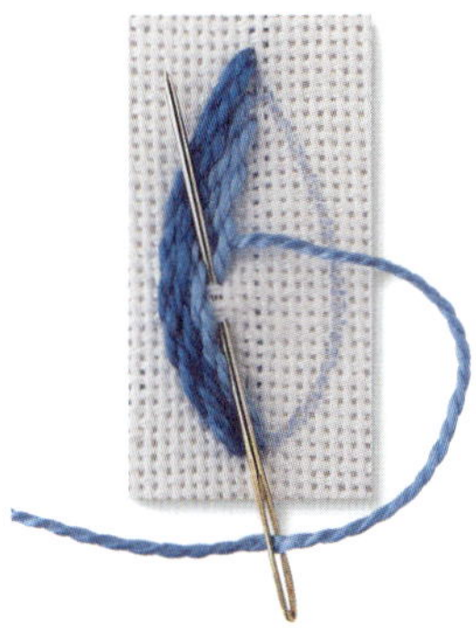

Die Kontur des auszustickenden Motivs vorzeichnen. Mit dem dunkelsten Farbton zwei Reihen Stielstiche (Seite 41) entlang einer Seite der Kontur sticken. Für die folgenden beiden Reihen einen etwas helleren Ton nehmen. Die Fläche mit Stielstichen ausfüllen, dabei allmählich immer hellere Töne verwenden.

Blattstich

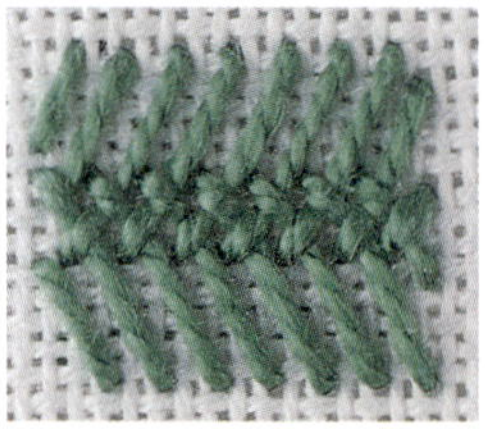

SCHWIERIGKEITSGRAD
Mittel

VERWENDUNG
Offener Füllstich für Blätter und Bordüren

METHODE
Von unten nach oben gearbeitete, überkreuzte Schrägstiche

MATERIAL
Stoff und Garn beliebig; Stickrahmen

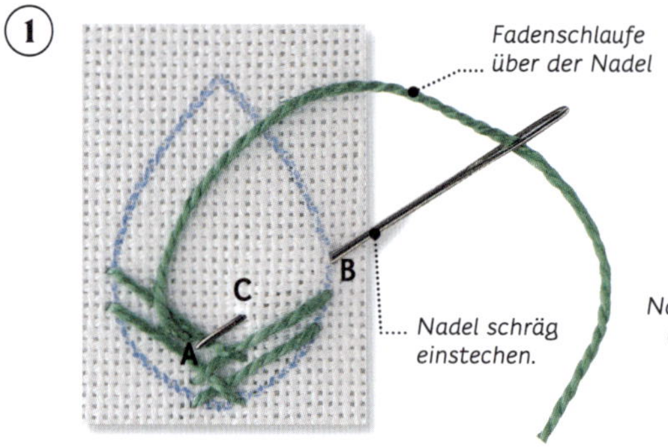

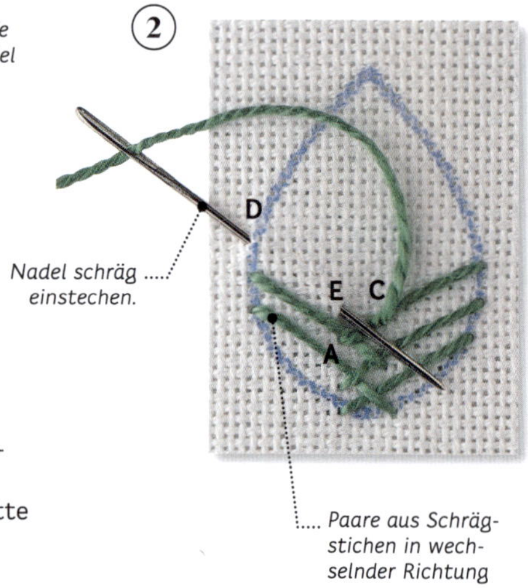

1 Die Motivkontur auf den Stickgrund vorzeichnen. Bei **A** links der Mitte ausstechen. Bei **B** einstechen und die Nadel bei **C** rechts der Mitte wieder ausstechen.

2 Bei **D** einstechen und bei **E** (direkt über **A**) ausstechen. Diese beiden Stiche abwechseln, bis die Form ausgefüllt ist. Zur Blattspitze hin werden die Stiche kürzer. Zum Schluss die Kontur dünn nachsticken (Konturstiche siehe Seite 38–46).

Offener Grätenstich

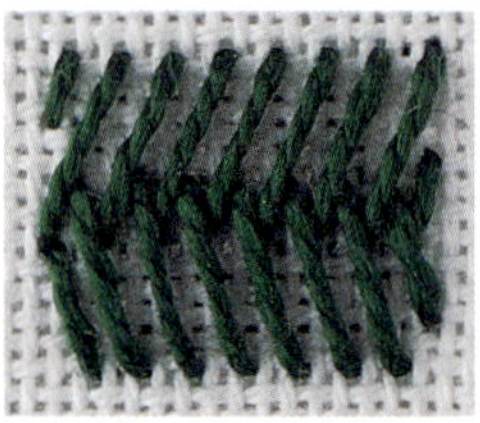

SCHWIERIGKEITSGRAD
Einfach

VERWENDUNG
Luftige Füllung für kleine Blätter und Blütenblätter, lockere Bordüren

METHODE
Abwechselnde Schrägstiche, von oben nach unten

MATERIAL
Stoff und Garn beliebig, Stickrahmen

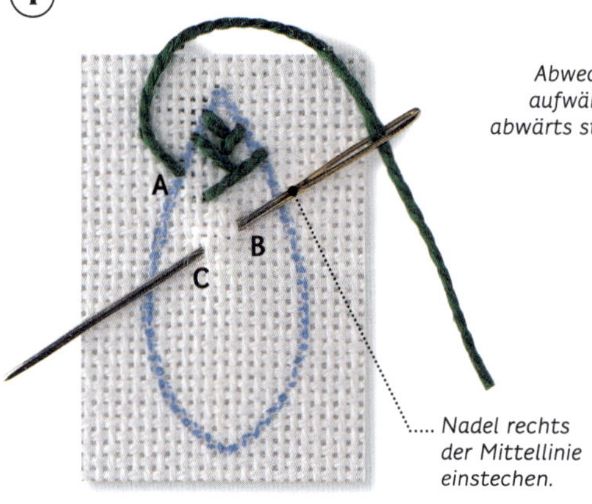

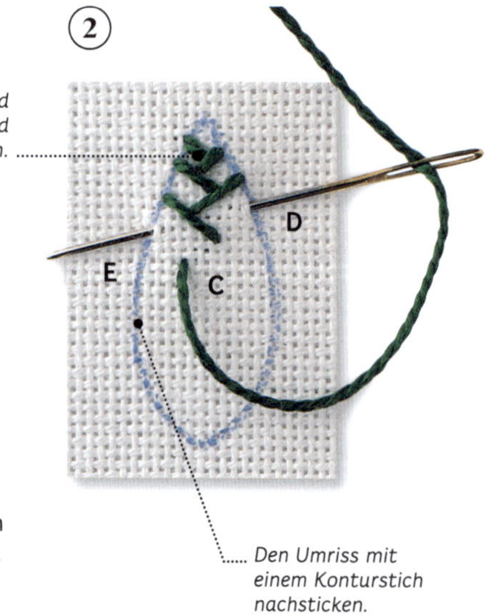

1 Das Motiv vorzeichnen. Von **A** einen schrägen Stich abwärts über die Mittellinie hinaus nach **B** sticken. Links der Mitte bei **C** ausstechen.

2 Auf der rechten Kontur bei **D** einstechen und bei **E** auf der linken Kontur ausstechen. Dann folgt der nächste schräg abwärts gerichtete Stich. Fortlaufend wiederholen und die Stichlänge der Motivkontur anpassen.

Verbundener Fliegenstich

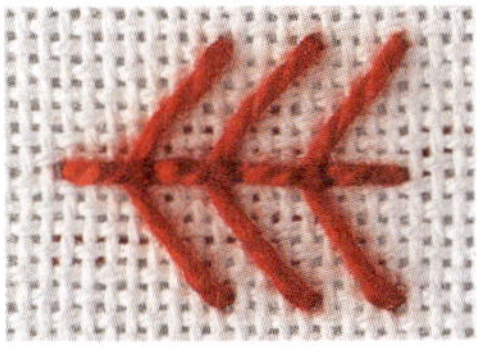

ANDERE NAMEN
Zweigstich

SCHWIERIGKEITSGRAD
Einfach

VERWENDUNG
Offener Füllstich für schmale Blätter und geometrische Formen; Bordüren

METHODE
Von oben nach unten gestickte Reihe aus verbundenen Fliegenstichen

MATERIAL
Stoff und Garn beliebig; Stickrahmen

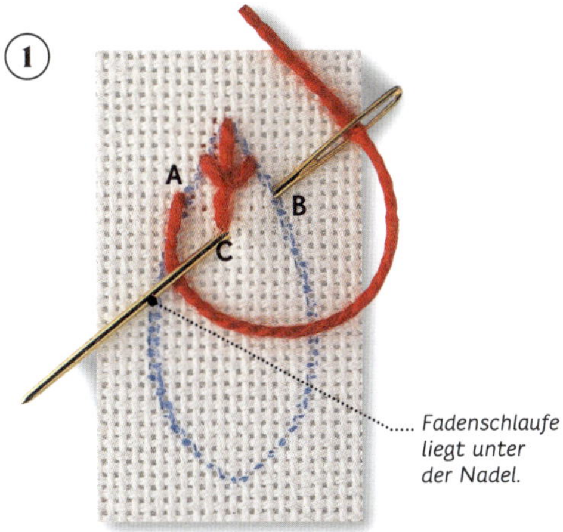

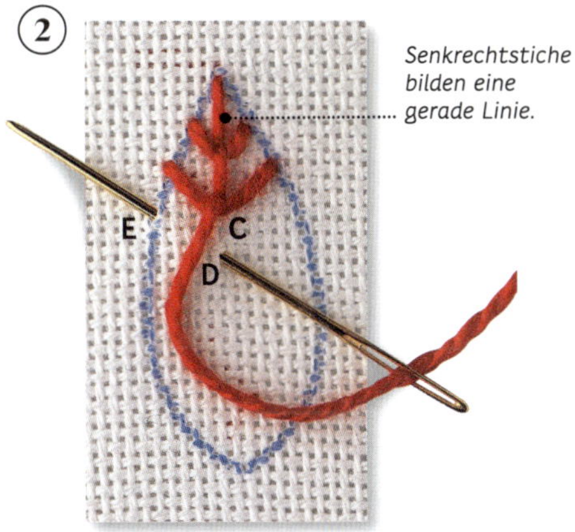

1 Die Motivkontur vorzeichnen. Bei **A** ausstechen und auf gleicher Höhe bei **B** einstechen. In der Motivmitte bei **C** ausstechen.

2 Die Nadel bei **D** (knapp unter **C**) einstechen, sodass ein kurzer Geradstich entsteht. Bei **E** ausstechen. Schritt 1 und 2 fortlaufend wiederholen, die Stichlänge der Kontur anpassen.

Stichvariante

Verkürzt man die senkrechten Geradstiche, kann der ganze Stickgrund abgedeckt werden.

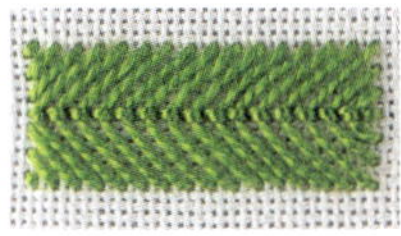

Kretischer Stich

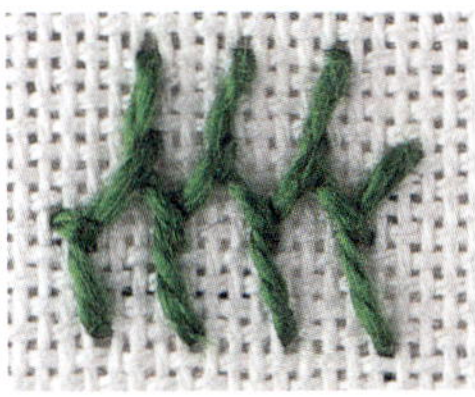

SCHWIERIGKEITSGRAD
Einfach

VERWENDUNG
Offener Füllstich für Blätter und geometrische Motive; Bordüren

METHODE
Von oben nach unten gearbeiteter offener Schlingstich

MATERIAL
Stoff und Garn beliebig, Stickrahmen

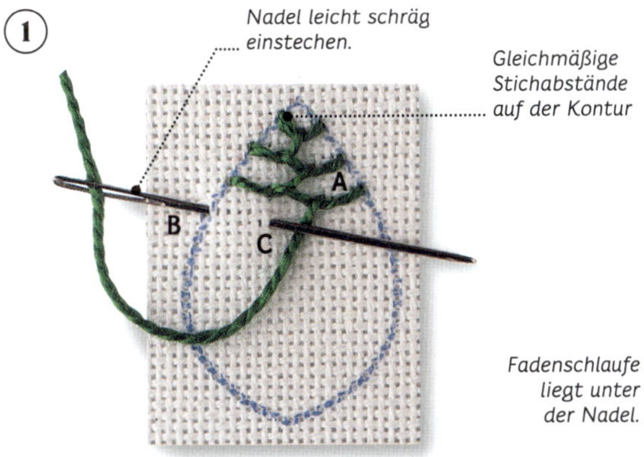

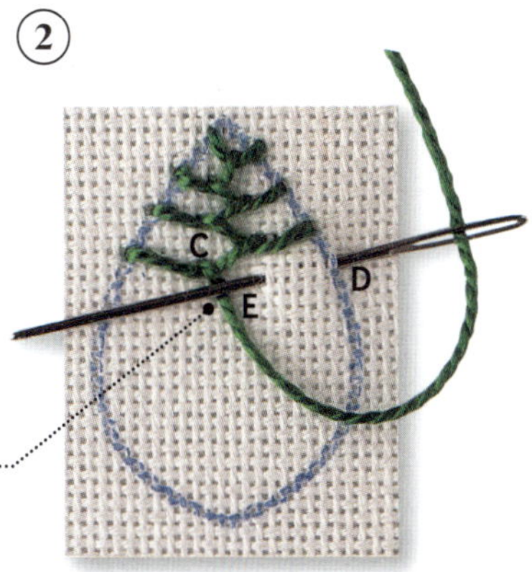

1 Die Motivkontur vorzeichnen. Rechts der Mitte bei **A** ausstechen und auf der linken Kontur bei **B** einstechen. Links der Mitte bei **C** über dem Faden ausstechen.

2 Bei **D** auf der rechten Kontur ein- und bei **E** ausstechen. Die beiden Schritte wiederholen, bis das Motiv ausgefüllt ist.

Stichvariante

Reduziert man die Abstände zwischen den Stichen auf ein Minimum, kann der Stich den Stoff auch ganz abdecken.

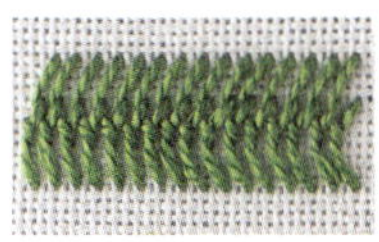

Rumänischer Plattstich

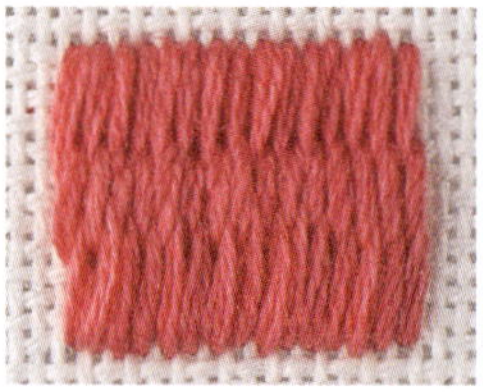

SCHWIERIGKEITSGRAD
Mittel

VERWENDUNG
Deckender Füllstich für große Flächen

METHODE
Lange, in Anlegetechnik fixierte Stiche in engen Abständen

MATERIAL
Stoff und Garn beliebig; geeignet ist Baumwollwist; Stickrahmen

①

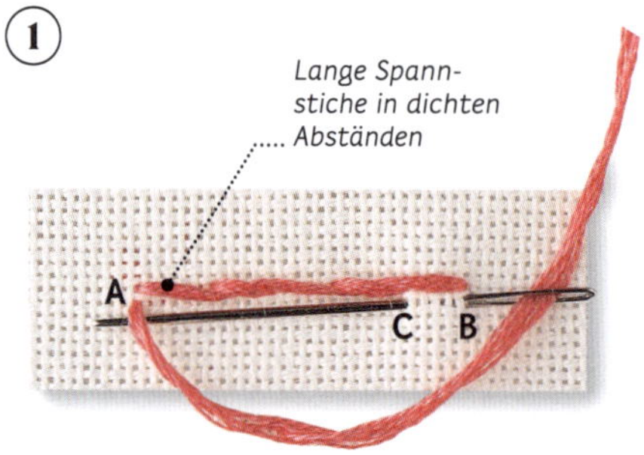

②

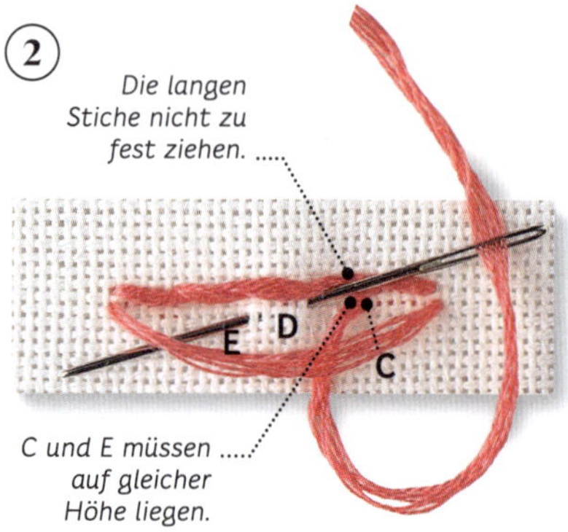

1 Einen langen, waagerechten Spannstich von **A** nach **B** sticken. Die Nadel bei **C** (auf gleicher Höhe mit A) ausstechen.

2 Für den Fixierstich die Nadel über den langen Stich führen und bei **D** einstechen. Den Faden behutsam nachziehen. Bei **E** ausstechen, um den nächsten Fixierstich zu beginnen.

Stichvariante

Der Bucharastich wird prinzipiell ebenso gearbeitet, allerdings sind die Fixierstiche kürzer und stehen in steilerem Winkel.

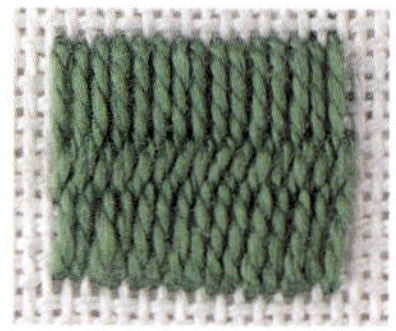

Spirale in Anlegetechnik

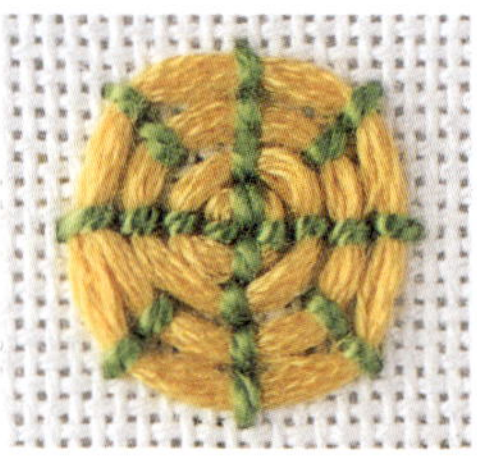

SCHWIERIGKEITSGRAD
Mittel

VERWENDUNG
Deckender Füllstich für Kreise; Goldstickerei

METHODE
Faden wird in Anlegetechnik spiralförmig fixiert.

MATERIAL
Beliebiger Stoff; dickes Garn; feines Garn zum Fixieren; Stickrahmen

①

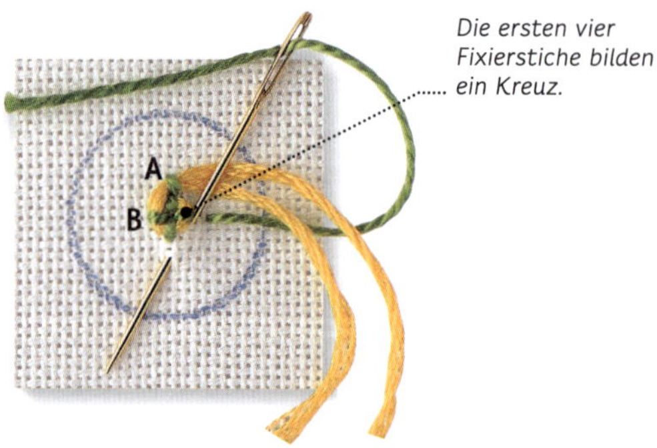

1 Einen Kreis vorzeichnen und den dünnen Faden oberhalb der Mitte bei **A** ausstechen. Den dicken Faden zur Hälfte legen. Die Nadel durch dessen Schlaufe schieben und mit einem Fixierstich von **A** nach **B** sichern. Den doppelten dicken Faden im Kreis nach rechts legen und mit drei kreuzförmig angeordneten Fixierstichen befestigen. Eine neue Runde anlegen und mit vier Stichen fixieren.

2 Den dicken Faden weiter spiralförmig legen und alle Fadenenden auf der Rückseite vernähen.

②

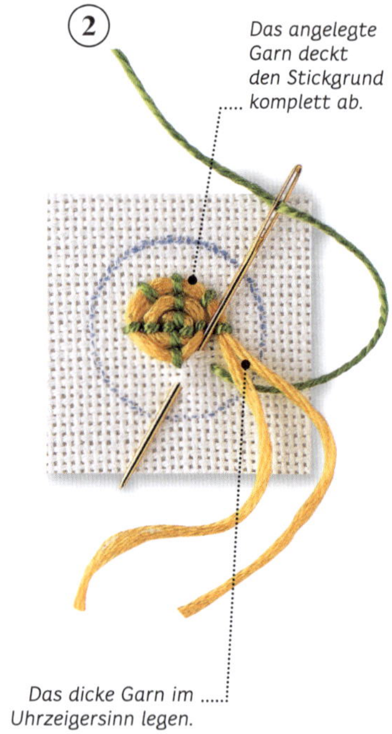

Gitterkreuzstich

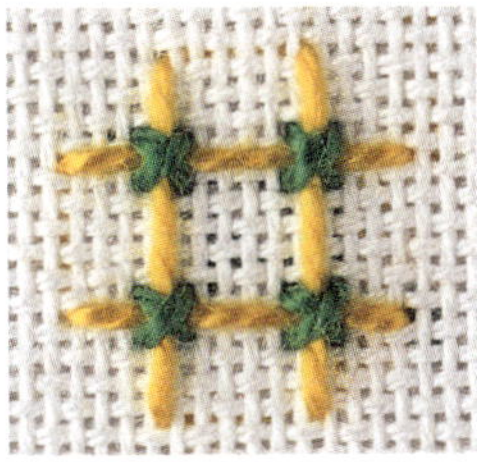

SCHWIERIGKEITSGRAD
Mittel

VERWENDUNG
Dekorativer Füllstich

METHODE
Gitter aus langen Spannstichen, die mit Kreuzstichen fixiert werden

MATERIAL
Beliebiger Stoff; Garn in zwei Farben und Stärken; Stickrahmen

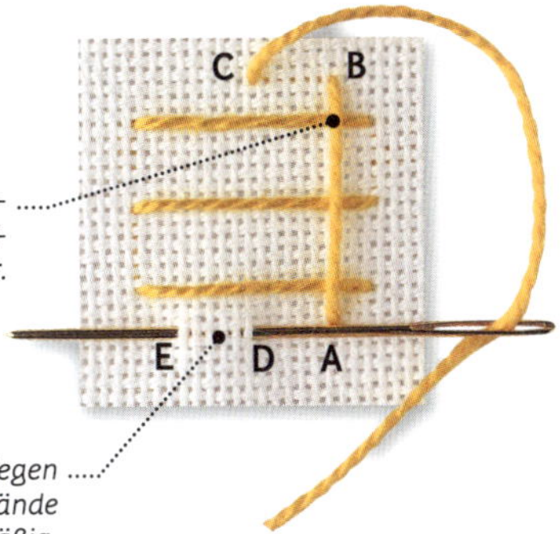

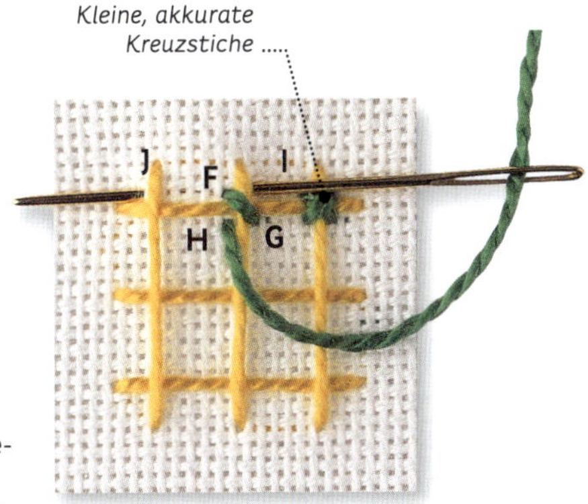

1 Mit der ersten Farbe zuerst lange, waagerechte Spannstiche (Seite 73) sticken. Dann bei **A** ausstechen und die senkrechten Geradstiche arbeiten. Bei **B** ein- und bei **C** ausstechen. Bei **D** ein- und bei **E** ausstechen. Nochmals wiederholen.

2 Über jede Kreuzung der Spannstiche einen Kreuzstich sticken. Mit der zweiten Farbe bei **F** ausstechen. Jenseits der gekreuzten Fäden bei **G** einstechen. Bei **H** aus- und bei **I** wieder einstechen, um das Kreuz zu beenden. Das nächste Kreuz beginnt bei **J**.

Unterlegter Gitterstich

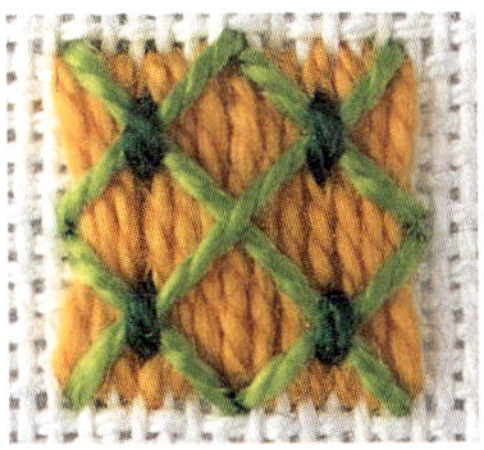

SCHWIERIGKEITSGRAD
Anspruchsvoll

VERWENDUNG
Dekorativer, deckender Füllstich

METHODE
Plattstich mit einem Gitter aus Spannstichen und kurzen Fixierstichen

MATERIAL
Beliebiger Stoff; Garn in drei Farben; Stickrahmen

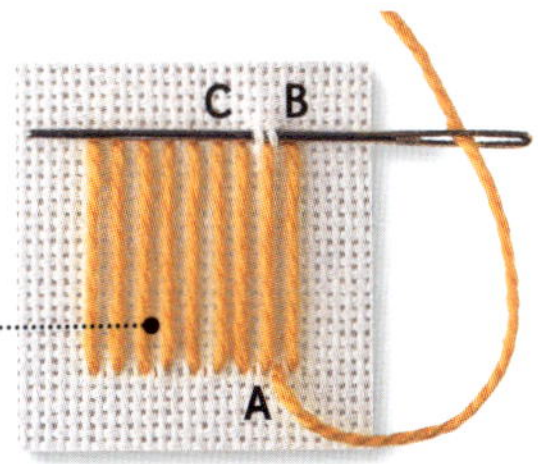

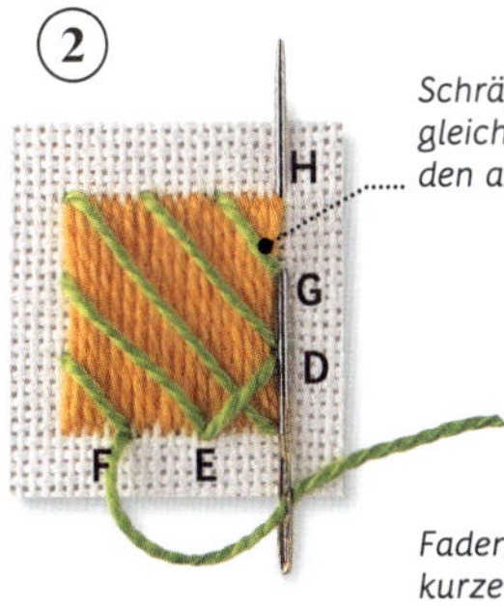

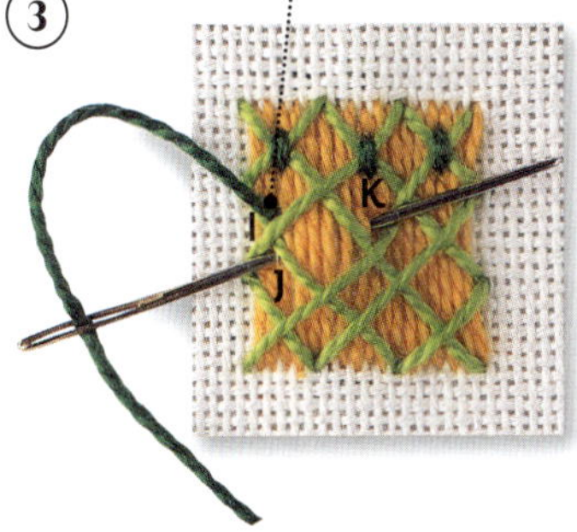

1 Eine Reihe senkrechter Plattstiche (Seite 86) sticken, dabei zwischen den Stichen jeweils eine Stichbreite frei lassen. Bei **A** aus-, bei **B** ein- und bei **C** wieder ausstechen. Fortlaufend wiederholen.

2 Mit der zweiten Farbe auf dem Plattstichgrund ein Gitter aus schrägen Spannstichen sticken. Für die kreuzenden Spannstiche bei **D** aus- und bei **E** einstechen. Bei **F** aus- und bei **G** einstechen. Bei **H** ausstechen und das Gitter beenden.

3 Für die Fixierstiche die dritte Farbe verwenden. Der erste Stich führt von **I** nach **J**, der zweite beginnt mit einem Ausstich bei **K**. Jede Kreuzung so fixieren.

Rückstichgitter

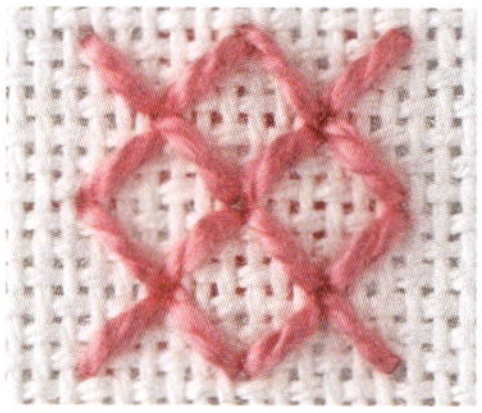

SCHWIERIGKEITSGRAD
Mittel

VERWENDUNG
Offener, geometrischer Füllstich

METHODE
Gekreuzte, diagonale Reihen aus Rückstichen

MATERIAL
Stoff und Stickgarn beliebig; fällt auf auszählbarem Stoff regelmäßiger aus

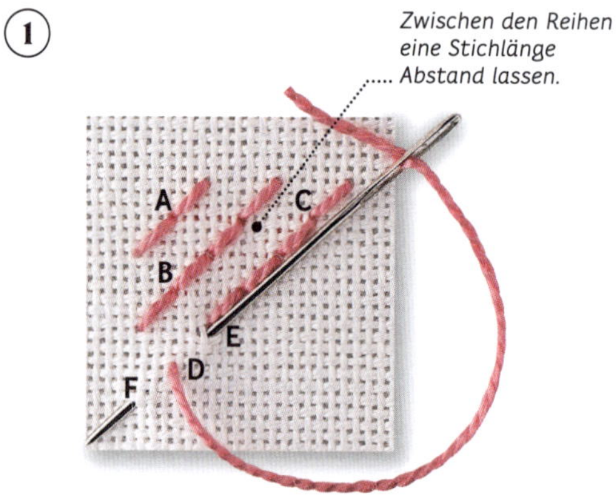

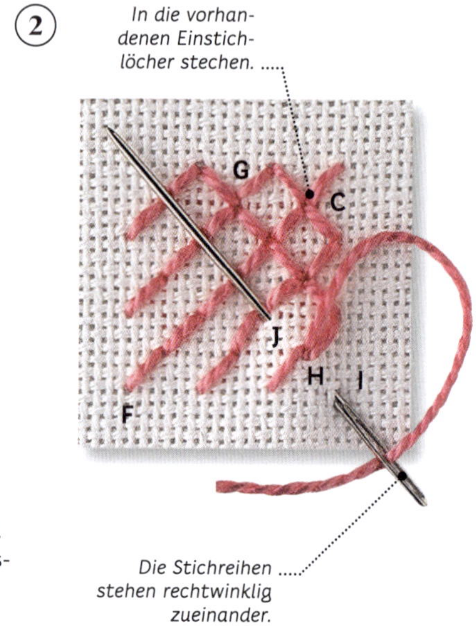

1 Mehrere parallele, diagonale Reihen aus Rückstichen (Seite 40) arbeiten. Die erste Reihe bei **A** beginnen, die zweite bei **B** und die dritte bei **C**. Bei **D** ausstechen, bei **E** ein- und bei **F** wieder ausstechen. Fortfahren, bis die Fläche gefüllt ist.

2 Die nächste Reihe bei **C** beginnend im rechten Winkel sticken. Die folgende Reihe beginnt bei **G**. Bei **H** ausstechen, bei **I** ein- und bei **J** ausstechen.

Japanischer Stopfstich

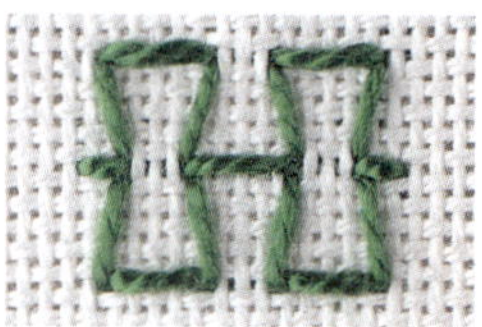

SCHWIERIGKEITSGRAD
Mittel

VERWENDUNG
Offener, geometrischer Füllstich für größere Flächen

METHODE
Kombination aus Vor- und Spannstichen

MATERIAL
Stoff und Garn beliebig, auf auszählbarem Stoff einfacher zu sticken

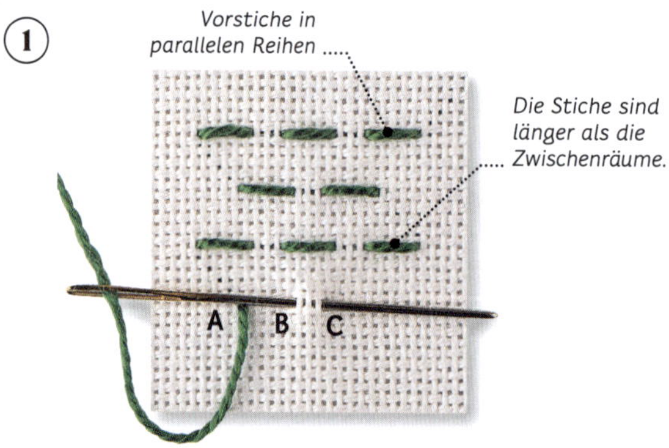

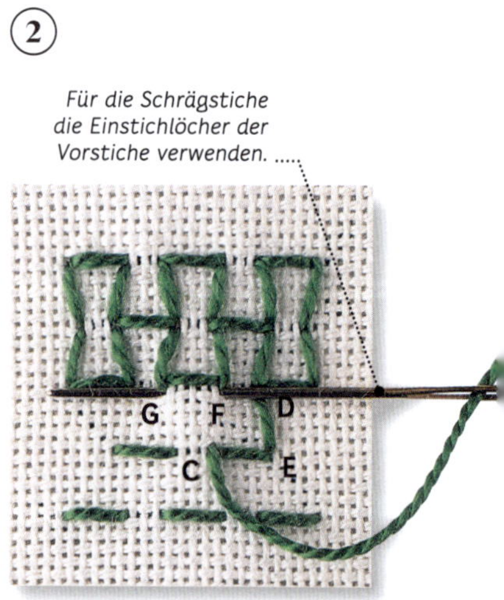

1 Mehrere Reihen Vorstiche (Seite 39) sticken. Dabei liegt jeder Stich unter einem Zwischenraum der Vorreihe. Bei **A** ausstechen, bei **B** ein- und bei **C** wieder ausstechen. Wiederholen, um die Fläche auszufüllen.

2 Die Vorstichreihen durch schräge Spannstiche verbinden. Bei **D** aus- und bei **E** einstehen. Bei **C** aus- und bei **F** einstechen, dann bei **G** ausstechen, um den nächsten Stich zu beginnen. Bis zum Reihenende wiederholen, erst dann die nächste Reihe anfangen.

Smokstich

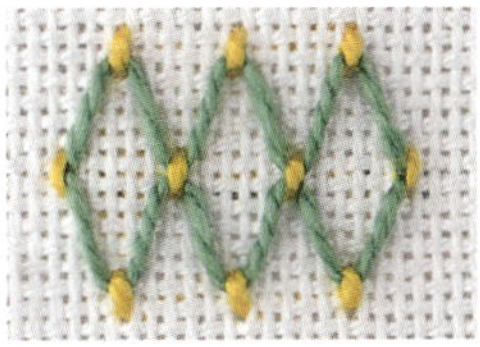

SCHWIERIGKEITSGRAD
Mittel

VERWENDUNG
Offener Füllstich; Jakobinerstickerei; Smokarbeiten

METHODE
Kurze Senkrechtstiche und Durchzugtechnik

MATERIAL
Beliebiger Stoff (auszählbarer Stoff günstig); Garn in zwei Farben; Nadel ohne Spitze

①

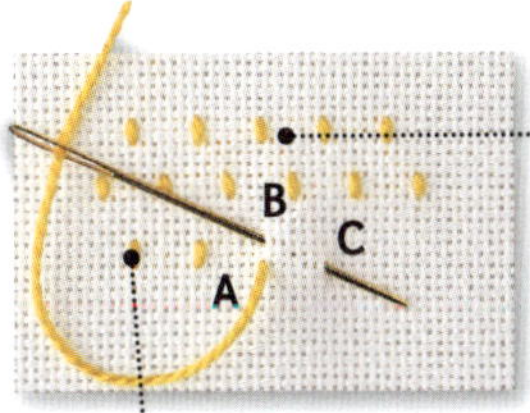

Stichreihen um einen halben Stichabstand versetzt sticken.

Gleichmäßige Abstände zwischen den Stichen

②

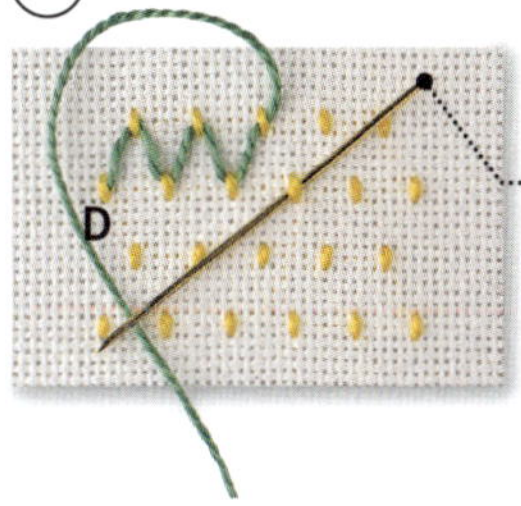

Durchzugfaden mit der Nadel ohne Spitze verarbeiten.

③

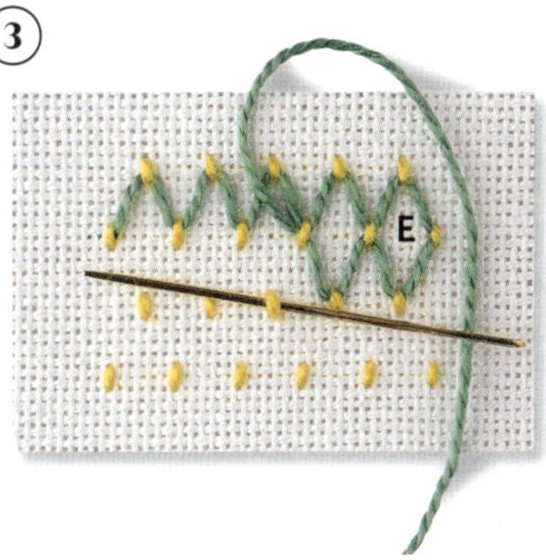

1 Ein Grundgerüst auf kurzen Senkrechtstichen in versetzten Reihen sticken. Einen Geradstich von **A** nach **B** arbeiten, dann bei **C** ausstechen. Wiederholen, bis die Fläche ausgefüllt ist.

2 Mit dem zweiten Faden bei **D** ausstechen. Die Nadel von links nach rechts unter dem 1. Geradstich der 1. Reihe durchschieben. Unter dem 2. Stich der 2. Reihe durchschieben. Bis zum Reihenende wiederholen.

3 Bei **E** ausstechen. Die Nadel von rechts nach links unter dem 1. Stich der 3. Reihe, dann unter dem 2. Stich der 2. Reihe durchschieben. Wiederholen.

Wellenstich

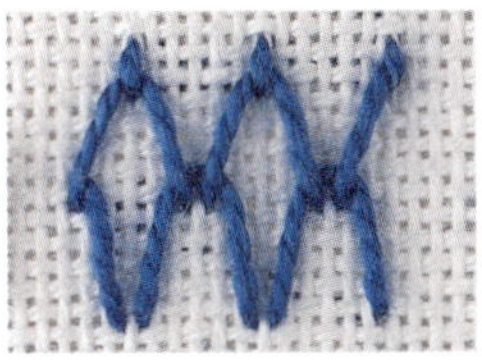

SCHWIERIGKEITSGRAD
Mittel

VERWENDUNG
Offener Füllstich, einfarbig oder mit Farbverlauf; Jakobinerstickerei

METHODE
Ineinander verzahnte Reihen aus Schlingstichen

MATERIAL
Beliebiger Stoff; Garn in drei oder mehr Farben; Stickrahmen

①

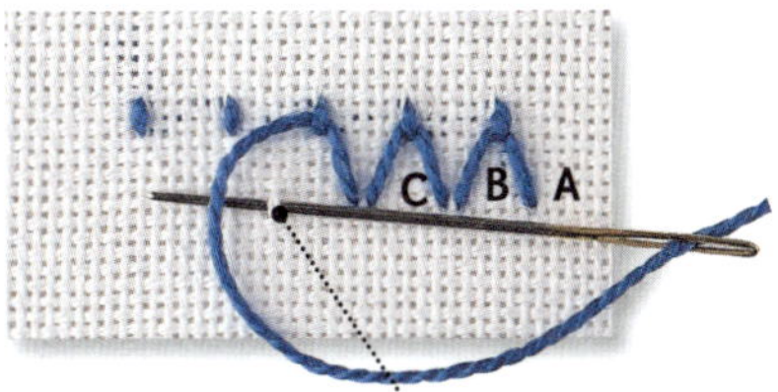

Nur einen Gewebefaden aufnehmen.

②

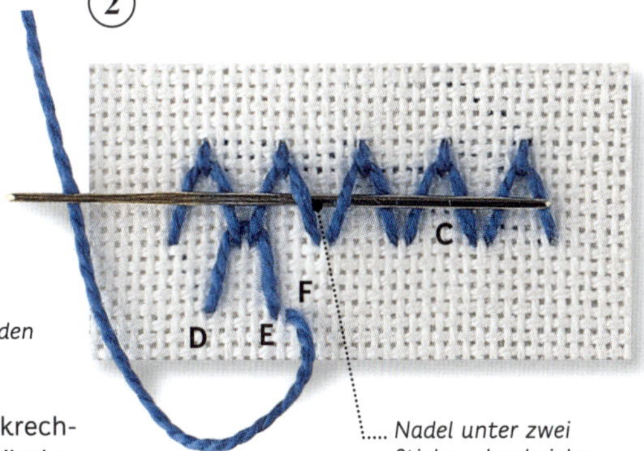

Nadel unter zwei Stichen durchziehen.

1 Zuerst eine Grundreihe aus kurzen, senkrechten Geradstichen in regelmäßigen Abständen sticken. Bei **A** ausstechen und die Nadel unter dem ersten Geradstich durchschieben. Bei **B** einstechen und ganz dicht daneben bei **C** wieder ausstechen. Fortlaufend bis zum Reihenende wiederholen.

2 Die nächste Reihe beginnt bei **D**. Die Nadel unter den beiden ersten Stichen der Vorreihe durchschieben. Bei **E** ein- und bei **F** ausstechen. Bis zum Reihenende wiederholen.

Technikvariante

Verwendet man für jede Reihe einen etwas helleren oder dunkleren Farbton, entsteht ein fließender Farbverlauf.

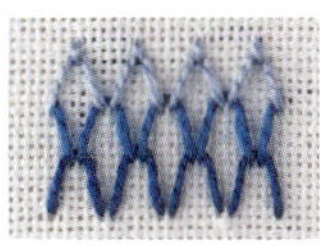

Durchbruch-stickerei

Ajour-stickerei

In den Bereich der Ajour- oder Lochstickerei fallen zahlreiche Techniken. Eine davon ist die Weißstickerei, die seit Langem zur Gestaltung komplizierter Muster auf Haushaltswäsche und zur Verzierung von Kleidungsstücken verwendet wird. Diese Stiche werden traditionell mit weißem Garn auf weißen Stoffen ausgeführt, aber modernere Stickereien in kontrastierenden Farben zeigen, dass diese Technik weitaus vielseitiger sein kann.

Ganz andere Lochmuster entstehen, wenn man die Fäden des Gewebegrunds mit festen Stickstichen zusammenzieht und bündelt. Solche Stiche kommen in vielen Sticktraditionen vor, von den zarten Jaali-Gittermustern in der indischen Chikankari-Stickerei bis zur geometrischen norwegischen Hardangerstickerei, die auf Leinen gearbeitet wird.

Offener Rautenstich

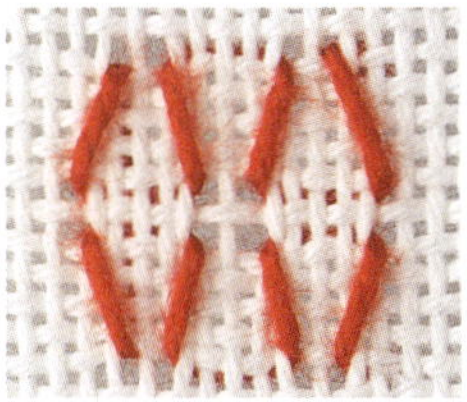

SCHWIERIGKEITSGRAD
Einfach

VERWENDUNG
Dichtes Füllmuster

METHODE
Gitter aus Rauten mit vier kleinen Löchern

MATERIAL
Auszählbarer Stoff; beliebiges Garn; Nadel ohne Spitze; Stickrahmen

①

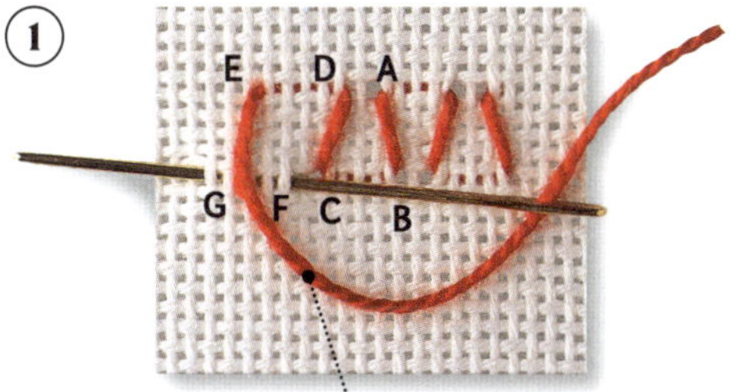

Den Arbeitsfaden festziehen, bis Löcher entstehen.

②

Die Stiche exakt auszählen.

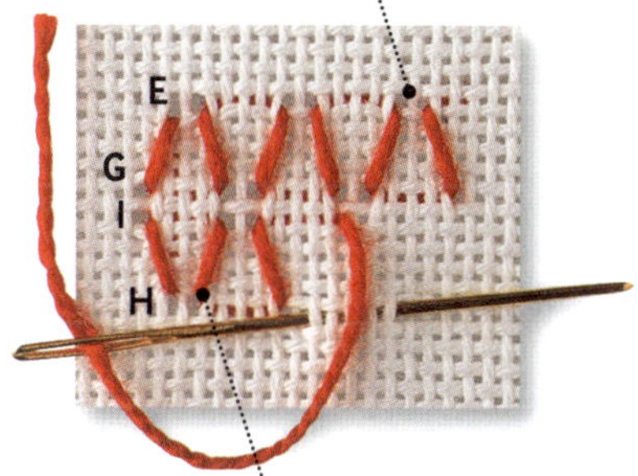

Die zweite Reihe genau unter der ersten sticken.

1 Bei **A** beginnen. Einen schrägen Stich über fünf waagerechte und zwei senkrechte Gewebefäden nach **B** sticken. Fünf Gewebefäden weiter links bei **C** ausstechen, dann einen Faden links von **A** in Punkt **D** einstechen. Fünf Fäden weiter links bei **E** ausstechen. Einen Faden links von **C** bei **F** einstechen. Bei **G** ausstechen und fortlaufend wiederholen.

2 Die zweite Reihe spiegelbildlich zur ersten sticken. Bei **H** (11 Fäden unter **E**) ausstechen und einen Faden unter **G** bei **I** einstechen. Beide Reihen fortlaufend wiederholen.

Stichvariante

Der geschlossene Rautenstich wird ebenso gearbeitet, jedoch ohne Zwischenräume zwischen den einzelnen Stichen.

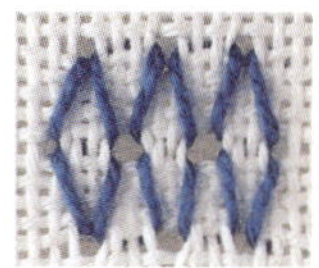

Doppelter Dreiecksstich

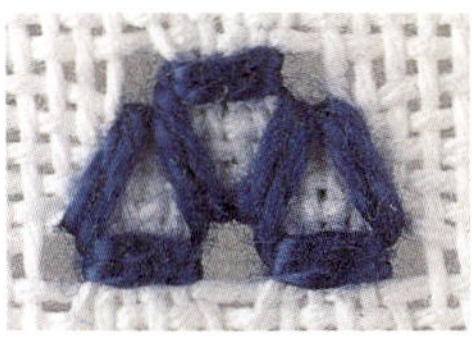

SCHWIERIGKEITSGRAD
Einfach

VERWENDUNG
Schmale Bordüren

METHODE
Dreiecke in doppeltem Rückstich

MATERIAL
Auszählbarer Stoff; beliebiges Garn; Nadel ohne Spitze; Stickrahmen

①

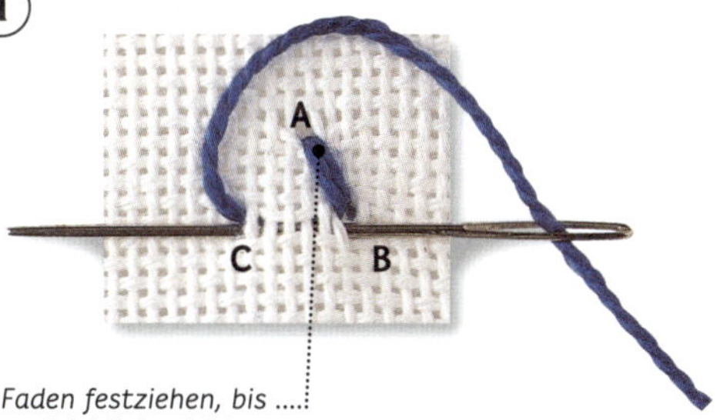

Faden festziehen, bis sich Löcher bilden.

②

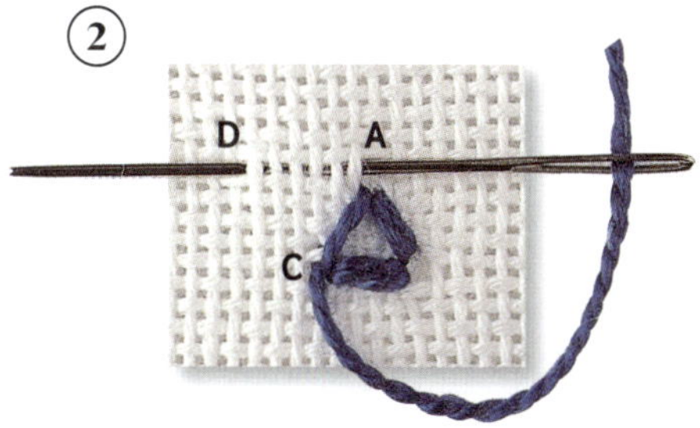

③

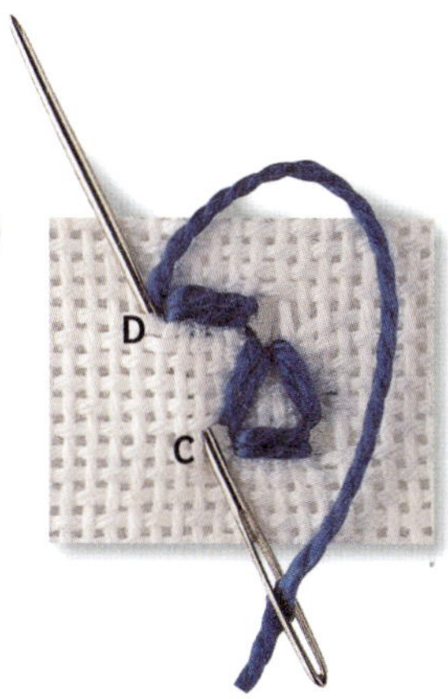

1 Bei **A** ausstechen und einen Stich über sechs waagerechte und drei senkrechte Gewebefäden schräg abwärts nach **B** sticken. Nochmals bei **A** aus- und bei **B** einstechen, um einen doppelten Rückstich zu erhalten. Sechs Fäden links von **B** bei **C** ausstechen und wieder einen doppelten Rückstich arbeiten.

2 Einen dritten doppelten Rückstich zwischen **A** und **C** sticken, dann sechs Fäden weiter links bei **D** ausstechen.

3 Einen doppelten Rückstich zwischen **C** und **D** sticken. Fortlaufend wiederholen.

Waben-Füllstich

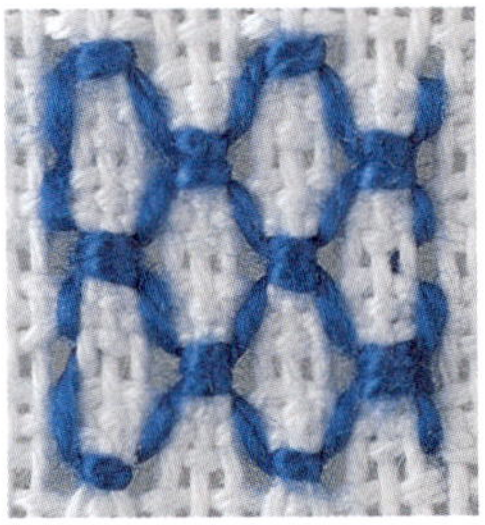

SCHWIERIGKEITSGRAD
Mittel

VERWENDUNG
Luftiger Füllstich mit kleinen Löchern

METHODE
Gitter aus Sechsecken

MATERIAL
Auszählbarer Stoff; beliebiges Garn; Nadel ohne Spitze

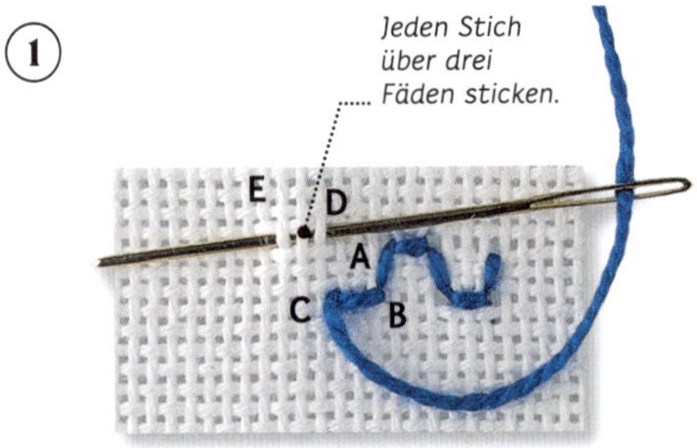

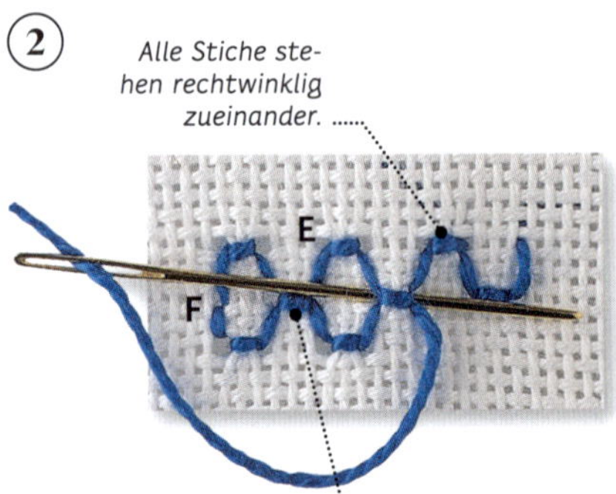

1 Oben rechts beginnen. Bei **A** ausstechen, bei **B** ein- und bei **C** ausstechen. Wieder bei **B** ein- und bei **C** ausstechen, dann bei **D** einstechen. Bei **E** ausstechen, nochmals bei **D** ein- und bei **E** ausstechen. Diese vier Stiche bis zum Reihenende wiederholen.

2 Die zweite Reihe spiegelbildlich zur ersten sticken. Bei **F** beginnen und nach Belieben das Werkstück drehen. Beide Reihen abwechselnd wiederholen, bis die Fläche gefüllt ist.

Russischer Füllstich

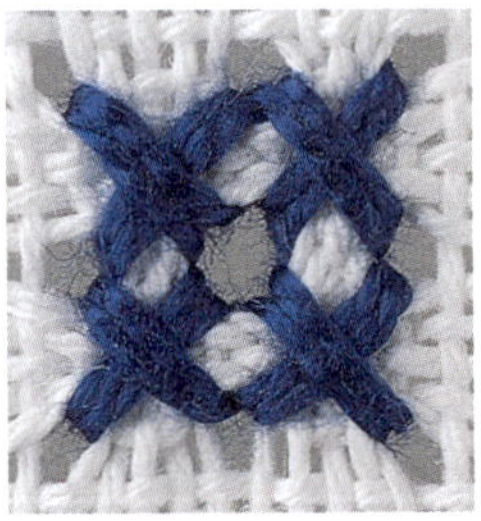

SCHWIERIGKEITSGRAD
Anspruchsvoll

VERWENDUNG
Dichter Füllstich mit größeren Löchern

METHODE
Gekreuzte Schrägstiche in zwei Arbeitsgängen

MATERIAL
Auszählbarer Stoff; Garn; Nadel ohne Spitze

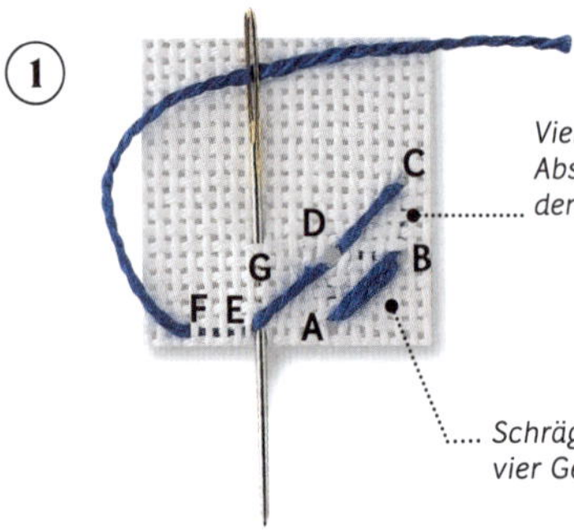

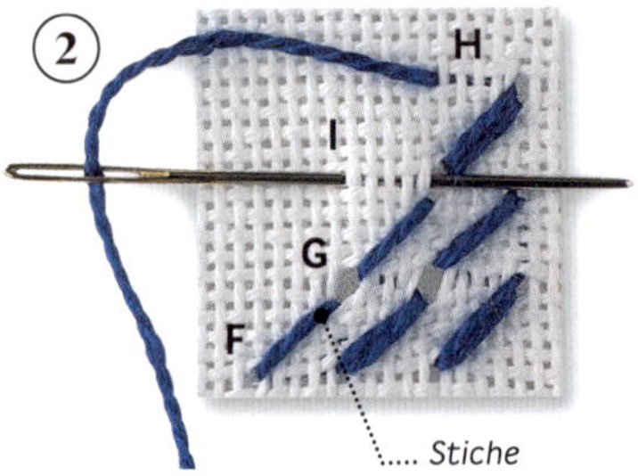

1 Unten rechts beginnen. Einen Schrägstich von **A** nach **B** sticken. Bei **C** aus-, bei **D** ein- und wieder bei **B** ausstechen. Dann bei **A** einstechen, bei **D** aus- und bei **E** einstechen. Die nächste Reihe mit einem Stich von **F** nach **G** beginnen und bei **E** ausstechen. Diese beiden Reihen wiederholen, bis die obere rechte Ecke erreicht ist.

2 Einen Stich von **H** nach **I** entlang der Oberkante sticken und die restliche Fläche mit schrägen Stichen ausfüllen.

3 Die Kreuze vervollständigen. Mit einem Stich von **J** nach **H** beginnen. Die Arbeit um 45 Grad drehen und wie im ersten Arbeitsgang sticken.

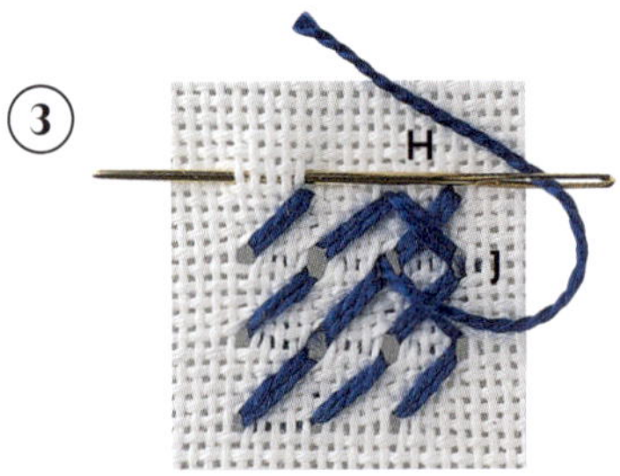

Schräger Kreuzstich

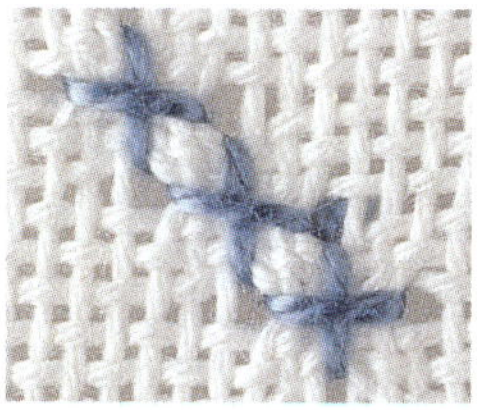

SCHWIERIGKEITSGRAD
Einfach

VERWENDUNG
Leicht wulstige, schräge Bordüren

METHODE
Schräge Reihen aus fest angezogenen Kreuzstichen

MATERIAL
Auszählbarer Stoff; beliebiges Garn; Nadel ohne Spitze; Stickrahmen

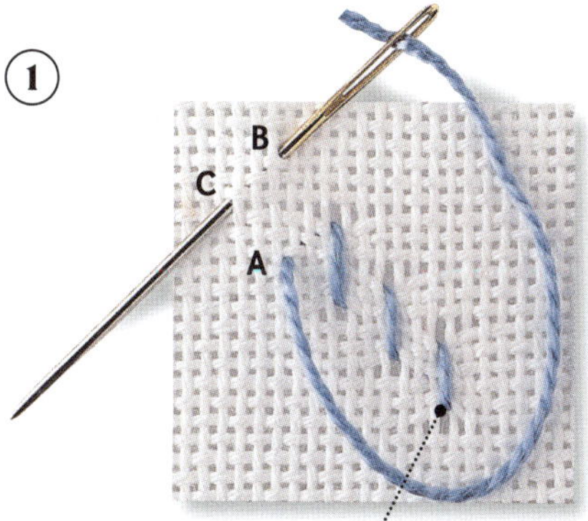

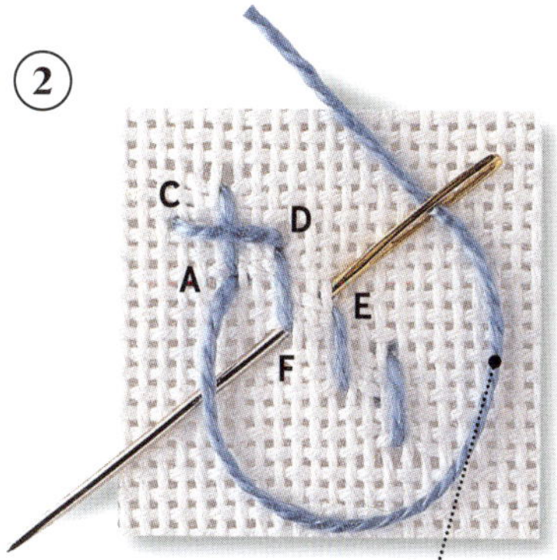

1 Eine Reihe senkrechter Stiche arbeiten. Bei **A** ausstechen und sechs Gewebefäden höher bei **B** einstechen. Drei Gewebekreuze weiter links bei **C** ausstechen.

2 Bei **D** einstechen und wieder bei **A** ausstechen. Dann bei **E** ein- und bei **F** ausstechen. Fortlaufend wiederholen.

Stichvariante

Der Rippenstich ist ein Flächen füllendes Muster, das sich aus Reihen diagonaler Kreuzstiche zusammensetzt.

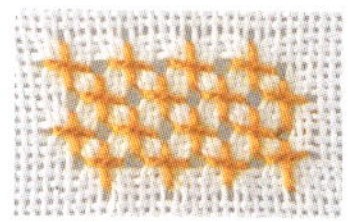

Doppelter Gitterstich

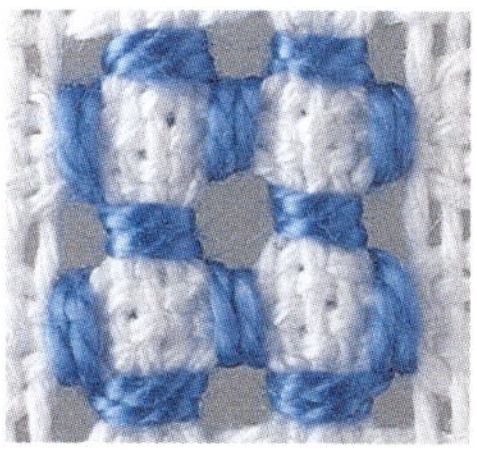

SCHWIERIGKEITSGRAD
Einfach

VERWENDUNG
Offenes Füllmuster mit großen Löchern

METHODE
Gitter aus Quadraten in doppeltem Rückstich

MATERIAL
Auszählbarer Stoff; beliebiges Garn; Nadel ohne Spitze; Stickrahmen

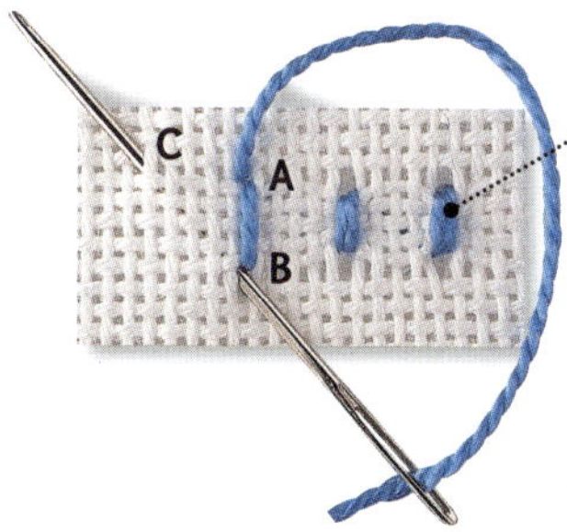

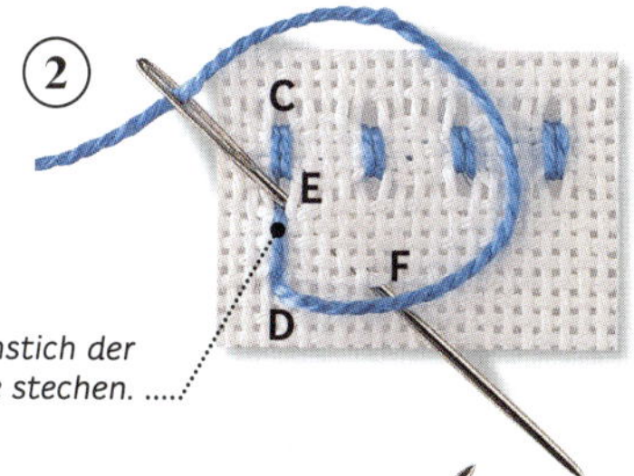

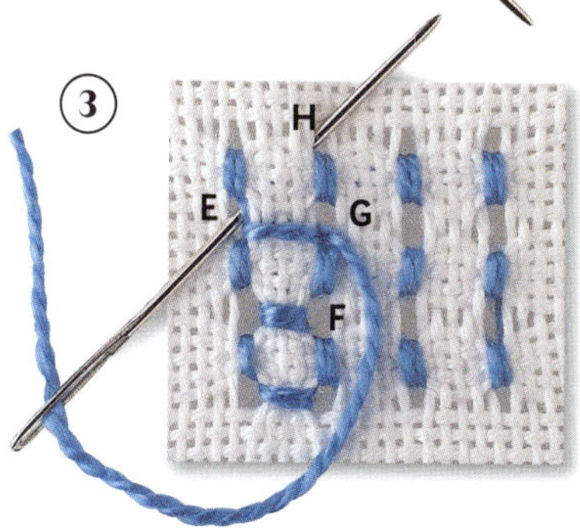

1 Bei **A** aus- und vier Fäden tiefer bei **B** einstechen. Den Stich wiederholen, dann fünf Gewebekreuze weiter links bei **C** ausstechen. Bis zum Reihenende wiederholen.

2 Die Nadel fünf Fäden unter dem letzten Stich bei **D** ausstechen. Einen doppelten Rückstich zwischen **D** und **E** sticken, dann fünf Fäden weiter rechts bei **F** ausstechen. Weiter bis zum Reihenende. Beide Reihen wiederholen, bis die Fläche ausgefüllt ist.

3 Zwischen den senkrechten Reihen waagerechte Stiche sticken. Bei **G** ausstechen und einen doppelten Rückstich nach **E** arbeiten. Bei **H** ausstechen und die Reihen abwechselnd auf- und abwärts vervollständigen.

Schusterstich

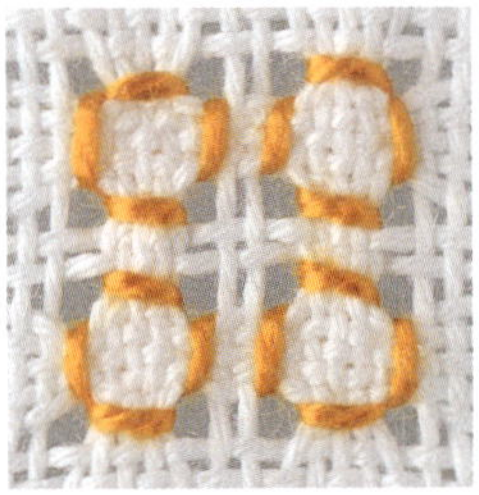

SCHWIERIGKEITSGRAD
Mittel

VERWENDUNG
Offenes Füllmuster

METHODE
Senkrechte und waagerechte Geradstiche bilden Quadrate

MATERIAL
Auszählbarer Stoff; beliebiges Garn; Nadel ohne Spitze; Stickrahmen

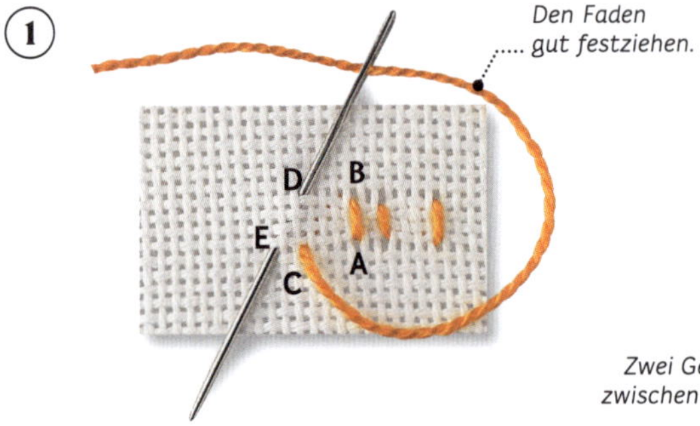

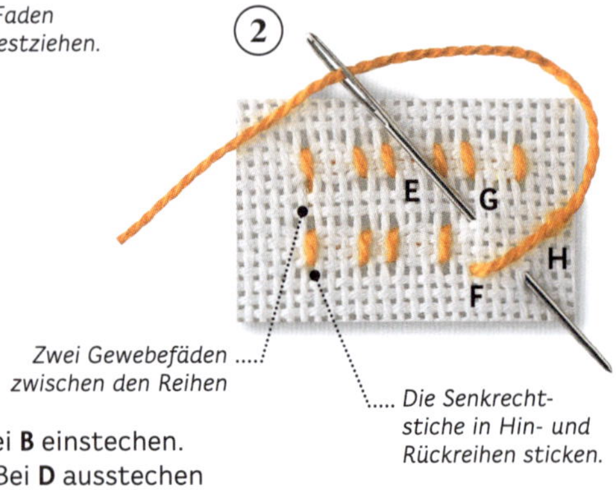

1 Bei **A** ausstechen und vier Fäden höher bei **B** einstechen. Drei Fäden links von **A** bei **C** ausstechen. Bei **D** ausstechen und zwei Fäden links von **C** bei **E** ausstechen. Bis zum Reihenende wiederholen.

2 Die nächsten Reihen aus Senkrechtstichen exakt wie die erste sticken. Die Nadel sechs Fäden unter dem letzten Stich bei **F** ausstechen. Bei **G** ein- und bei **H** ausstechen.

3 Nun je zwei Senkrechtstiche durch Querstiche zu Quadraten verbinden. Bei **D** ausstechen, bei **B** ein- und bei **C** ausstechen. Dann bei **A** einstechen und die Reihen abwechselnd auf- und abwärts vervollständigen.

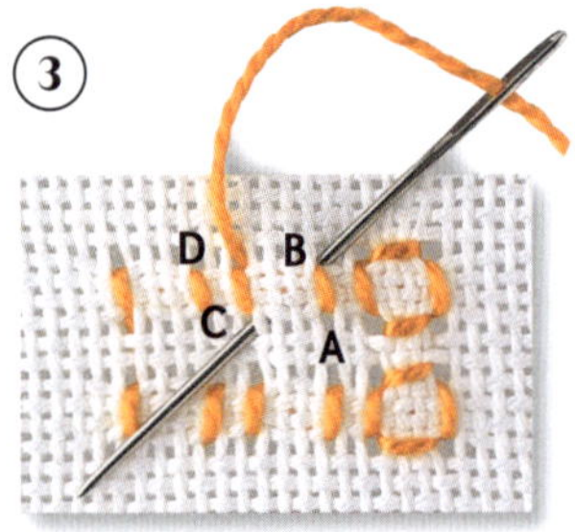

Stufenstich

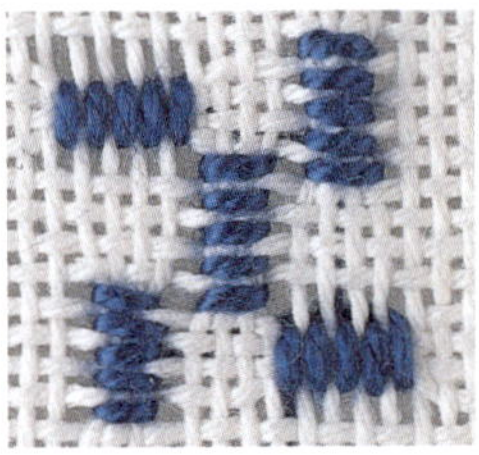

SCHWIERIGKEITSGRAD
Mittel

VERWENDUNG
Dichtes Füllmuster

METHODE
Schräge Reihen aus Plattstichgruppen in wechselnder Richtung

MATERIAL
Auszählbarer Stoff; beliebiges Garn; Nadel ohne Spitze; Stickrahmen

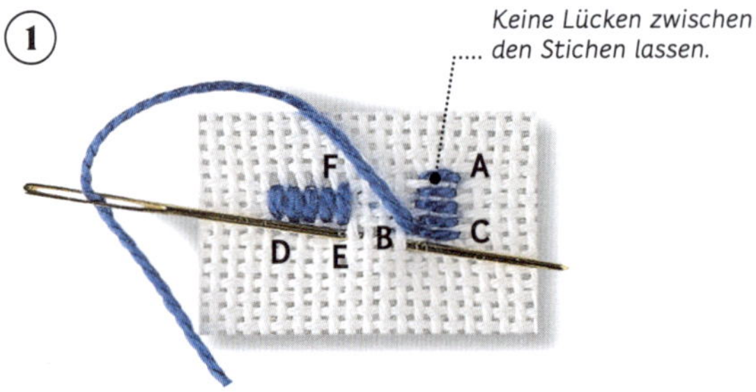

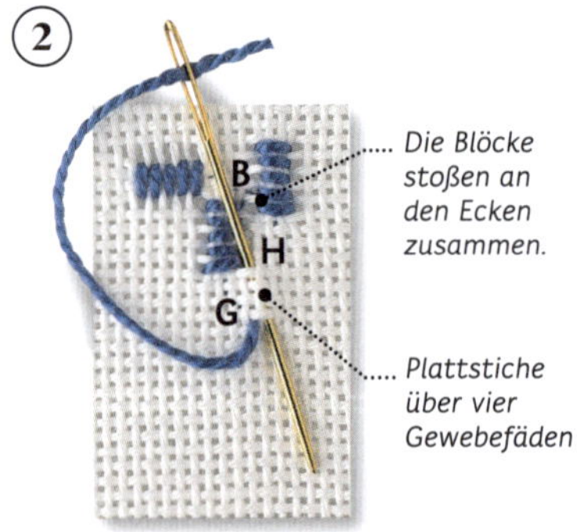

1 Bei **A** beginnen. Fünf waagerechte Plattstiche über vier Gewebefäden sticken, zuletzt von **B** nach **C**. Acht Fäden links von **B** bei **D** ausstechen und fünf senkrechte Plattstiche über vier Fäden sticken, zuletzt von **E** nach **F**. Bei **B** aus- und bei **E** einstechen. Vier waagerechte Stiche sticken.

2 Acht Fäden unter **B** bei **G** ausstechen. Bei **H** einstechen und vier senkrechte Plattstiche arbeiten.

3 Acht Stiche unter **G** bei **I** ausstechen. Fünf Stiche über vier Fäden sticken, bei **J** enden. Bei **G** ausstechen und einen Block aus senkrechten Stichen beginnen. Die Fläche mit weiteren Blöcken ausfüllen.

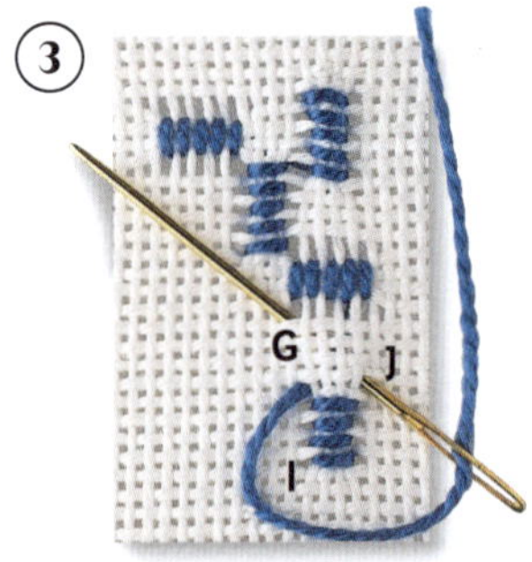

Mosaik-Füllstich

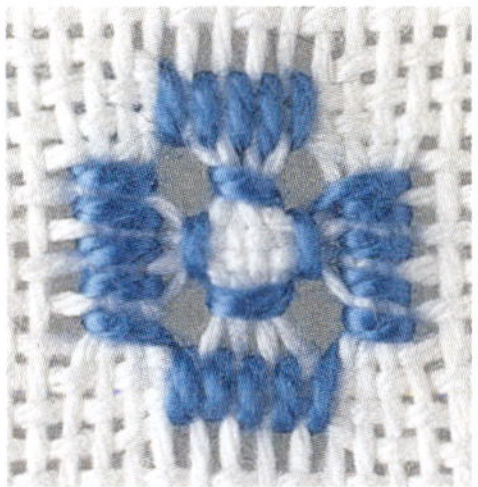

SCHWIERIGKEITSGRAD
Anspruchsvoll

VERWENDUNG
Dichter Füllstich

METHODE
Rahmen aus Plattstichblöcken um Quadrate im Rückstich

MATERIAL
Auszählbarer Stoff; beliebiges Garn; Nadel ohne Spitze; Stickrahmen

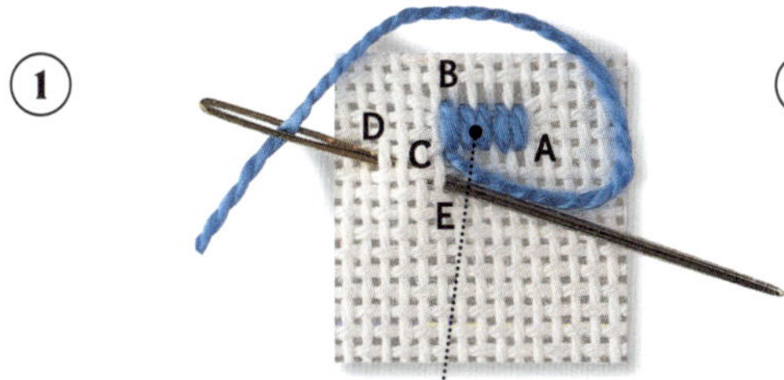

Keine Lücken zwischen den Plattstichen lassen.

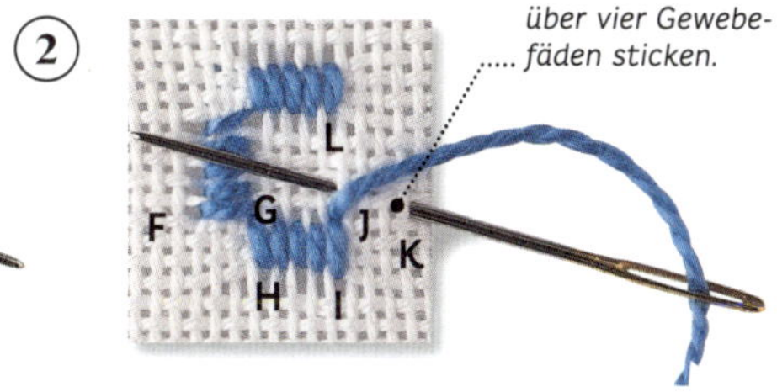

Alle Plattstiche über vier Gewebefäden sticken.

1 Bei **A** beginnen. Fünf Plattstiche über vier Fäden sticken, bei **B** enden und bei **C** ausstechen. Vier Fäden weiter links bei **D** ein-, dann bei **E** ausstechen.

2 Weitere vier waagerechte Stiche arbeiten, bei **F** enden. Bei **G** ausstechen und vier Fäden weiter unten bei **H** vier senkrechte Plattstiche sticken und bei **I** enden. Bei **J** ausstechen, bei **K** ein- und bei **L** ausstechen.

3 Nochmals vier Plattstiche sticken und bei **M** enden. Bei **A** aus- und bei **J** einstechen. Drei Rückstiche von **C** nach **A**, von **G** nach **C** und von **J** nach **G** sticken.

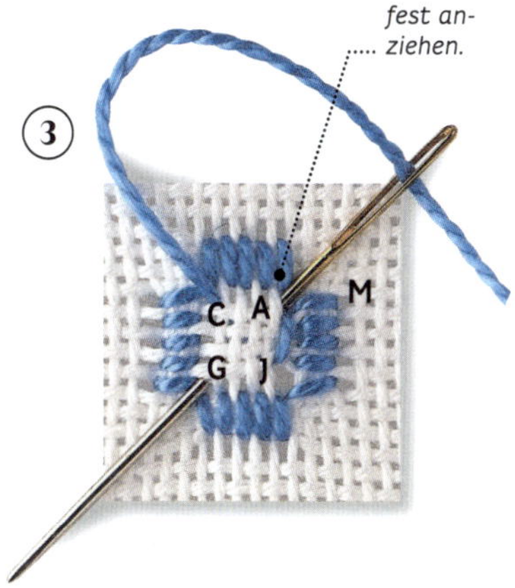

Die Stiche fest anziehen.

Diagonaler Plattstich

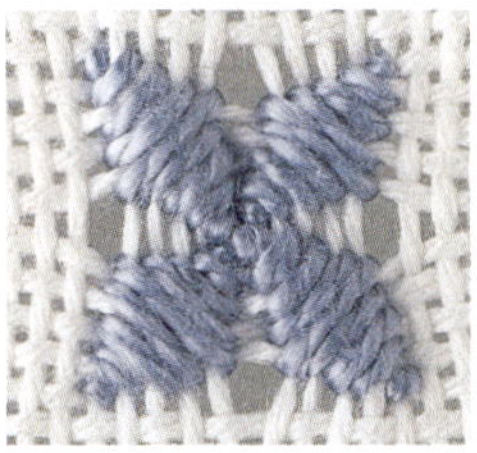

SCHWIERIGKEITSGRAD
Mittel

VERWENDUNG
Dichter, geometrischer Füllstich

METHODE
Schräge Reihen aus Plattstichen in wechselnder Richtung

MATERIAL
Auszählbarer Stoff; beliebiges Garn; Nadel ohne Spitze; Stickrahmen

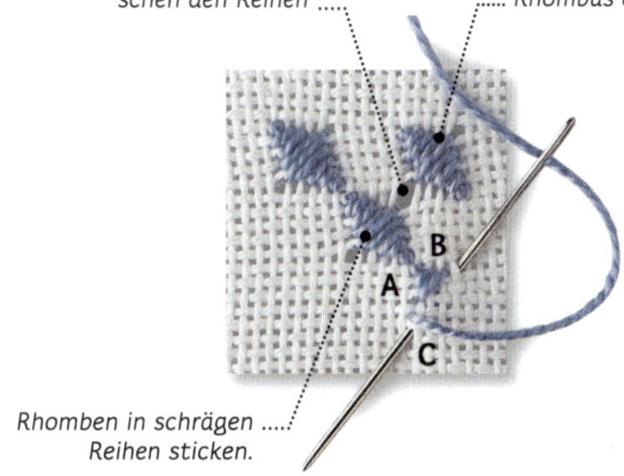

Fünf senkrechte Gewebefäden zwischen den Reihen

Den Faden festziehen, sodass ein Rhombus entsteht.

Rhomben in schrägen Reihen sticken.

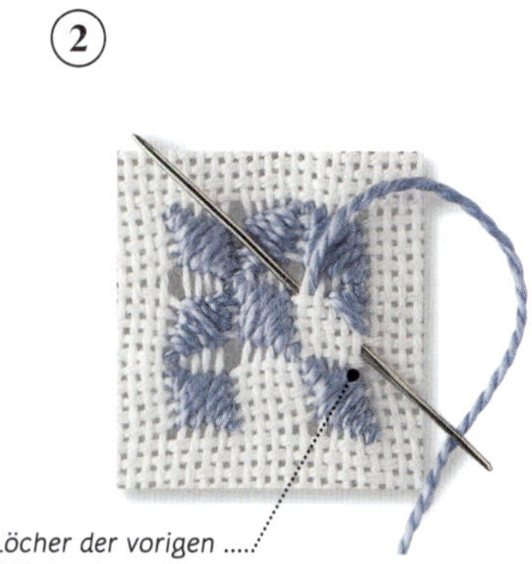

In die Löcher der vorigen Blöcke einstechen.

1 Oben rechts beginnen und die Fläche mit Rauten im Plattstich (Seite 86) ausfüllen. Bei **A** ausstechen und einen Stich über ein Gewebekreuz nach **B** sticken. Die nächsten vier Stiche um je einen Gewebefaden verlängern. Für den längsten Stich bei **C** ausstechen, dann vier Stiche mit abnehmender Länge sticken.

2 Die Zwischenräume mit ebenso gestickten Plattstichrauten in entgegengesetzter Richtung ausfüllen.

Rückstich im Achteck

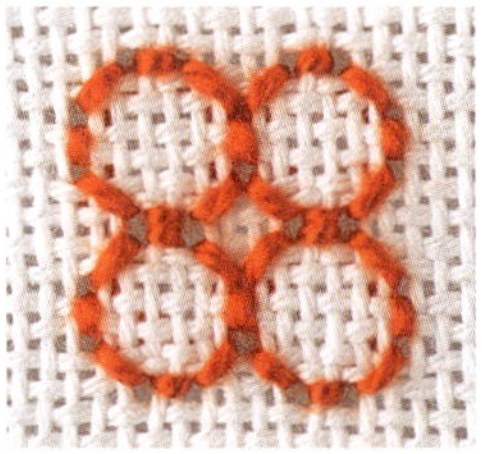

SCHWIERIGKEITSGRAD
Mittel

VERWENDUNG
Füllstich für Flächen

METHODE
Verbundene Reihen aus kleinen, im Rückstich gearbeiteten Achtecken

MATERIAL
Auszählbarer Stoff; beliebiges Garn; Nadel ohne Spitze; Stickrahmen

(1)

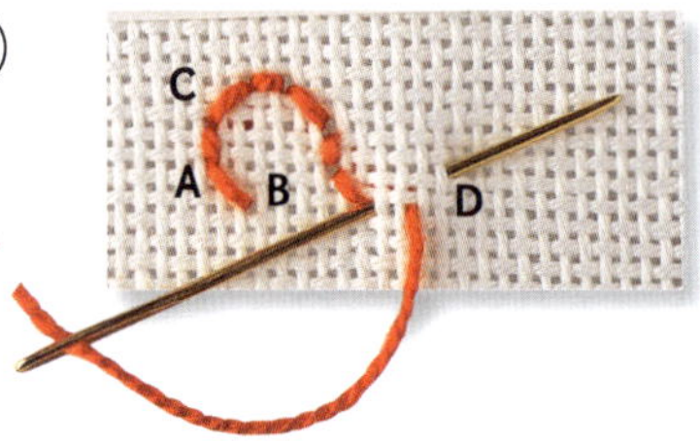

(2)

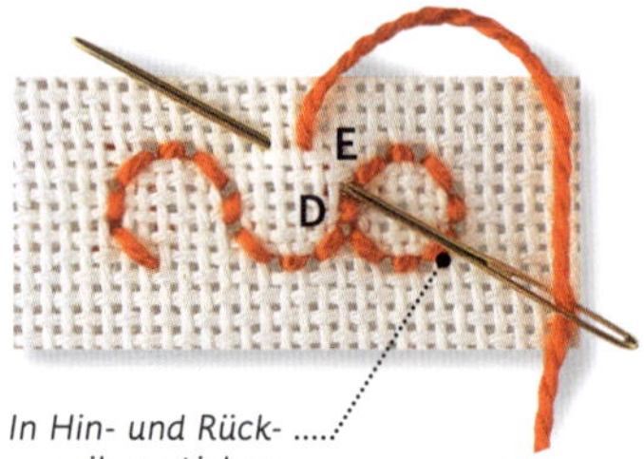

In Hin- und Rückreihen sticken.

(3)

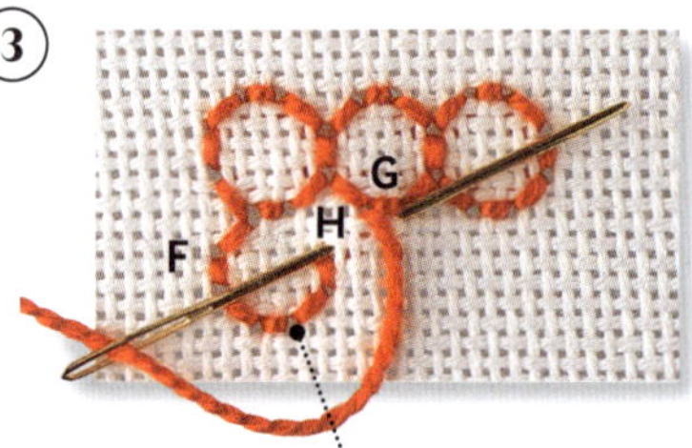

Jeden Rückstich über zwei senkrechte Gewebefäden sticken.

1 Bei **A** ausstechen und zwei Gewebekreuze schräg darunter bei **B** einstechen. Zwei Fäden über **A** bei **C** ausstechen. Abwechselnd gerade und schräge Rückstiche sticken, sodass eine Schlangenlinie entsteht.

2 Am Ende der Reihe ein komplettes Achteck sticken. Wo sich die Reihen treffen, den Senkrechtstich nochmals nachsticken (zwischen **E** und **D**). Dann von rechts nach links die Reihe fortsetzen.

3 Für die nächste Reihe bei **F** ausstechen. Von links nach rechts Schlangenlinien sticken. Jeden Querstich (hier **G** und **H**), an dem sich die Reihen berühren, nochmals nachsticken.

Algerischer Stich

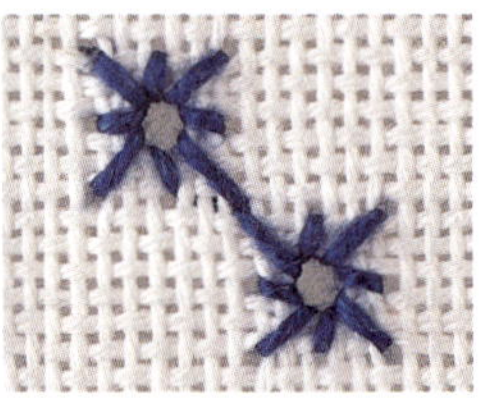

SCHWIERIGKEITSGRAD
Mittel

VERWENDUNG
Füllstich für große Flächen mit versetzt angeordneten Einzelmotiven

METHODE
Sterne aus Geradstichen, in zwei Arbeitsgängen gestickt

MATERIAL
Auszählbarer Stoff; beliebiges Garn; Nadel ohne Spitze; Stickrahmen

(1)

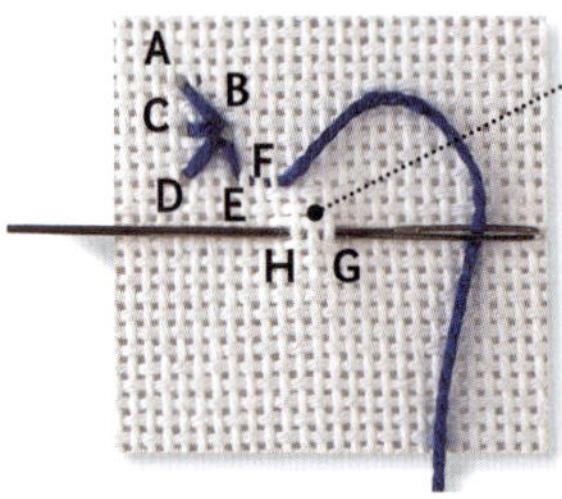

Stiche über drei senkrechte Fäden

(2)

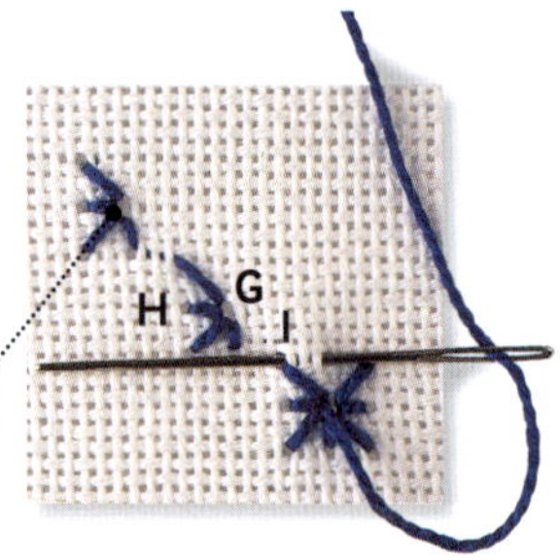

Stiche über drei senkrechte Fäden

1 Bei **A** beginnen und drei Gewebekreuze schräg unterhalb bei **B** einstechen. Drei Fäden weiter links bei **C** aus- und bei **B** wieder einstechen. Bei **D** aus- und bei **B** einstechen, dann bei **E** aus- und bei **B** einstechen. Drei Fäden rechts von **E** bei **F** ausstechen. Dann einen Schrägstich über drei Gewebekreuze nach **G** sticken und bei **H** ausstechen.

2 Bis zum Flächenende fortlaufend schräg abwärts halbe Sterne sticken. Den letzten Stern mit weiteren vier Spannstichen beenden, bei **I** enden. Für die Rückreihe bei **G** einstechen.

3 Sechs Fäden rechts vom obersten Stern bei **J** ausstechen und wie in Schritt 2 fortfahren.

(3)

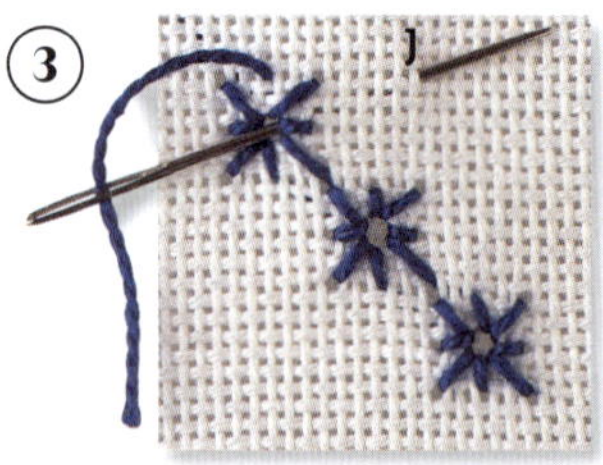

Madeira-Raute

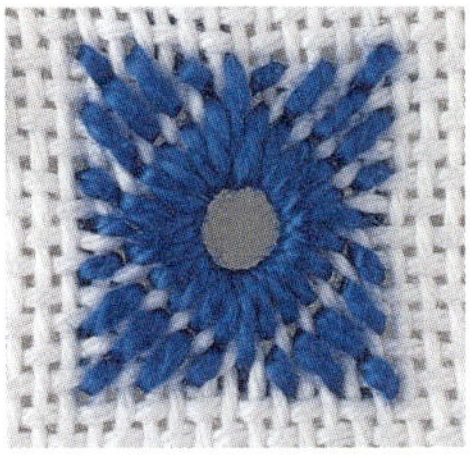

SCHWIERIGKEITSGRAD
Anspruchsvoll

VERWENDUNG
Dichtes Füllmuster

METHODE
Rhomben aus Spannstichen um ein Mittelloch, eingerahmt mit Plattstichen

MATERIAL
Auszählbarer Stoff; beliebiges Garn; Nadel ohne Spitze; Stickrahmen

(1)

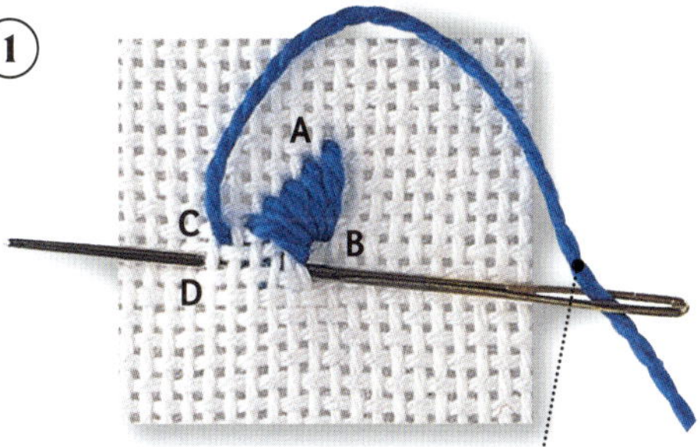

Stiche festziehen, um das Loch zu erhalten.

(2)

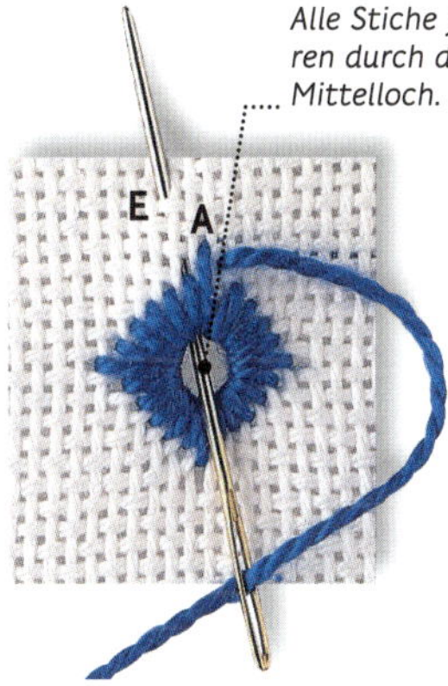

Alle Stiche führen durch das Mittelloch.

(3)

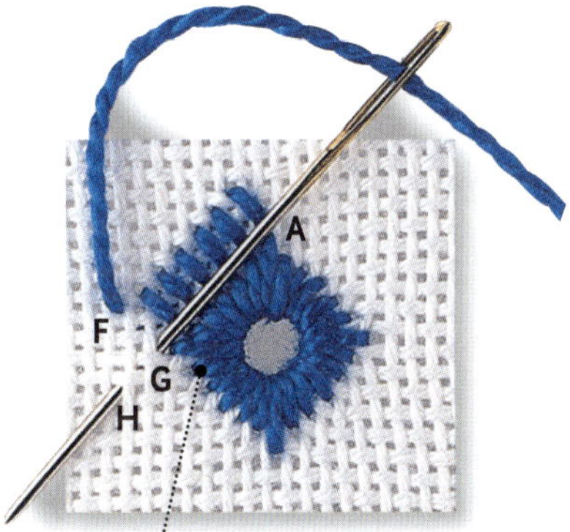

Jeden schrägen Stich über zwei Gewebekreuze sticken.

(4)

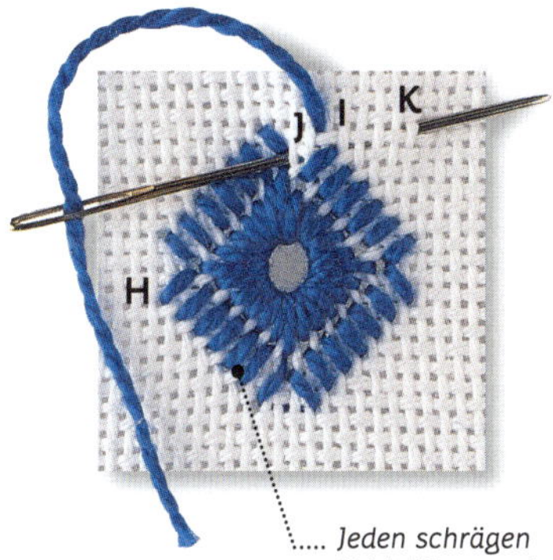

Jeden schrägen Stich über zwei Gewebekreuze sticken.

Den nächsten Rhombus hier anschließen.

(5)

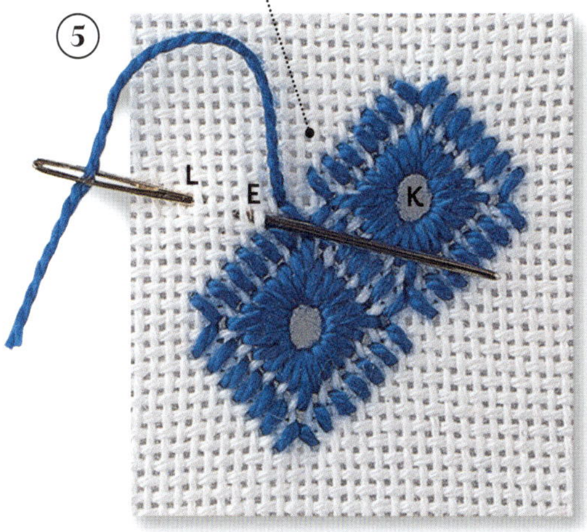

1 Bei **A** beginnen und sechs Gewebefäden tiefer bei **B** einstechen. Ein Gewebekreuz links von **A** ausstechen und wieder bei **B** einstechen. Vier weitere Stiche im Uhrzeigersinn sticken, zuletzt von **C** nach **B**. Bei **D** ausstechen und die anderen drei Viertel des Rhombus ebenso arbeiten.

2 Wenn der Rhombus fertig ist, zwei Gewebekreuze links oberhalb von **A** bei **E** ausstechen.

3 Bei **A** einstechen und weitere sechs parallele Plattstiche sticken, zuletzt von **F** nach **G**. Zwei Gewebekreuze links unterhalb bei **H** ausstechen. Um die anderen drei Seiten des Rhombus ebenfalls je sieben Plattstiche sticken.

4 Der letzte Stich führt von **I** nach **J**. Sechs Fäden weiter rechts bei **K** ausstechen und Schritt 1 bis 3 wiederholen, um mit dem nächsten Rhombus zu beginnen.

5 Für den links anschließenden Rhombus bei **E** ausstechen und die Nadel sechs Fäden weiter links bei **L** einstechen.

Hohlsaum und Stäbchen-stickerei

Diese historischen Techniken verbinden das Dekorative mit dem Nützlichen. Man findet sie vor allem auf edler Tischwäsche oder auf feiner, handbestickter Unterwäsche oder Babykleidung.

Die Hohlsaumstickerei wurde entwickelt, um eine Saumkante zu fixieren und gleichzeitig dekorativ zu versäubern. Sie wird auf gleichmäßig gewebtem Stoff gearbeitet, aus dem einige Fäden herausgezogen wurden. Die verbleibenden Fäden werden dann mit Reihen aus festgezogenen Stichen zu einem regelmäßigen Muster gebündelt. Die Stäbchenstickerei hat sich aus einer alten Methode entwickelt, schmale Stoffstreifen mit dekorativen Stichen zu größeren Flächen zusammenzusetzen. Sie kann auf zählbaren und nicht zählbaren Stoffen gestickt werden.

Einfacher Hohlsaum

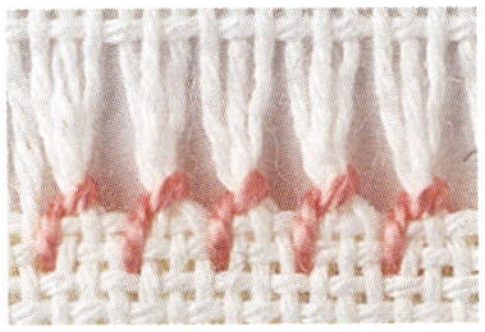

SCHWIERIGKEITSGRAD
Einfach

VERWENDUNG
Einfaches Durchbruchmuster für gesäumte Kanten

METHODE
Kleine Fadengruppen werden an der Saumkante zusammengefasst; auf der linken Stoffseite sticken.

MATERIAL
Auszählbarer Stoff; beliebiges Garn; Nadel ohne Spitze

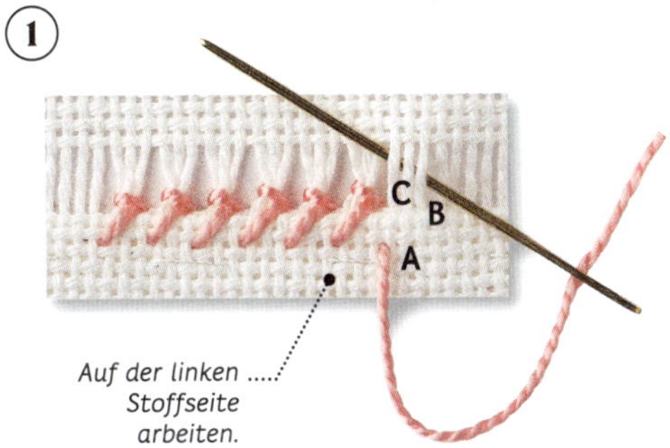

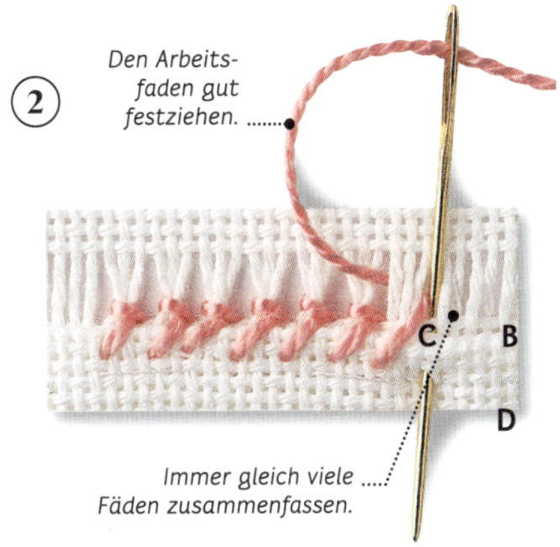

1 An der Schnittkante des Stickgrundes einen doppelten Saum umbügeln und heften. Neben der inneren Saumkante einige Fäden aus dem Stickgrund ziehen (Seite 20). Bei **A** ausstechen. Die Nadel von rechts nach links unter den nächsten drei Gewebefäden und dann nach rechts durchschieben (von **B** nach **C**).

2 Bei **B** ein- und bei **D** ausstechen. Diese beiden Schritte fortlaufend wiederholen.

Stichvariante

Für den Leiterstich mehr Fäden für einen breiteren Durchbruch ziehen. An einer Seite einen einfachen Hohlsaum arbeiten, dann das Werkstück wenden und an der anderen Seite ebenso verfahren.

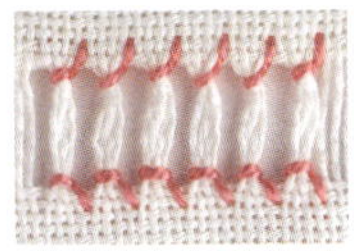

Zickzack-Hohlsaum

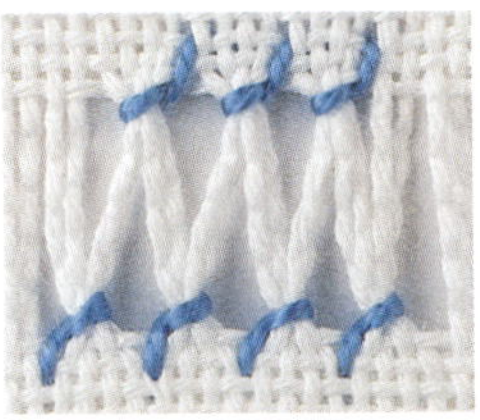

SCHWIERIGKEITSGRAD
Einfach

VERWENDUNG
Ziersaum oder -bordüre

METHODE
Zwei versetzte Reihen aus Hohlsaum bringen die Gewebefäden in Zickzackform.

MATERIAL
Auszählbarer Stoff; beliebiges Garn; Nadel ohne Spitze

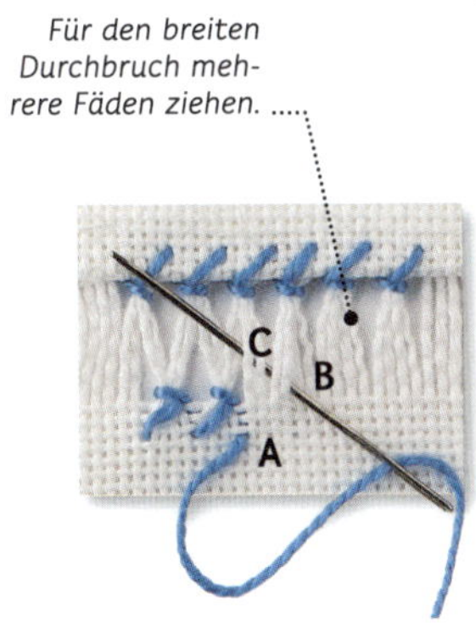

Einen einfachen Hohlsaum über vier Gewebefäden arbeiten. Die Arbeit drehen und bei **A** ausstechen. Die Nadel jeweils unter zwei Fäden zweier in der Hinreihe erzeugter Gruppen durchschieben (von **B** nach **C**) und fortlaufend weitersticken.

Blind-Hohlsaum

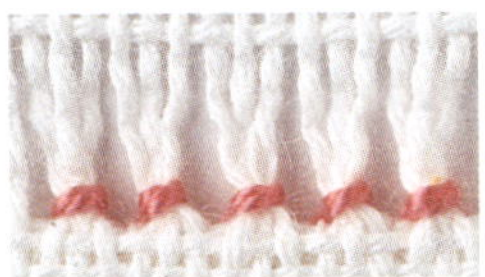

SCHWIERIGKEITSGRAD
Einfach

VERWENDUNG
Einfacher Ziersaum

METHODE
Hohlsaum-Variante; auf der rechten Seite nur Querstiche sichtbar

MATERIAL
Auszählbarer Stoff; beliebiges Garn; Nadel ohne Spitze

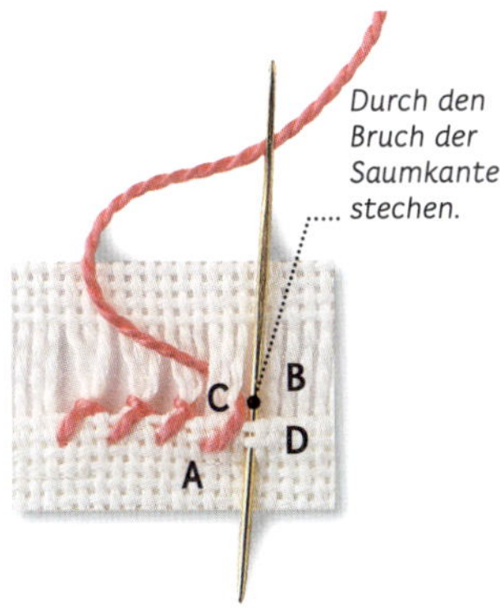

Den Saum wie für den einfachen Hohlsaum umheften und von links sticken. Bei **A** ausstechen. Die Nadel unter den nächsten drei Fäden durchschieben (von **B** nach **C**), dann nur durch die Bruchkante des Saumumschlags stechen (bei **D**). Den Faden festziehen und wiederholen.

Italienischer Hohlsaum

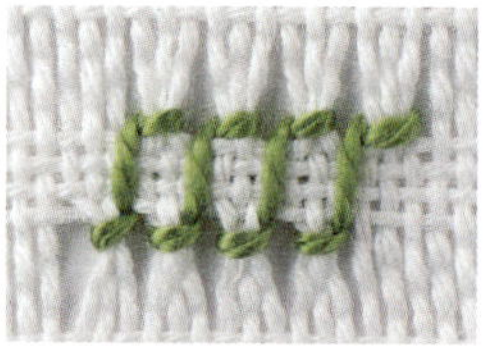

SCHWIERIGKEITSGRAD
Einfach

VERWENDUNG
Durchbruchbordüre oder Ziersaum

METHODE
Durchbruch- oder Saumstich

MATERIAL
Auszählbarer Stoff; beliebiges Garn; Nadel ohne Spitze

(1)

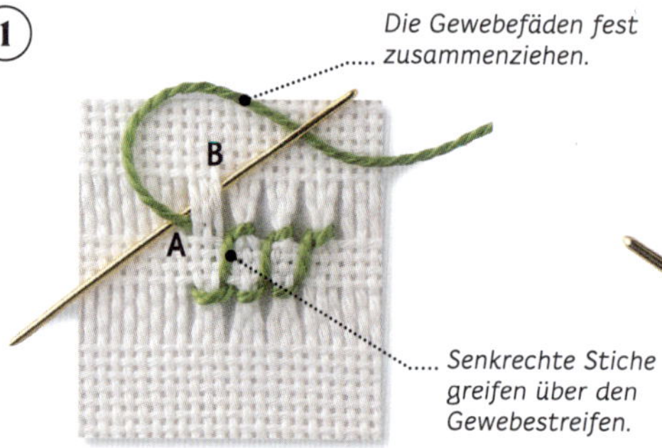

(2)

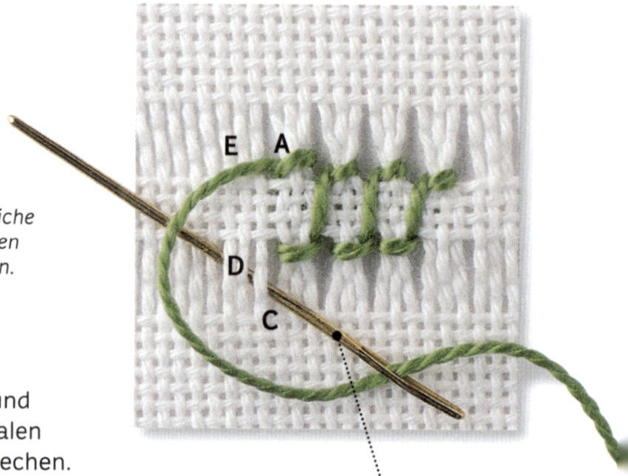

1 Zwei Gruppen von Fäden aus dem Stickgrund ziehen (Seite 20), dazwischen einen schmalen Gewebestreifen stehen lassen. Bei **A** ausstechen. Die Nadel von rechts unter den nächsten drei Gewebefäden durchschieben und diese Fäden nochmals umsticken (von **B** nach **A**).

2 Nun die Nadel unter drei Fäden des unteren Durchbruchs durchschieben (von **C** nach **D**). Nochmals bei **C** einstechen und drei Fäden links von **A** bei **E** ausstechen. Schritt 1 und 2 fortlaufend wiederholen.

Viereck-Hohlsaum

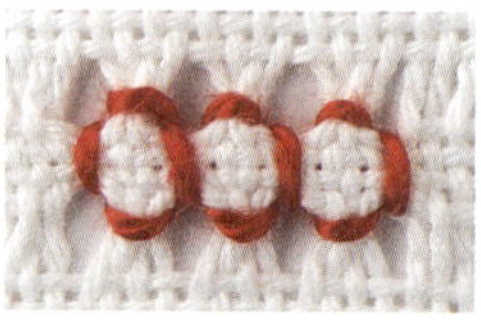

SCHWIERIGKEITSGRAD
Einfach

VERWENDUNG
Durchbruchbordüren; auch als Ajourstich geeignet

METHODE
Quadrate aus festen Geradstichen, in waagerechten Reihen gestickt

MATERIAL
Auszählbarer Stoff; beliebiges Garn; Nadel ohne Spitze

(1)

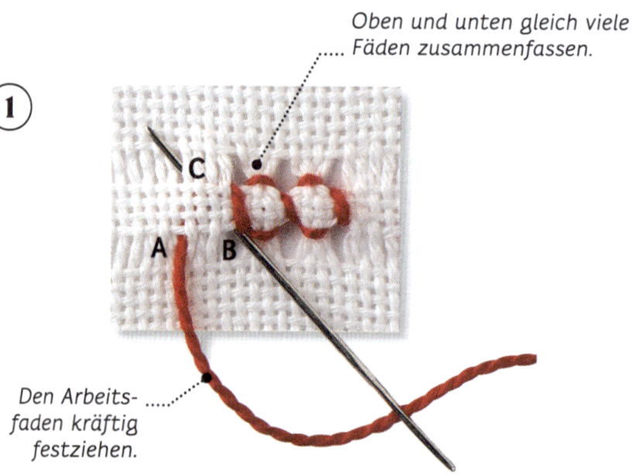

(2)

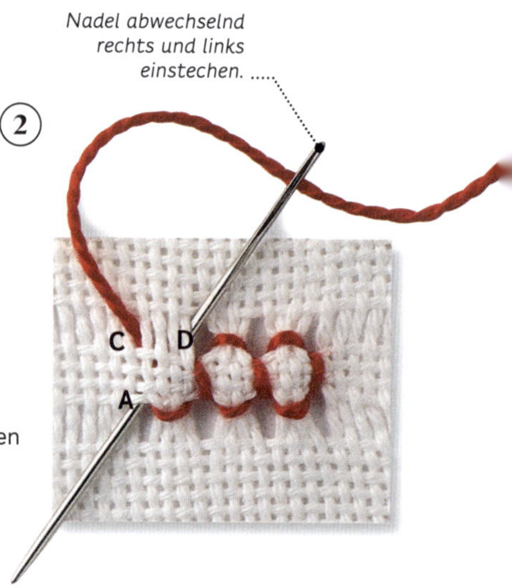

1 Zwei Gruppen von Fäden aus dem Stickgrund ziehen (Seite 20), dazwischen einen schmalen Gewebestreifen stehen lassen. Bei **A** ausstechen. Vier Fäden rechts von **A** bei **B** einstechen und über **A** bei **C** ausstechen.

2 Bei **D**, vier Fäden rechts von **C**, einstechen und bei **A** ausstechen. Einen senkrechten Stich nach **C** sticken und vier Fäden links von **A** ausstechen, um das nächste Quadrat zu beginnen. Fortlaufend wiederholen.

Waben-Hohlsaum

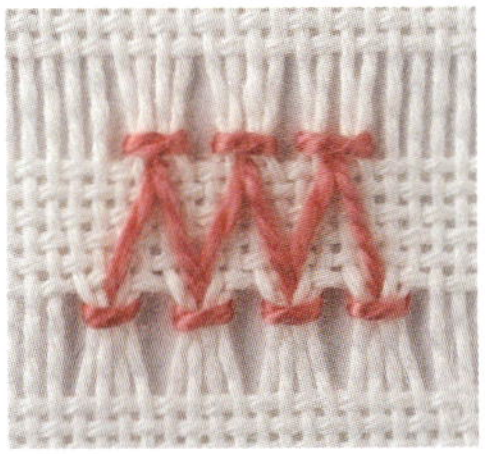

SCHWIERIGKEITSGRAD
Mittel

VERWENDUNG
Durchbruchbordüre oder Ziersaum

METHODE
Horizontal gearbeitete Variante des Wabenstichs

MATERIAL
Auszählbarer Stoff; beliebiges Garn; Nadel ohne Spitze

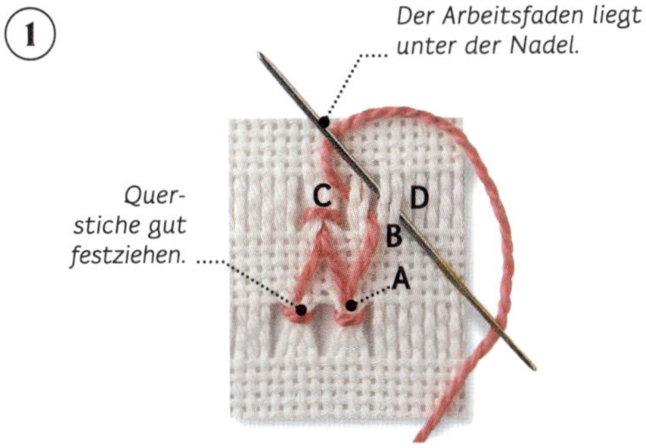

1 Den Stoff wie für Schritt 1 unten vorbereiten. Bei **A** ausstechen. Die Nadel schräg oberhalb unter zwei Fäden durchschieben (von **B** nach **C**). Vier Fäden weiter rechts bei **D** ein- und bei **B** ausstechen.

2 Bei **E** einstechen, die Nadel unter den links folgenden zwei Fäden durchschieben und bei **F** ausstechen. Vier Fäden weiter rechts bei **G** ein- und bei **E** ausstechen. Der Arbeitsfaden liegt unter der Nadel. Schritt 1 und 2 bis zum Reihenende wiederholen.

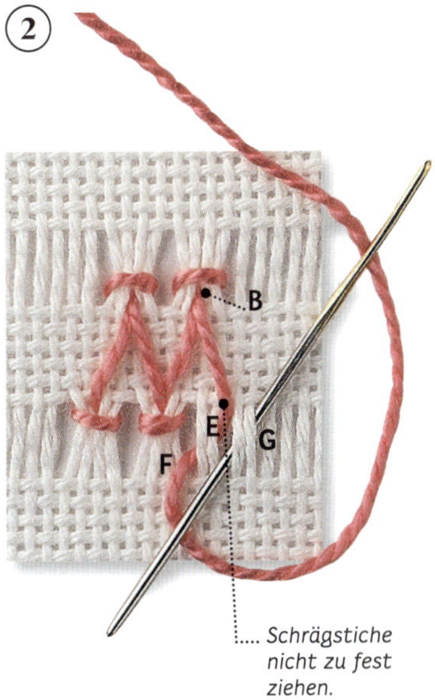

Rauten-Hohlsaum

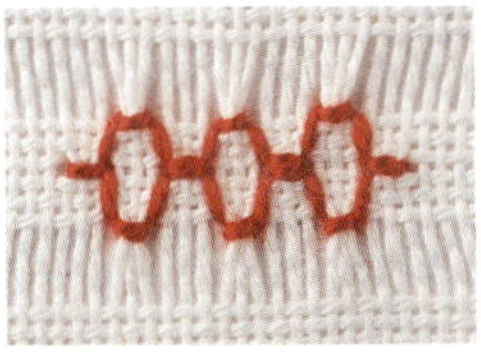

SCHWIERIGKEITSGRAD
Mittel

VERWENDUNG
Durchbruchbordüre mit Sechseckmuster

METHODE
Feste Geradstiche, in Hin- und Rückreihen gearbeitet

MATERIAL
Auszählbarer Stoff; beliebiges Garn; Nadel ohne Spitze

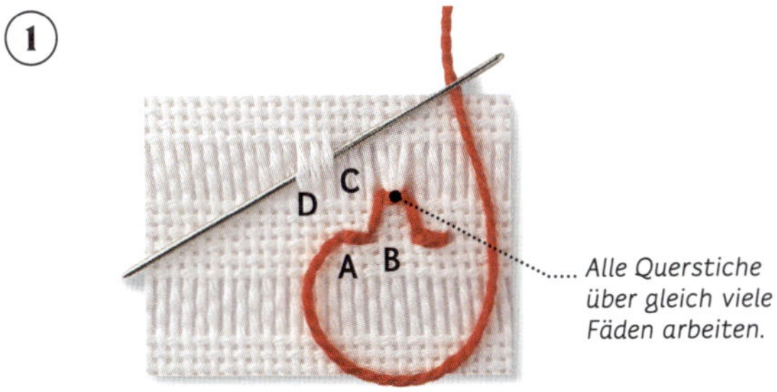

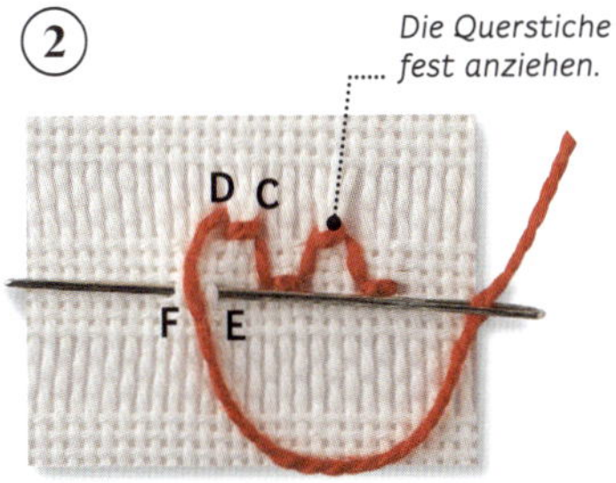

1 Zwei Gruppen von Gewebefäden ziehen (Seite 20), dazwischen einen schmalen Gewebestreifen stehen lassen. Auf dem Mittelstreifen bei **A** ausstechen. Drei Fäden weiter rechts bei **B** einstechen und bei **A** wieder ausstechen. Genau über **A** bei **C** einstechen und drei Fäden weiter links bei **D** ausstechen.

2 Nochmals bei **C** ein- und bei **D** ausstechen. Genau darunter bei E einstechen und auf gleicher Höhe bei **F** ausstechen. Schritt 1 und 2 bis zum Reihenende wiederholen.

3 Das Werkstück drehen, bei **G** ausstechen und die Rückreihe ebenso sticken.

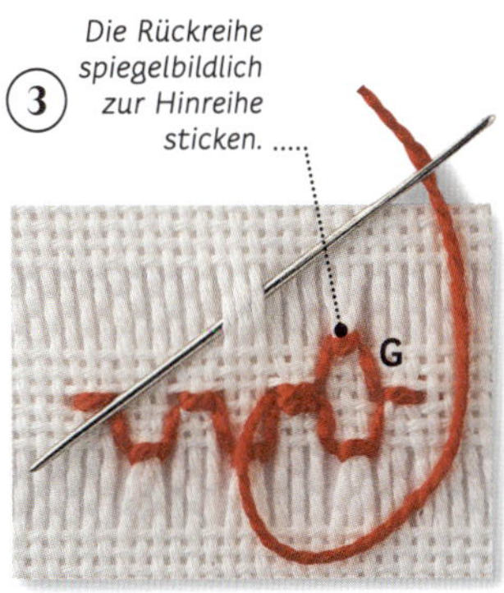

Durchzugtechnik

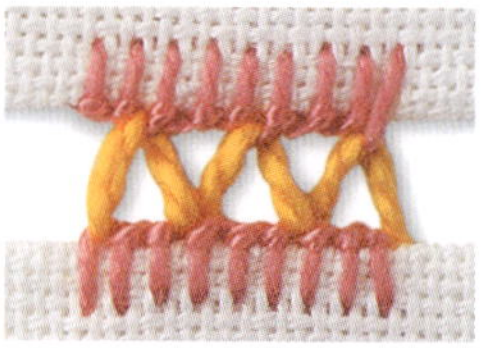

SCHWIERIGKEITSGRAD
Einfach

VERWENDUNG
Ziernaht

METHODE
Zwei Saumkanten mit Antwerpener Kantenstich, in Durchzugtechnik verbunden

MATERIAL
Auszählbarer Stoff; dickes Garn; Nadel ohne Spitze

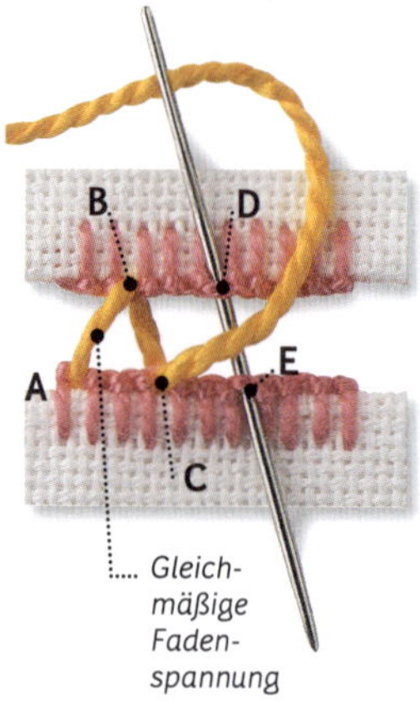

Die Stoffkanten auf Papier heften (Seite 20). Jede Kante mit Antwerpener Kantenstich (Seite 112) einfassen. Bei **A** ausstechen, von oben nach unten bei **B** durch einen Kantenstich stechen. Bei **C** von hinten nach vorn stechen, bei **D** umgekehrt. Wiederholen.

Kretischer Stäbchenstich

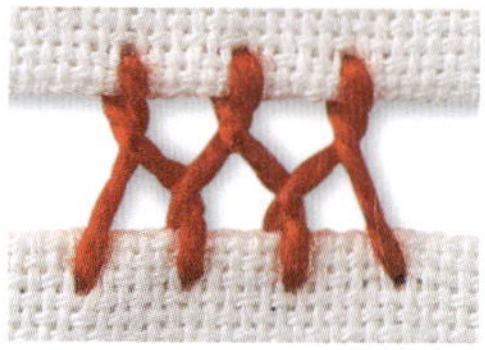

SCHWIERIGKEITSGRAD
Einfach

VERWENDUNG
Einfacher Verbindungsstich für zwei gerade Kanten

METHODE
Variante des offenen kretischen Stichs

MATERIAL
Auszählbarer Stoff; dickes Garn; Nadel ohne Spitze

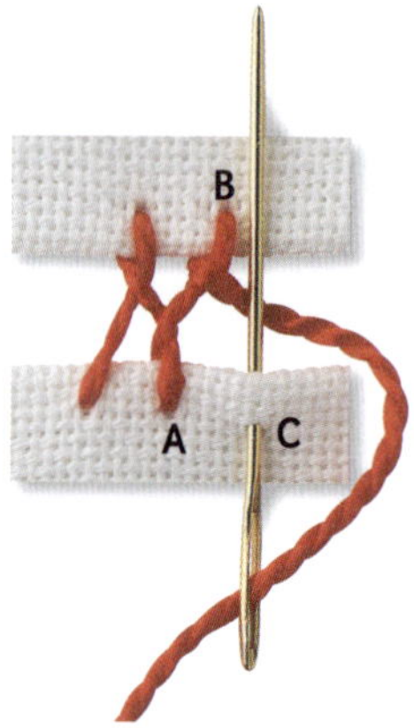

Die Stoffkanten auf Papier heften. Die untere Kante bei **A**, dann die obere Kante bei **B** von vorn nach hinten durchstechen. Die Nadel hinter dem Schrägstich durchschieben und von vorn nach hinten bei **C** einstechen. Der Faden liegt beim Durchziehen unter der Nadel.

Büschel-Stäbchenstich

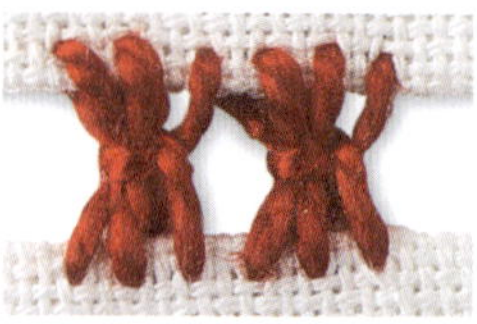

SCHWIERIGKEITSGRAD
Mittel

VERWENDUNG
Dekorative Ziernaht

METHODE
Jeweils zwei Stiche werden von einem dritten zusammengehalten; von oben nach unten gearbeitet.

MATERIAL
Auszählbarer Stoff; dickes Garn; Nadel ohne Spitze

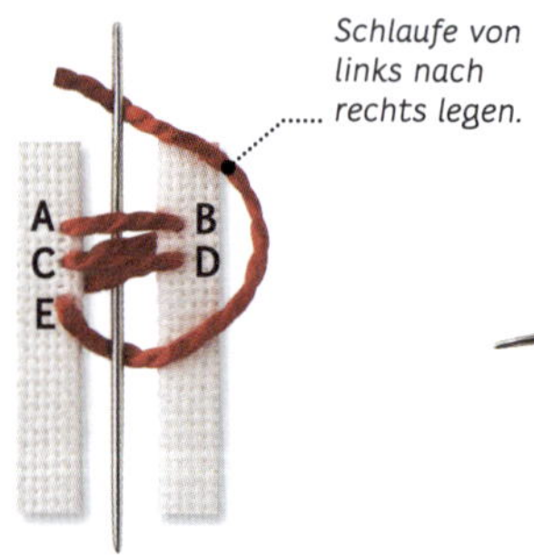

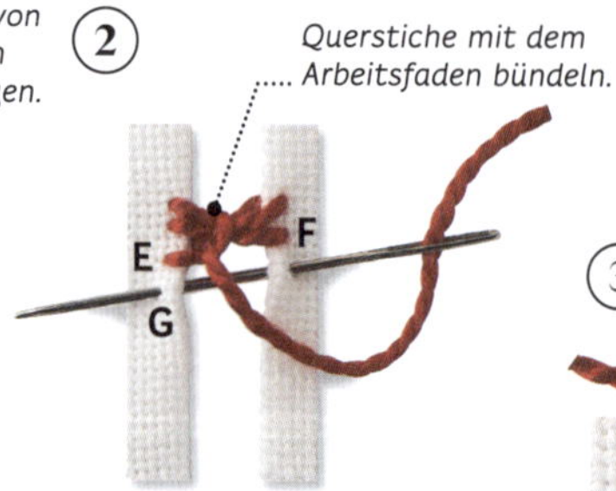

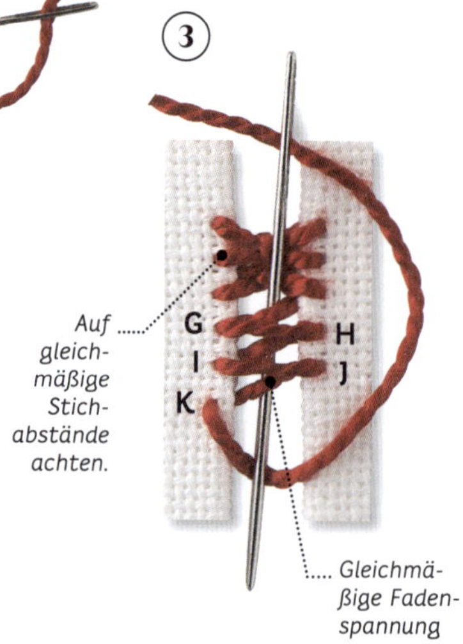

1 Die Stoffkanten auf Papier heften (Seite 20). An der linken Kante bei **A** beginnen und einen geraden Stich nach **B** an der rechten Kante sticken. Den zweiten Stich von **C** nach **D** arbeiten und bei **E** ausstechen. Die Nadel hinter alle Stiche schieben und über dem Arbeitsfaden durchziehen.

2 Bei **F** einstechen und bei **G** (unter **E**) ausstechen. Die nächste Gruppe von Querstichen beginnen.

3 Bei **H** einstechen, dann einen Stich von **I** nach **J** arbeiten. Bei **K** ausstechen, die Nadel hinter die drei schrägen und zwei waagerechten Querfäden schieben und über dem Arbeitsfaden durchziehen. Schritt 1 bis 3 wiederholen.

Knoten-Stäbchenstich

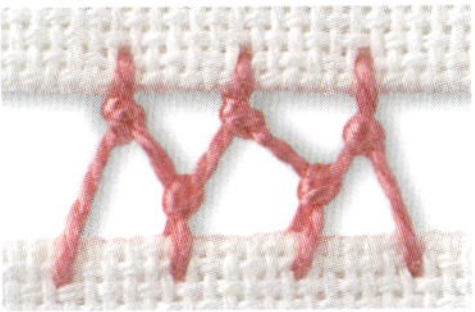

SCHWIERIGKEITSGRAD
Anspruchsvoll

VERWENDUNG
Ziernaht

METHODE
Waagerechter Verbindungsstich mit Knötchen

MATERIAL
Auszählbarer Stoff; dickes Garn; Nadel ohne Spitze

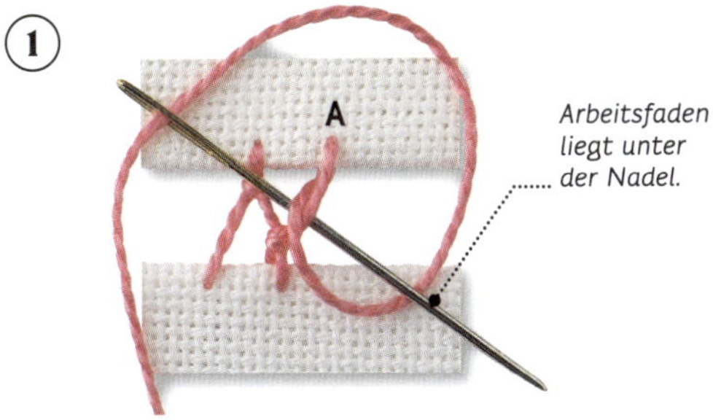

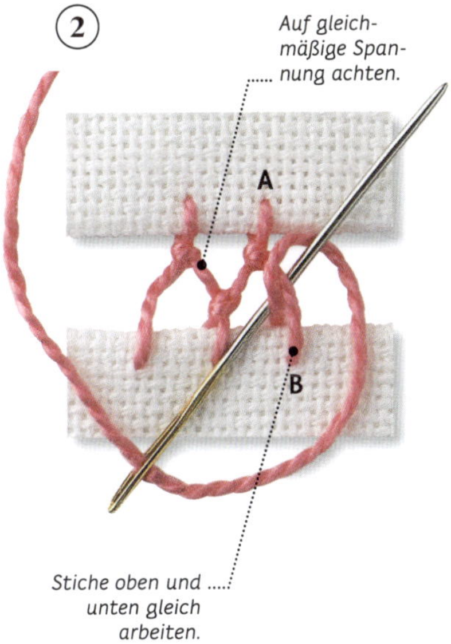

1 Die Stoffkanten auf Papier heften (Seite 20). Bei **A** von oben durch die obere Saumkante stechen. Die Nadel von links hinter den Schrägstich schieben. Den Arbeitsfaden nach rechts unter die Nadelspitze legen und die Nadel durchziehen, sodass ein Knoten entsteht.

2 Bei **B** durch die untere Kante stechen. Die Nadel von links unter den Schrägstich stechen, den Arbeitsfaden nach rechts unter die Nadelspitze legen und die Nadel durchziehen. Den Knoten festziehen. Abwechselnd in die obere und untere Saumkante einstechen.

Knopfloch-Stäbchenstich

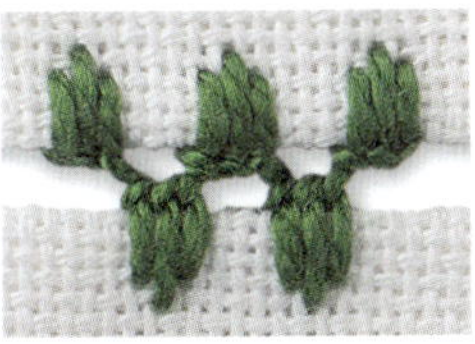

SCHWIERIGKEITSGRAD
Anspruchsvoll

VERWENDUNG
Ziernaht

METHODE
Gruppen aus drei Knopflochstichen abwechselnd an der oberen und unteren Stoffkante

MATERIAL
Auszählbarer Stoff; dickes Garn; Nadel ohne Spitze

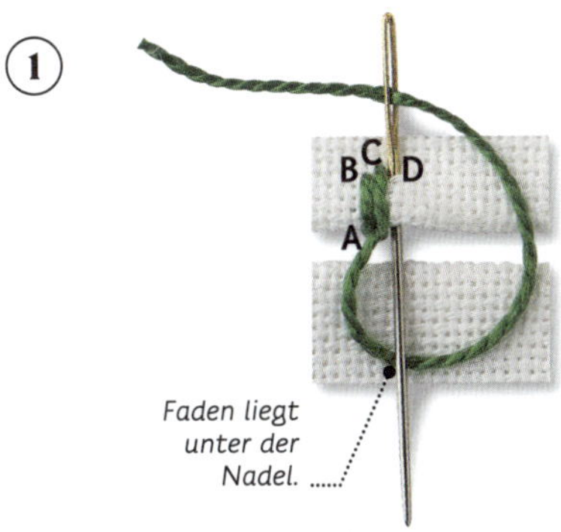

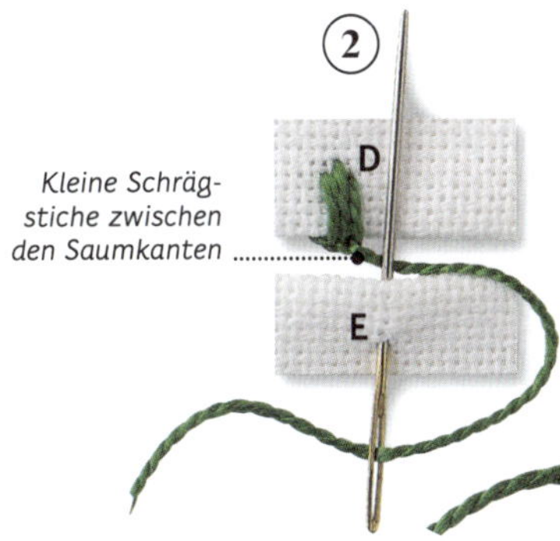

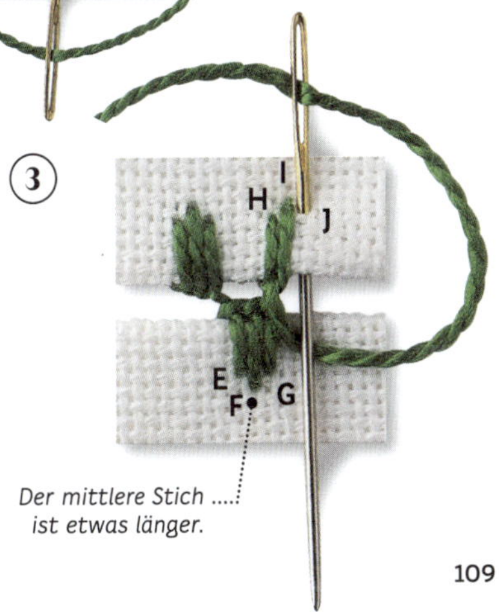

1 Die Saumkanten auf Papier heften (Seite 20). Bei **A** beginnen und einen Knopflochstich (Seite 58) nach **B** arbeiten. Einen zweiten, längeren Knopflochstich nach **C** und einen kürzeren nach **D** sticken.

2 Nun bei **E** in die untere Saumkante einstechen und die Nadel über dem Arbeitsfaden durchziehen.

3 Zwei Knopflochstiche nach **F** und **G** sticken, dabei wieder die Länge variieren. In der oberen Kante bei **H** einstechen. Zwei Knopflochstiche nach **I** und **J** sticken. Fortlaufend wiederholen.

Stopfhohlsaum-Riegel

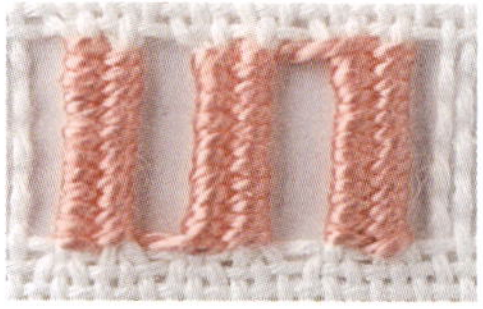

SCHWIERIGKEITSGRAD
Anspruchsvoll

VERWENDUNG
Flache, kompakte Bordüren

METHODE
Waagerecht gearbeiteter Stich, der wie gewebt wirkt

MATERIAL
Auszählbarer Stoff; beliebiges Garn; Nadel ohne Spitze

①

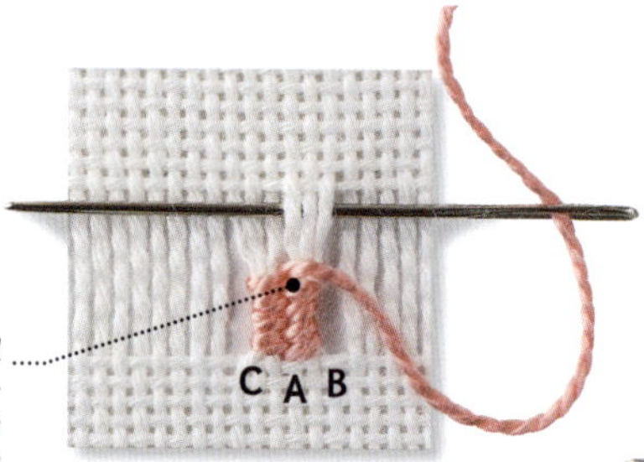

Jeden Riegel über die gleiche Zahl von Gewebefäden arbeiten.

②

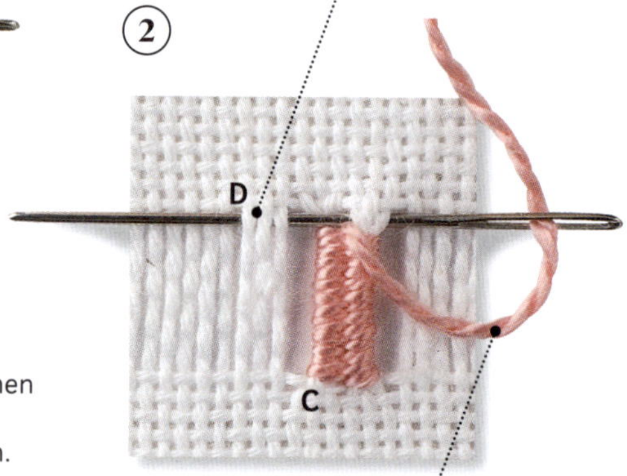

Abwechselnd auf- und abwärts arbeiten.

Gewebefäden mit dem Arbeitsfaden fest zusammenziehen.

1 Einige Fäden aus dem Stickgrund ziehen (Seite 20). Bei **A** ausstechen und drei Fäden weiter rechts bei **B** einstechen. Bei **A** ausstechen und drei Fäden weiter links bei **C** einstechen. Wieder bei **A** ausstechen. Aufwärts fortfahren.

2 Ist der Riegel fertig, die Nadel drei Fäden weiter links bei **D** ausstechen. Wie in Schritt 1 um Dreiergruppen von Fäden weben, jetzt aber von oben nach unten. Die Reihe entsprechend fortsetzen.

Zackenstäbchen

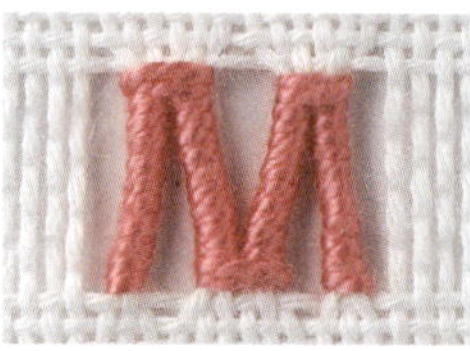

SCHWIERIGKEITSGRAD
Anspruchsvoll

VERWENDUNG
Kompakte, durchbrochene Bordüre

METHODE
Runde, umwickelte Stege auf freigelegten Gewebefäden

MATERIAL
Auszählbarer Stoff; beliebiges Garn; Nadel ohne Spitze

①

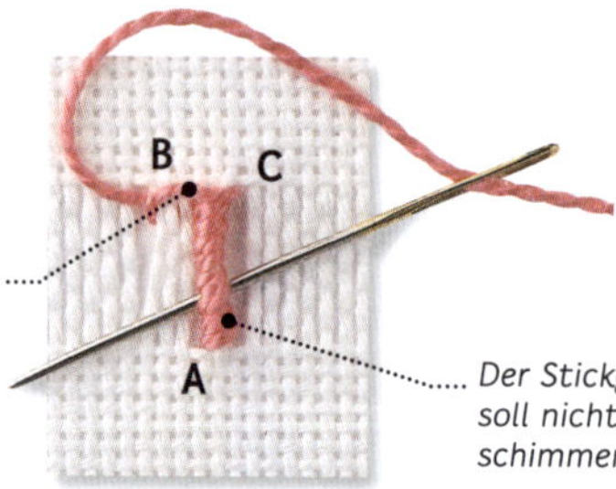

Die Wicklung gut festziehen.

Der Stickgrund soll nicht durchschimmern.

②

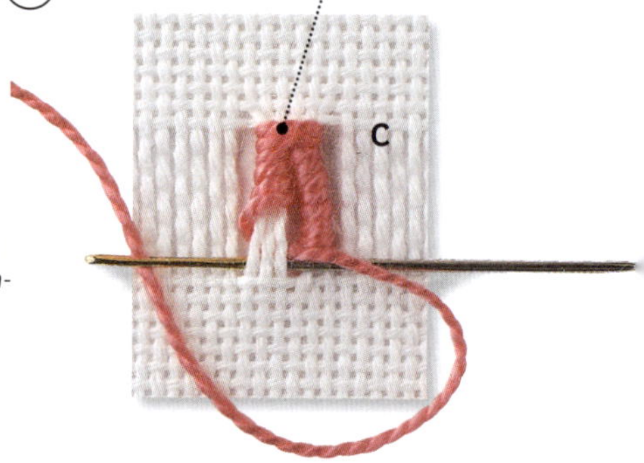

Die Stäbchen oben verbinden.

1 Einige Schussfäden aus dem Stoff ziehen (Seite 20). Bei **A** beginnen und die erste Gruppe aus drei Kettfäden von links nach rechts umwickeln. Am oberen Ende des Stäbchens die Nadel drei Fäden weiter links bei **B** ausstechen. Zwei Wicklungen um sechs Fäden (von **B** nach **C**) arbeiten.

2 Nun die zweite Dreiergruppe von oben nach unten und von rechts nach links umwickeln. Am Ende die folgenden drei Kettfäden mitfassen und zweimal umwickeln.

Stichvariante

Einfache Wickelstäbchen entstehen ohne die zweifachen Wicklungen um jeweils sechs Kettfäden.

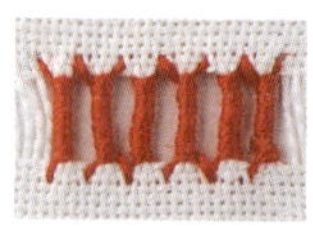

Lochstickerei und Kanten

Als Lochstickerei bezeichnet man kleine, in den Stoff geschnittene oder gestochene Löcher, die umstickt werden. Häufig werden sie mit anderen Stichen wie Platt- oder Knötchenstich kombiniert, beispielsweise in der dänischen *Hedebo*-Stickerei, in der *Broderie anglaise* (die ihren Ursprung tatsächlich in Osteuropa hat) oder der raffinierten *Richelieu*-Stickerei mit größeren Ausschnitten und verbindenden Stegen oder Brücken.

Kantenstiche dienen zum Verzieren und Versäubern von Kanten an zählbarem oder nicht zählbarem Stoff. Sie sehen besonders attraktiv aus, wenn man sie mit einem dicken, gedrehten Garn stickt, beispielsweise an einem Rocksaum, einem Kragen oder an Ärmelabschlüssen.

Antwerpener Kantenstich

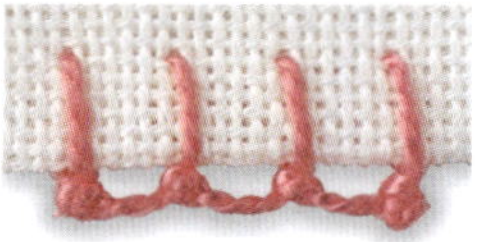

SCHWIERIGKEITSGRAD
Mittel

VERWENDUNG
Ziersäume

METHODE
Waagerecht über die Stoffkante gearbeitete Variante des Langettenstichs

MATERIAL
Beliebiger Stoff; wirkt am besten mit dickem Perlgarn

(1)

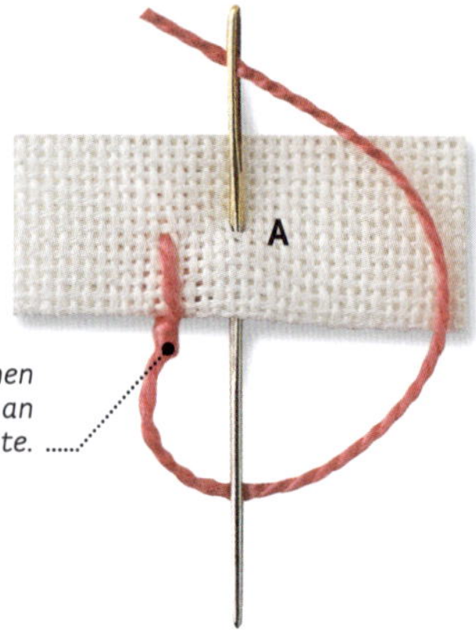

(2)

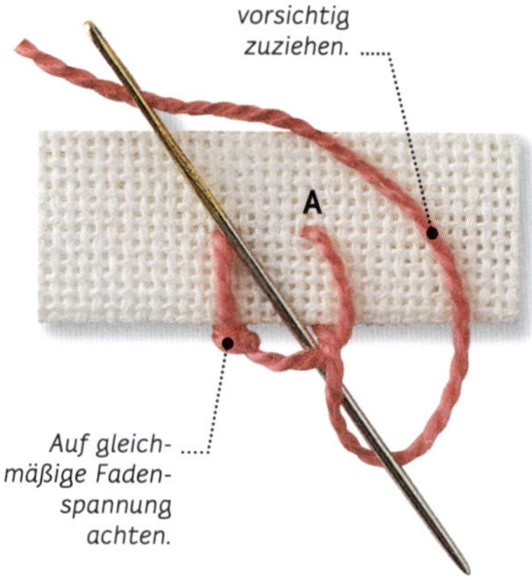

1 Die Nadel bei **A** einstechen und unter der Stoffkante, aber oberhalb des Arbeitsfadens ausstechen. Den Faden durchziehen, sodass ein Langettenstich (Seite 58) entsteht.

2 Die Nadel von links unter beiden Fäden durchschieben und den Arbeitsfaden festziehen, um das Knötchen zu erhalten. Diese beiden Schritte fortlaufend wiederholen.

Knoten-Kantenstich

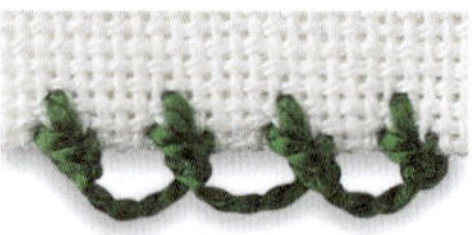

SCHWIERIGKEITSGRAD
Mittel

VERWENDUNG
Ziersäume

METHODE
Von oben nach unten über die Stoffkante gearbeitete Variante des Langettenstichs

MATERIAL
Beliebiger Stoff; Perlgarn

(1)

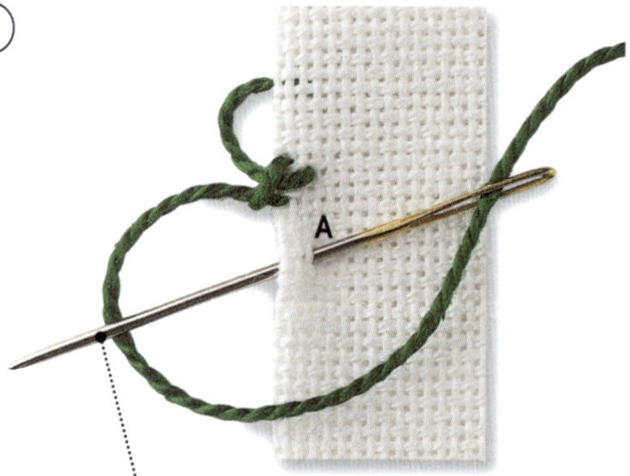

(2)

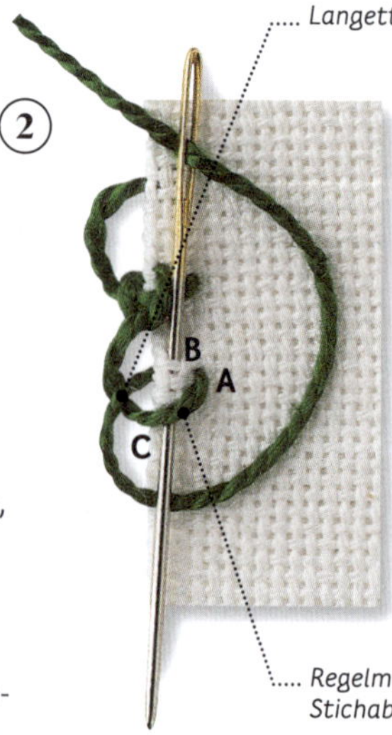

1 Die Nadel bei **A** einstechen und unter der Stoffkante, aber oberhalb des Arbeitsfadens ausstechen. Den Faden durchziehen, sodass ein Langettenstich (Seite 58) entsteht.

2 Bei **B** ein- und bei **C** ausstechen und den Faden durchziehen, um einen kurzen, senkrechten Geradstich zu erhalten. Schritt 1 und 2 fortlaufend wiederholen.

Knoten-Langettenstich

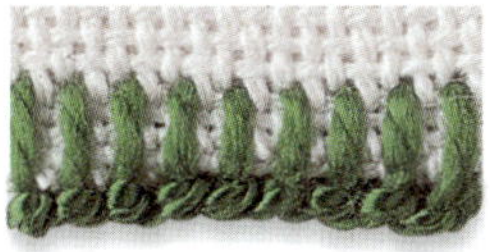

SCHWIERIGKEITSGRAD
Mittel

VERWENDUNG
Dichter Stich zum Versäubern von Stoffkanten; Grundlage für Durchzugtechnik

METHODE
Waagerecht gearbeitete Variante des Langettenstichs

MATERIAL
Beliebiger Stoff; Garn auf den Stoff abgestimmt

①

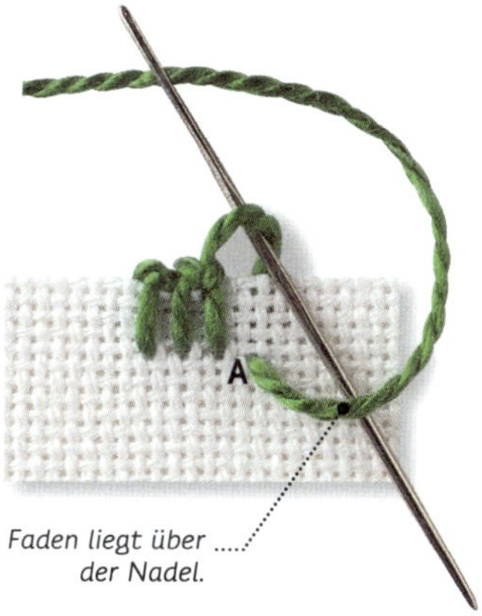

②

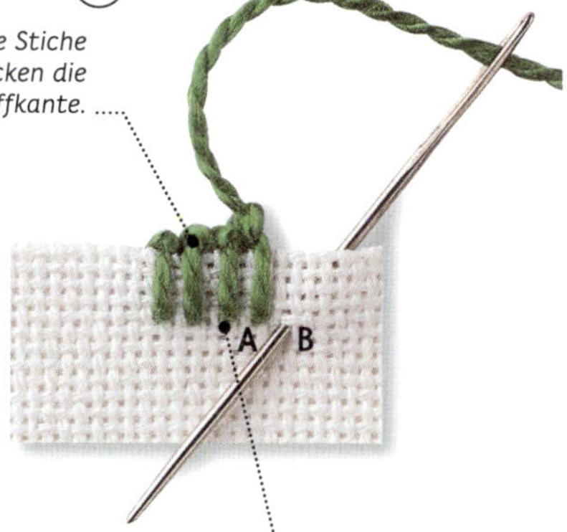

1 Bei **A** ausstechen. Die Nadel von links oben nach unten durch die Schlaufe schieben und den Faden vorsichtig festziehen.

2 Bei **B** ausstechen, um den nächsten Stich zu beginnen. Fortlaufend wiederholen.

Halber Wabenstich

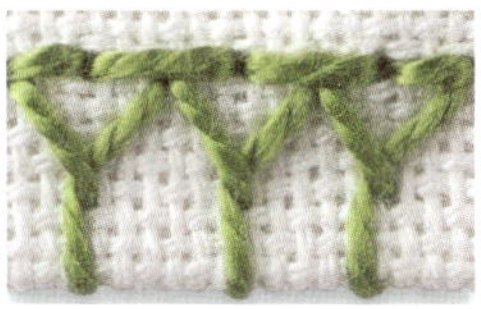

SCHWIERIGKEITSGRAD
Mittel

VERWENDUNG
Zum Versäubern von Saum- und Bruchkanten

METHODE
Über die Kante gearbeitete Variante des Wabenstichs

MATERIAL
Stoff und Garn beliebig

①

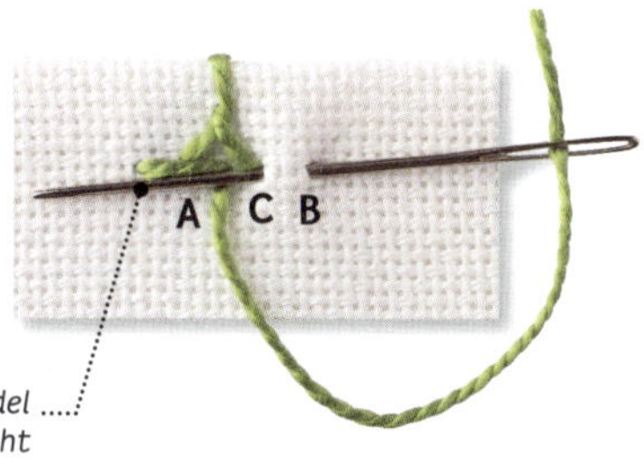

②

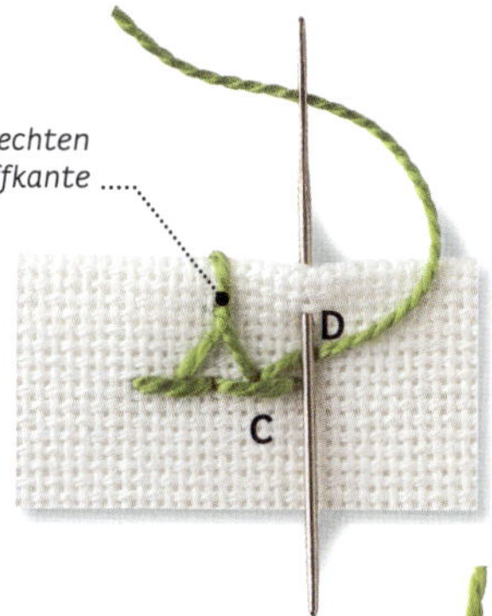

③

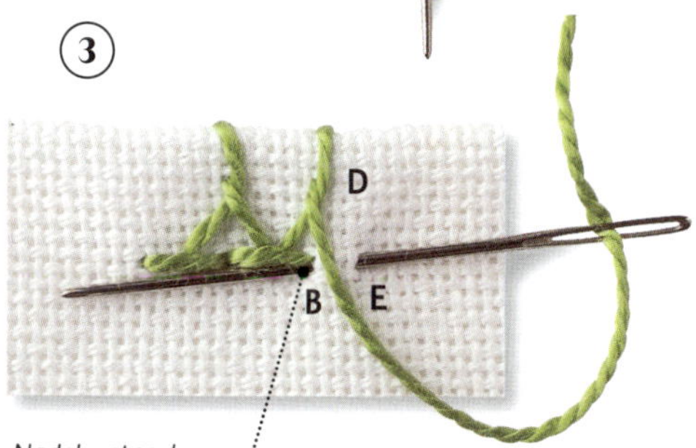

1 Bei **A** aus-, bei **B** ein- und in der Mitte bei **C** ausstechen.

2 Den Faden von links nach rechts zur Schlaufe legen. Die Nadel hinter die Stoffkante führen und bei **D** durchstechen. Der Faden liegt unter der Nadel.

3 Nun bei **E** (rechts von **B**) ein- und bei **B** wieder ausstechen. Schritte 1 bis 3 fortlaufend wiederholen.

Bogenkante

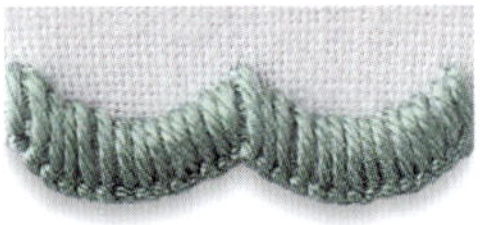

SCHWIERIGKEITSGRAD
Mittel

VERWENDUNG
Versäubern von Schnittkanten mit Rund- oder Bogenkontur

METHODE
Knopflochstich über Vorstichreihen

MATERIAL
Dicht gewebter Stoff; dünnes Garn; Stickschere

①

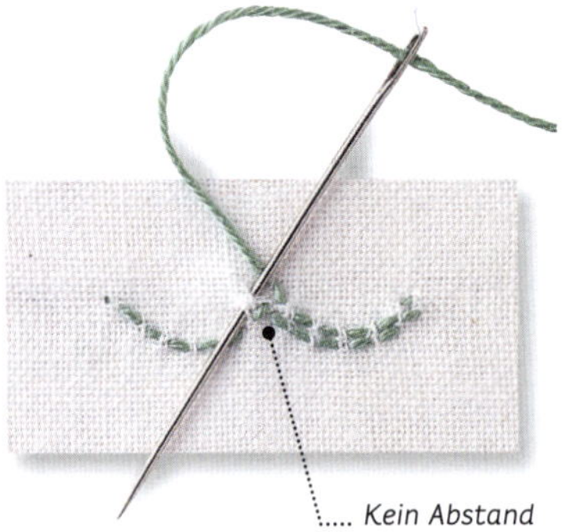

②

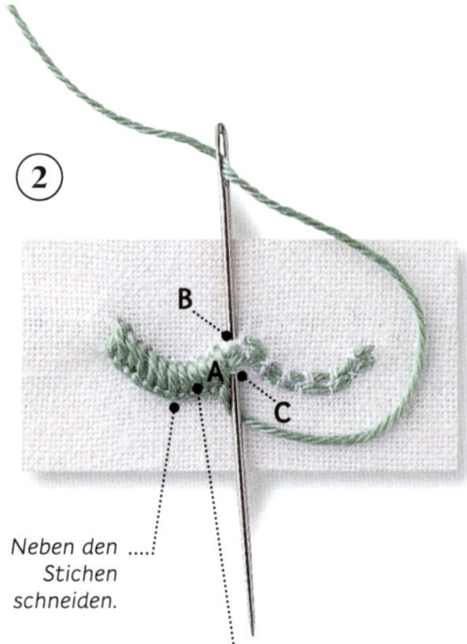

1 Die vorgesehene Kontur vor dem Zuschneiden mit zwei Reihen Vorstich (Seite 39) in sehr engem Abstand nachsticken.

2 Über die Vorstiche eine Reihe enge Knopflochstiche sticken, dabei exakt der Konturlinie folgen. Bei **A** beginnen, bei **B** einstechen und die Nadel bei **C** durchziehen. Fortlaufend wiederholen. Anschließend den Stoff entlang der Stiche mit einer scharfen Stickschere abschneiden.

Picotkante

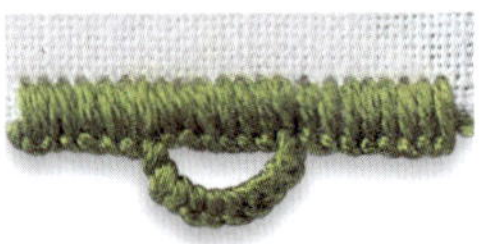

SCHWIERIGKEITSGRAD
Anspruchsvoll

VERWENDUNG
Variante des Knopflochstichs mit Zierdetails

METHODE
Fadenschlaufe, mit Knopflochstich umstickt

MATERIAL
Dicht gewebter Stoff; dünnes Garn; Stickschere

①

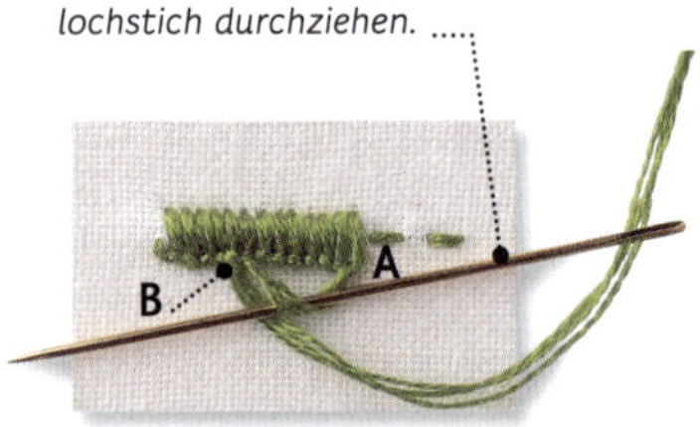

②

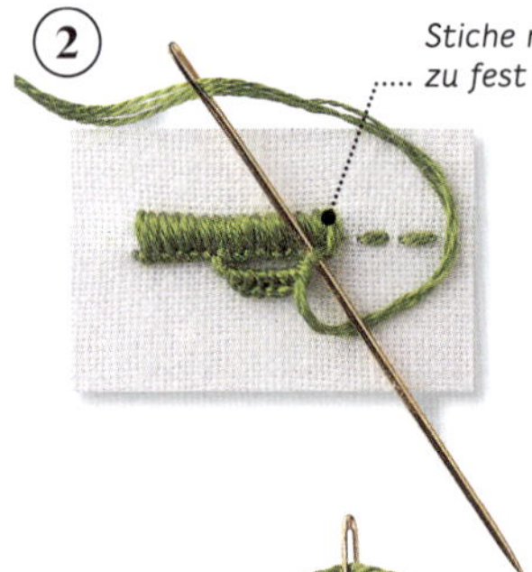

③

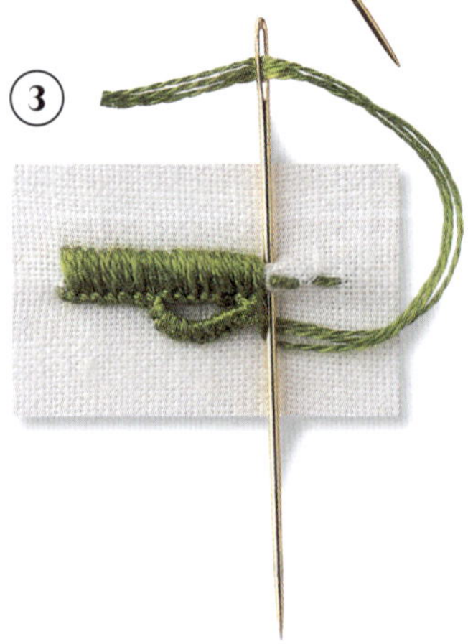

1 Die vorgesehene Kante vor dem Zuschneiden mit sehr kleinen Vorstichen (Seite 39) nachsticken. Über die Vorstiche eine Reihe Knopflochstiche arbeiten. Für die Picotverzierung die Nadel unter dem Knopflochstich bei **B** durchschieben, sodass eine lose Schlaufe von **A** nach **B** entsteht. Die Nadel von rechts nach links unter der Schlaufe durchschieben und über dem Arbeitsfaden durchziehen.

2 Die Schlaufe mit weiteren Knopflochstichen umsticken.

3 Die Knopflochstiche über die Stoffkante fortsetzen. Den Stoff entlang der Stickerei abschneiden.

Rundloch mit Langettenstich

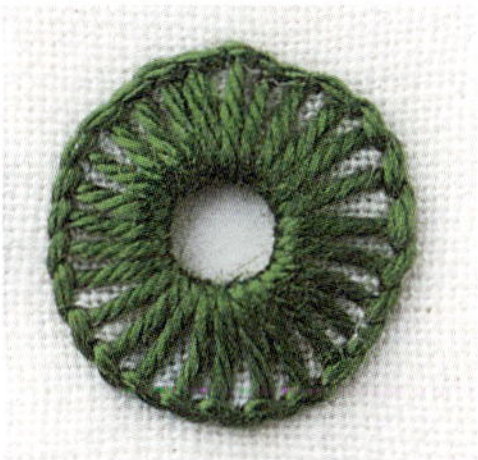

SCHWIERIGKEITSGRAD
Anspruchsvoll

VERWENDUNG
Rundlöcher

METHODE
Knopflochstich im Kreis um ein Loch gestickt

MATERIAL
Dicht gewebter Stoff; dünnes Garn; Stickschere

(1)

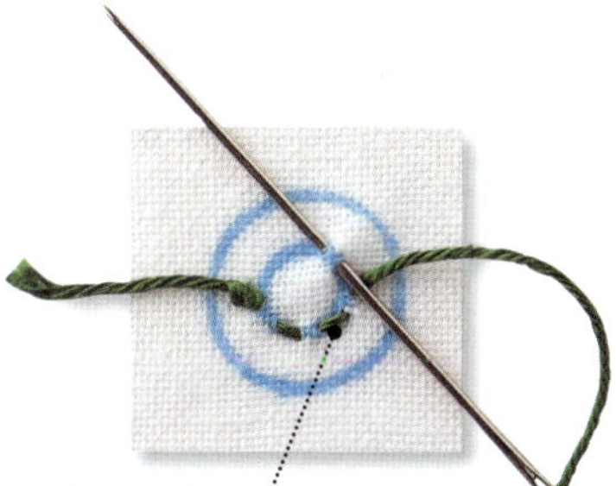

(2)

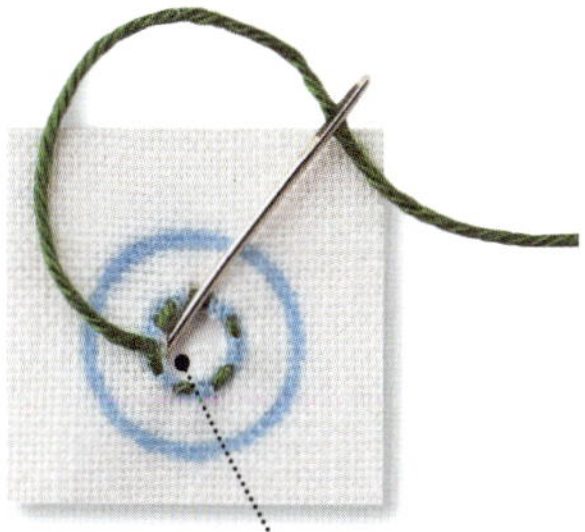

(3)

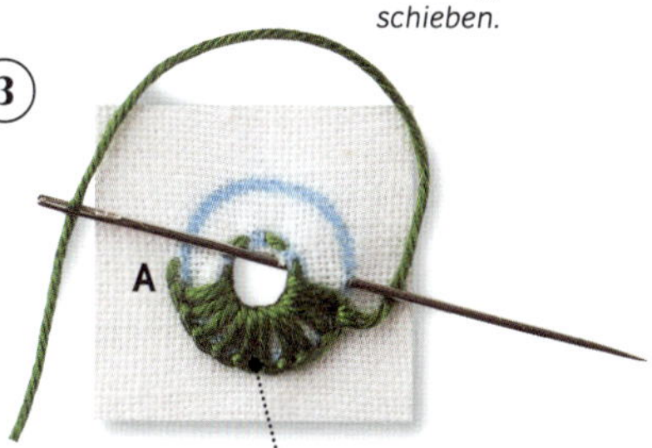

1 Zwei konzentrische Kreise vorzeichnen. Den inneren Kreis mit winzigen Vorstichen umsticken.

2 Den Stoff innerhalb des Lochs kreuzförmig einschneiden und mit der Nadelspitze zur linken Stoffseite klappen. Mit dem Finger festhalten.

3 Bei **A** auf dem Außenkreis ausstechen und einen Knopflochstich (Seite 58) durch das Mittelloch sticken. Fortlaufend wiederholen. Eventuell überstehenden Stoff auf der linken Seite abschneiden.

Bindloch

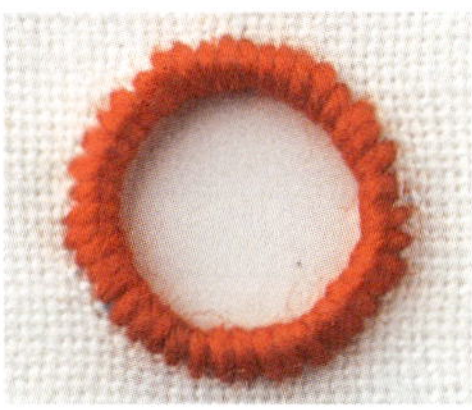

SCHWIERIGKEITSGRAD
Anspruchsvoll

VERWENDUNG
Lochstickerei

METHODE
Kleines Rundloch mit umstickter Kante

MATERIAL
Feiner Baumwoll- oder Leinenstoff, beliebiges Garn

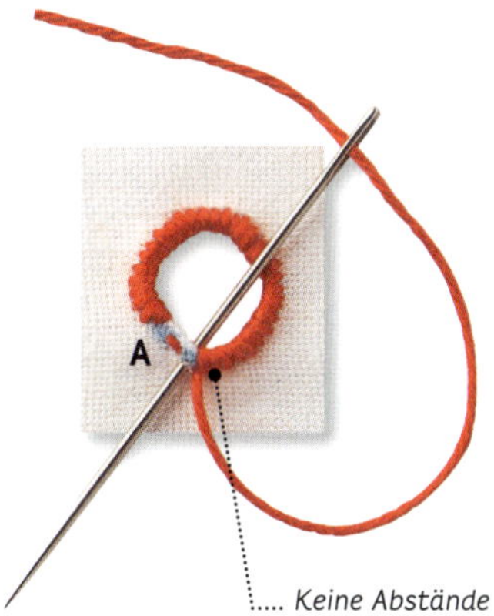

Einen Kreis auf den Stoff zeichnen und wie oben (Schritt 1 und 2) vorbereiten. Die Nadel knapp neben der Bruchkante bei **A** ausstechen. Das Loch mit engen überwendlichen Stichen umsticken.

Quadratisches Loch

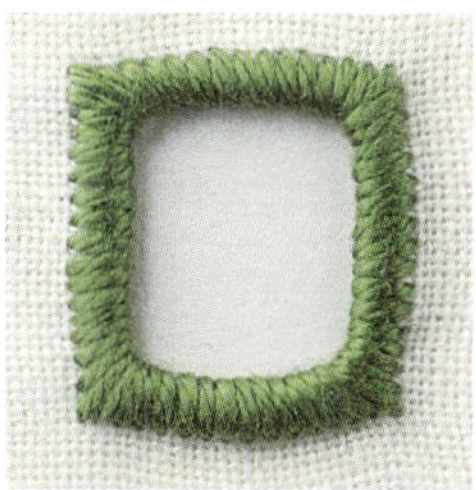

SCHWIERIGKEITSGRAD
Anspruchsvoll

VERWENDUNG
Lochstickerei

METHODE
Geschnittenes, eckiges Loch mit versäuberter Kante

MATERIAL
Beliebiger dünner Stoff; dünnes Garn

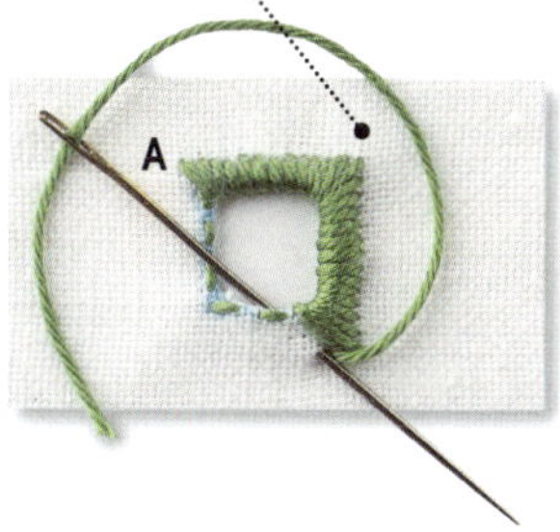

Die Kontur anzeichnen und mit engen Vorstichen verstärken. Im Loch den Stoff diagonal kreuzweise einschneiden und den Überstand mit dem Finger zur linken Seite pressen. Bei **A** ausstechen und die Lochkante mit engen überwendlichen Stichen umsticken. Die Stiche in den Ecken etwas länger arbeiten.

Straminstickerei

Gerade Stiche

Zu dieser ersten Gruppe der Stiche für die Straminstickerei gehören Streifen, Zacken und Rauten, die für Füllungen und Hintergründe in einer oder mehreren Farben verwendet werden. Sie bestehen alle aus horizontalen und vertikalen Stichen. Da sie das Gewebe des Stickgrunds nicht verziehen, können sie ohne Stickrahmen gearbeitet werden. Das verwendete Garn muss so dick sein, dass es den Untergrund vollständig abdeckt.

Die Bargellostickerei ist eine eigenständige Technik, die aufgrund ihrer repetitiven, meditativen Arbeitsweise immer beliebter wird. Es gibt viele Varianten. Meist wird eine Wellen- oder Zackenlinie mit schattierter Wolle wiederholt, sodass mit der Zeit ein Gesamtmuster entsteht, das an die kühne Geometrie und die leuchtenden Farben der Op-Art der sechziger Jahre erinnert.

Aufrechter Gobelinstich

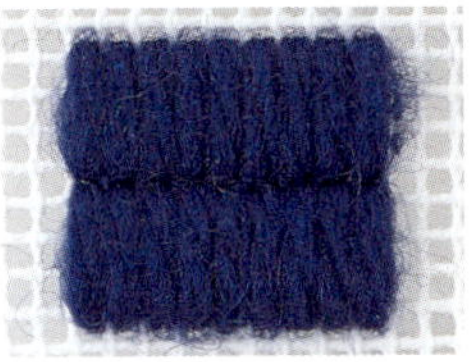

SCHWIERIGKEITSGRAD
Einfach

VERWENDUNG
Geripptes Füll- und Hintergrundmuster

METHODE
Waagerechte Reihen aus senkrechten Geradstichen, in Hin- und Rückreihen gestickt

MATERIAL
Einfädiger Stramin, beliebiges Garn

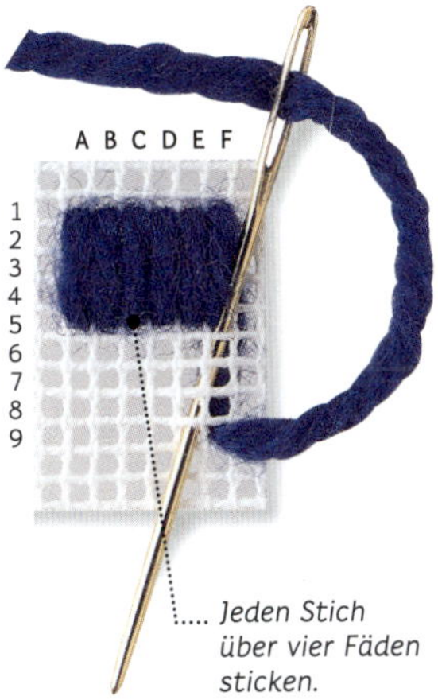

Oben links mit einem senkrechten Stich von **5A** nach **1A** beginnen. Bis zum Reihenende wiederholen. Die nächste Reihe mit einem Stich von **9F** nach **5F** beginnen und von rechts nach links fortfahren.

Verzahnter Gobelinstich

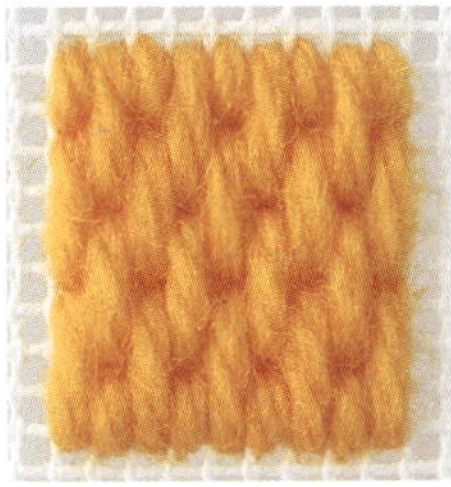

SCHWIERIGKEITSGRAD
Einfach

VERWENDUNG
Füllmuster mit Webeffekt; Farbverläufe

METHODE
Versetzte, waagerechte Reihen aus senkrechten Geradstichen

MATERIAL
Einfädiger Stramin, beliebiges Garn

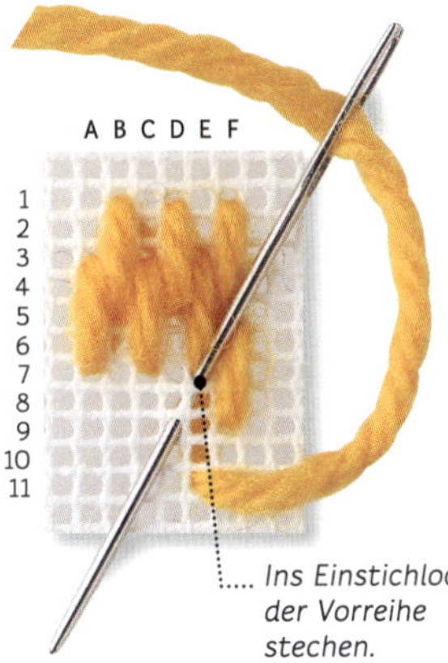

Oben links den ersten Stich von **7A** nach **3A** sticken, den zweiten von **5B** nach **1B**. Bis zum Reihenende wiederholen. Die nächste Reihe mit Stichen von **9F** nach **5F** und **11E** nach **7E** beginnen und von rechts nach links fortsetzen.

Pariser Stich

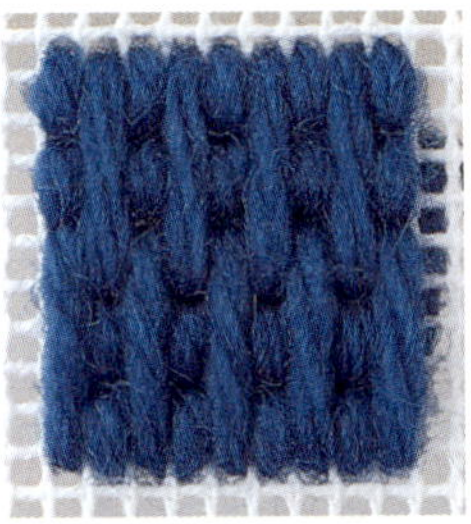

SCHWIERIGKEITSGRAD
Einfach

VERWENDUNG
Strukturierte Füllmuster; große Hintergrundflächen

METHODE
Waagerechte Reihen aus senkrechten, langen und kurzen Geradstichen

MATERIAL
Einfädiger Stramin, Garn

(1)

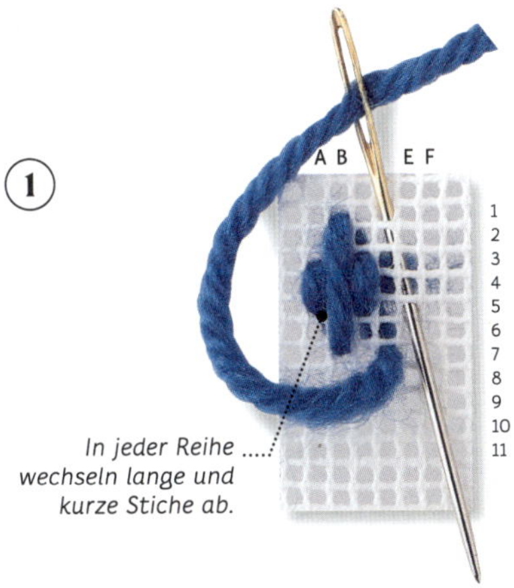

(2)

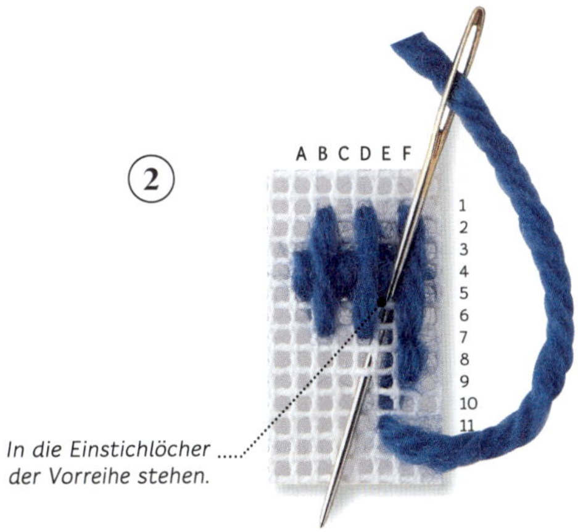

1. Oben links einen kurzen Stich über zwei Fäden von **5A** nach **3A** sticken, dann einen langen Stich über sechs Fäden von **7B** nach **1B**. Abwechselnd bis zum Reihenende wiederholen.

2. Die nächste Reihe mit einem kurzen Stich von **9F** nach **7F** beginnen. Einen langen Stich von **11E** nach **5E** anschließen. Abwechselnd bis zum Reihenende wiederholen. Schritt 1 und 2 wiederholen.

Technikvariante

Ein interessantes Muster entsteht, wenn man alle langen Stiche mit einer dunklen und die kurzen mit einer helleren Kontrastfarbe stickt.

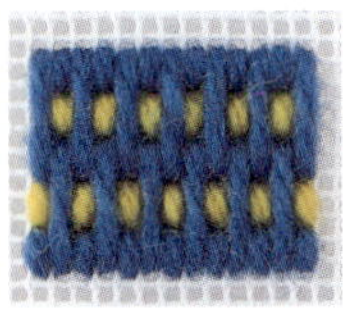

Ungarischer Stich

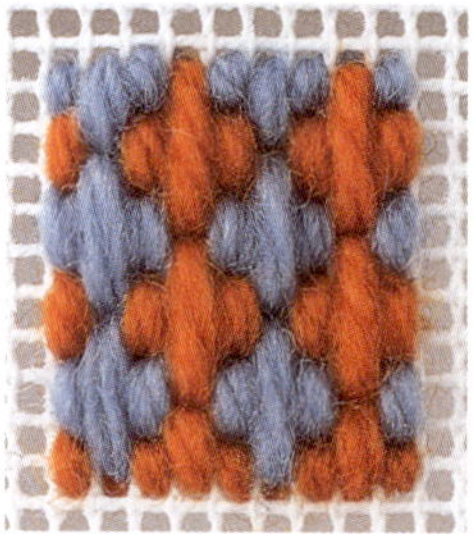

SCHWIERIGKEITSGRAD
Einfach

VERWENDUNG
Strukturierter Füllstich

METHODE
Waagerechte Reihen aus versetzten Rhomben

MATERIAL
Einfädiger Stramin; beliebiges Garn in einer oder zwei Farben

①

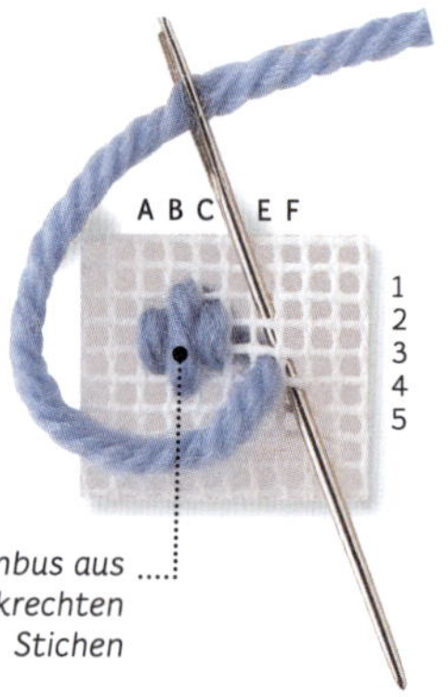

Rhombus aus drei senkrechten Stichen

②

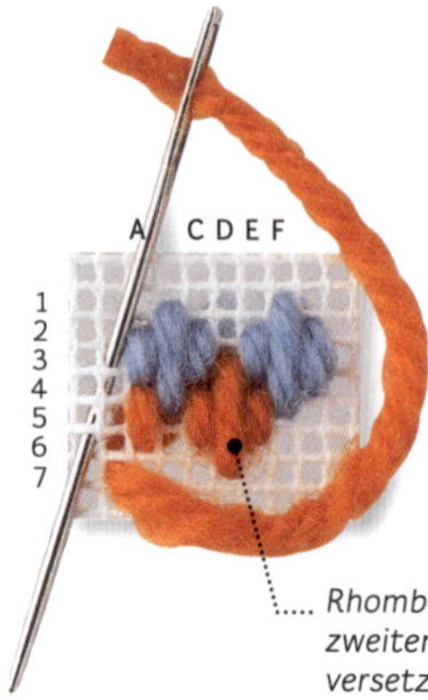

Rhomben der zweiten Reihe versetzt zwischen den ersten

1 Oben links einen kurzen Stich über zwei Fäden von **4A** nach **2A** sticken. Einen langen Stich von **5B** nach **1B** anschließen, dann einen kurzen von **4C** nach **2C**. Eine Straminreihe überspringen und bei **4E** für die nächste Raute ausstechen. Bis zum Reihenende wiederholen.

2 Mit andersfarbigem Garn bei **6E** ausstechen. Die Stichfolge von rechts nach links wiederholen, sodass die Rauten zwischen denen der ersten Reihe liegen.

Technikvariante

Stickt man den ungarischen Stich mit einfarbigem Garn, entsteht eine strukturierte Fläche mit Brokatcharakter, die sich gut als Hintergrund für aufwendige Gobelinstickereien eignet.

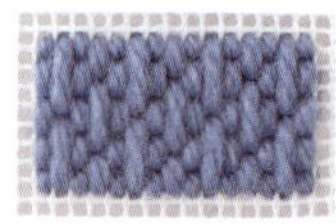

Ungarischer Rhombenstich

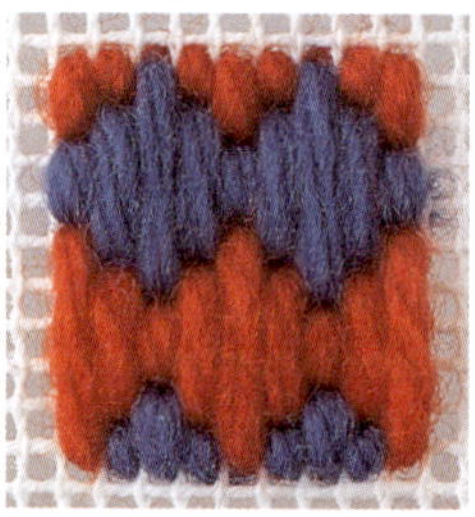

SCHWIERIGKEITSGRAD
Einfach

VERWENDUNG
Gestreiftes Füll- und Hintergrundmuster

METHODE
Größere Variante des ungarischen Stichs

MATERIAL
Einfädiger Stramin; beliebiges Garn

①

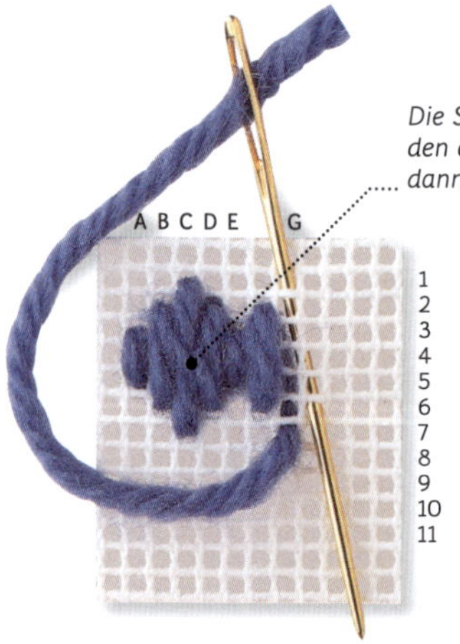

Die Stiche werden erst länger, dann kürzer.

②

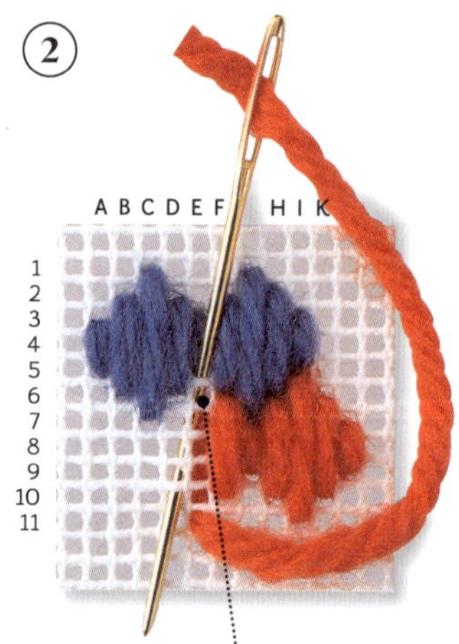

Die Rückreihe in entgegengesetzter Richtung sticken und die Rhomben versetzen.

1 Oben links beginnen. Drei abgestufte Stiche arbeiten: von **5A** nach **3A**, von **6B** nach **2B**, von **7C** nach **1C**. Einen kürzeren Stich von **6D** nach **2D** anschließen. Diese Folge aus vier Stichen fortlaufend wiederholen. Den letzten Rhombus der Reihe mit einem kurzen Stich abschließen.

2 Für die nächste Reihe eine andere Farbe verwenden. Mit einem kurzen Stich von **9K** nach **7K** beginnen, dann fortlaufend wie in Schritt 1 sticken, jedoch von rechts nach links. Die Fläche mit Hin- und Rückreihen ausfüllen.

Einfacher Köperstich

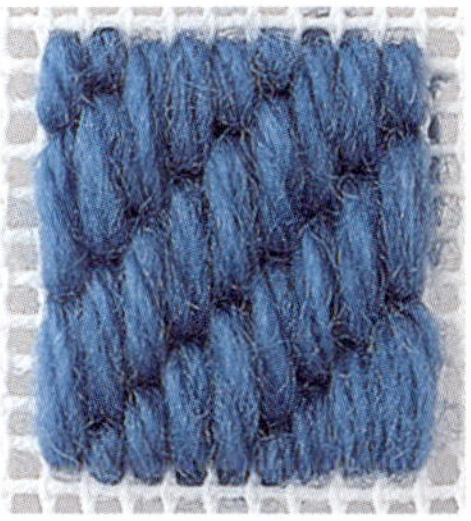

SCHWIERIGKEITSGRAD
Einfach

VERWENDUNG
Füll- und Hintergrundstrich mit schräger Struktur

METHODE
Schräge Reihen aus senkrechten Geradstichen

MATERIAL
Einfädiger Stramin, Garn

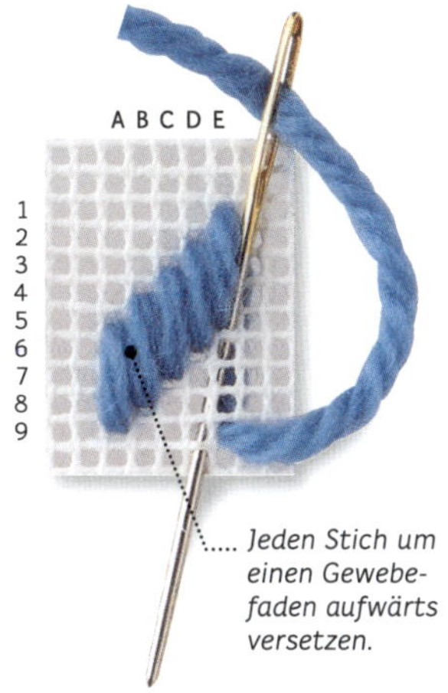

Links unten einen senkrechten Stich von **9A** nach **5A** sticken, dann von **8B** nach **4B**. Jeden weiteren Stich um einen Gewebefaden nach oben versetzen. Die nächste Reihe mit einem Stich von **9E** nach **5E** beginnen und abwärts versetzt fortfahren.

Doppelter Köperstich

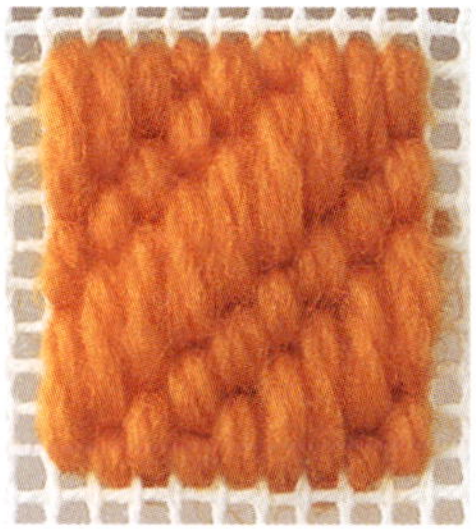

SCHWIERIGKEITSGRAD
Einfach

VERWENDUNG
Strukturierter Füll- und Hintergrundstich

METHODE
Abwechselnde, schräge Reihen aus langen und kurzen Senkrechtstichen

MATERIAL
Einfädiger Stramin; Garn

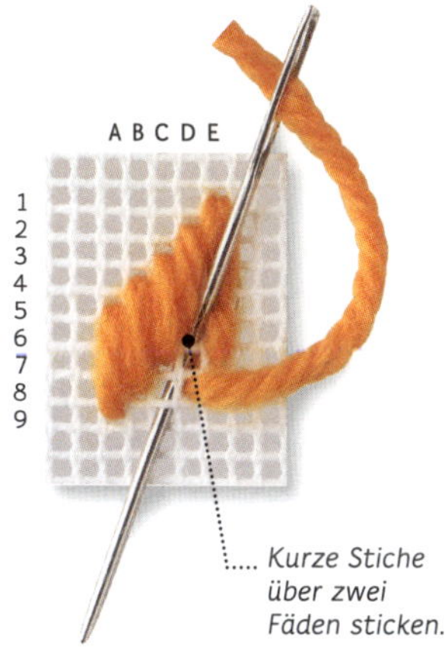

Reihe 1 im einfachen Köperstich arbeiten. Die Rückreihe von **7E** nach **5E** beginnen und schräg abwärts mit kurzen Stichen über zwei Gewebefäden fortfahren. Abwechselnde Reihen aus kurzen und langen Stichen sticken.

Bargellostich

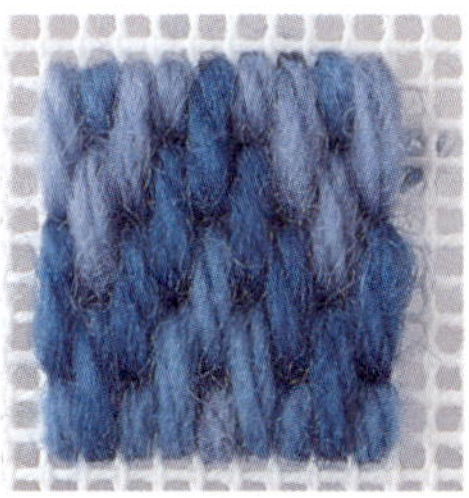

ANDERE NAMEN
Florentiner Stickerei

SCHWIERIGKEITSGRAD
Einfach

VERWENDUNG
Große Flächenmuster

METHODE
Senkrechte Geradstiche in Zickzackreihen

MATERIAL
Einfädiger Stramin; beliebiges Garn in verschiedenen abgestuften oder kontrastierenden Farben

① 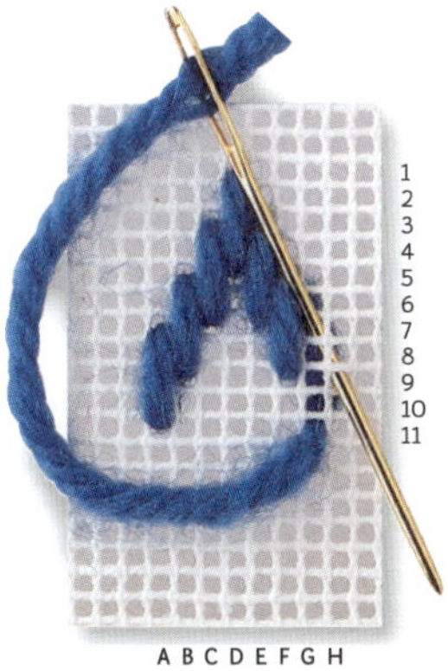

② 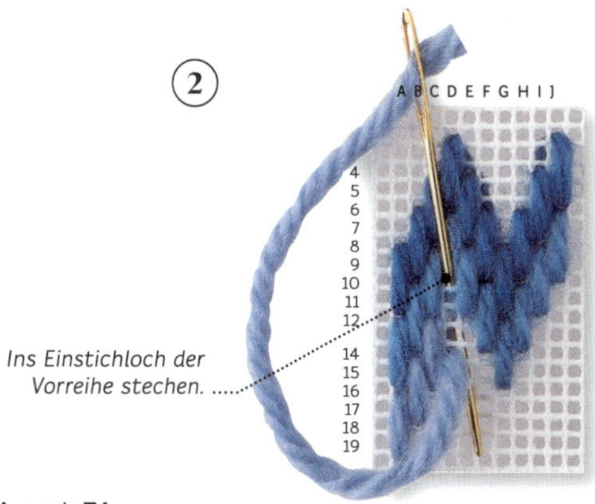

1 Links mit einem Geradstich von **11A** nach **7A** beginnen. Drei Stiche aufwärts versetzt sticken: von **9B** nach **5B**, von **7C** nach **3C** und von **5D** nach **1D**. Die drei Folgestiche abwärts versetzen, mit einem Einstich bei **7G** enden. Bei **9H** ausstechen und die Abfolge wiederholen.

2 Mit einem helleren Farbton bei **15A** beginnen und die nächste Reihe ebenso sticken. Die dritte Reihe mit einem noch helleren Garn bei **19A** beginnen. Diese drei Reihen fortlaufend wiederholen.

Technikvariante

Um ein breiteres oder stufenartiges Zackenmuster zu erhalten, können anstelle der Einzelstiche auch Zweier- oder Dreiergruppen in Kontrastfarben versetzt gestickt werden.

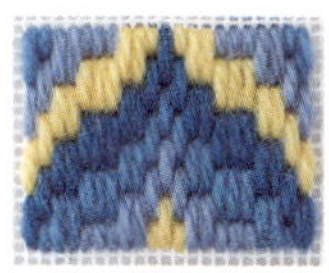

Zickzackgrund

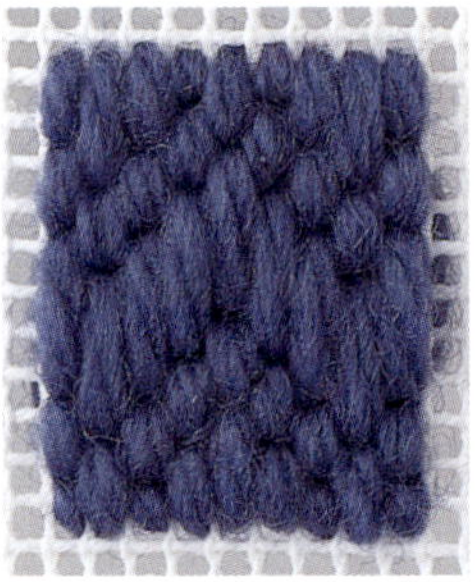

SCHWIERIGKEITSGRAD
Einfach

VERWENDUNG
Hintergrund- und Füllstich

METHODE
Zickzackreihen aus Senkrechtstichen

MATERIAL
Einfädiger Stramin; Garn

(1)

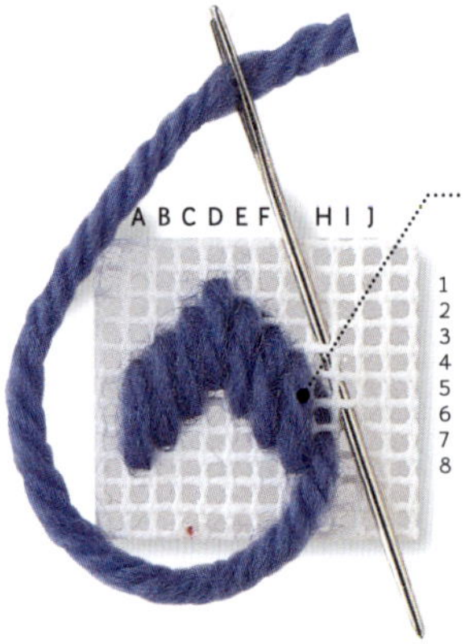

(2)

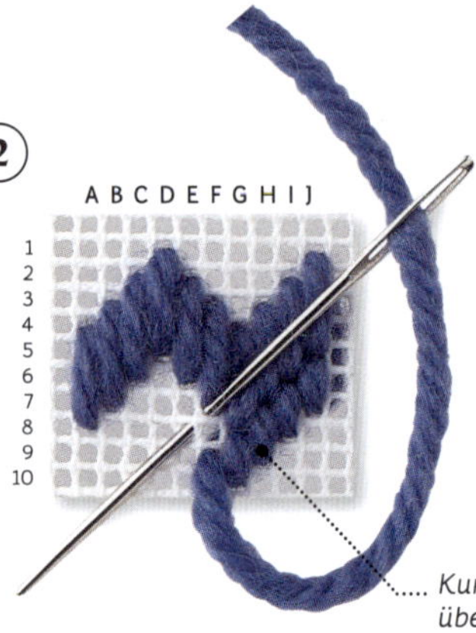

1 Links oben mit einem Stich von **8A** nach **4A** beginnen. Drei aufwärts versetzte Stiche anschließen: von **7B** nach **3B**, von **6C** nach **2C**, von **5D** nach **1D**. Es folgen zwei abwärts versetzte Stiche: **6E** nach **2E**, **7F** nach **3F**. Abfolge wiederholen.

2 Die nächste Reihe mit einem kurzen Stich von **7J** nach **5J** beginnen. Von rechts nach links mit kurzen Stichen fortfahren, dabei in die Einstiche der Vorreihe stechen. Beide Reihen abwechselnd wiederholen.

Technikvariante

Lebendiger sieht das Muster aus, wenn man für die kurzen und langen Stiche Garn in unterschiedlichen Farben verwendet.

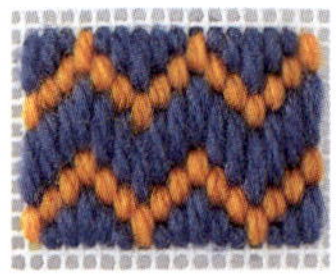

Ungarischer Grund

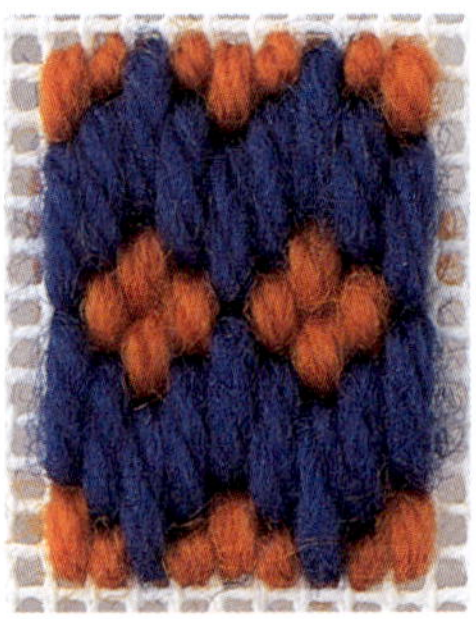

SCHWIERIGKEITSGRAD
Mittel

VERWENDUNG
Geometrisches Füllmuster

METHODE
Rhomben und Zickzackreihen in Geradstich

MATERIAL
Einfädiger Stramin, Garn

(1)

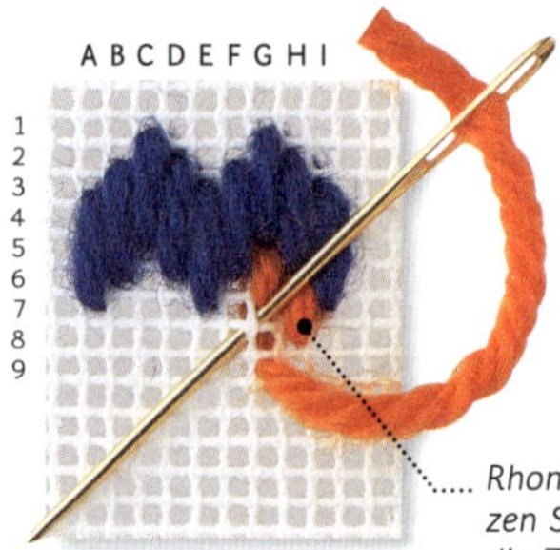

(2)

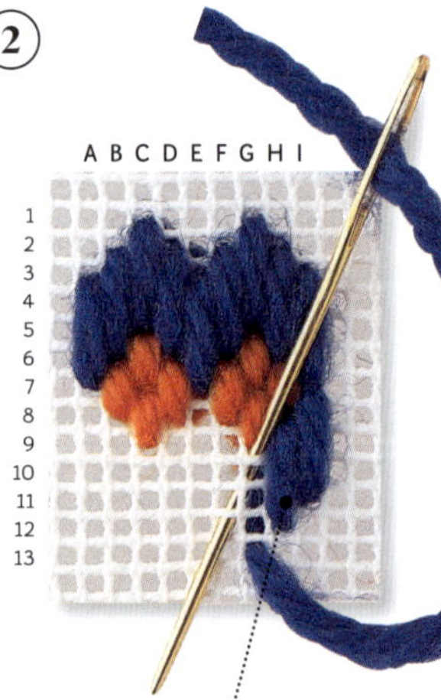

1 In der linken oberen Ecke beginnen. Drei lange, aufwärts versetzte Stiche arbeiten: **7A** nach **3A**, **6B** nach **2B**, **5C** nach **1C**. Einen abwärts versetzten Stich (**6D** nach **2D**) anschließen. Bis zum Reihenende wiederholen. In der zweiten Farbe vier kurze Stiche sticken: **8H** nach **6H**, **7G** nach **5G**, **9G** nach **7G**, **8F** nach **6F**. Den nächsten Rhombus bei **8D** beginnen.

2 In der ersten Farbe drei Stiche abwärts sticken: **11I** nach **7I**, **12H** nach **8H**, **13G** nach **9G**. Zwei aufwärts versetzte Stiche anschließen: **12F** nach **8F**, **11E** nach **7E**. Bis zum Reihenende wiederholen und wieder Rhomben in die Zacken einfügen.

Gerader Kissenstich

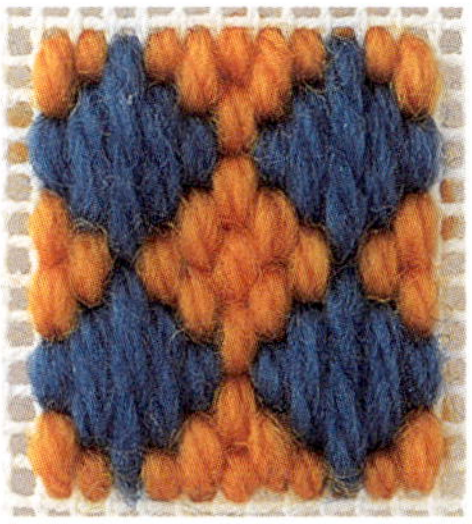

SCHWIERIGKEITSGRAD
Mittel

VERWENDUNG
Schachbrett-Füllmuster

METHODE
Rhomben aus langen und kurzen Senkrechtstichen in versetzten Reihen

MATERIAL
Einfädiger Stramin; beliebiges Garn in zwei Farben

(1)

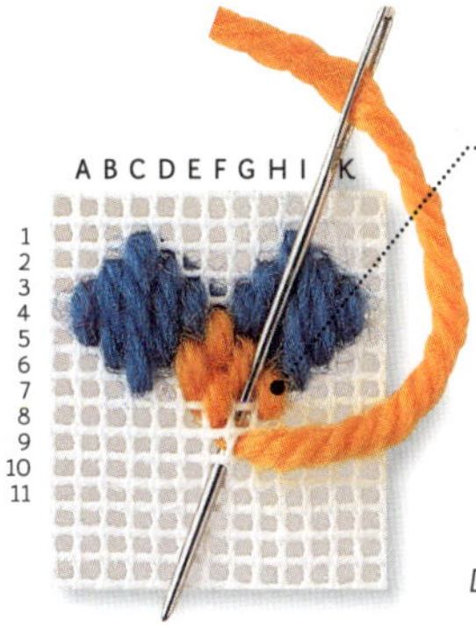

Drei schräge Reihen aus je drei kurzen Stichen

(2)

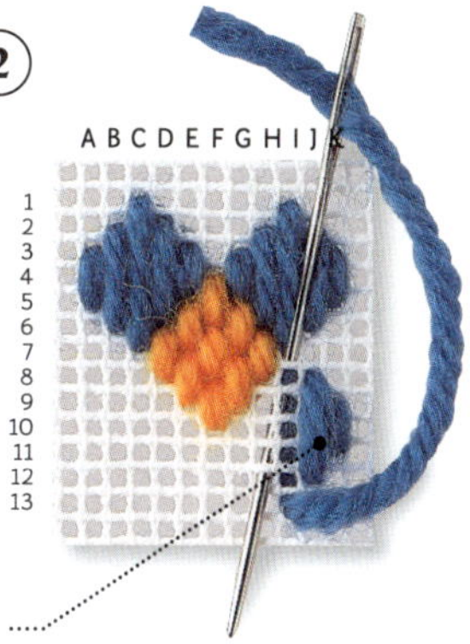

Die Spitzen der dritten Reihe schließen genau an die der ersten an.

1 Die erste Reihe wie Schritt 1 des schottischen Rhombenstichs sticken. Bei **5A** beginnen. In einer zweiten Farbe drei Reihen aus kurzen Stichen arbeiten: **8H** nach **6H**, **7G** nach **5G**, **6F** nach **4F**, **7E** nach **5E**, **8F** nach **6F**, **9G** nach **7G** sowie **10F** nach **8F**, **9E** nach **7E** und **8D** nach **6D**.

2 Die dritte Reihe wie die erste sticken: Bei **11K** beginnen und von rechts nach links arbeiten.

Technikvariante

Stickt man den geraden Kissenstich in zwei Schattierungen der gleichen Farbe, entsteht ein edler Brokateffekt, der sich gut als Füllmuster eignet.

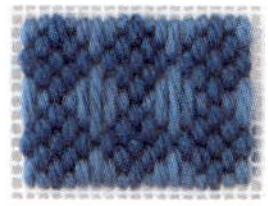

Schottischer Rhombenstich

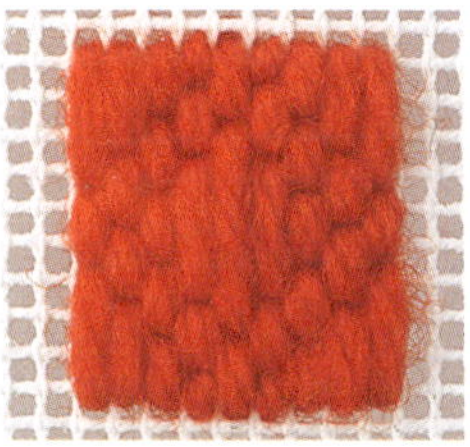

SCHWIERIGKEITSGRAD
Mittel

VERWENDUNG
Strukturiertes Füll- und Hintergrundmuster

METHODE
Rhomben und Zacken aus senkrechten Geradstichen in abwechselnden Reihen

MATERIAL
Einfädiger Stramin, beliebiges Garn

(1)

Jeder Rhombus besteht aus fünf Stichen.

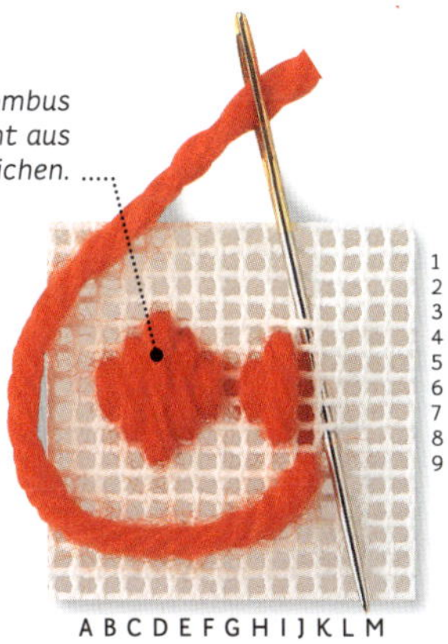

(2)

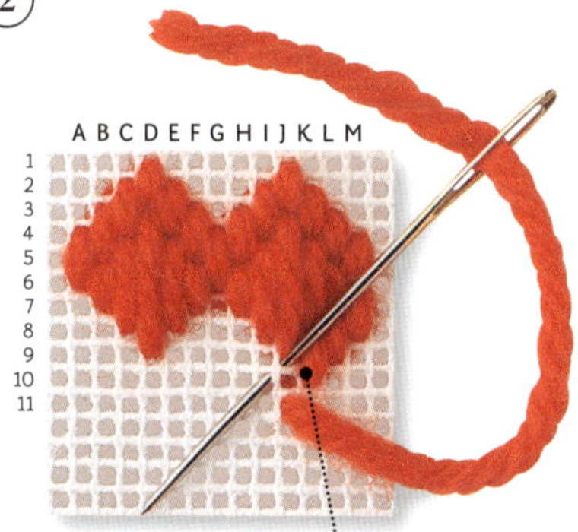

Kurze Stiche über zwei Fäden sticken.

1 Oben links beginnen. Einen Rhombus aus fünf Senkrechtstichen aufbauen: **7B** nach **5B**, **8C** nach **4C**, **9D** nach **3D**, **8E** nach **4E**, **7F** nach **5F**. Fortlaufend wiederholen, dabei zwischen den Rhomben jeweils einen Stich freilassen.

2 Über und unter den Rhomben Zickzacklinien aus kurzen Stichen arbeiten. Mit einem Stich von **4A** nach **6A** beginnen, drei aufwärts versetzte Stiche anschließen: **3B** nach **5B**, **2C** nach **4C**, **1D** nach **3D**. Dann folgen zwei abwärts versetzte Stiche von **2E** nach **4E** und **3F** nach **5F**. Bis zum Reihenende wiederholen. Unter den Rhomben spiegelbildliche Zacken sticken, von **8M** nach **6M** beginnen. Die Fläche mit abwechselnden Reihen aus Rhomben und Zacken ausfüllen.

Rhombengrund

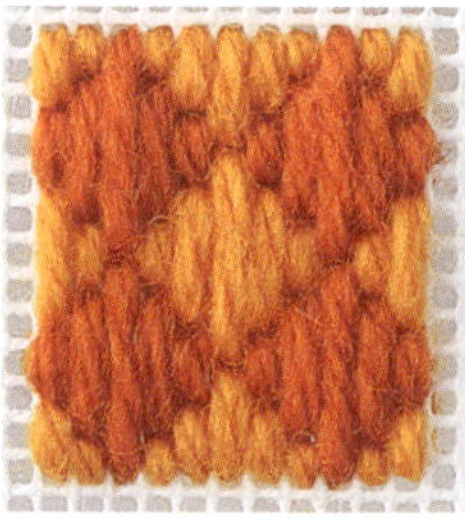

SCHWIERIGKEITSGRAD
Einfach

VERWENDUNG
Füll- und Hintergrundmuster

METHODE
Größere Variante des ungarischen Stichs

MATERIAL
Einfädiger Stramin; Garn in einer oder zwei Farben

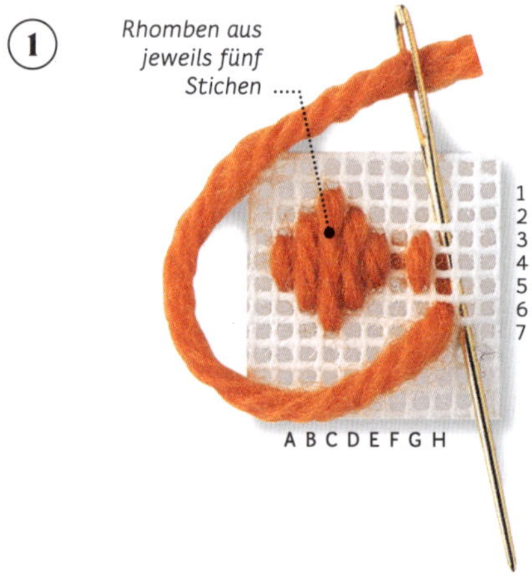

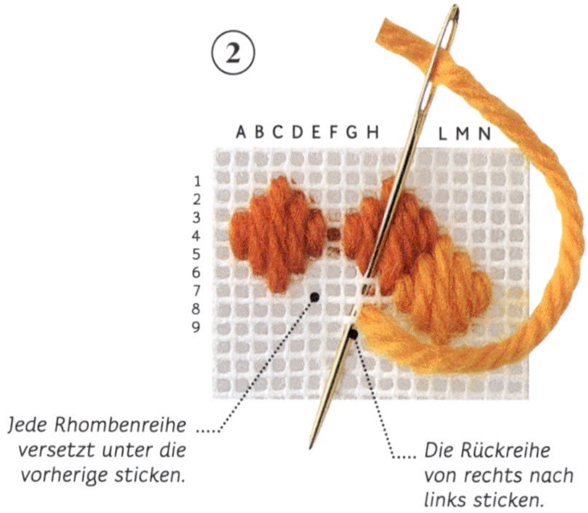

1 Oben links mit einem Rhombus aus fünf senkrechten Stichen beginnen. **5A** nach **3A**, **6B** nach **2B**, **7C** nach **1C**, **6D** nach **2D**, **5E** nach **3E**. Fortlaufend wiederholen, dabei zwischen den Rhomben jeweils einen Stich freilassen.

2 Die Rückreihe von rechts nach links in der gleichen oder einer anderen Farbe sticken. Den ersten Rhombus mit einem Stich von **8N** nach **6N** beginnen. Beide Reihen abwechselnd wiederholen.

Dreiecksgrund

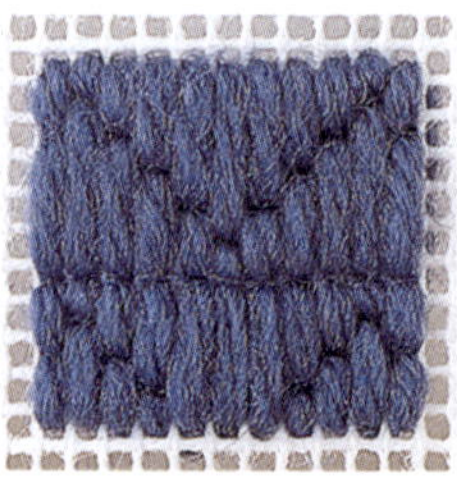

SCHWIERIGKEITSGRAD
Einfach

VERWENDUNG
Strukturierter Füll- oder Hintergrundstich

METHODE
Zwei Reihen aus ineinander greifenden Dreiecken, waagerecht wiederholt

MATERIAL
Einfädiger Stramin; beliebiges Garn.

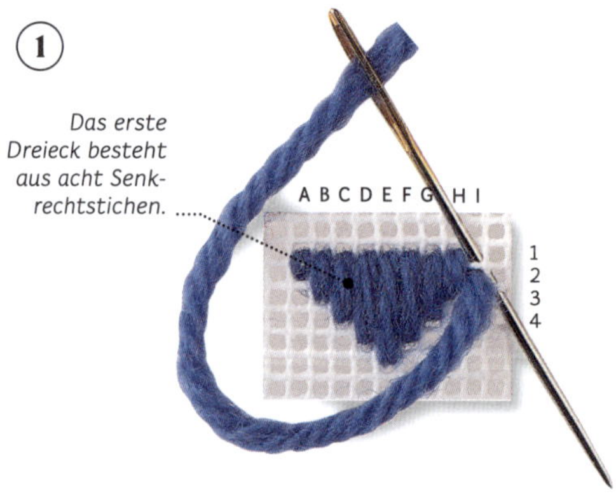

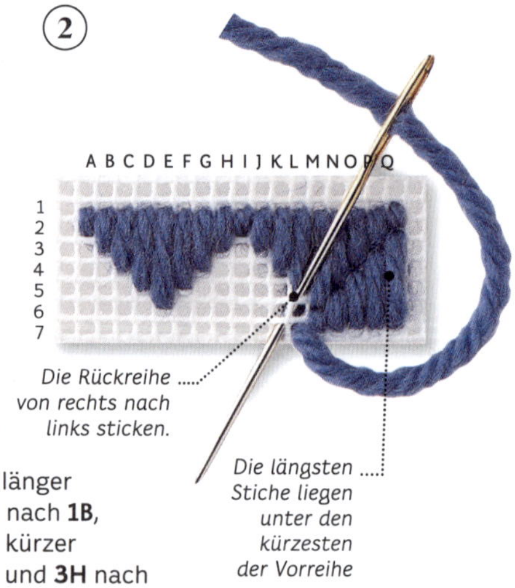

1 In der oberen linken Ecke mit fünf abgestuft länger werdenden Stichen beginnen: **2A** nach **1A**, **3B** nach **1B**, **4C** nach **1C**, **5D** nach **1D** und **6E** nach **1E**. Drei kürzer werdende Stiche von **5F** nach **1F**, **4G** nach **1G** und **3H** nach **1H** anschließen. Fortlaufend bis zum Reihenende wiederholen.

2 Einen langen Stich von **7Q** nach **2Q** sticken. Vier kürzer werdende Stiche anschließen: **7P** nach **3P**, **7O** nach **4O**, **7N** nach **5N**, **7M** nach **6M**. Dann folgen drei längere Stiche von **7L** nach **5L**, **7K** nach **4K** und **7J** nach **3J**. Die Reihen im Wechsel wiederholen, bis die Fläche ausgefüllt ist.

Rautengrund

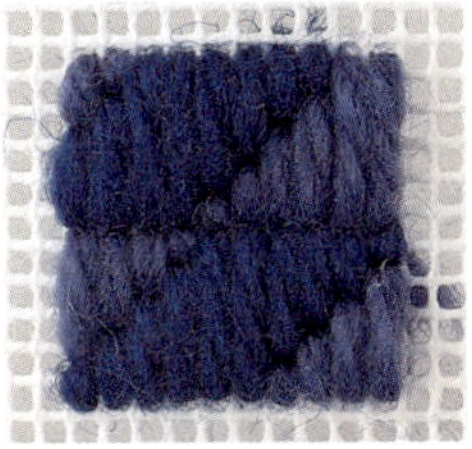

SCHWIERIGKEITSGRAD
Mittel

VERWENDUNG
Füll- oder Hintergrundmuster aus Rauten

METHODE
Reihen aus versetzten, länglichen Rauten

MATERIAL
Einfädiger Stramin; beliebiges Garn in zwei Farben

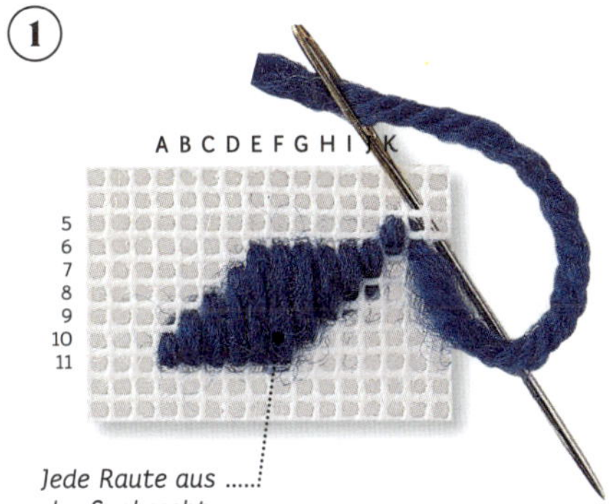

Jede Raute aus zehn Senkrechtstichen aufbauen.

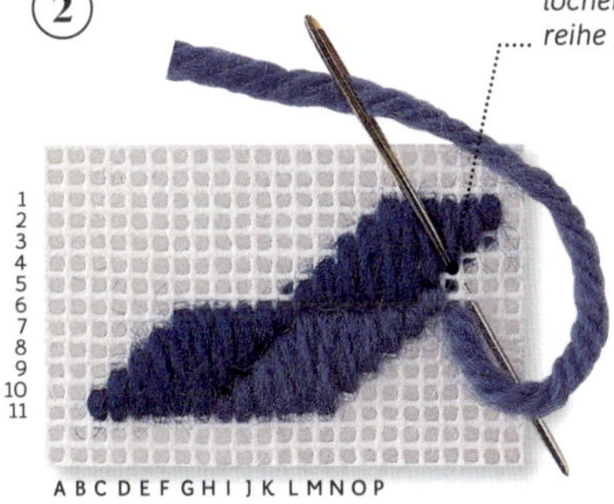

In die Einstichlöcher der Vorreihe stechen.

1 Unten links mit fünf Stichen beginnen: **11A** nach **10A**, **11B** nach **9B**, **11C** nach **8C**, **11D** nach **7D**, **11E** nach **6E**. Die Raute mit fünf weiteren Stichen von **11F** nach **6F**, **10G** nach **6G**, **9H** nach **6H**, **8I** nach **6I** und **7J** nach **6J** beenden. Die nächste Raute mit einem Stich von **6K** nach **5K** beginnen, aufwärts fortfahren.

2 Mit einer anderen Farbe die zweite Reihe mit einem Stich von **11G** nach **10G** beginnen. Für die dritte Reihe wieder die erste Farbe verwenden und mit **11M** nach **10M** beginnen. Die Fläche im oberen Bereich entsprechend ausfüllen.

Gerader Mailänder Stich

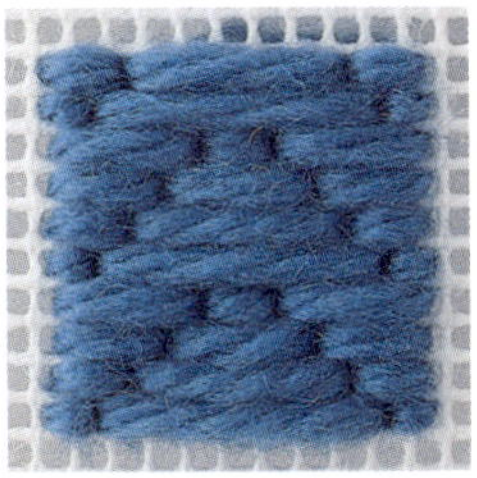

SCHWIERIGKEITSGRAD
Mittel

VERWENDUNG
Hintergrund- oder Füllmuster

METHODE
Reihen aus auf- und abwärts zeigenden Dreiecken

MATERIAL
Einfädiger Stramin, beliebiges Garn in einer oder zwei Farben

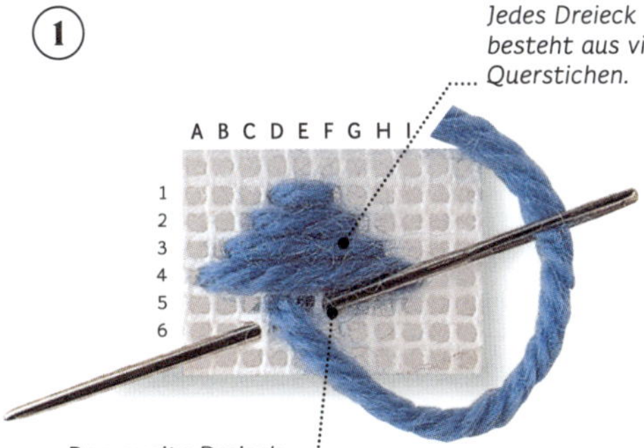

Jedes Dreieck besteht aus vier Querstichen.

Das zweite Dreieck schließt direkt an das erste an.

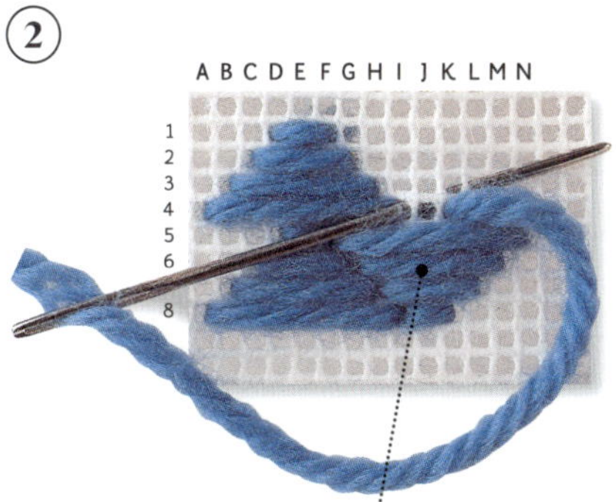

Die zweite Reihe von unten nach oben sticken.

1 Oben links beginnen und vier waagerechte Geradstiche arbeiten: von **1D** nach **1F**, **2C** nach **2G**, **3B** nach **3H** und **4A** nach **4I**. Das nächste Dreieck mit einem Stich von **5D** nach **5F** beginnen. Abwärts wiederholen.

2 Die nächste Reihe mit vier waagerechten Stichen von **8K** nach **8I**, **7L** nach **7H**, **6M** nach **6G** und **5N** nach **5F** beginnen. Diese Folge aufwärts wiederholen.

Technikvariante

Wenn man mit zwei verschiedenfarbigen Garnen arbeitet, kommt der geometrische Effekt dieses Dreiecksmusters deutlicher zur Geltung.

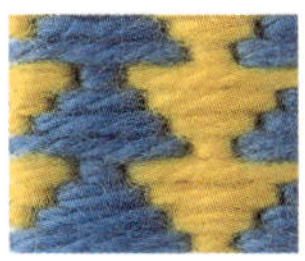

Doppelter Flechtstich

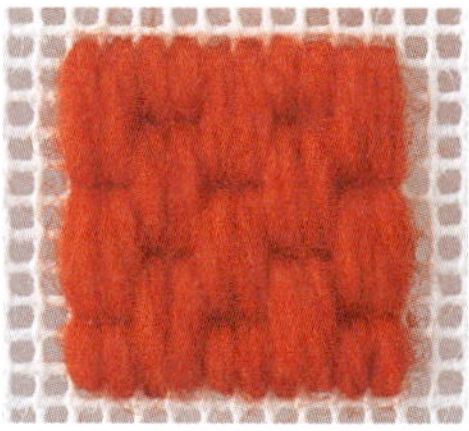

SCHWIERIGKEITSGRAD
Einfach

VERWENDUNG
Einfarbiger Füllstich

METHODE
Versetzte Reihen aus Geradstich-Paaren

MATERIAL
Einfädiger Stramin; beliebiges Garn

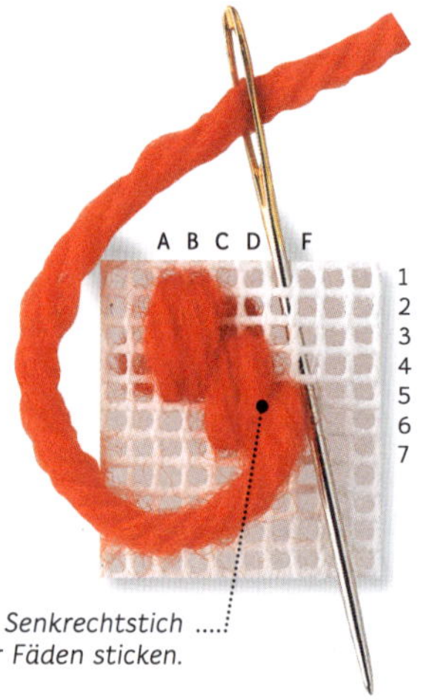

Jeden Senkrechtstich über vier Fäden sticken.

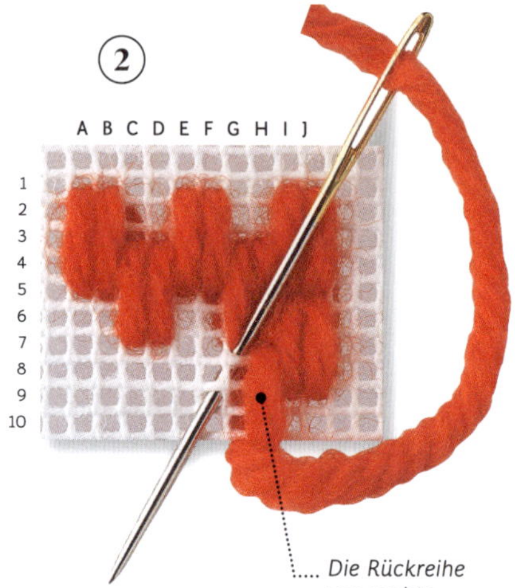

Die Rückreihe von rechts nach links sticken.

1 Oben links beginnen. Zwei parallele Stiche von **5A** nach **1A** und **5B** nach **1B** sticken. Zwei Stiche von **7C** nach **3C** und von **7D** nach **3D** anschließen. Bei **5E** ausstechen und das nächste nach oben versetzte Stichpaar arbeiten. Fortlaufend wiederholen.

2 Die folgenden Reihen ebenso sticken. Mit einem Stichpaar von **9J** nach **5J** und **9I** nach **5I** beginnen.

Ziegelstein-Füllstich

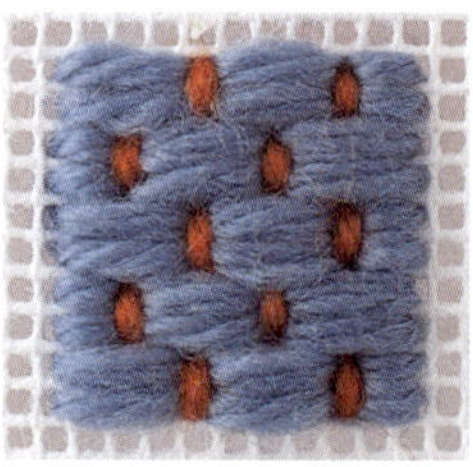

SCHWIERIGKEITSGRAD
Mittel

VERWENDUNG
Füllmuster für kleinere Flächen

METHODE
Versetzte Paare aus waagerechten Geradstichen, mit Senkrechtstichen

MATERIAL
Einfädiger Stramin; beliebiges Garn in zwei Farben

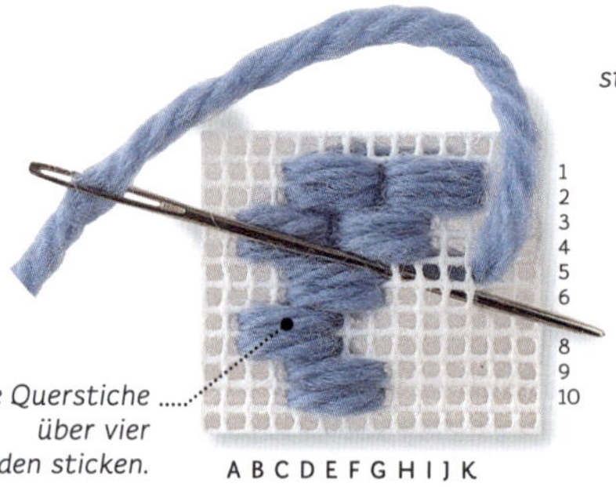

Alle Querstiche über vier Fäden sticken.

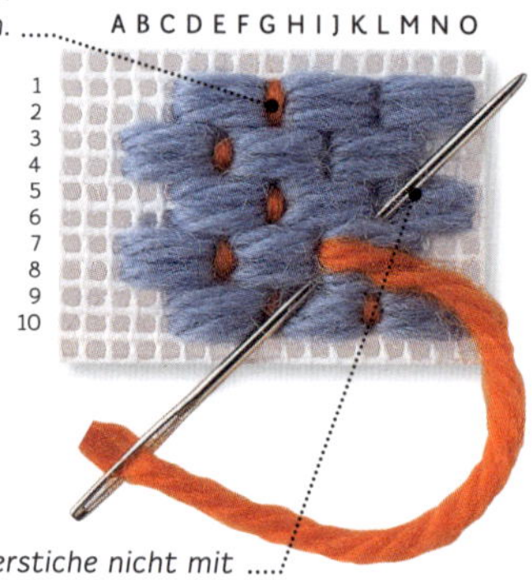

Die Senkrechtstiche über einen Faden sticken.

Die Querstiche nicht mit der Nadel durchstechen

1 Unten links mit zwei Querstichen von **10G** nach **10C** und **9G** nach **9C** beginnen. Ein versetztes Stichpaar von **8E** nach **8A** und **7E** nach **7A** anschließen. Aufwärts fortsetzen. Die zweite Reihe ebenso sticken, jedoch von oben nach unten: mit **1K** nach **1G** beginnen. Die Fläche aussticken.

2 Mit andersfarbigem Garn zwischen die Stichpaare kurze Senkrechtstiche einfügen. Der erste führt von **1G** nach **2G**.

Technikvariante

Verwendet man für die senkrechten Stiche (Schritt 2) die gleiche Farbe wie für die waagerechten, sieht das Oberflächenbild aus wie abgesteppt.

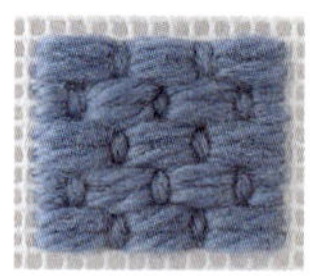

Großer Ziegelstein-Füllstich

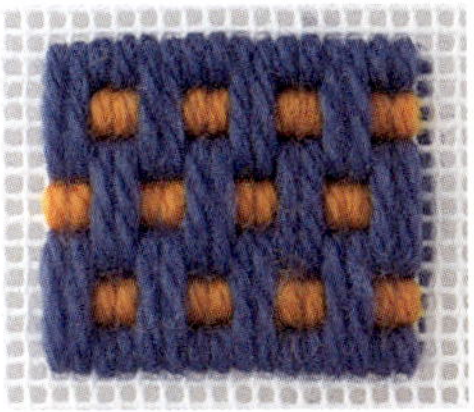

SCHWIERIGKEITSGRAD
Mittel

VERWENDUNG
Füll- und Hintergrundstich

METHODE
Abwechselnde Paare aus langen und kurzen Stichen

MATERIAL
Einfädiger Stramin; beliebiges Garn in einer oder zwei Farben

①

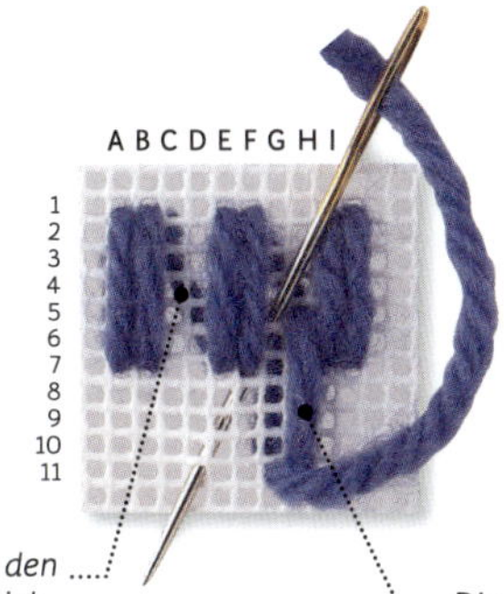

Zwischen den Geradstich-Paaren zwei Stiche freilassen.

Die langen Stiche über sechs Querfäden sticken.

②

Für die kurzen Stiche eine Kontrastfarbe verwenden.

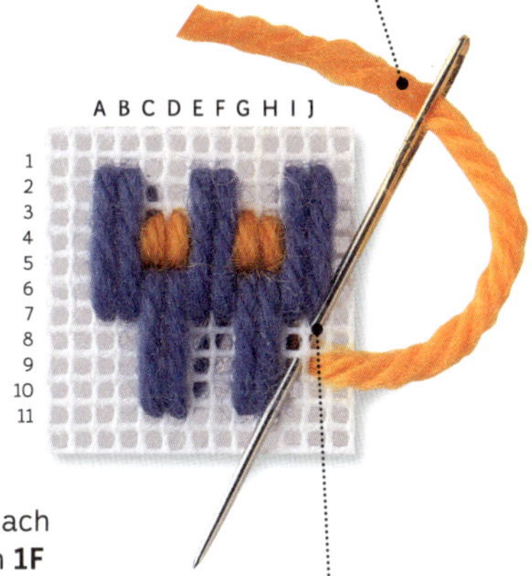

In die Einstiche der Vorreihe stechen.

1 Oben links mit zwei Stichen von **7A** nach **1A** und **7B** nach **1B** beginnen. Zwei Stiche von **7E** nach **1E** und **7F** nach **1F** anschließen. Fortlaufend wiederholen, dabei zwischen den Stichpaaren immer zwei Stiche frei lassen. Die nächste Reihe rechts mit einem Stichpaar von **11H** nach **5H** und **11G** nach **5G** beginnen und nach links fortsetzen.

2 Die Zwischenräume mit Paaren aus kurzen Stichen ausfüllen. Von **5C** nach **3C** und **5D** nach **3D** beginnen. Beide Schritte fortlaufend wiederholen.

Schachbrettstich

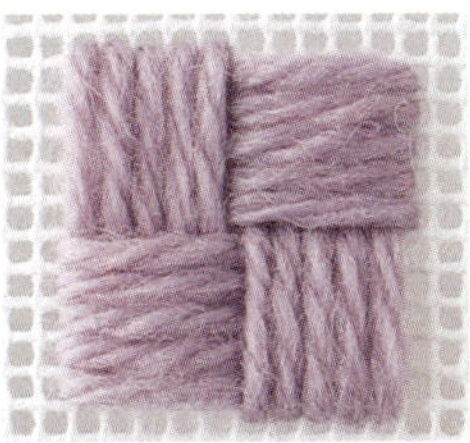

SCHWIERIGKEITSGRAD
Mittel

VERWENDUNG
Füll- oder Hintergrundstich mit großem Flechtmuster

METHODE
Abwechselnde Blöcke aus vertikalen und horizontalen Geradstichen

MATERIAL
Einfädiger Stramin; beliebiges Garn

①

Nadel vor dem Einstechen unter den vorigen Stich schieben.

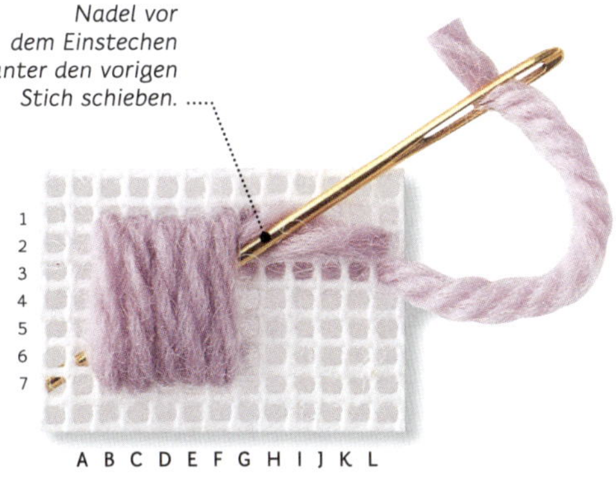

②

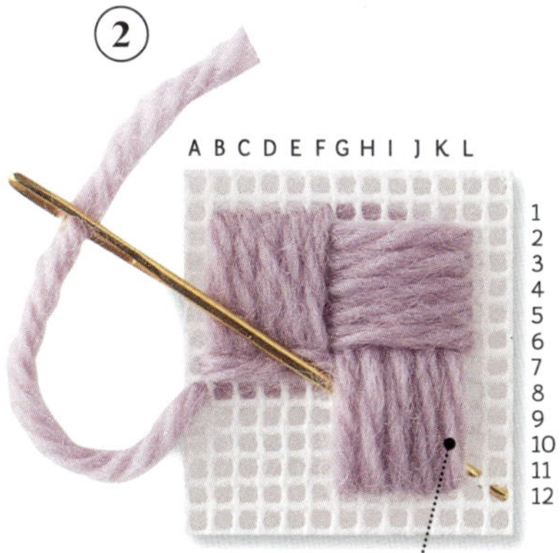

Jeden Stich über sechs Fäden arbeiten.

1 Oben links beginnen. Einen Block aus fünf Senkrechtstichen arbeiten: **7B** nach **1B**, **7C** nach **1C**, **7D** nach **1D**, **7E** nach **1E**, **7F** nach **1F**. Rechts daneben fünf waagerechte Stiche anschließen: **2L** nach **2F**, **3L** nach **3F**, **4L** nach **4F**, **5L** nach **5F** und **6L** nach **6F**. Bis zum Reihenende fortlaufend wiederholen.

2 Fünf senkrechte Stiche unter dem Block aus waagerechten Stichen arbeiten. Mit **12K** nach **6K** beginnen, **12G** nach **6G** enden. Unter dem Block aus senkrechten Stichen waagerechte arbeiten. Mit **7A** nach **7F** beginnen, mit **12A** nach **12F** enden. Bis zum Reihenende fortführen, dann beide Reihen abwechselnd wiederholen.

Schräge Stiche

Dieser Abschnitt beginnt mit dem halben Kreuzstich und seinen Variationen, die in der Straminstickerei hauptsächlich zum Einsatz kommen. Wie andere Stiche dieser Gruppe werden sie schräg über die Fadenkreuzungen gestickt. Dies führt dazu, dass sich das bestickte Gewebe verziehen kann, selbst wenn es in einen Rahmen gespannt ist. Darum sollte das fertige Stück gespannt und wieder in Form gebracht werden (siehe S. 21).

Viele Straminstickereien werden ausschließlich im halben Kreuzstich gearbeitet. Er erzeugt eine gleichmäßige Oberfläche, die an einen handgewebten Wandteppich erinnert. Im Handel gibt es viele Sets mit vorgedruckten Motiven und dem dazugehörigen Garn. Es ist aber auch sehr befriedigend, ein eigenes Motiv mit wasserfesten Markern auf den Stramin zu malen und auszusticken.

Halber Kreuzstich

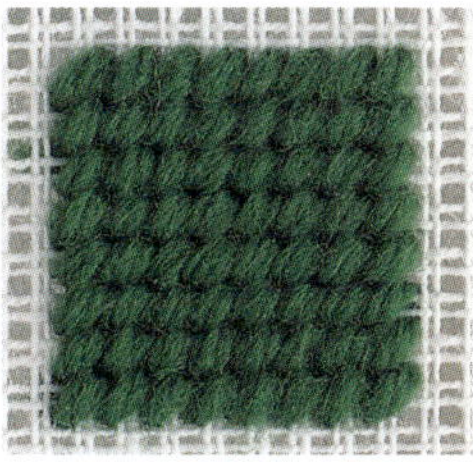

SCHWIERIGKEITSGRAD
Einfach

VERWENDUNG
Zählmuster

METHODE
Kleine Schrägstiche

MATERIAL
Zweifädiger Stramin; dickes Garn

TIPP
Für den Rückweg die Arbeit um 180 Grad drehen.

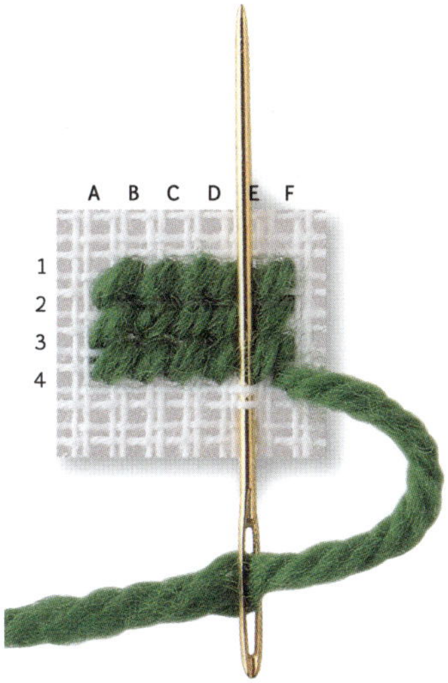

Oben links beginnen und jeden Stich über ein Gewebekreuz führen: von **2A** nach **1B**, von **2B** nach **1C**. Bis zum Reihenende fortfahren. Die nächste Reihe mit Stichen von **2F** nach **3E** und **2E** nach **3D** beginnen. Fortlaufend wiederholen.

Web-Perlstich

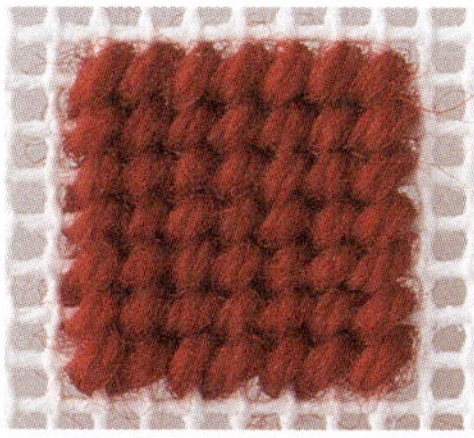

SCHWIERIGKEITSGRAD
Mittel

VERWENDUNG
Hintergrund- und Füllmuster

METHODE
Perlstich, in diagonalen Reihen gestickt

MATERIAL
Einfädiger Stramin, beliebiges Garn

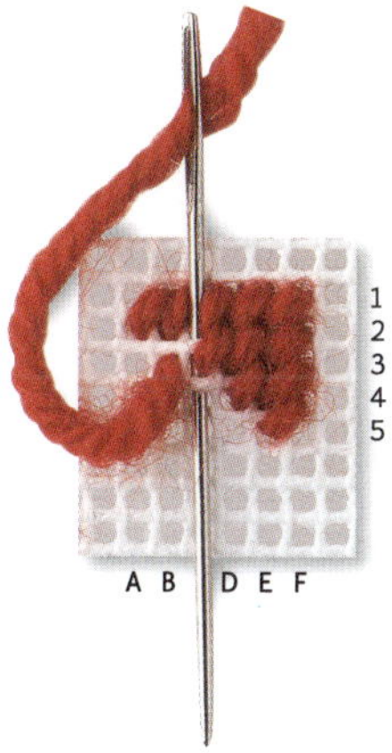

Oben rechts von **2E** nach **1F** sticken. Die nächste Reihe aufwärts von **3E** nach **2F** und **2D** nach **1E** sticken. Die dritte Reihe abwärts von **2C** nach **1D**, **3D** nach **2E** und **4E** nach **3F** sticken. Die Folgereihe von **5E** nach **4F** arbeiten. Im Wechsel Auf- und Abreihen sticken.

Perlstich

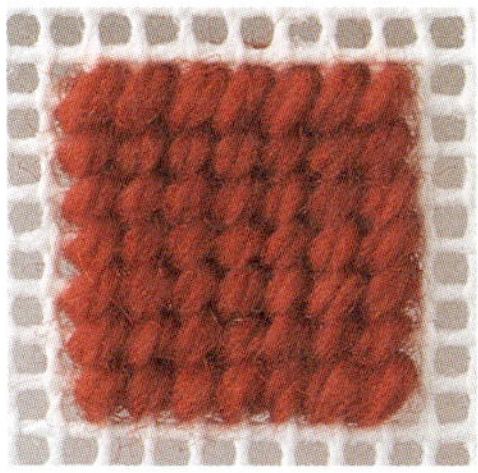

SCHWIERIGKEITSGRAD
Einfach

VERWENDUNG
Hintergrund, Zählmuster oder vorgedruckte Motive

METHODE
In waagerechten Reihen gestickt

MATERIAL
Einfädiger Stramin; beliebiges Garn

①

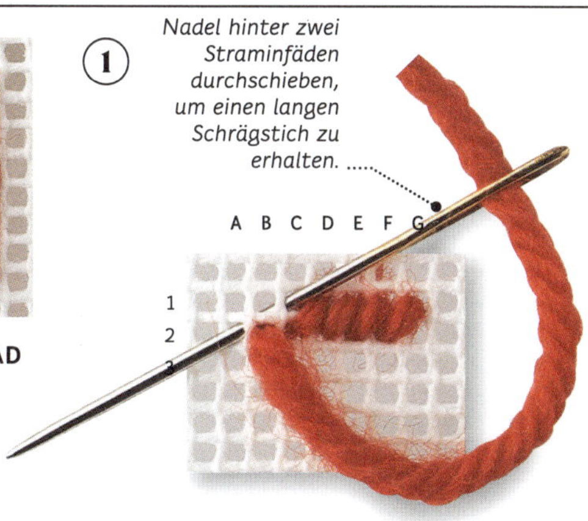

②

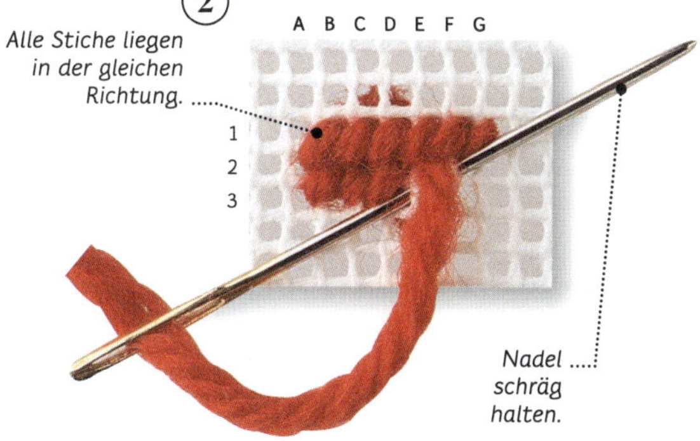

1 Oben rechts mit einem Schrägstich von **2F** nach **1G** beginnen, dann von **2E** nach **1F** sticken. Wiederholen.

2 Den Stramin um 180 Grad drehen und Schritt 1 wiederholen. Alternativ die zweite Reihe von links nach rechts sticken und mit einem Stich von **2B** nach **3A** beginnen.

Stichvariante

Der unterlegte Perlstich wird über lange Geradstiche gestickt, die durch die kleinen Löcher im zweifädigen Stramin gestochen werden. Weil dieser Stich sehr stabil ist, wird er oft für Sitzbezüge verwendet.

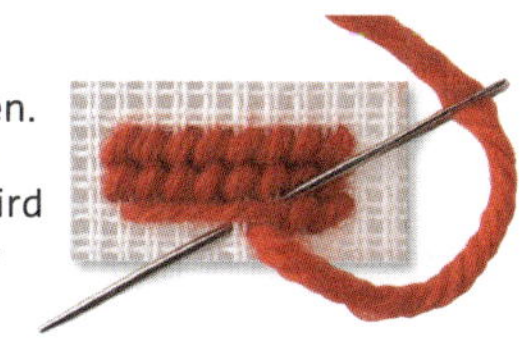

Gobelinstich

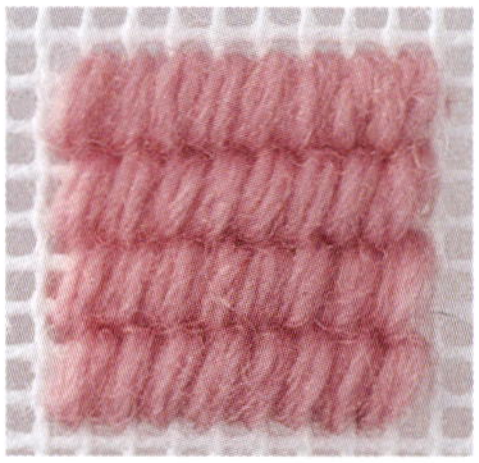

SCHWIERIGKEITSGRAD
Einfach

VERWENDUNG
Hintergrund- und Füllmuster

METHODE
Waagerechte Reihen aus langen Schrägstichen

MATERIAL
Einfädiger Stramin; beliebiges Garn

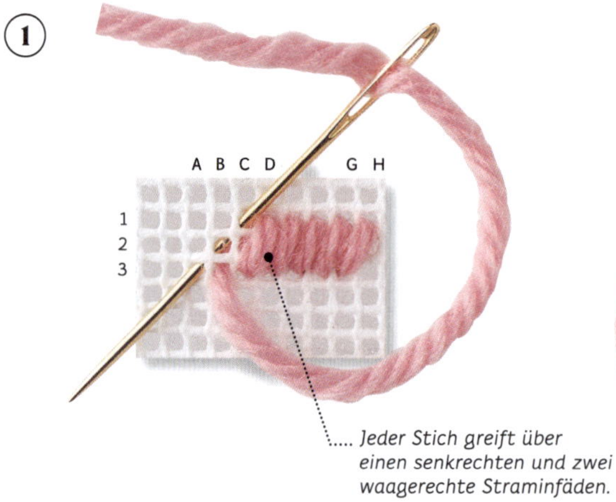

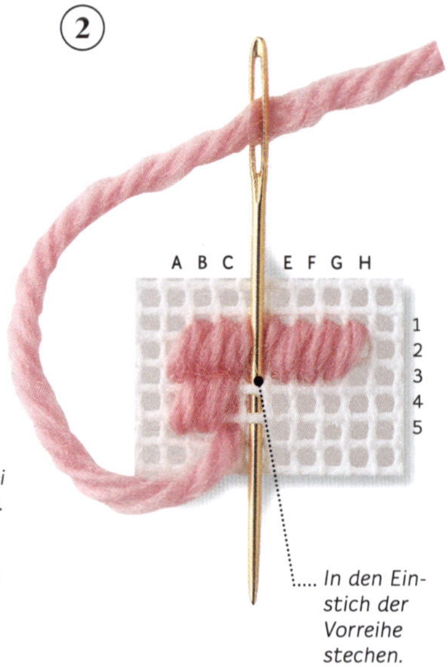

1 Oben rechts mit einem schrägen Stich von **3G** nach **1H** beginnen. Den nächsten Stich von **3F** nach **1G** sticken. Bis zum Reihenende wiederholen.

2 Die Rückreihe mit zwei Stichen von **5A** nach **3B** und **5B** nach **3C** beginnen. Bis zum Reihenende fortfahren. Beide Reihen abwechselnd wiederholen.

Verzahnter Gobelinstich

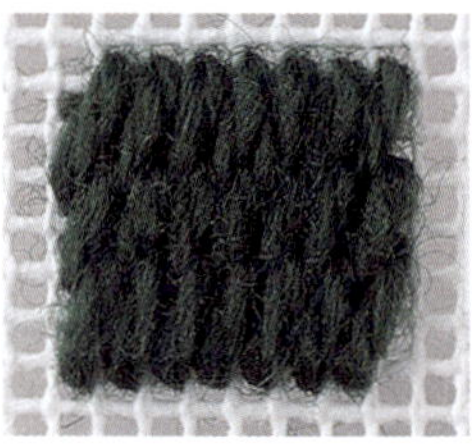

SCHWIERIGKEITSGRAD
Einfach

VERWENDUNG
Hintergrund- und Füllstich, einfarbig oder mit Farbverlauf

METHODE
Waagerecht gestickte, überlappende Reihen aus Schrägstichen

MATERIAL
Einfädiger Stramin; beliebiges Garn

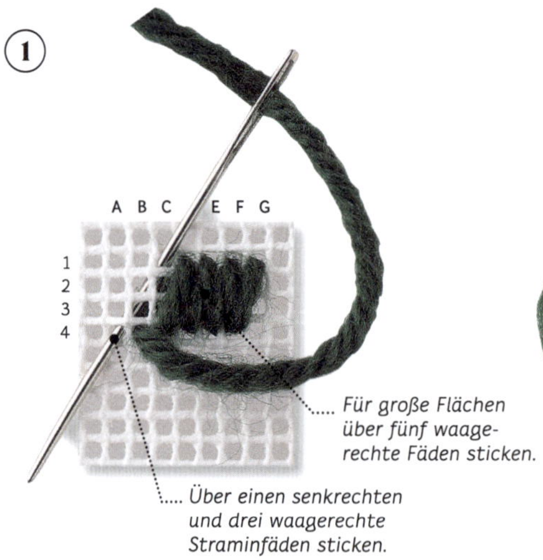

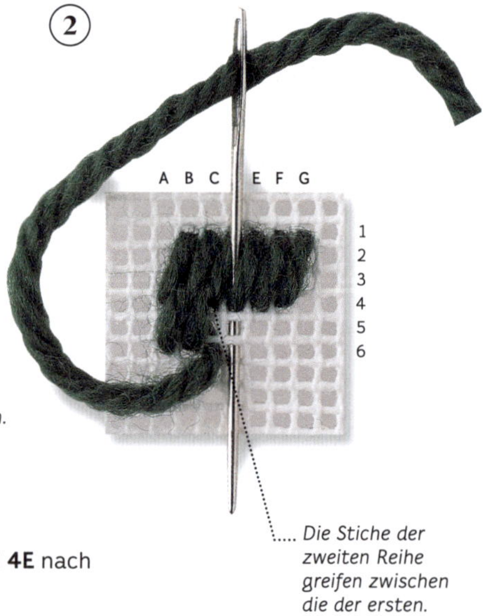

1 Oben rechts mit Stichen von **4F** nach **1G** und **4E** nach **1F** beginnen und die Reihe fortsetzen.

2 Die ersten beiden Stiche der zweiten Reihe von **6A** nach **3B** und von **6B** nach **3C** sticken. Bis zum Reihenende fortfahren. Beide Reihen abwechselnd wiederholen.

Zickzack-Gobelinstich

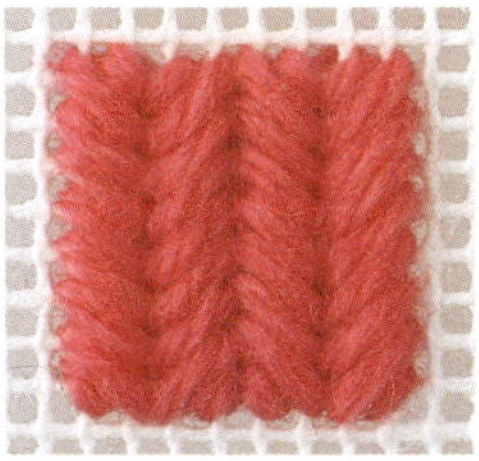

SCHWIERIGKEITSGRAD
Einfach

VERWENDUNG
Füll- und Hintergrundstich, einfarbig oder mit Farbverlauf

METHODE
Senkrechte, abwechselnd auf- und abwärts gestickte Reihen aus Schrägstichen

MATERIAL
Stramin und Garn beliebig

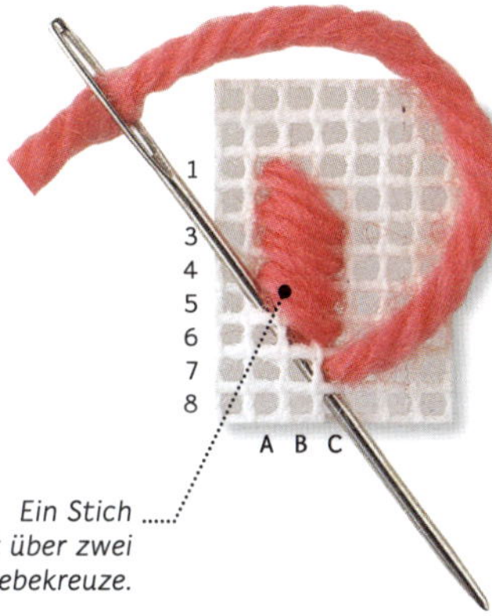

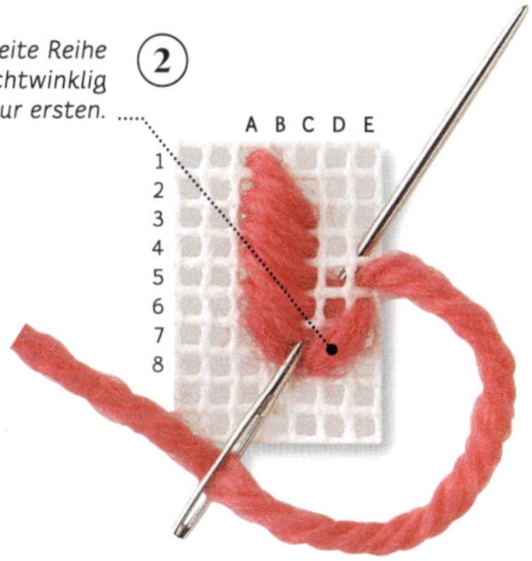

1 Oben links mit einem schrägen Stich von **3C** nach **1A** beginnen. Dann von **4C** nach **2A** sticken und fortlaufend abwärts bis zum Reihenende wiederholen.

2 Die nächste Reihe mit einem Stich in entgegengesetzter Richtung (von **6E** nach **8C**) beginnen. Aufwärts fortfahren. Reihen im Wechsel wiederholen.

Technikvariante

Für einen Farbverlauf die Stiche im oberen Bereich der Fläche in einem hellen Ton sticken und nach unten hin allmählich zu dunkleren Tönen übergehen.

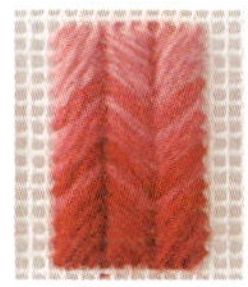

Nachgesteppter Zickzack-Gobelinstich

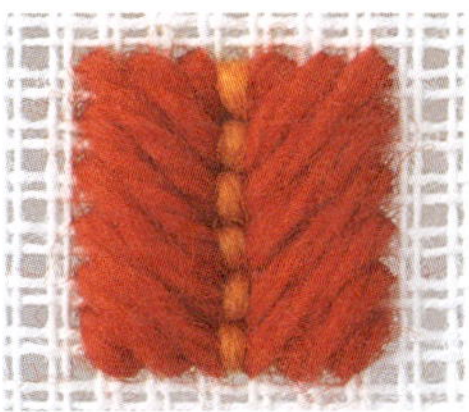

SCHWIERIGKEITSGRAD
Mittel

VERWENDUNG
Strukturierter Hintergrund, Füllstich

METHODE
Zwei senkrechte Reihen aus aufeinander zulaufenden Schrägstichen sowie Rückstichen

MATERIAL
Zweifädiger Stramin; Garn in zwei Farben

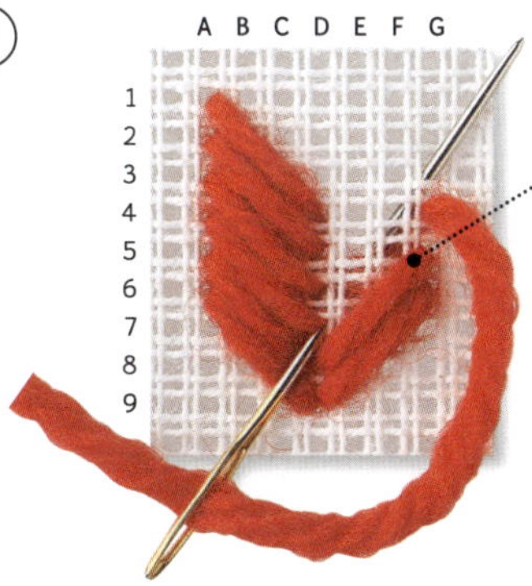

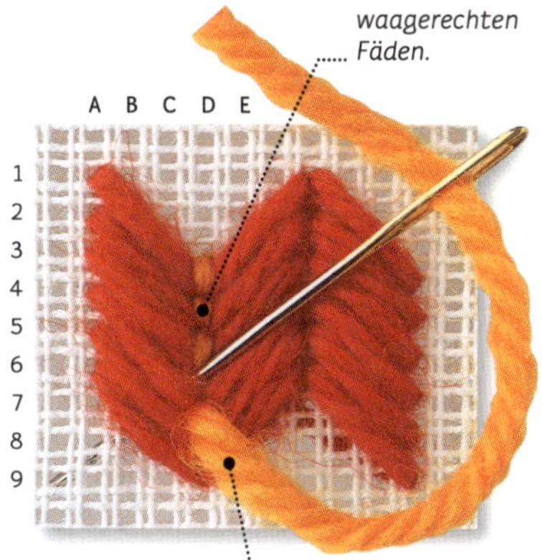

1 Oben links mit einem Schrägstich von **4D** nach **1A** beginnen. Den zweiten Stich von **5D** nach **2A** sticken und abwärts fortfahren. Die nächste Reihe mit einem Stich von **6G** nach **9D** beginnen, einen Stich von **5G** nach **8D** anschließen und aufwärts fortfahren. Beide Reihen abwechselnd wiederholen.

2 Zwei Rückstiche von **4D** nach **3D** und von **5D** nach **4D** sticken. Abwärts fortfahren. Weitere Rückstichreihen jeweils zwischen die Reihen aus Schrägstichen sticken.

Florentiner Stich

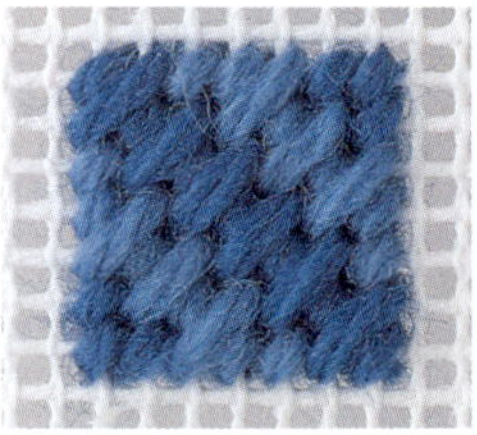

ANDERE NAMEN
Schräger Mosaikstich

SCHWIERIGKEITSGRAD
Einfach

VERWENDUNG
Füllmuster, einfarbig oder gestreift

METHODE
Kurze und lange Schrägstiche in diagonalen Reihen

MATERIAL
Stramin und Garn beliebig

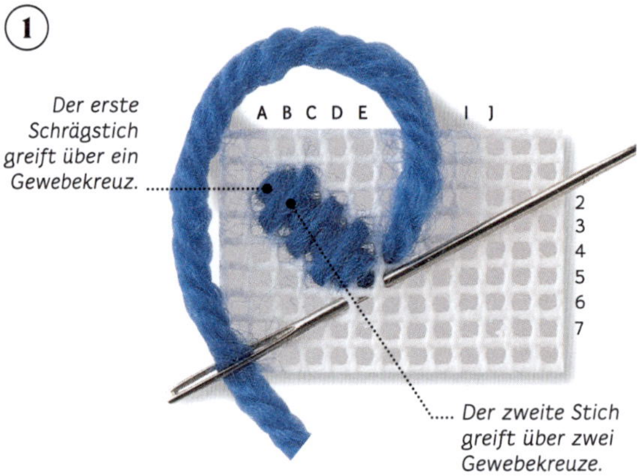

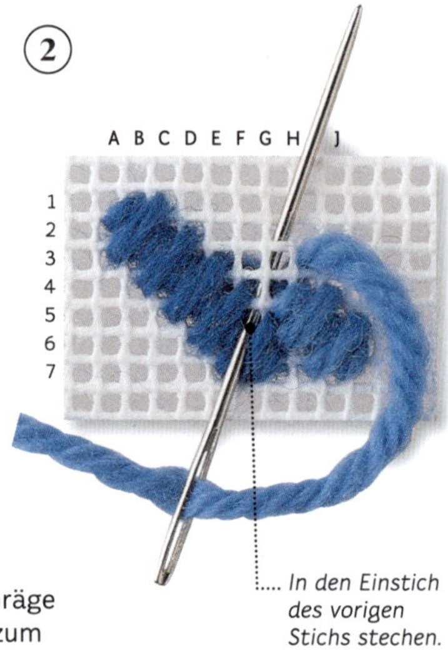

1 Oben links mit einem kurzen Stich von **1B** nach **2A** und einem längeren Stich von **1C** nach **3A** beginnen. Die schräge Reihe mit abwechselnd kurzen und langen Stichen bis zum unteren Rand der auszufüllenden Fläche fortsetzen.

2 Die nächste Reihe aufwärts mit Garn in der gleichen oder einer anderen Farbe sticken. Mit einem kurzen Stich von **6J** nach **7I** und einem langen von **5J** nach **7H** beginnen. Fortlaufend wiederholen.

Kaschmirstich

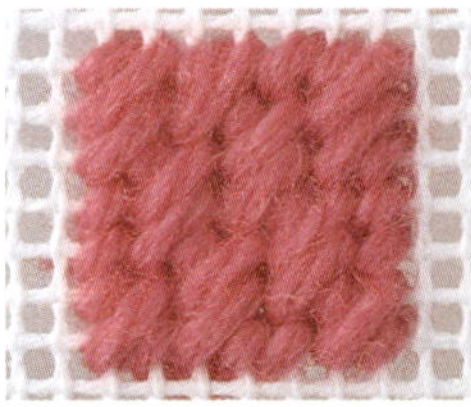

SCHWIERIGKEITSGRAD
Einfach

VERWENDUNG
Strukturierter Füll- und Hintergrundstich, uni oder gestreift

METHODE
Senkrecht gearbeitete Gruppen aus drei Schrägstichen

MATERIAL
Stramin und Garn beliebig

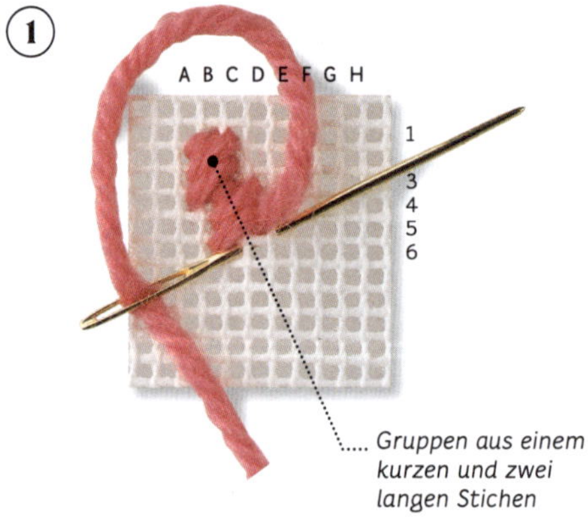

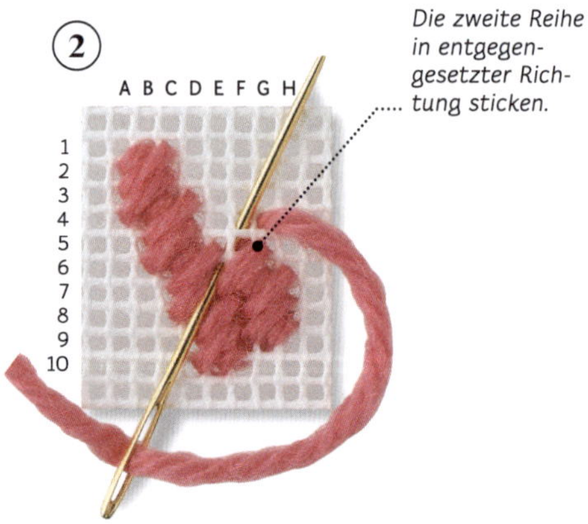

1 Oben links mit einem kurzen Schrägstich von **1B** nach **2A** beginnen. Zwei längere Stiche von **1C** nach **3A** und **2C** nach **4A** anschließen. Diese Stichfolge abwärts bis zum Reihenende wiederholen.

2 Die nächste Reihe aufwärts mit einem kurzen Stich von **8H** nach **9G** beginnen. Es folgen zwei längere Stiche von **7H** nach **9F** und von **6H** nach **8F**. Schritt 1 und 2 wiederholen, um die Fläche auszufüllen.

Technikvariante

Verwendet man für Auf- und Abwärtsreihen verschiedene Farben, entsteht ein Muster aus Schrägstreifen.

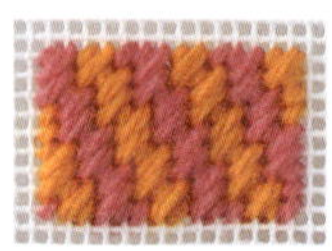

Diagonalstich

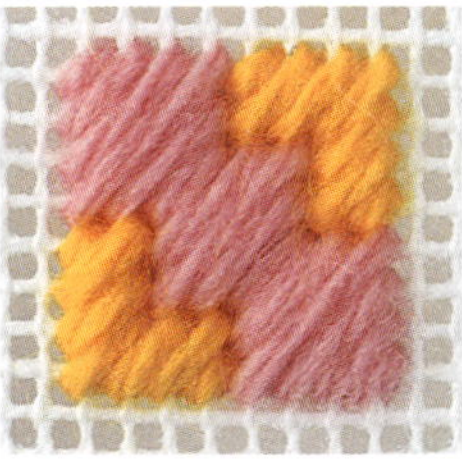

SCHWIERIGKEITSGRAD
Einfach

VERWENDUNG
Hintergrund- und Füllmuster für große Flächen

METHODE
Schräge Reihen aus Geradstichen in abgestufter Länge

MATERIAL
Beliebiger Stramin, beliebiges Garn in einer oder zwei Farben

(1)

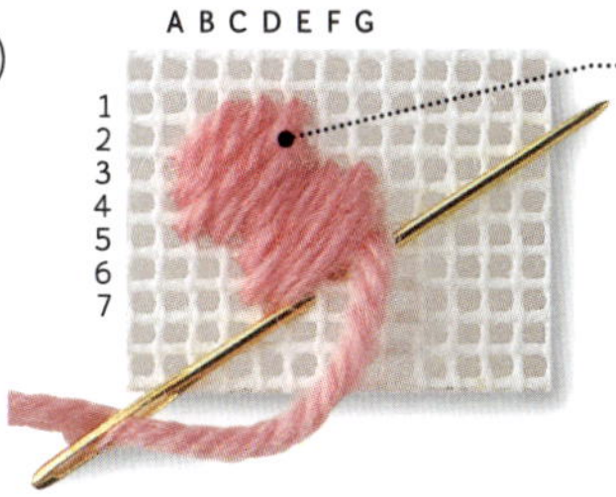

(2)

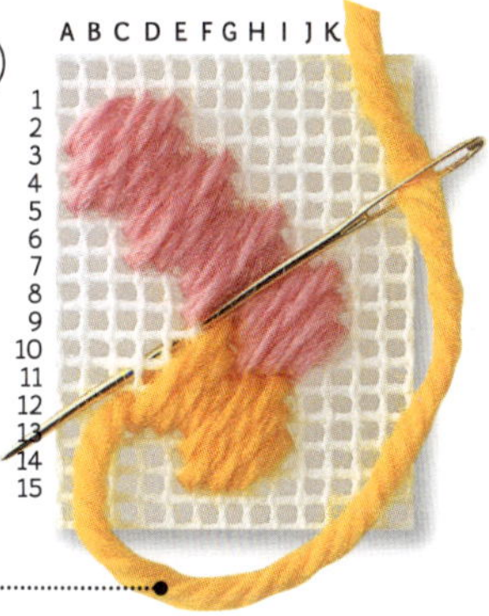

1 In der oberen linken Ecke beginnen. Jede Reihe besteht aus Gruppen von je vier Stichen. Die ersten Stiche führen von **1C** nach **3A**, **1D** nach **4A**, **1E** nach **5A** und **2E** nach **5B**. Den ersten Stich der nächsten Gruppe von **3E** nach **5C** sticken und abwärts fortfahren.

2 Die nächste Reihe ebenso sticken, jedoch aufwärts. Die Stiche des ersten Blocks führen von **13I** nach **15G**, **12I** nach **15F**, **11I** nach **15E** und **11H** nach **14E**. Die beiden Reihen wiederholen, freie Flächen am Rand mit weiteren Schrägstichen füllen.

Technikvariante

Arbeitet man den Diagonalstich einfarbig und stickt anschließend die Linien zwischen den Reihen mit Rückstich nach, schimmert garantiert kein Stramin durch. Die Fläche sieht dann aus wie wattiert und im Zickzack abgesteppt.

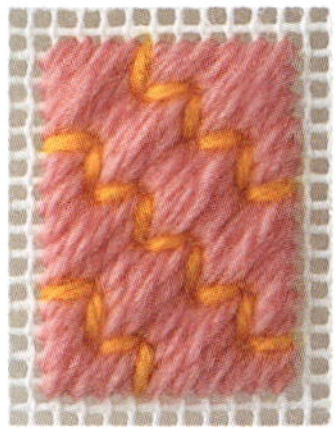

Byzantiner Stich

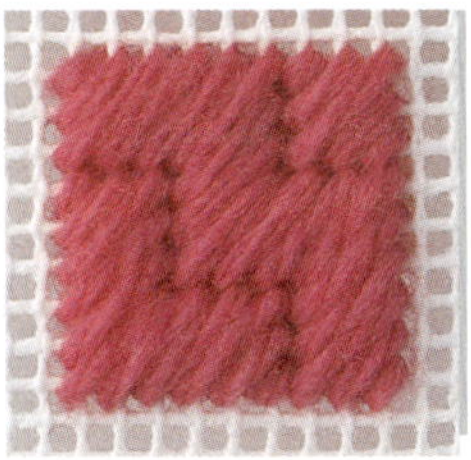

ANDERE NAMEN
Stufenstich, Treppenstich

SCHWIERIGKEITSGRAD
Einfach

VERWENDUNG
Große Flächen und Hintergründe

METHODE
Zickzackreihen aus schrägliegenden Geradstichen

MATERIAL
Stramin und Garn beliebig

(1)

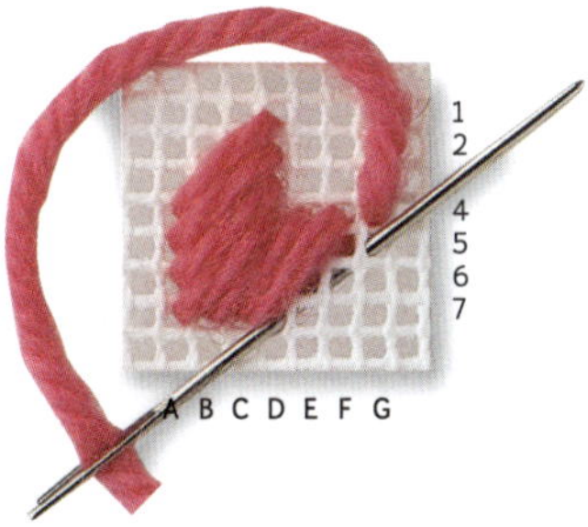

(2)

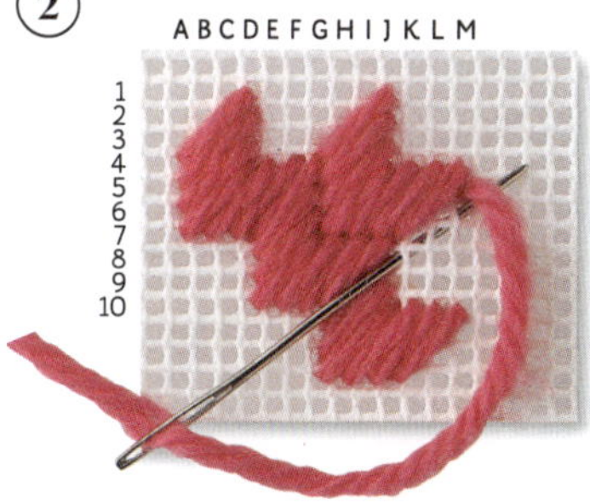

(3)

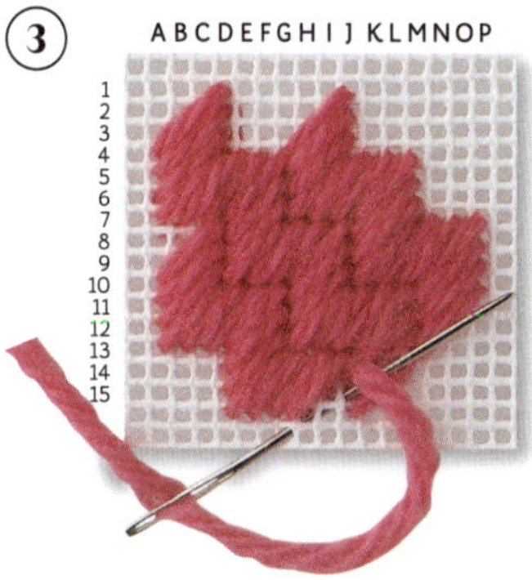

1 Oben links beginnen. Jede Zacke besteht aus sechs Schrägstichen, die fortlaufend wiederholt werden. Die ersten vier Stiche abwärts arbeiten: von **1D** nach **4A**, **2D** nach **5A**, **3D** nach **6A** und **4D** nach **7A**. Die beiden nächsten Stiche führen nach rechts: von **4E** nach **7B** und von **4F** nach **7C**. Der nächste Block beginnt bei **4G**.

2 Die zweite Reihe auf gleicher Höhe rechts von der ersten mit einem Stich von **1J** nach **4G** beginnen. Weitere Reihen ebenfalls rechts anfügen.

3 Die Zwischenräume oben und unten mit zusätzlichen Zacken, z. B. von **10A** nach **7D** füllen.

Jacquardstich

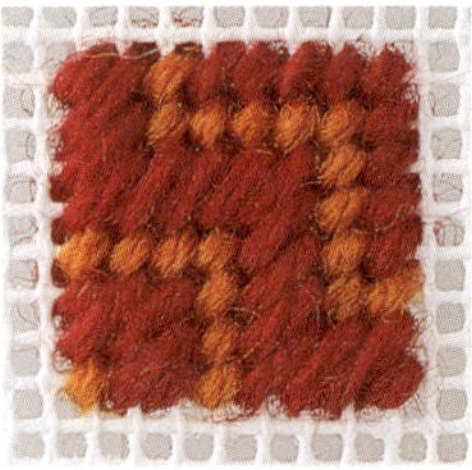

SCHWIERIGKEITSGRAD
Mittel

VERWENDUNG
Zickzack-Füllmuster für große Flächen

METHODE
Perl- und Schrägstiche im Wechsel in gestuften Reihen

MATERIAL
Einfädiger Stramin; beliebiges Garn

(1)

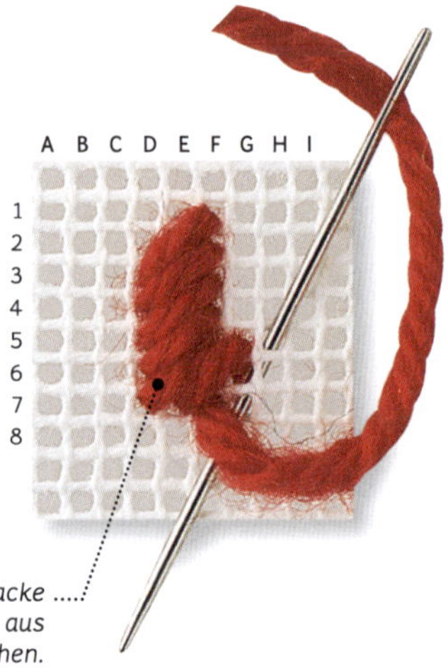

(2)

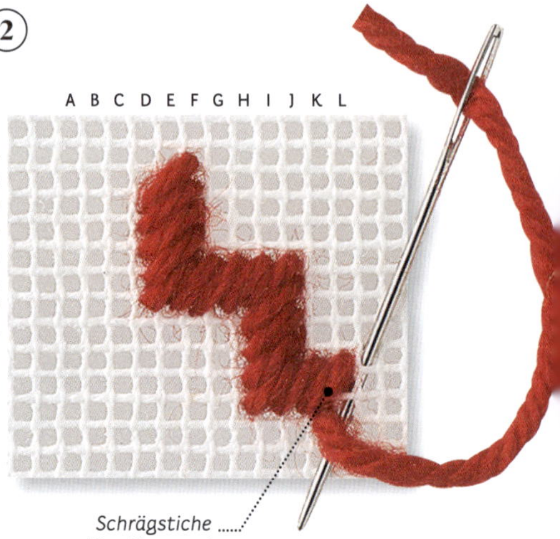

(3)

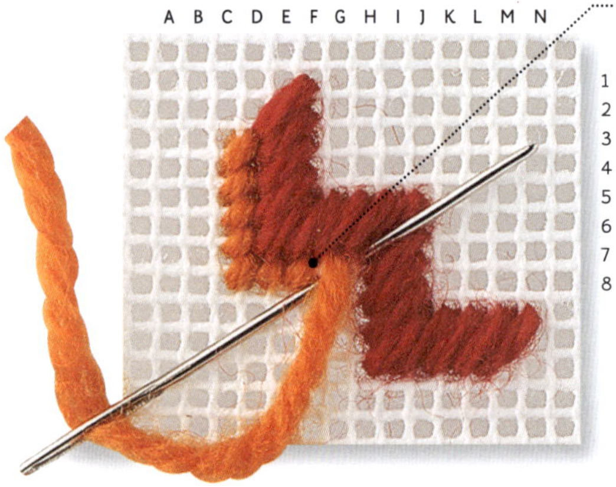

(4)

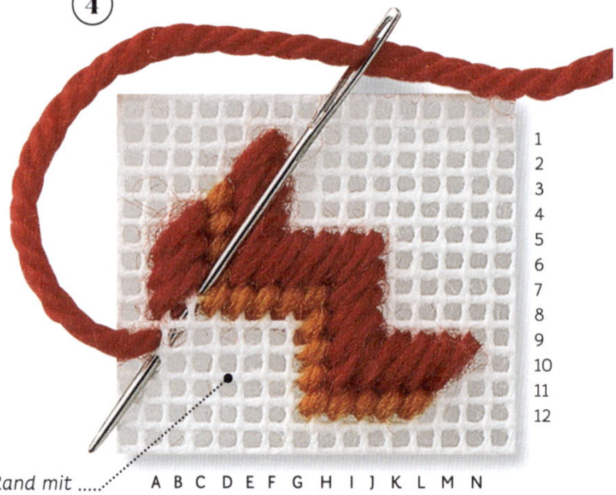

1 Oben links mit einem Block aus fünf Schrägstichen in Abwärtsrichtung beginnen: Von **3D** nach **1F, 4D** nach **2F, 5D** nach **3F, 6D** nach **4F** und **7D** nach **5F** sticken. Drei Stiche nach rechts anschließen: **7E** nach **5G, 7F** nach **5H, 7G** nach **5I**.

2 Bis zur unteren rechten Ecke der Gesamtfläche wiederholen.

3 In einer zweiten Farbe einen Block aus fünf Perlstichen abwärts sticken: **4C** nach **3D, 5C** nach **4D, 6C** nach **5D, 7C** nach **6D** und **8C** nach **7D**. Drei Stiche nach rechts anschließen: **8D** nach **7E, 8E** nach **7F, 8F** nach **7G**. Die Abfolge bis zum Reihenende wiederholen.

4 Schritt 1 wiederholen, mit einem Stich von **6A** nach **4C** beginnen. Die Reihen abwechselnd wiederholen.

Technikvariante

Arbeitet man den Stich einfarbig, entsteht ein edler Brokateffekt. Am besten wirkt die Struktur des Musters, wenn man glattes, glänzendes Stickgarn benutzt.

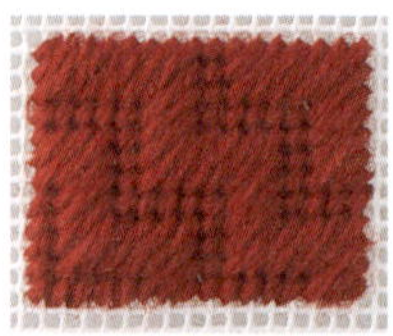

Maurischer Stich

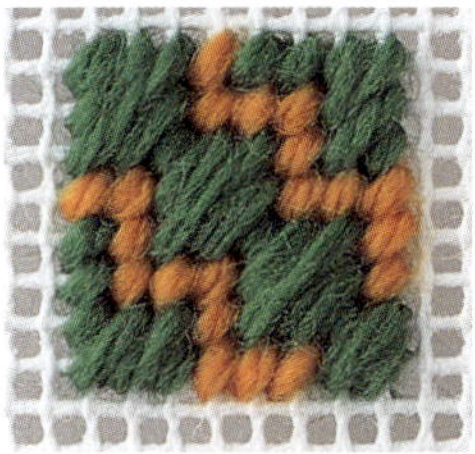

SCHWIERIGKEITSGRAD
Mittel

VERWENDUNG
Zickzack-Füllmuster für größere Flächen

METHODE
Reihen aus Perlstich und Schrägstich-Rhomben im Wechsel

MATERIAL
Beliebiger Stramin; beliebiges Garn

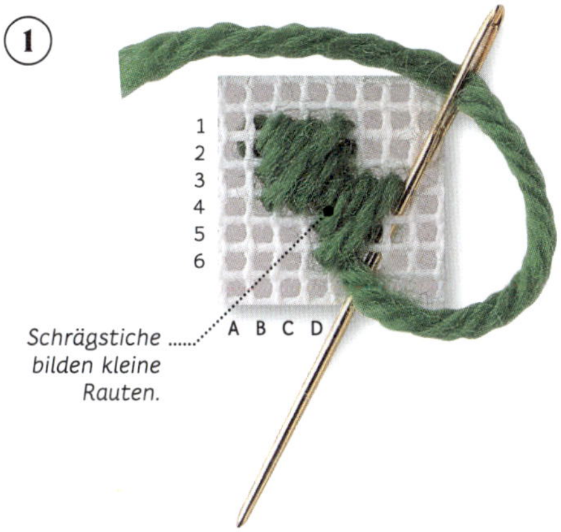

Schrägstiche bilden kleine Rauten.

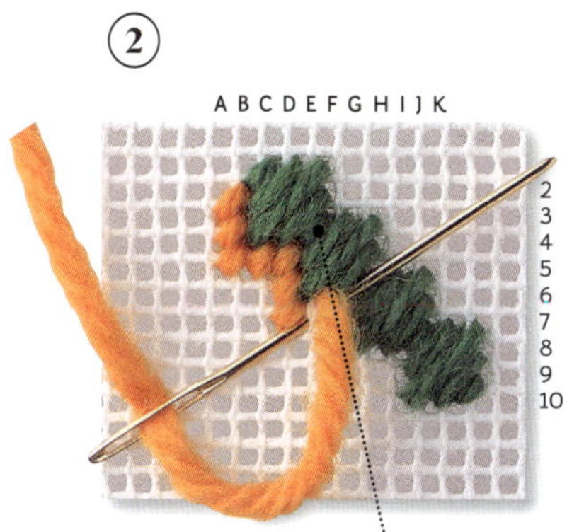

Jeder Perlstich greift über ein Gewebekreuz.

1 Oben links mit drei in der Länge abgestuften Schrägstichen beginnen: von **2B** nach **1C, 3B** nach **1D** und **4A** nach **1E**. Einen kürzeren Stich von **4C** nach **2E** anschließen. Diese Vierersequenz fortlaufend wiederholen.

2 In einer zweiten Garnfarbe links neben den Rauten eine getreppte Reihe im Perlstich sticken: von **2B** nach **3A, 3B** nach **4A, 4B** nach **5A** und **4C** nach **5B**. Diese Vierersequenz fortlaufend wiederholen. Schritt 1 und 2 fortlaufend wiederholen, dabei die Reihen jeweils exakt aneinander fügen.

Mailänder Stich

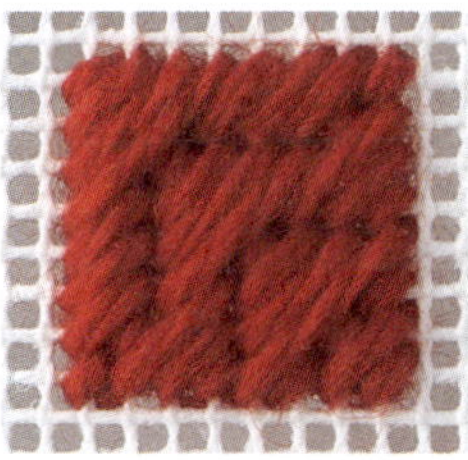

SCHWIERIGKEITSGRAD
Mittel

VERWENDUNG
Brokatartiges Füll- oder Hintergrundmuster

METHODE
Dreiecksmuster, gebildet aus abwechselnd langen und kurzen Stichen in schrägen Reihen

MATERIAL
Stramin und Garn beliebig

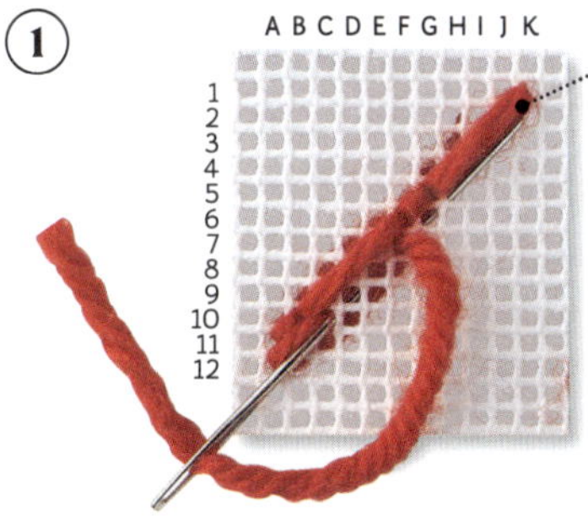

Die erste Reihe abwärts sticken.

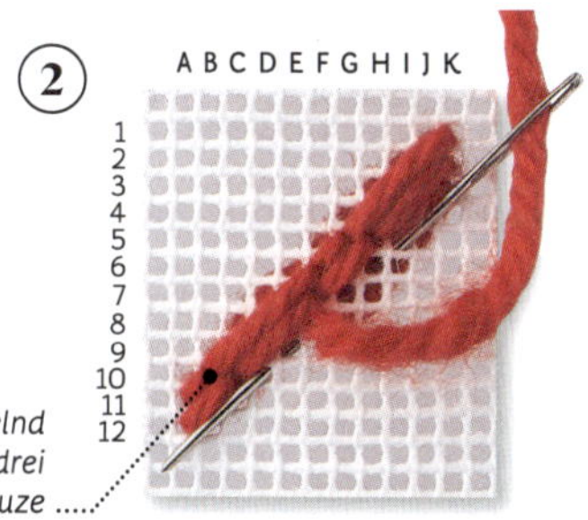

Stiche abwechselnd über zwei und drei Gewebekreuze

1 Oben rechts mit einem langen Stich von **5G** nach **1K** und einem kurzen von **6F** nach **5G** beginnen. Die Stiche abwechselnd bis zum Reihenende wiederholen. Die nächste Reihe mit einem kurzen Stich von **10C** nach **12A** und einem langen von **7F** nach **10C** beginnen. Aufwärts sticken und die beiden Stiche fortlaufend wiederholen.

2 Die dritte Reihe mit Stichen von **5I** nach **3K** und **8F** nach **5I** beginnen. Abwärts wiederholen.

3 Die vierte Reihe führt aufwärts mit Stichen von **10E** nach **14A** und **9F** nach **10E**. Alle vier Reihen fortlaufend wiederholen.

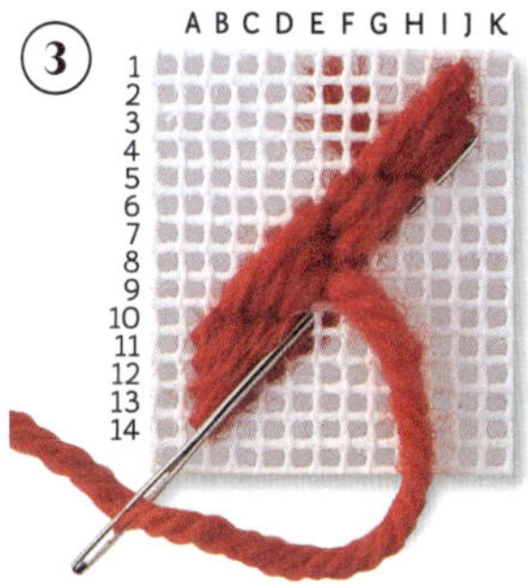

Mosaikstich

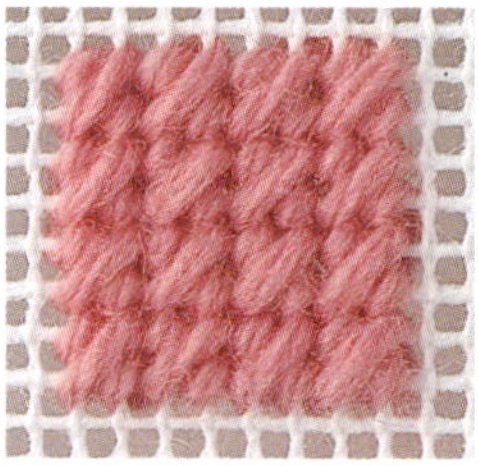

SCHWIERIGKEITSGRAD
Einfach

VERWENDUNG
Fein strukturierter Hintergrund

METHODE
Karomuster, gebildet aus waagerechten Reihen langer und kurzer Schrägstiche

MATERIAL
Stramin und Garn beliebig

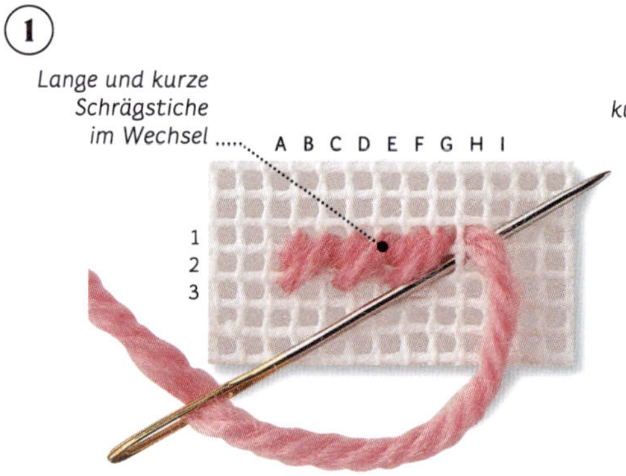

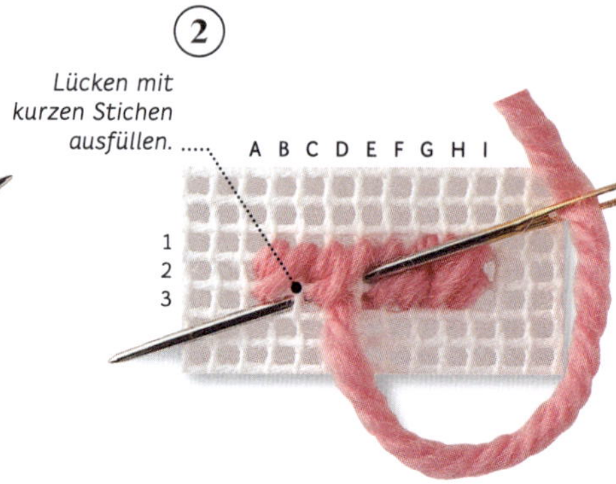

1 Oben links mit zwei Schrägstichen von **1B** nach **2A** und **1C** nach **3A** beginnen. Die beiden Stiche im Wechsel bis zum Reihenende wiederholen.

2 Die Rückreihe in entgegengesetzter Richtung arbeiten. Mit einem kurzen Stich von **3H** nach **2I** das erste Karo beenden. Die Reihe nach links fortsetzen. Die beiden Reihen im Wechsel wiederholen, um die Fläche auszufüllen.

Technikvariante

Verwendet man zwei oder mehr aufeinander abgestimmte Farben, entsteht ein feines Schachbrettmuster, das sich gut zum Ausfüllen kleinerer Flächen eignet.

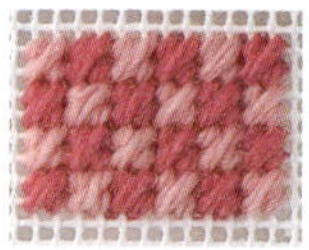

Kissenstich

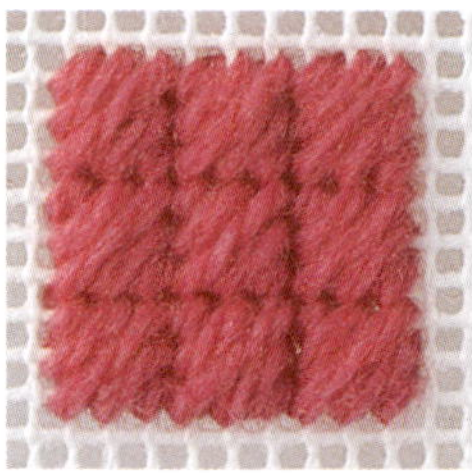

SCHWIERIGKEITSGRAD
Einfach

VERWENDUNG
Füll- und Hintergrundmuster aus regelmäßigen Quadraten

METHODE
Quadratische Gruppen aus Schrägstichen in abgestufter Länge

MATERIAL
Stramin und Garn beliebig

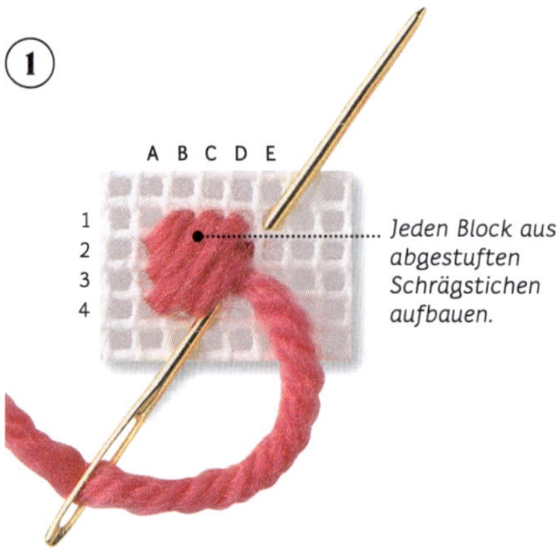

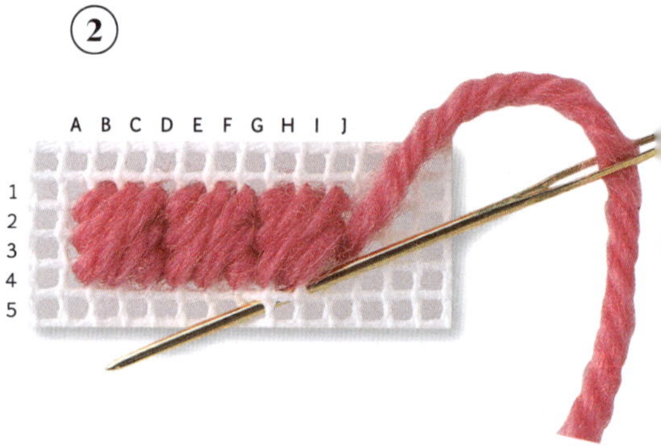

1 In der linken oberen Ecke beginnen und fünf Stiche von **1B** nach **2A**, **1C** nach **3A**, **1D** nach **4A**, **2D** nach **4B** und **3D** nach **4C** sticken. Der nächste Block beginnt mit einem Stich von **1E** nach **2D**. Bis zum Reihenende fortsetzen.

2 Die zweite Reihe in entgegengesetzter Richtung sticken. Mit einem Stich von **5G** nach **4H** beginnen. Schritt 1 und 2 wiederholen, bis die Fläche ausgefüllt ist.

Technikvariante

Wechselt man laufend die Stichrichtung, verzieht sich der Stramin weniger. Einen wirkungsvollen Effekt erzielt man mit zwei Garnfarben.

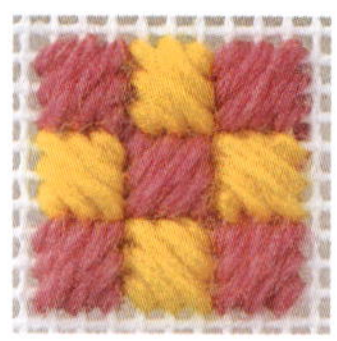

Schottenkaro

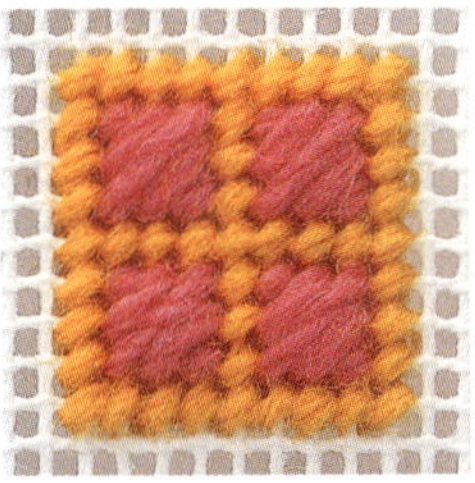

SCHWIERIGKEITSGRAD
Mittel

VERWENDUNG
Füllmuster für große Flächen

METHODE
Kissenstich, eingerahmt von einem Raster im Perlstich

MATERIAL
Stramin und Garn beliebig

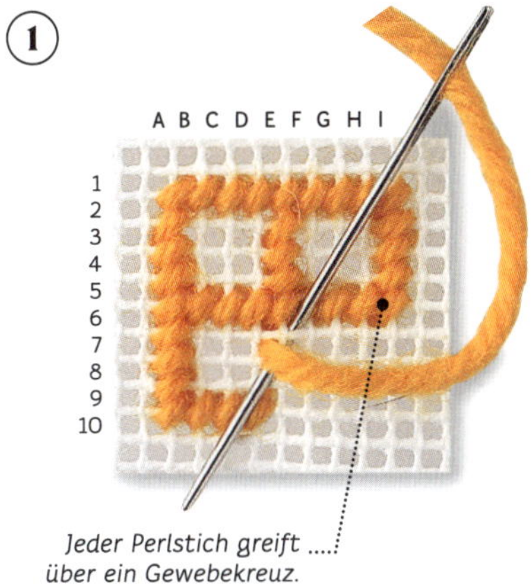

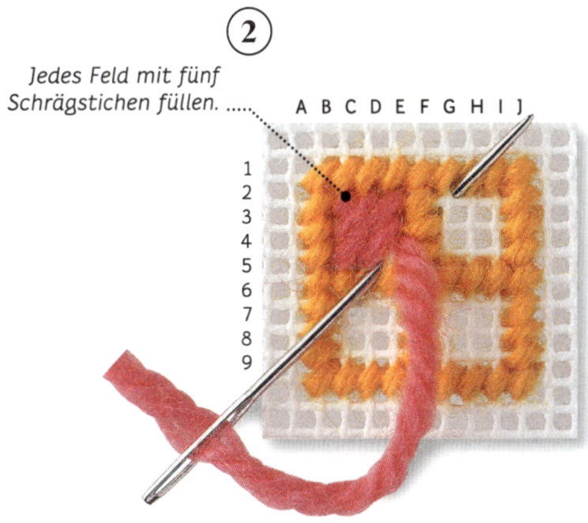

1 Links oben beginnen und zuerst das Raster aus senkrechten und waagerechten Reihen im Perlstich aufbauen. Dabei müssen Felder frei bleiben, die drei Gewebefäden breit und hoch sind.

2 Die freien Felder mit einer zweiten Farbe im Kissenstich (Seite 136) aussticken. Den ersten Block von **2C** nach **3B**, **2D** nach **4B**, **2E** nach **5B**, **3E** nach **5C** und **4E** nach **5D** sticken. Für das zweite Feld bei **2G** ausstechen.

Schachbrettstich

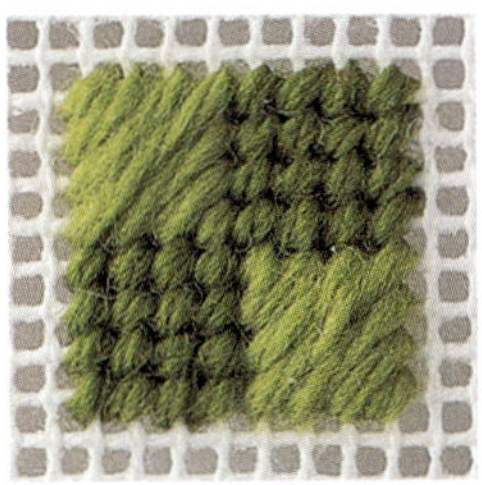

SCHWIERIGKEITSGRAD
Mittel

VERWENDUNG
Strukturiertes Füllmuster

METHODE
Wechsel aus Feldern im Kissenstich und Blöcken im Perlstich

MATERIAL
Beliebiger Stramin; Garn ein- oder zweifarbig

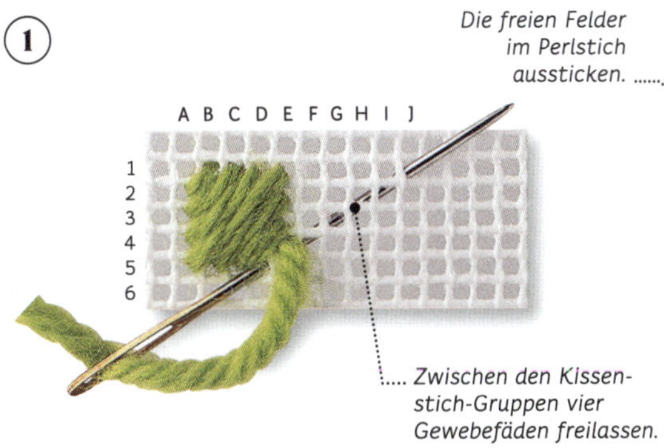

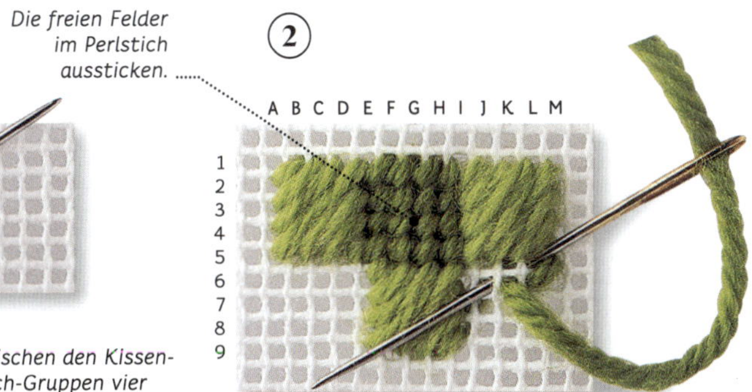

1 Oben links mit dem ersten Kissenstich beginnen. Er besteht aus sieben Schrägstichen von **1B** nach **2A**, **1C** nach **3A**, **1D** nach **4A**, **1E** nach **5A**, **2E** nach **5B**, **3E** nach **5C** und **4E** nach **5D**. Der nächste Block beginnt mit einem Stich von **1J** nach **2I**, die nächste Reihe mit einem Stich von **6E** nach **5F**.

2 Mit einem zweiten Farbton die freien Felder zwischen den Kissenstichen im Perlstich ausfüllen (Seite 129). Von **2H** nach **1I** beginnen, drei Stiche nach links anschließen und drei weitere Reihen darunter sticken. Die übrigen Felder ebenso ausfüllen.

Kreuz- und Sternstiche

Diese Stiche bestehen aus Kombinationen von senkrechten, waagerechten und schrägen Stichen. Sie sind komplex und zugleich interessant zu arbeiten. Die verschiedenen Kreuze bestehen aus zwei oder mehr Geradstichen, die übereinander gestickt werden, während die einzelnen Stiche, aus denen die Sterne bestehen, von einem zentralen Punkt ausgehen.

Die dickeren Kreuzvariationen werden auf doppelfädigem Stramin gearbeitet, um eine bessere Abdeckung zu erzielen. Für die anderen Stiche genügt einfädiger Stramin. Unabhängig davon, welcher Untergrund verwendet wird, sollte der gewählte Faden dick genug sein, um das Gewebe vollständig zu bedecken. Für mehrfarbige Muster und Struktureffekte können Sie auch Wollstickgarn und Perlgarn kombinieren.

Kreuzstich

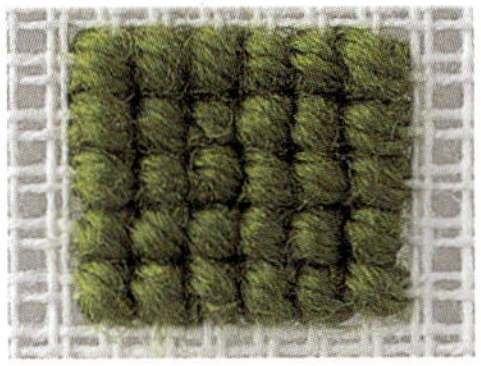

SCHWIERIGKEITSGRAD
Einfach

VERWENDUNG
Zählmuster und vorgedruckte Motive, Hintergründe

METHODE
Waagerechte Reihen aus einzelnen Kreuzstichen

MATERIAL
Zweifädiger Stramin, beliebiges Garn

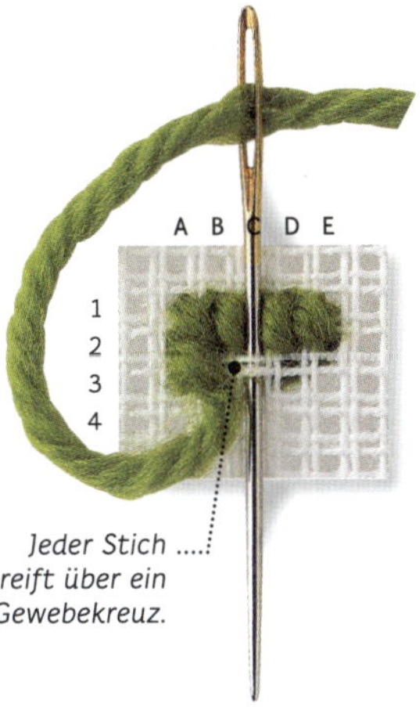

Jeder Stich greift über ein Gewebekreuz.

Oben rechts von **1E** nach **2D** und **1D** nach **2E** sticken. Das nächste Kreuz mit **1D** nach **2C** beginnen, nach links fortfahren. Das erste Kreuz der zweiten Reihe von **3A** nach **2B** und **3B** nach **2A** sticken. Nach rechts fortfahren. Reihen im Wechsel wiederholen.

Schräger Kreuzstich

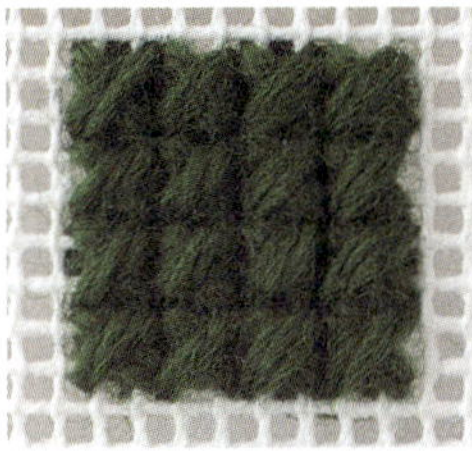

SCHWIERIGKEITSGRAD
Einfach

VERWENDUNG
Hintergrund und Füllmuster

METHODE
Schräge Reihen aus einzelnen Kreuzstichen

MATERIAL
Einfädiger Stramin, beliebiges Garn

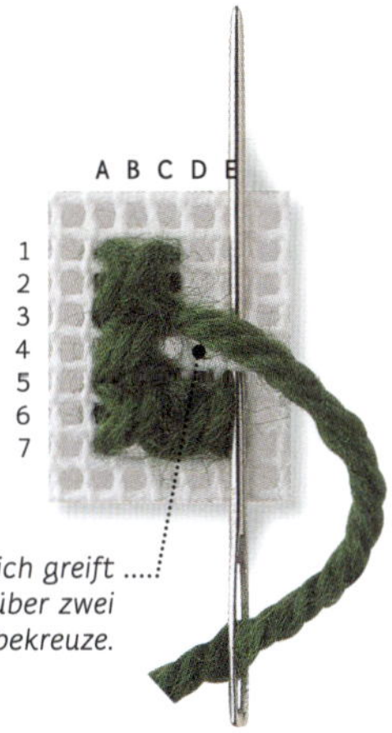

Stich greift über zwei Gewebekreuze.

Unten links drei Kreuze von **5A** nach **7C** und **5C** nach **7A,** von **7E** nach **5C** und **7C** nach **5E** sowie von **5C** nach **3A** und **5A** nach **3C** sticken. Die nächste Reihe von **1A** nach **3C** und **1C** nach **3A** beginnen. Das zweite Kreuz von **3C** nach **5E.**

Doppelter Kreuzstich

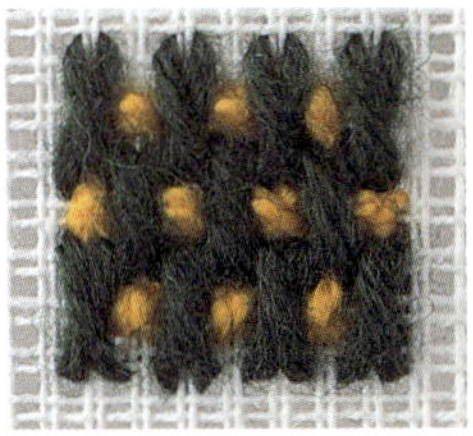

SCHWIERIGKEITSGRAD
Mittel

VERWENDUNG
Zweifarbiger Hintergrund

METHODE
Kleine Kreuzstiche in Abständen, überlagert von länglichen Kreuzstichen

MATERIAL
Zweifädiger Stramin; Garn in zwei Farben und Stärken

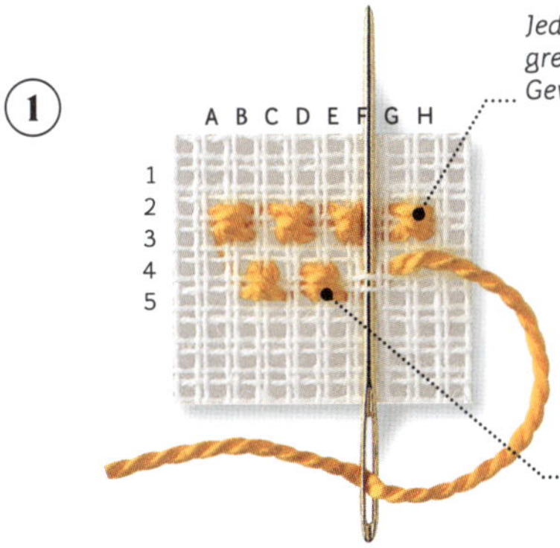

Jedes Kreuz greift über ein Gewebekreuz.

Kreuze in den Lücken der Vorreihe

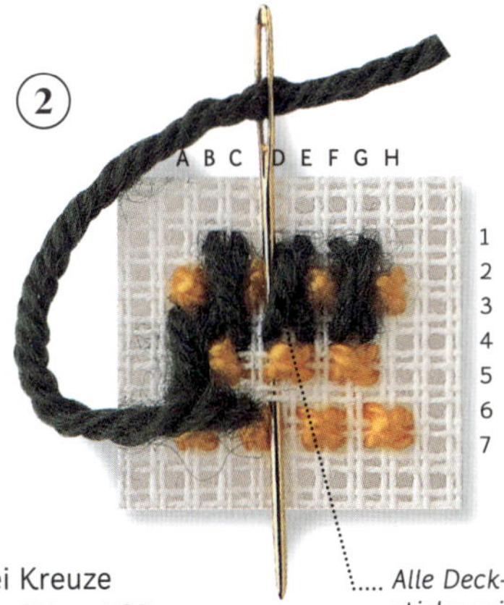

Alle Deckstiche zeigen in dieselbe Richtung.

1 Mit dem dünneren Garn oben rechts beginnen. Zwei Kreuze von **2H** nach **3G** und **2G** nach **3H** sowie von **2F** nach **3E** und **2E** nach **3F** sticken. Nach links fortfahren. Die nächste Reihe mit Kreuzen von **4C** nach **5B** und **4B** nach **5C** sowie **4E** nach **5D** und **4D** nach **5E** beginnen. Beide Reihen fortlaufend wiederholen.

2 Die Zwischenräume in den Reihen mit langen Kreuzstichen in dickem Garn ausfüllen. Das erste Kreuz von **4F** nach **1G** und **4G** nach **1F** sticken. Nach links fortsetzen. Die nächste Reihe mit einem Kreuz von **6A** nach **3B** und **6B** nach **3A** beginnen und nach rechts fortsetzen.

Gerader Kreuzstich

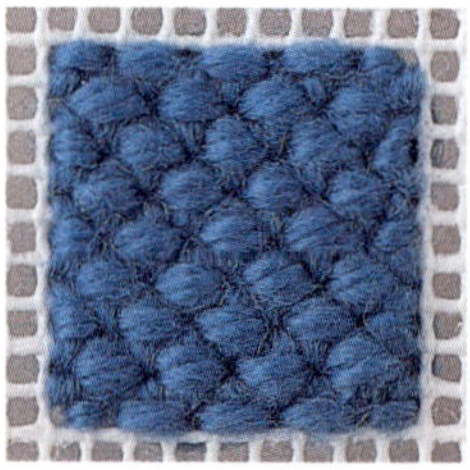

SCHWIERIGKEITSGRAD
Einfach

VERWENDUNG
Fein strukturierter Hintergrund

METHODE
Schräge Reihen aus einzeln gestickten Kreuzen

MATERIAL
Stramin und Garn beliebig

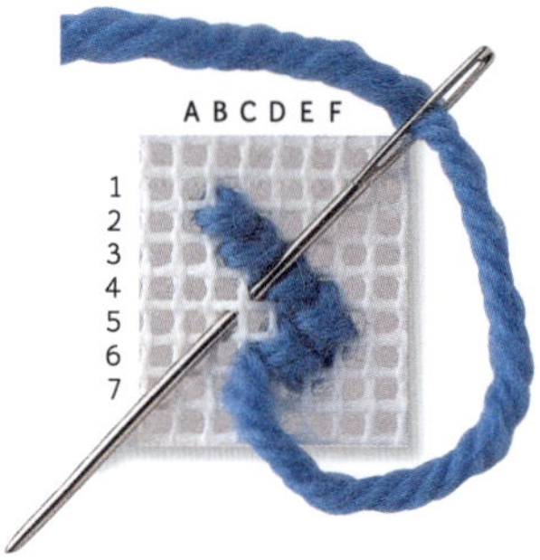

Oben links mit zwei Kreuzen beginnen: von **3B** nach **1B** und **2A** nach **2C** sowie von **4C** nach **2C** und **3B** nach **3D**. Abwärts fortfahren. Die nächste Reihe mit Stichen von **7D** nach **5D, 6C** nach **6E, 6C** nach **4C** und **5B** nach **5D** beginnen und aufwärts fortsetzen. Diese beiden Reihen abwechselnd wiederholen.

Sternrautenstich

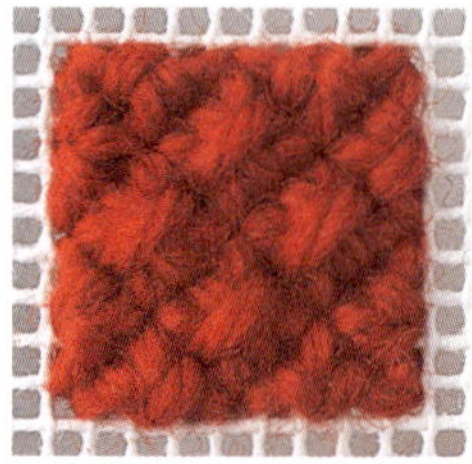

SCHWIERIGKEITSGRAD
Mittel

VERWENDUNG
Strukturiertes Füll- und Hintergrundmuster

METHODE
Kreuzstiche über größeren, aufrechten Kreuzstichen

MATERIAL
Einfädiger Stramin, beliebiges Garn

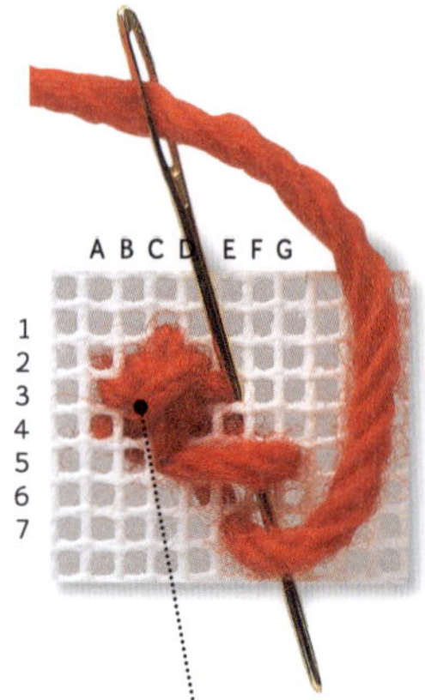

Oben links beginnen. Einen aufrechten Kreuzstich von **3E** nach **3A** und **5C** nach **1C** sticken. Darüber einen Kreuzstich von **4D** nach **2B** und **4B** nach **2D** arbeiten. Den nächsten Stich von **5G** nach **5C** sticken.

Smyrnastich

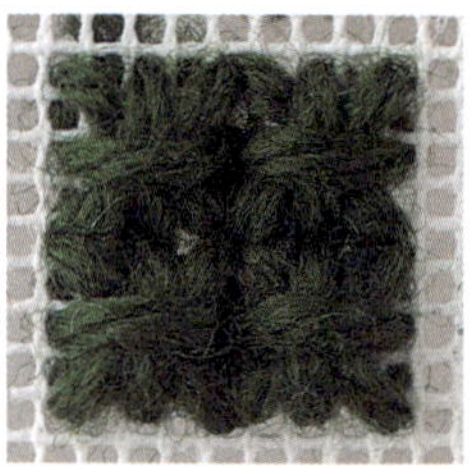

ANDERE NAMEN
Doppelter Kreuzstich

SCHWIERIGKEITSGRAD
Einfach

VERWENDUNG
Strukturierter Hintergrund

METHODE
Aufrechter Kreuzstich über schrägem Kreuzstich

MATERIAL
Einfädiger Stramin, beliebiges Garn

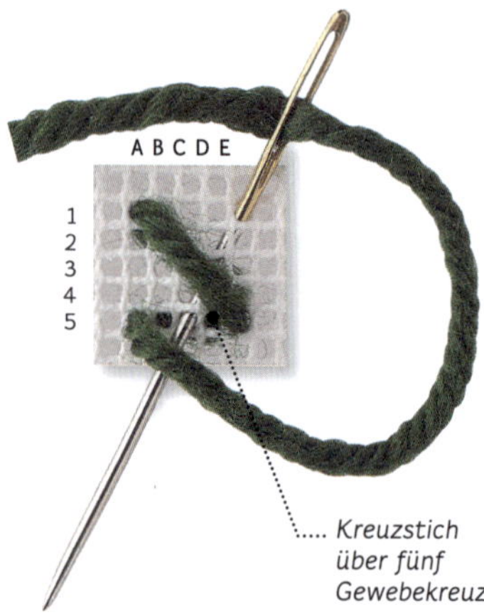

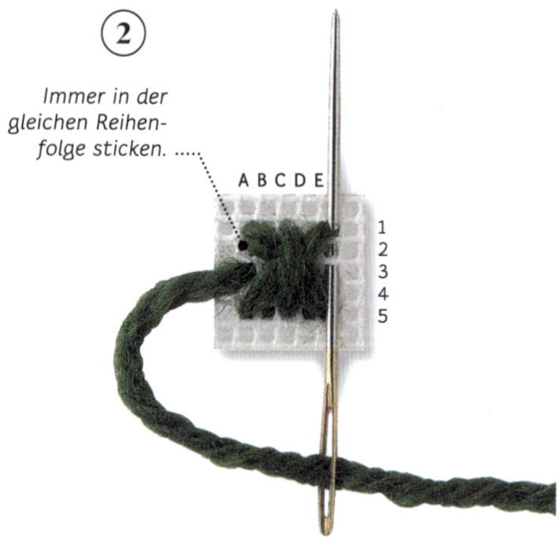

1 Oben links mit einem Schrägstich von **1A** nach **5E** und einem zweiten Schrägstich von **5A** nach **1E** beginnen. Die Nadel bei **5C** ausstechen.

2 Einen senkrechten Stich nach **1C** und einen waagerechten von **3A** nach **3E** sticken. Bei **1E** ausstechen, um den nächsten Stich zu beginnen. In waagerechten Reihen fortfahren.

Technikvariante

Ein reizvoller Schachbretteffekt entsteht, wenn man die Stiche abwechselnd in zwei verschiedenen Farben stickt.

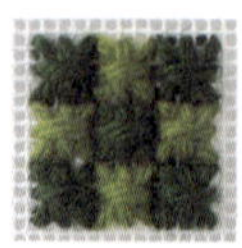

Doppelter Sternstich

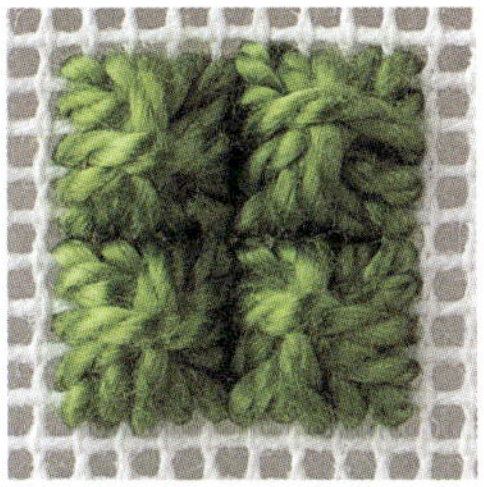

SCHWIERIGKEITSGRAD
Mittel

VERWENDUNG
Stark strukturierter Füllstich

METHODE
Variante des Smyrnastichs

MATERIAL
Einfädiger Stramin; glänzendes Baumwollperlgarn

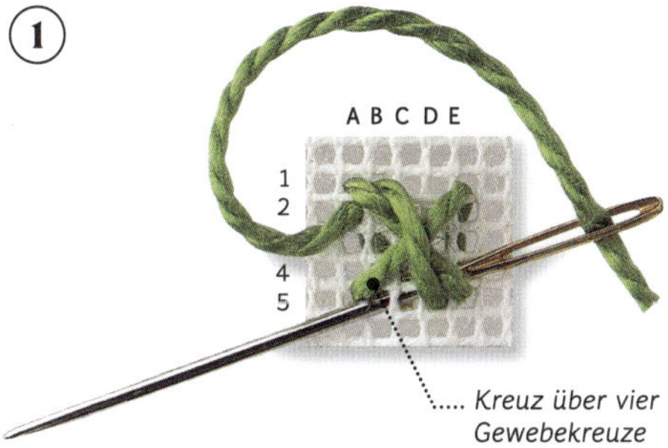

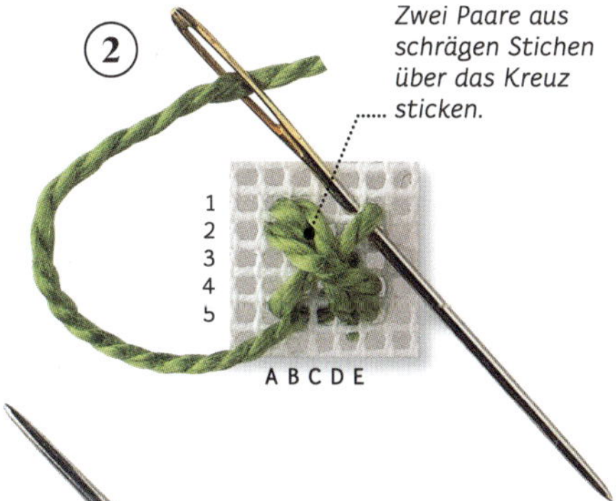

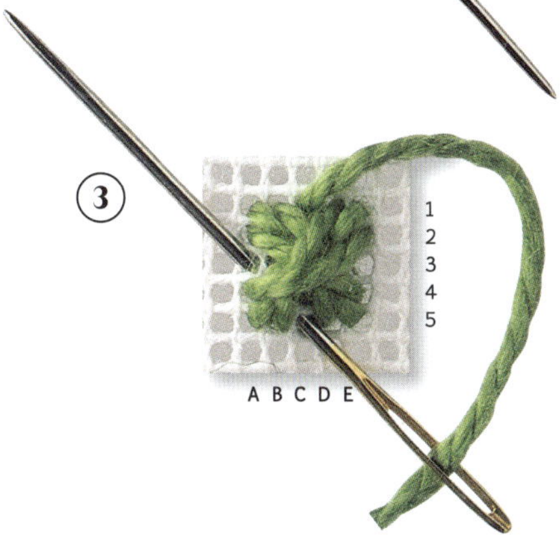

1. Oben links mit einem Kreuzstich von **1A** nach **5E** und **1E** nach **5A** beginnen. Zwei schräge Stiche von **5D** nach **1B** und **2A** nach **4E** sticken und bei **5B** ausstechen.
2. Bei **1D** einstechen und bei **2E** ausstechen.
3. Die Nadel bei **4A** einstechen und einen geraden Kreuzstich von **1C** nach **5C** und **3A** nach **3E** sticken. Den nächsten Stich bei **5A** beginnen. In waagerechten Reihen fortfahren.

Tweedstich

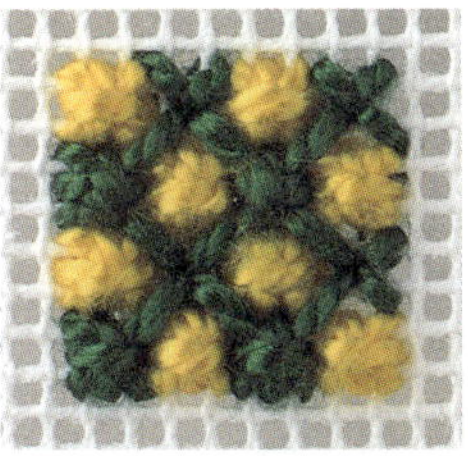

SCHWIERIGKEITSGRAD
Mittel

VERWENDUNG
Zweifarbiges Füllmuster mit Strukturoberfläche

METHODE
Smyrnastich im Wechsel mit großen, von kleinen aufrechten Kreuzen überstickten Kreuzstichen

MATERIAL
Einfädiger Stramin; Garn

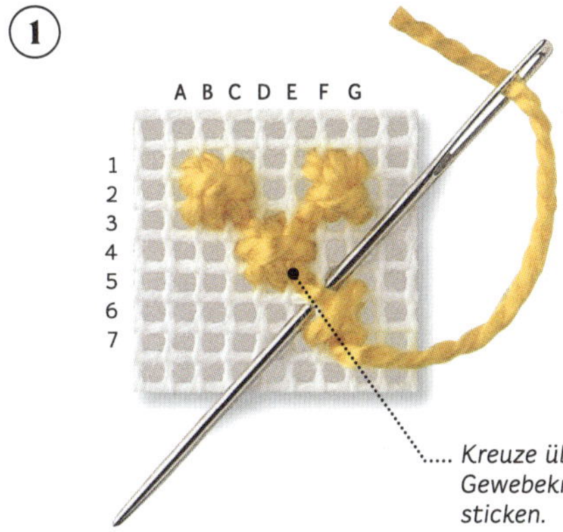

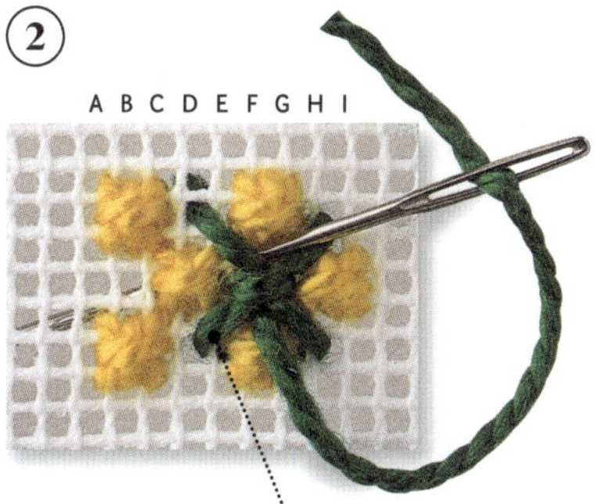

1. Oben links beginnen und eine Reihe kleiner Smyrnastiche arbeiten (Seite 140). Zwischen den Stichen zwei Fäden freilassen. Die Stiche der zweiten Reihe unter die Lücken der ersten sticken.
2. In der zweiten Farbe einen Kreuzstich von **6H** nach **2D** und **6D** nach **2H** sticken. Einen waagerechten Stich von **4E** nach **4G** und einen senkrechten Stich von **6F** nach **3F** anschließen. Das nächste große Kreuz bei **6D** beginnen. Fortlaufend wiederholen.

Waffelstich

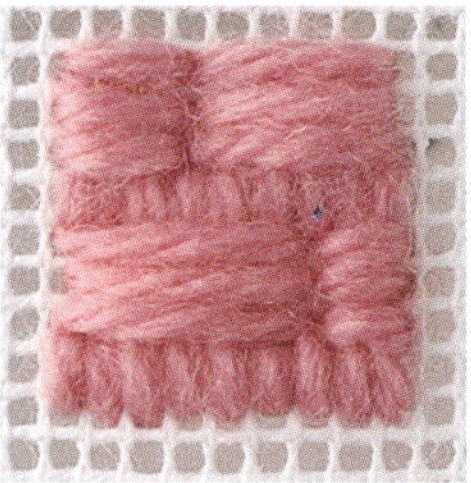

SCHWIERIGKEITSGRAD
Mittel

VERWENDUNG
Flechtmuster zum Füllen großer Flächen

METHODE
Aufrechte Kreuze aus je drei Stichen, in waagerechten Reihen gearbeitet

MATERIAL
Einfädiger Stramin, Garn

(1)

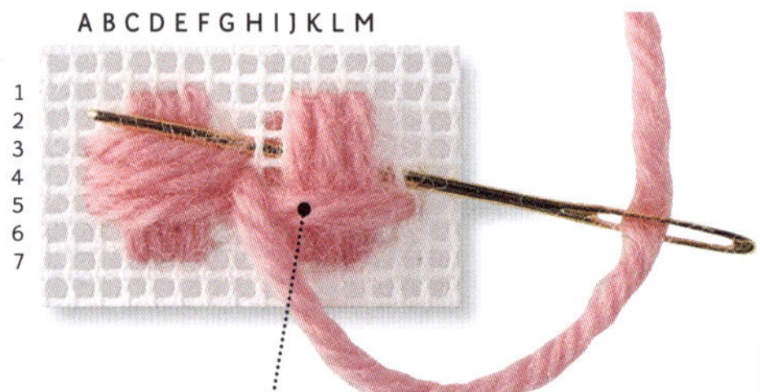

Spannstiche über sechs Gewebefäden sticken.

(2)

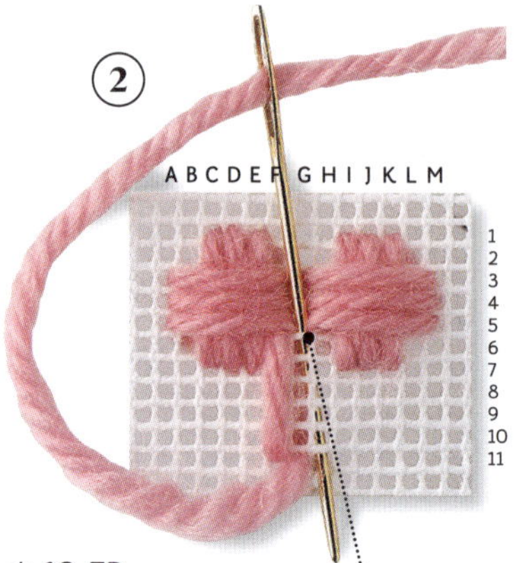

Nadel in den Einstich der Vorreihe stechen.

1 Oben links mit drei senkrechten Stichen von **7C** nach **1C**, **7D** nach **1D** und **7E** nach **1E** beginnen. Diese mit drei waagerechten Stichen überkreuzen: von **5A** nach **5G**, **4A** nach **4G** und **3A** nach **3G**. Den nächsten Block mit einem Stich von **7I** nach **1I** anfangen und bis zum Reihenende wiederholen.

2 Die zweite Reihe wird in die Zwischenräume der ersten eingefügt. Den ersten Block bei **11F** beginnen. Die folgenden Reihen ebenso arbeiten und abwechselnd rechts und links beginnen.

Schachbrett-Kissenstich

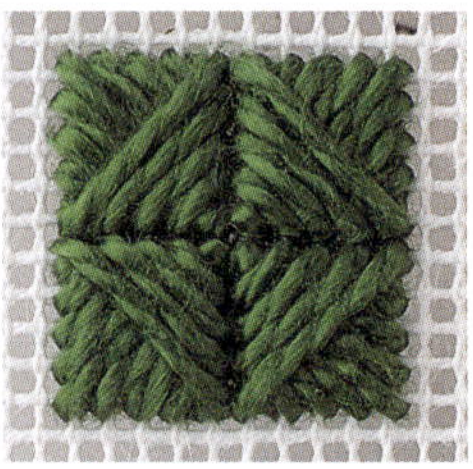

SCHWIERIGKEITSGRAD
Mittel

VERWENDUNG
Füllmuster für große Flächen

METHODE
Variante des Kissenstichs; Schachbrettmuster durch Wechsel der Stichrichtung

MATERIAL
Einfädiger Stramin; Baumwollperlgarn

(1)

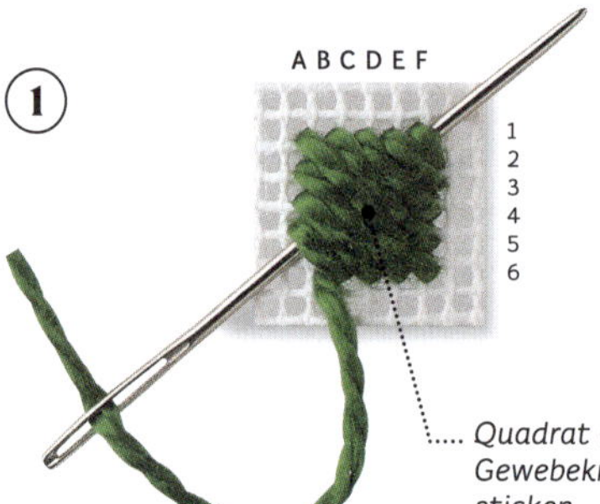

Quadrat über fünf Gewebekreuze sticken.

(2)

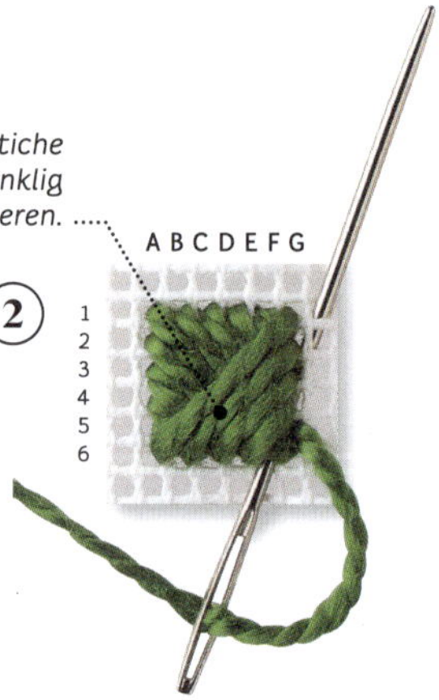

Die oberen Stiche liegen rechtwinklig zu den unteren.

(3)

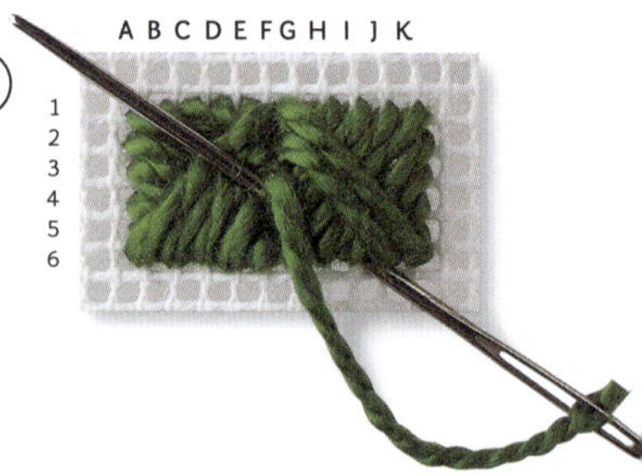

1 Oben links mit einem Quadrat aus neun abgestuften Schrägstichen beginnen. Mit **2F** nach **1E** anfangen und mit **6B** nach **5A** enden.

2 Fünf Stiche in entgegengesetzter Richtung arbeiten: von **1F** nach **6A**, **2F** nach **6B**, **3F** nach **6C**, **4F** nach **6D** und **5F** nach **6E**.

3 Schritt 1 und 2 in der Reihe fortlaufend wiederholen, dabei die Stichrichtung von Feld zu Feld wechseln. Die folgenden Reihen jeweils spiegelbildlich zur darüber liegenden Reihe arbeiten.

Brighton-Stich

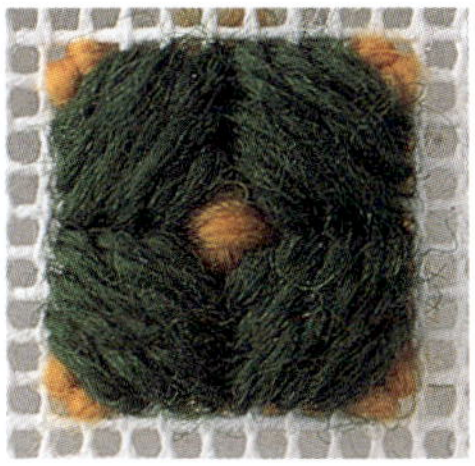

SCHWIERIGKEITSGRAD
Mittel

VERWENDUNG
Dichtes Füll- und Hintergrundmuster

METHODE
Sechsecke aus Geradstichen und aufrechte Kreuzstiche in Kontrastfarben

MATERIAL
Einfädiger Stramin; beliebiges Garn in zwei Farben

(1)

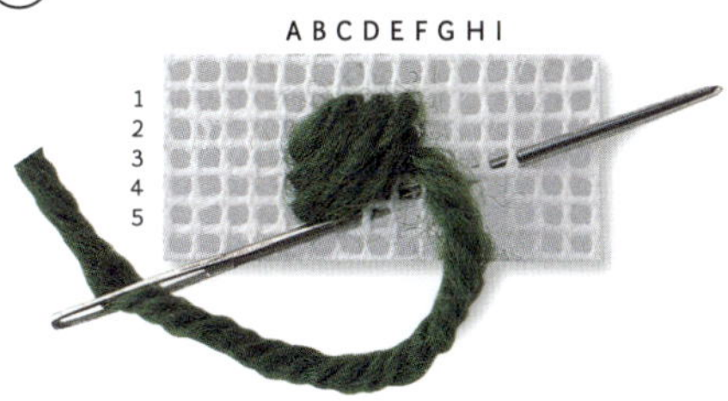

(2)

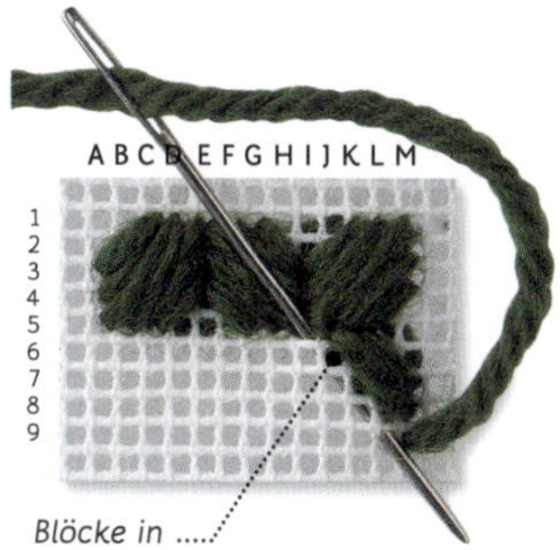

1 Oben links beginnen und ein Sechseck aus fünf schrägen Stichen aufbauen: von **1C** nach **3A**, **1D** nach **4A**, **1E** nach **5A**, **2E** nach **5B** und **3E** nach **5C**.

2 Beim zweiten Rechteck die Richtung wechseln, dafür bei **3I** nach **1G** beginnen. Diese Blöcke im Wechsel bis zum Reihenende wiederholen. Jede folgende Reihe spiegelbildlich zur darüber liegenden sticken.

3 Mit kontrastfarbenem Garn ein aufrechtes Kreuz von **4E** nach **6E** und **5D** nach **5F** sticken. Alle Zwischenräume mit solchen Kreuzen füllen.

(3)

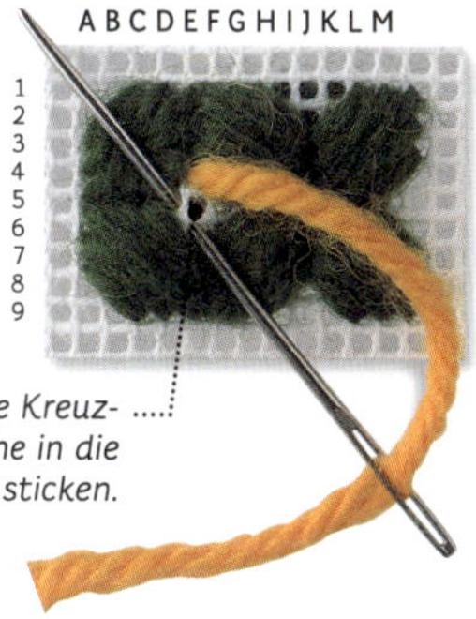

Reisstich

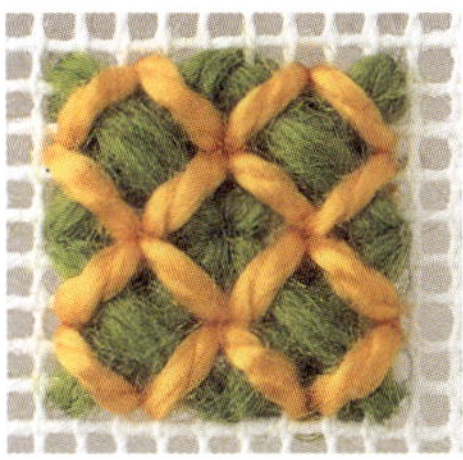

SCHWIERIGKEITSGRAD
Mittel

VERWENDUNG
Deckendes Gitter-Füllmuster

METHODE
Quadrate im Rückstich über großen Kreuzstichen

MATERIAL
Einfädiger Stramin; ein dünnes und ein dickeres Garn

(1)

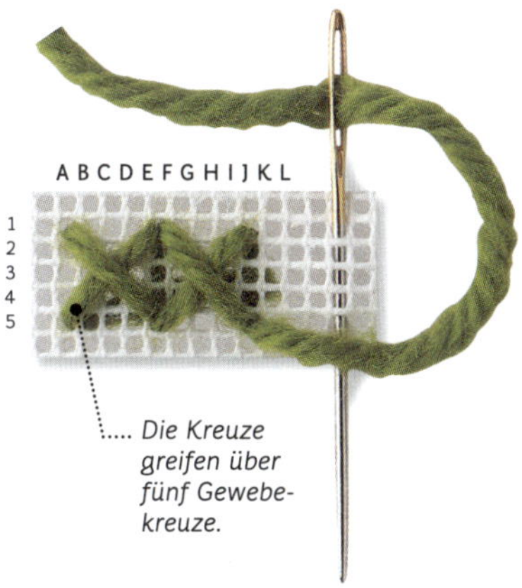

(2)

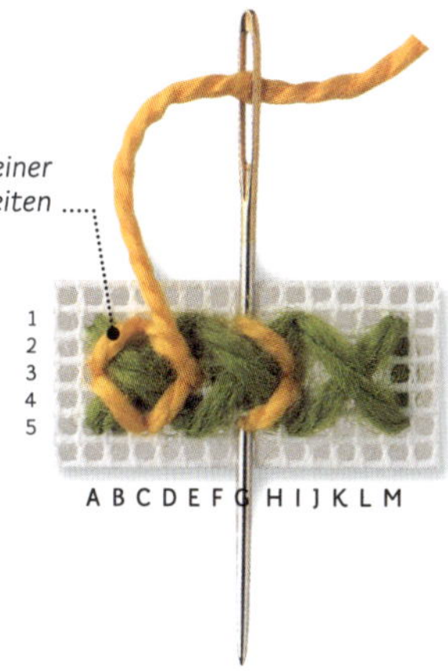

1 Oben links beginnen. Mit dem dicken Garn ein Kreuz von **5A** nach **1E** und **5E** nach **1A** sticken. Das nächste Kreuz mit einem Stich von **5E** nach **1I** beginnen und die Reihe fortsetzen.

2 Mit dem dünnen Garn vier Rückstiche über das erste Kreuz sticken: von **3E** nach **5C, 1C** nach **3E, 3A** nach **1C** und **5C** nach **3A**. Die übrigen Kreuze ebenso übersticken. Das nächste Rückstichquadrat beginnt mit **3I** nach **5G**. Die folgenden Reihen lückenlos anschließen.

Korbstich

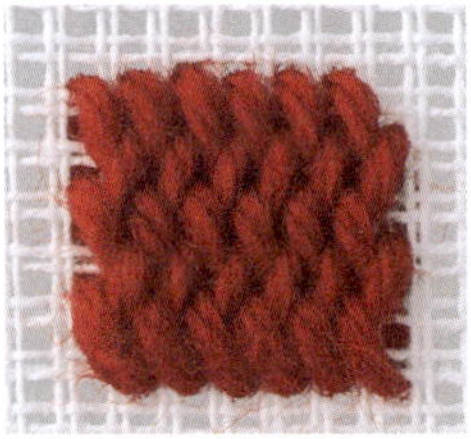

SCHWIERIGKEITSGRAD
Einfach

VERWENDUNG
Füllstich mit Flechteffekt für größere Flächen

METHODE
In überlappenden Reihen gestickte Variante des Gobelinstichs

MATERIAL
Zweifädiger Stramin; Tapisseriewolle oder anderes dickes Garn

①

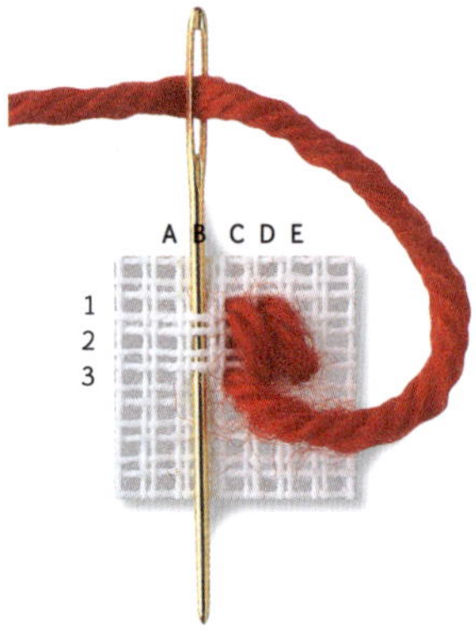

②

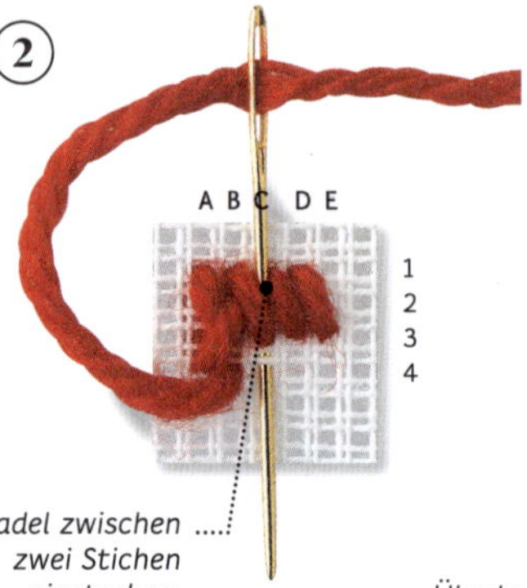

③

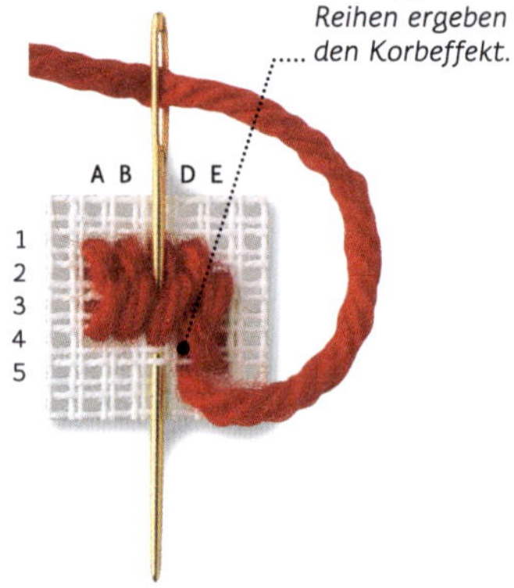

1 In der oberen rechten Ecke mit einem schrägen Stich von **3E** nach **1D** beginnen. Den nächsten Stich von **3D** nach **1C** sticken und fortlaufend nach links fortfahren.

2 Die nächste Reihe mit einem Stich von **4A** nach **2B** beginnen. Fortlaufend bis zum Ende wiederholen.

3 Die dritte Reihe wie die erste sticken. Mit einem Stich von **5E** nach **3D** beginnen. In Hin- und Rückreihen fortfahren.

Griechischer Stich

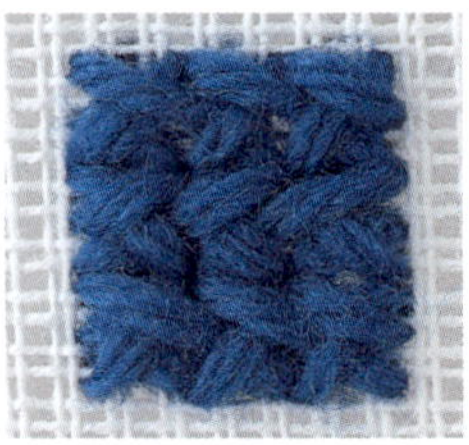

SCHWIERIGKEITSGRAD
Einfach

VERWENDUNG
Strukturiertes Füllmuster; in Einzelreihen als Kontur

METHODE
In waagerechten Reihen gestickte Variante des Hexenstichs

MATERIAL
Zweifädiger Stramin; beliebiges, dickes Garn

①

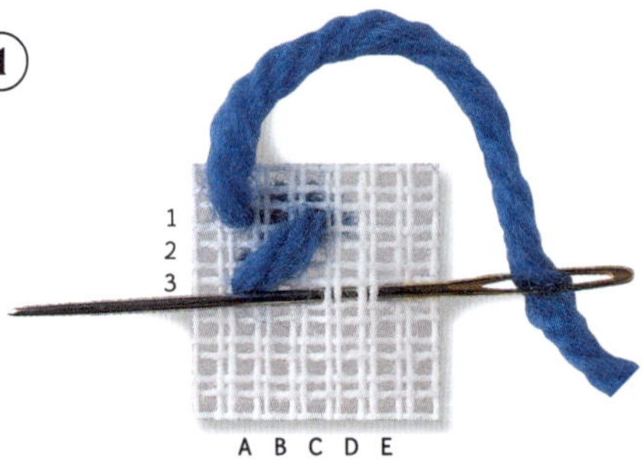

②

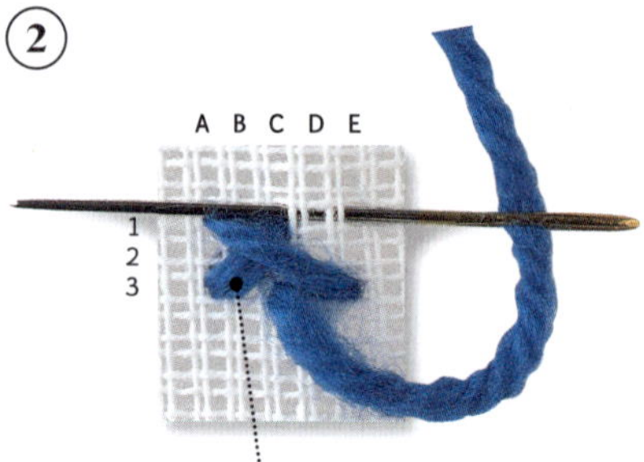

③

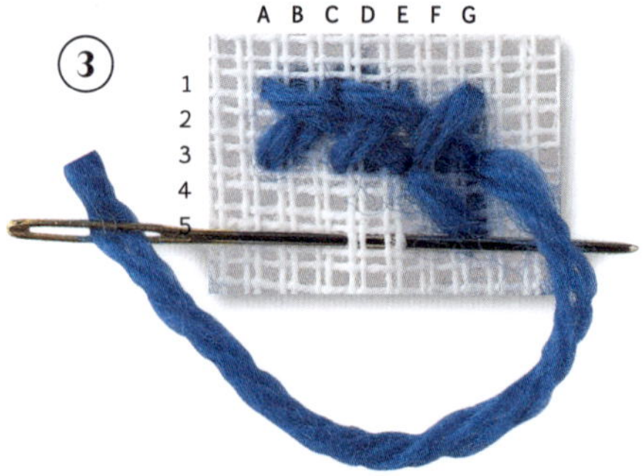

1 Oben links mit einem kurzen Stich von **1C** nach **3A** beginnen. Einen langen Stich von **1A** nach **3E** arbeiten und bei **3C** ausstechen.

2 Einen kurzen Stich nach **1E** arbeiten und bei **1C** ausstechen. Den Wechsel aus langen und kurzen Stichen bis zum Ende wiederholen.

3 Die zweite Reihe in entgegengesetzter Richtung sticken. Mit einem Stich von **5G** nach **3E** und **3G** nach **5C** beginnen. Beide Reihen abwechselnd wiederholen.

Flechtstich

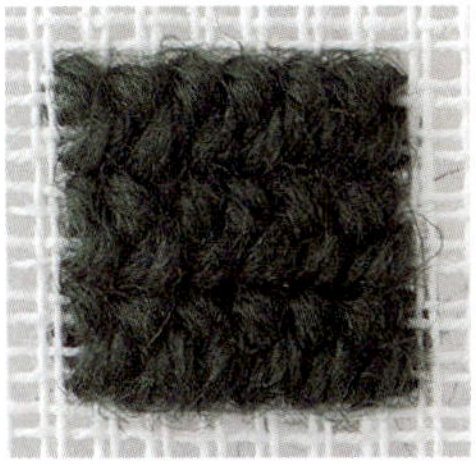

SCHWIERIGKEITSGRAD
Einfach

VERWENDUNG
Hintergrundstich mit Rippenstruktur; Einzelreihen als Kontur

METHODE
Reihen aus überlappenden Geradstichen

MATERIAL
Zweifädiger Stramin; beliebiges dickes Garn

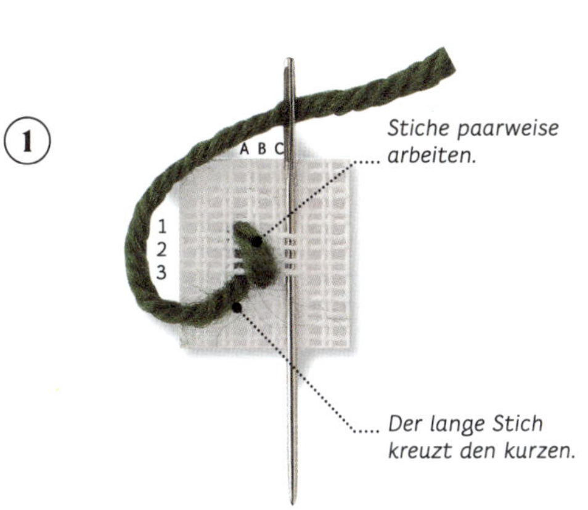

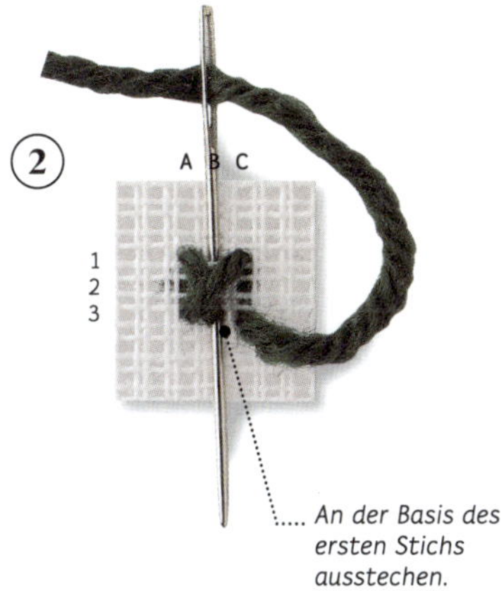

1 Oben links mit einem Schrägstich von **3B** nach **1A** beginnen und diesen mit einem längeren Stich von **3A** nach **1C** überkreuzen. Bei **3C** ausstechen und das nächste Stichpaar ebenso arbeiten.

2 Bei **1B** ein- und bei **3B** ausstechen. Stichpaare bis zum Reihenende wiederholen. Jede folgende Reihe direkt an die Vorreihe anschließen.

Technikvariante

Je nach gewünschtem Effekt und der Form der auszufüllenden Fläche kann man den Flechtstich auch in senkrechten Reihen sticken.

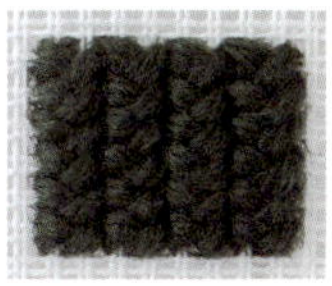

Fischgrätstich

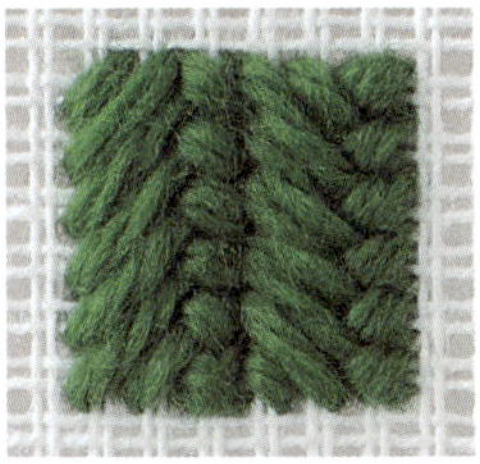

SCHWIERIGKEITSGRAD
Mittel

VERWENDUNG
Füllmuster mit Fischgräteffekt für größere Flächen

METHODE
Senkrechte Reihen aus Stichen in wechselnder Schrägstellung

MATERIAL
Zweifädiger Stramin; Tapisseriewolle oder anderes dickes Garn

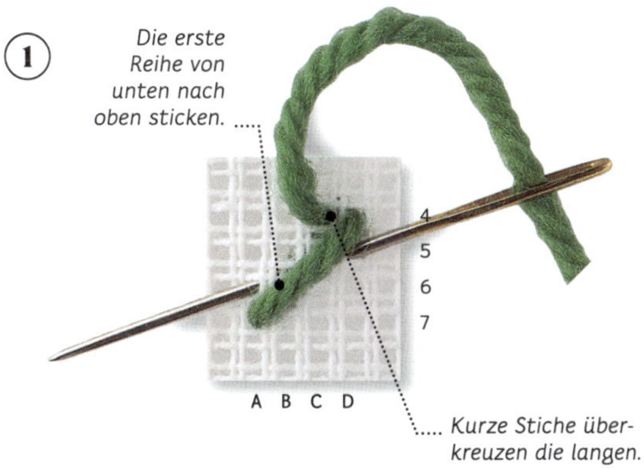

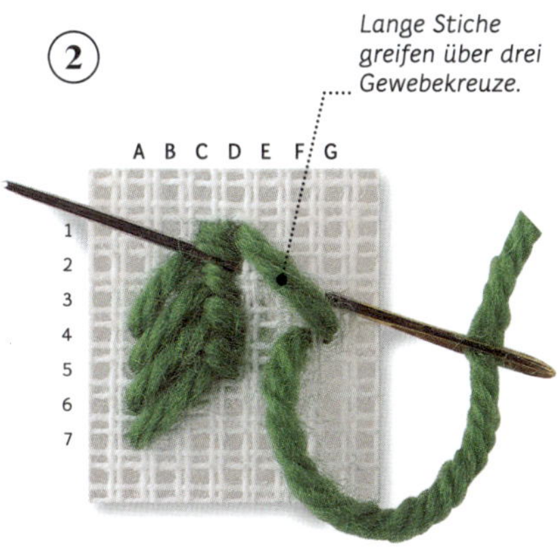

1 Unten links mit einem langen Schrägstich von **7A** nach **4D** beginnen. Diesen mit einem kurzen Stich von **4C** nach **5D** überkreuzen. Bei **6A** ausstechen und die beiden Stiche bis zum Reihenende wiederholen.

2 Die zweite Reihe abwärts arbeiten. Die ersten beiden Stiche führen von **1D** nach **4G** und von **4F** nach **3G**. Dann bei **2D** ausstechen. Schritt 1 und 2 fortlaufend wiederholen, bis die Fläche ausgefüllt ist.

Technikvariante

Einen attraktiven, gestreiften Rippeneffekt erhält man, wenn man nur Schritt 1 wiederholt und zwei Garnfarben im Wechsel verwendet.

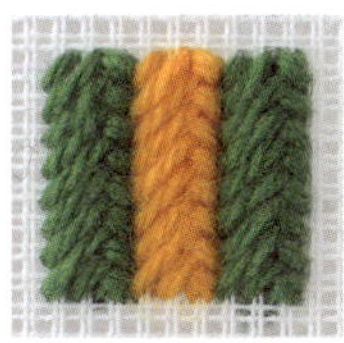

Bäumchenstich

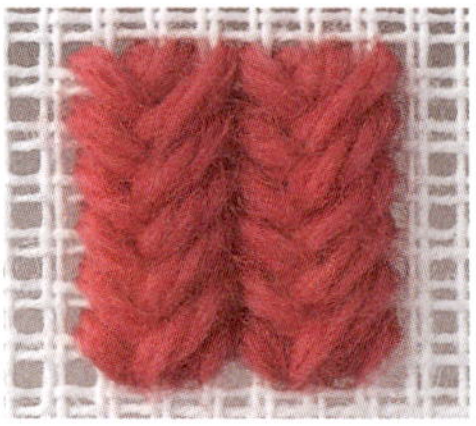

SCHWIERIGKEITSGRAD
Einfach

VERWENDUNG
Geripptes Füll- und Hintergrundmuster

METHODE
Senkrechte Reihen aus paarweise überlappenden Schrägstichen

MATERIAL
Zweifädiger Stramin; beliebiges dickes Garn

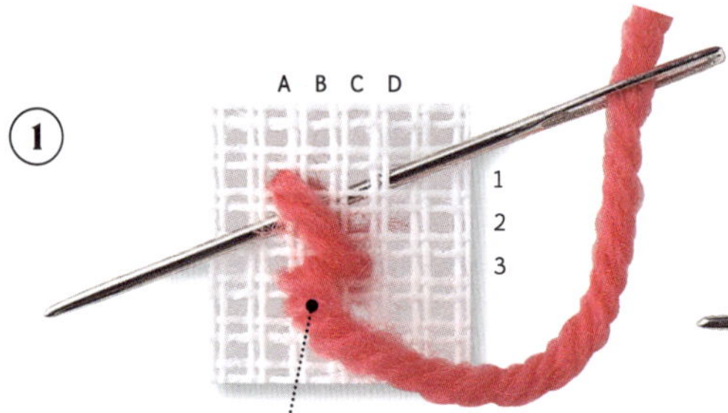

Der zweite Stich steht rechtwinklig zum ersten.

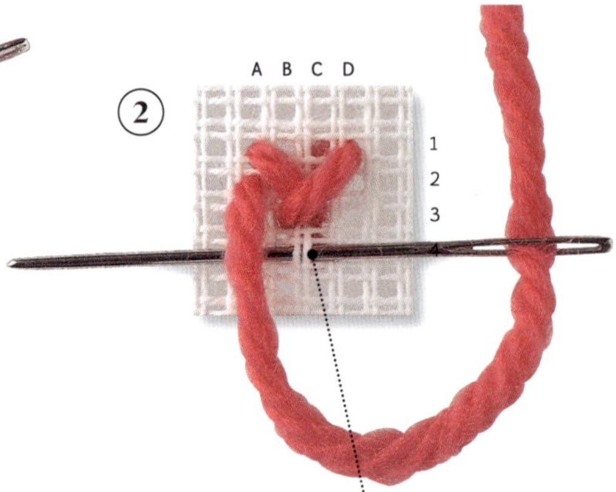

Alle Reihen von oben nach unten arbeiten.

1 Oben links mit zwei Schrägstichen von **1A** nach **3C** und **3B** nach **1D** beginnen. Die Nadel bei **2A** ausstechen, um das nächste Stichpaar zu arbeiten.

2 Das zweite Stichpaar wird genau unter dem ersten von **2A** nach **4C** und **4B** nach **2D** gestickt. Abwärts bis zum Reihenende wiederholen. Die nächste Reihe bei **1D** beginnen.

Blattstich

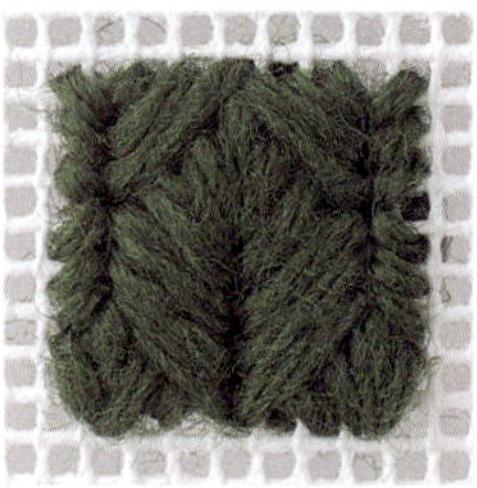

SCHWIERIGKEITSGRAD
Mittel

VERWENDUNG
Füllmuster für große Flächen

METHODE
Ineinander greifende Reihen aus sechseckigen Blöcken

MATERIAL
Stramin und Garn beliebig

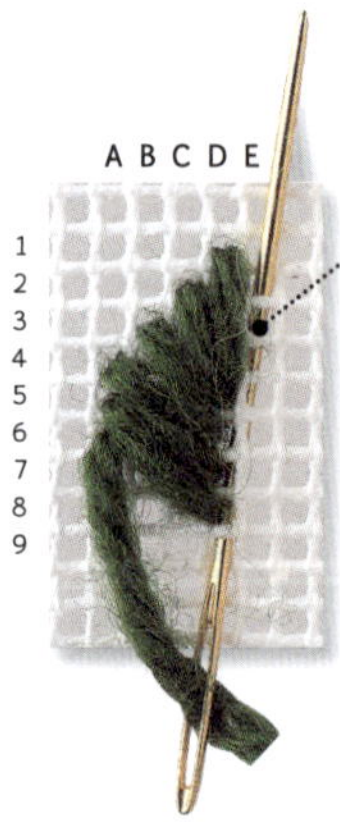

Die zweite Seite spiegelbildlich zur ersten sticken.

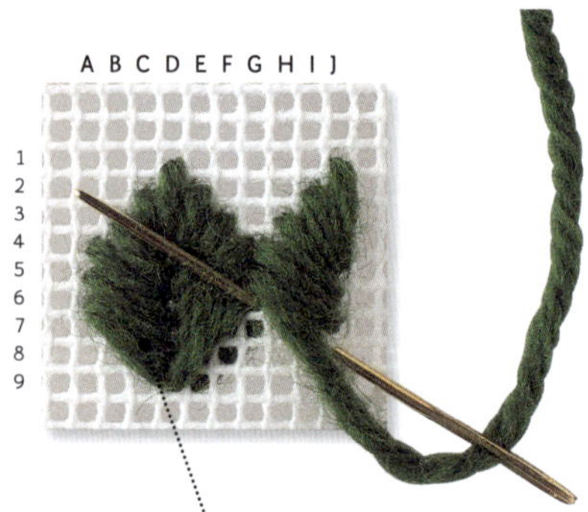

Jeder Block besteht aus elf Geradstichen.

1 Oben links mit einem senkrechten Stich von **1D** nach **5D** beginnen. Drei Schrägstiche anschließen: **2C** nach **5D, 3B** nach **6D, 4A** nach **7D**. Darunter folgen zwei Stiche von **5A** nach **8D** und **7A** nach **9D**. Bei **2E** ausstechen.

2 Sechs Stiche spiegelbildlich zu Schritt 1 sticken. Von **2E** nach **5D** beginnen, mit **7G** nach **9D** enden. Den zweiten Block von **1J** nach **5J** beginnen und nach rechts fortfahren.

Technikvariante

Um die Blattform zu verändern, einen Senkrechtstich von **5D** nach **9D** arbeiten. Für ein apartes Muster verwendet man zwei Farben.

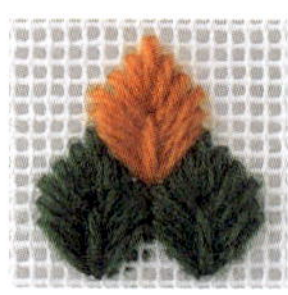

Rhodes-Stich

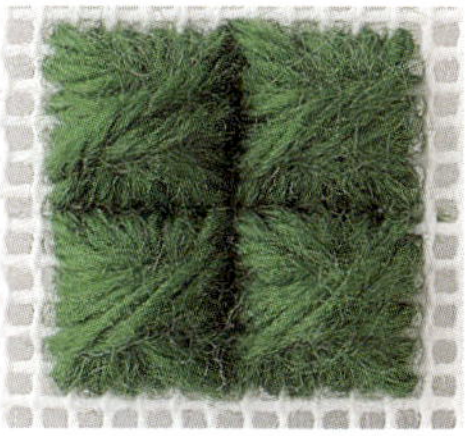

SCHWIERIGKEITSGRAD
Mittel

VERWENDUNG
Plastischer Füll- und Hintergrundstich

METHODE
Reihen gewölbter Quadrate aus überlagerten Geradstichen

MATERIAL
Einfädiger Stramin; beliebiges Garn

(1)

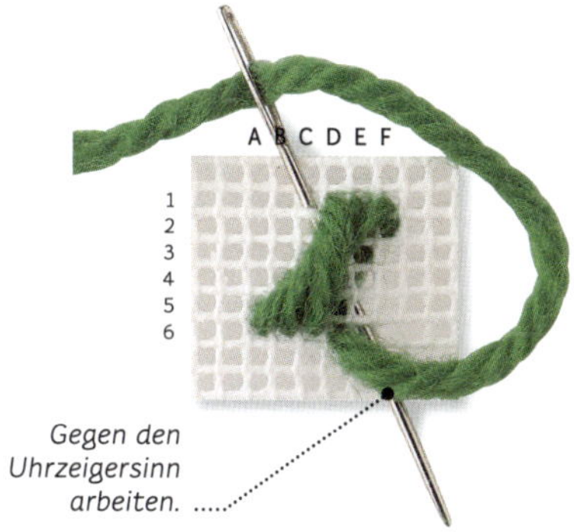

(2)

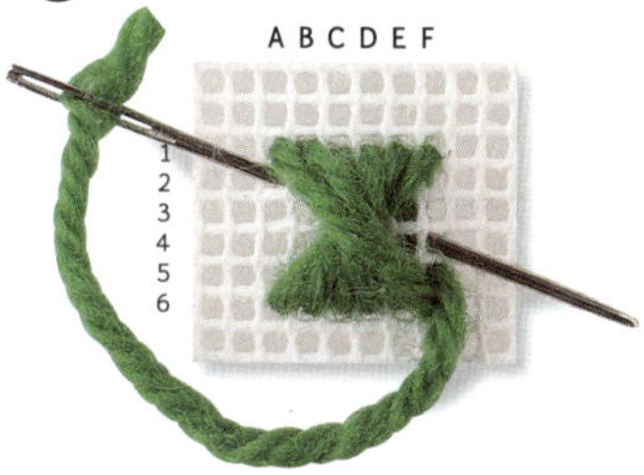

1 Oben links mit vier schrägen Stichen von **6A** nach **1F**, **6B** nach **1E**, **6C** nach **1D** und **6D** nach **1C** beginnen. Bei **6E** ausstechen.

2 Zwei Stiche von **6E** nach **1B** und von **6F** nach **1A** sticken. Bei **1B** einstechen und bei **4F** wieder ausstechen.

3 Mit drei Stichen das Quadrat beenden: **4F** nach **3A**, **3F** nach **4A** und **2F** nach **5A**. Bei **6F** ausstechen, um den nächsten Block zu beginnen. Die folgenden Reihen exakt anschließen.

(3)

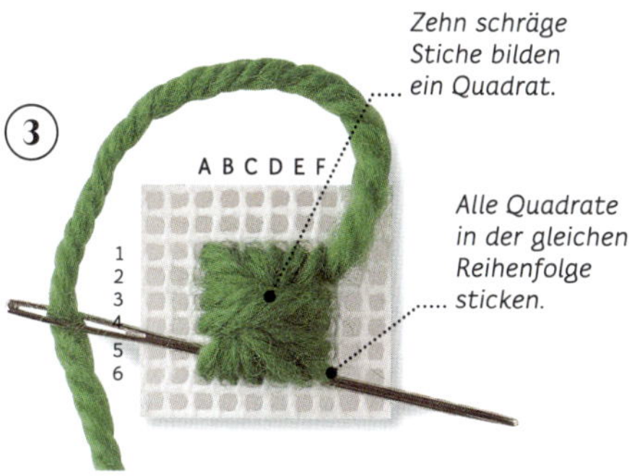

Halber Rhodes-Stich

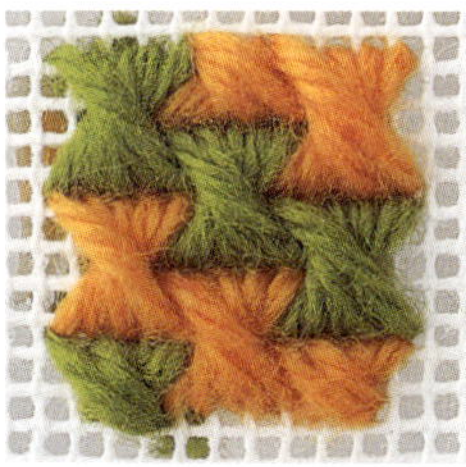

SCHWIERIGKEITSGRAD
Mittel

VERWENDUNG
Streifen-Füllmuster

METHODE
Variante des Rhodes-Stichs, in diagonalen Reihen gearbeitet

MATERIAL
Einfädiger Stramin; beliebiges Garn uni oder zweifarbig

(1)

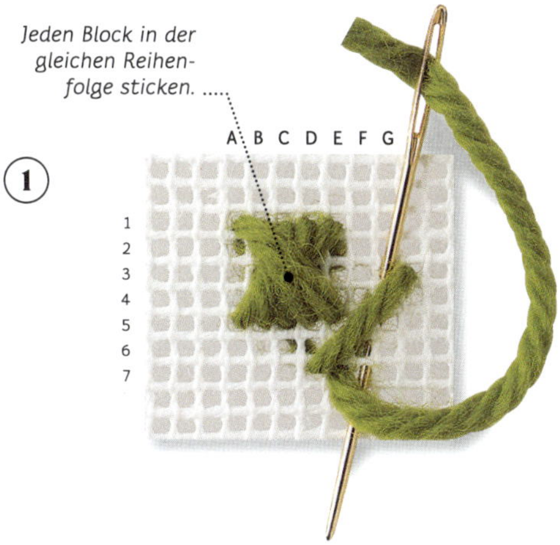

(2)

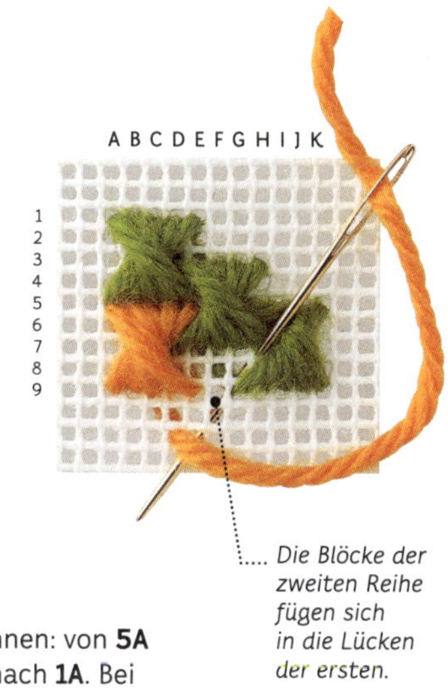

1 Unten links mit fünf überlagerten Geradstichen beginnen: von **5A** nach **1E**, **5B** nach **1D**, **5C** nach **1C**, **5D** nach **1B** und **5E** nach **1A**. Bei **7D** ausstechen und den zweiten Block beginnen. Die Reihe rechts abwärts fortsetzen.

2 Für die zweite Reihe mit einer anderen Farbe bei **9A** nach **5E** beginnen. Alle folgenden Reihen exakt an die vorherigen anschließen.

Algerischer Stich

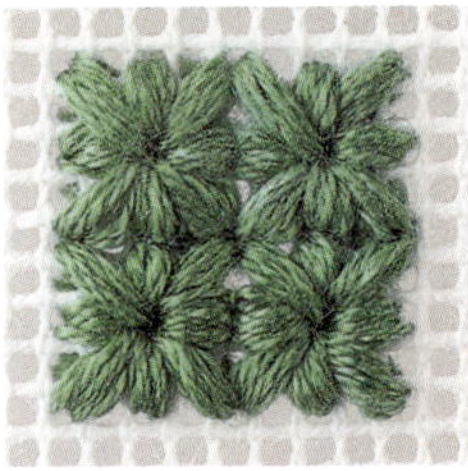

SCHWIERIGKEITSGRAD
Mittel

VERWENDUNG
Fein strukturiertes Füllmuster

METHODE
Waagerechte Reihen von Sternen aus Spannstichen

MATERIAL
Einfädiger Stramin; dickes Garn

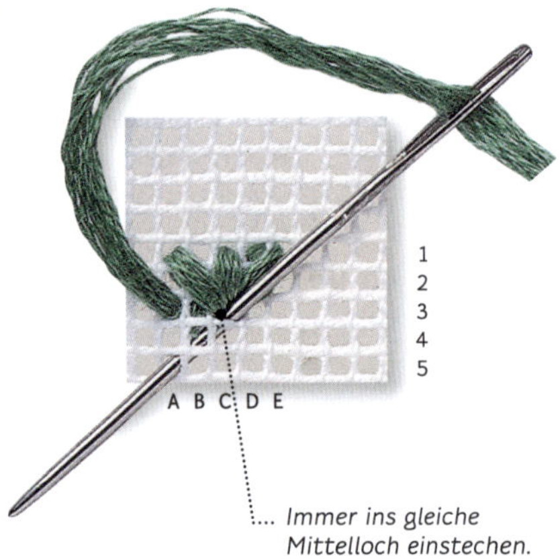

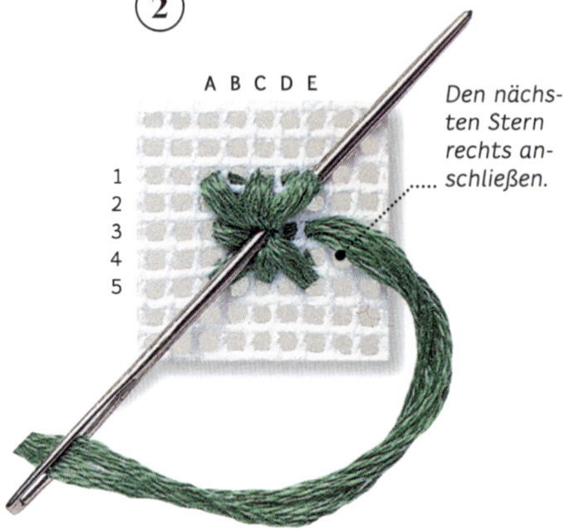

1 Oben links mit vier Geradstichen von **1E** nach **3C**, **1C** nach **3C**, **1A** nach **3C** und **3A** nach **3C** beginnen.

2 Vier weitere Sterne vervollständigen den Stern: **5A** nach **3C**, **5C** nach **3C**, **5E** nach **3C** und **3E** nach **3C**. Den nächsten Stern bei **1E** beginnen. Schritt 1 und 2 fortlaufend wiederholen und die nächste Reihe exakt an die vorherige anschließen.

Algerischer Lochstich

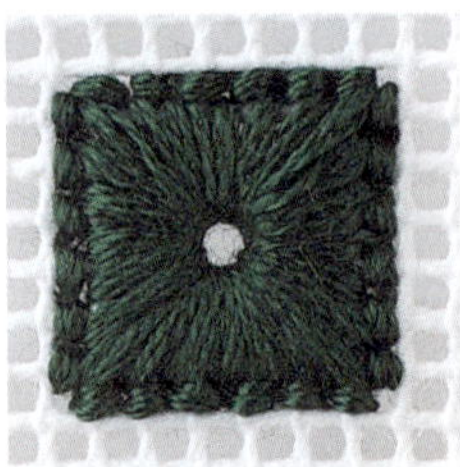

SCHWIERIGKEITSGRAD
Mittel

VERWENDUNG
Großes Füllmuster

METHODE
Quadratische, mit Rückstich eingerahmte Blöcke aus Geradstichen um ein Mittelloch

MATERIAL
Einfädiger Stramin; dickes Garn; Stichschere

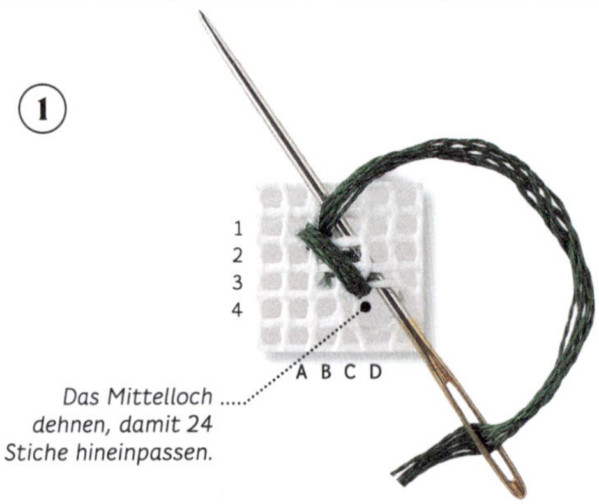

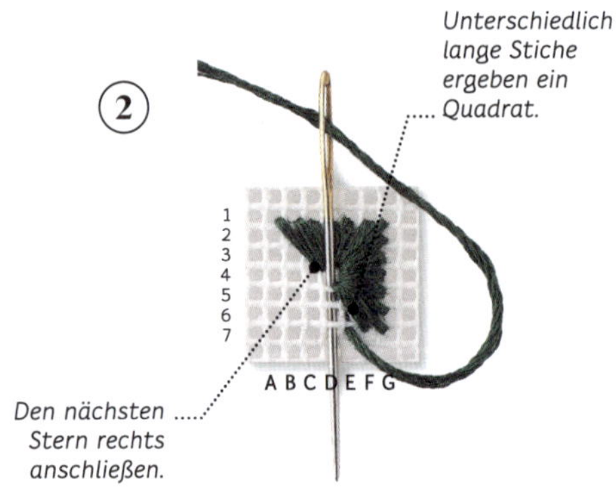

1 Oben links beginnen. Um das Loch bei **4D** zu weiten, die geschlossene Spitze der Schere hineinschieben und vorsichtig drehen. Zwei Geradstiche von **1A** nach **4D** und **1B** nach **4D** sticken.

2 Elf weitere Stiche arbeiten. Der Einstich liegt jeweils bei **4D**, die Ausstiche liegen bei **1C**, **1D**, **1E**, **1F**, **1G**, **2G**, **3G**, **4G**, **5G**, **6G** und **7G**. Die zweite Hälfte spiegelbildlich zur ersten sticken. Den nächsten Block bei **1G** beginnen.

Technikvariante

Verwendet man zum Nachsteppen der Quadrate Garn in einer Kontrastfarbe, entsteht auf der Fläche ein klares Rastermuster.

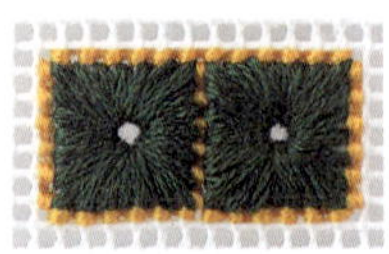

Rauten-Lochstich

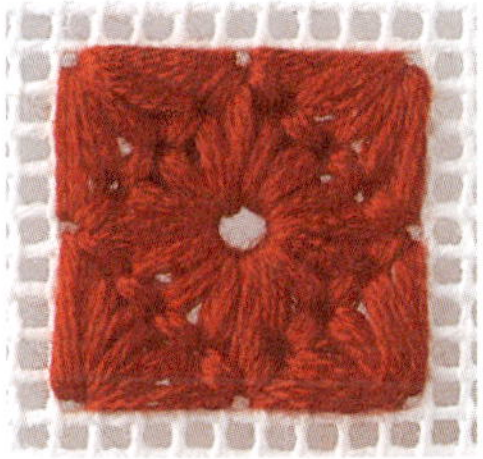

SCHWIERIGKEITSGRAD
Anspruchsvoll

VERWENDUNG
Geometrisches Füllmuster für große Flächen

METHODE
Spannstich-Rhomben um ein Mittelloch, mit Rückstichen eingerahmt

MATERIAL
Einfädiger Stramin; dickes Garn

(1)

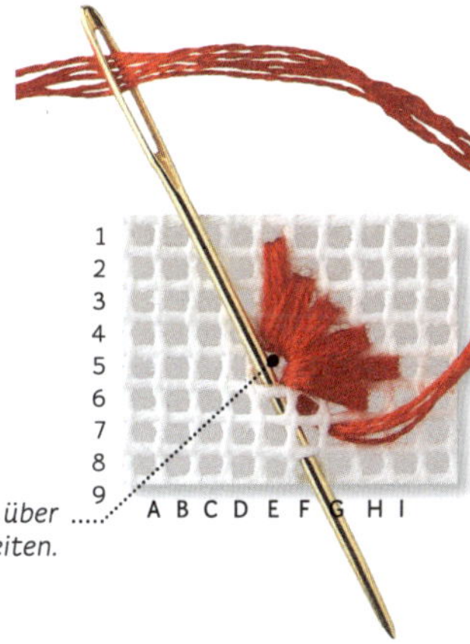

Jeden Stich über drei Fäden arbeiten.

(2)

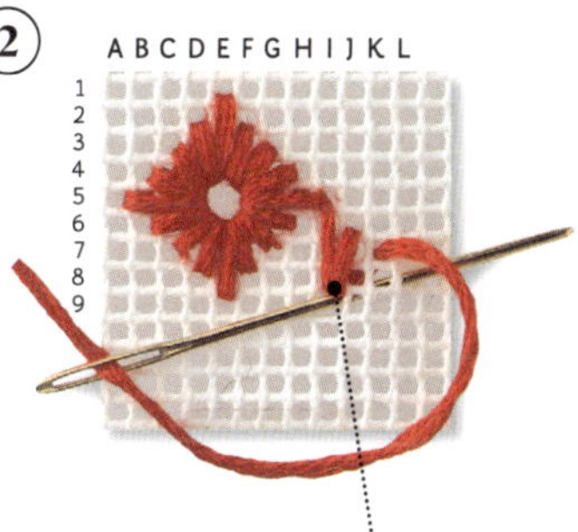

Immer ins gleiche Mittelloch einstechen.

1 Oben links mit einem senkrechten Stich von **1E** nach **5E** beginnen. Sieben weitere Stiche ins gleiche Einstichloch arbeiten. Die Ausstiche liegen bei **2F**, **3G**, **4H**, **5I**, **6H**, **7G**, **8F** und **9E**. Die zweite Hälfte des Rhombus spiegelbildlich zur ersten arbeiten.

2 Den nächsten Rhombus mit einem Stich von **5I** nach **9I** beginnen und ebenso sticken. Die Rhomben der nächsten Reihen jeweils versetzt zwischen die vorherigen sticken. Ist die Fläche ausgefüllt, werden die Konturen der Rhomben mit Rückstichen (Seite 40) über einen Straminfaden nachgesteppt. So kann der Stickgrund nicht durchscheinen.

Fächerstich

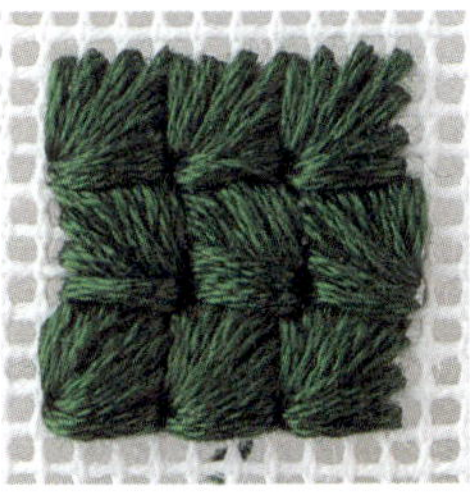

SCHWIERIGKEITSGRAD
Einfach

VERWENDUNG
Fein strukturiertes Füllmuster

METHODE
Waagerechte Reihen mit Blöcken aus strahlenförmigen Stichen

MATERIAL
Einfädiger Stramin, dickes Garn

(1)

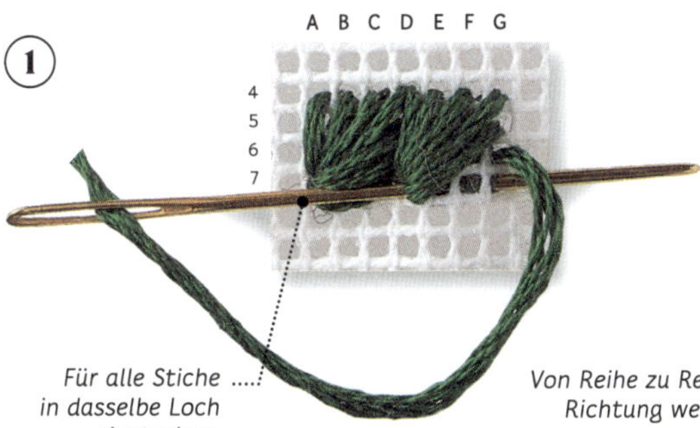

Für alle Stiche in dasselbe Loch einstechen.

(2)

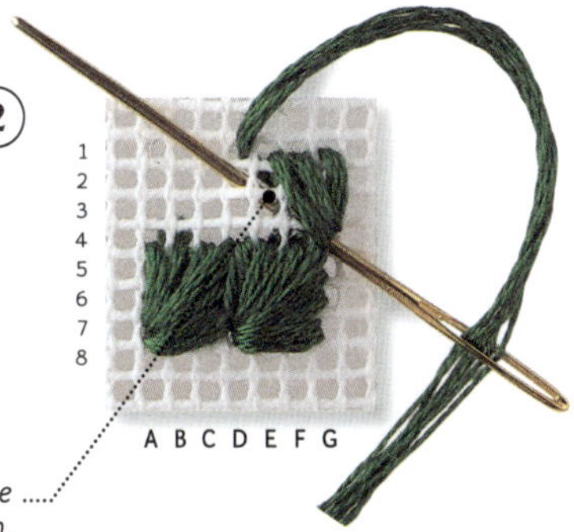

Von Reihe zu Reihe die Richtung wechseln.

1 Oben links mit einem senkrechten Stich von **4A** nach **7A** beginnen. Sechs weitere Stiche in Punkt **7A** einstechen. Die Ausstiche liegen bei **4B**, **4C**, **4D**, **5D**, **6D** und **7D**. Das nächste Quadrat mit einem Stich von **4D** nach **7D** beginnen. Die Reihe nach rechts fortsetzen.

2 Die nächste Reihe direkt über der ersten sticken, die Richtung der Fächer aber umkehren. Mit einem Stich von **1G** nach **4G** beginnen. Schritt 1 und 2 wiederholen.

Schlingenstiche und Besonderheiten

Verwenden Sie diese aufwendigen und komplexen Stiche immer dann, wenn ungewöhnliche oder taktile Texturen für Hintergründe oder als Teil eines Mustertuchs benötigt werden. Sie sollten alle in einem Rahmen auf einfädigem Stramin mit einem Garn gearbeitet werden, das den Gewebegrund vollständig bedeckt.

Die gewickelten und gebündelten Stiche bestehen aus langen, geraden Stichen, die mit kürzeren Stichen zusammengehalten werden, um eine dichte, strukturierte Oberfläche zu erzeugen. Der Schlingenstich (auch Rya-Stich) und der türkische Teppichstich wurden traditionell für die Herstellung ganzer Teppiche verwendet, eignen sich aber in kleinerem Maßstab auch hervorragend für das Sticken reliefartig erhabener Bereiche innerhalb eines Musters. Der Flor kann beschnitten werden, um Tieren, Pflanzen und Bäumen ein naturalistisches oder plüschiges Aussehen zu verleihen.

Schlingenstich

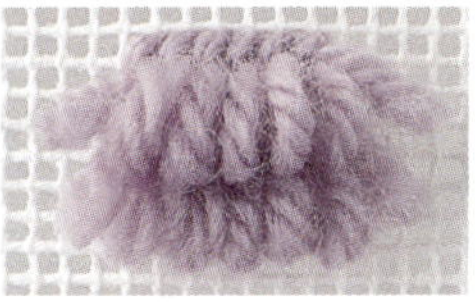

SCHWIERIGKEITSGRAD
Anspruchsvoll

VERWENDUNG
Teppichartige Oberfläche mit Schlingen- oder Velourseffekt

METHODE
Schlingstiche, die über einer Stricknadel in waagerechten Reihen gearbeitet werden

MATERIAL
Einfädiger Stramin; dickes Stickgarn

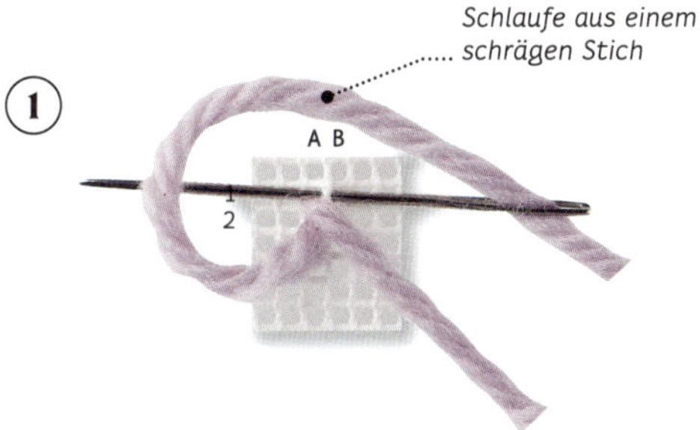

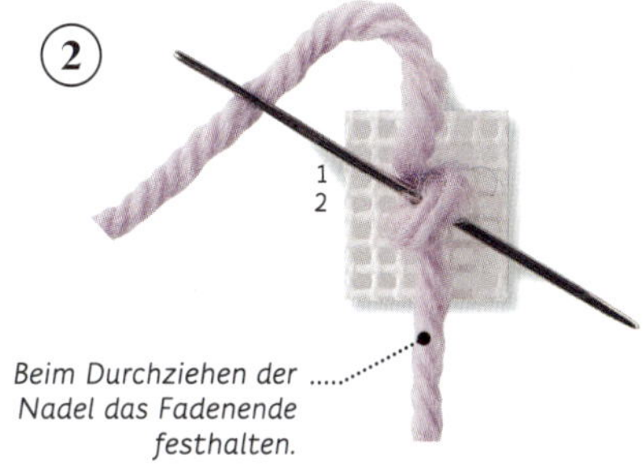

1 Unten links beginnen. Die Nadel bei **1A** ein- und bei **2A** ausstechen, dabei das Ende hängen lassen. Bei **1B** ein- und bei **1A** ausstechen.

2 Die Nadel von rechts unter der schrägen Schlaufe durchschieben und beide Enden festziehen. Eine Stricknadel unter die Stiche halten und den Arbeitsfaden von oben nach unten als Schlaufe herumlegen.

3 Schritt 1 und 2 wiederholen. Der zweite Stich beginnt bei **1B**. Die folgenden Reihen direkt an die erste anschließen. Für einen Velourseffekt werden die Schlaufen aufgeschnitten.

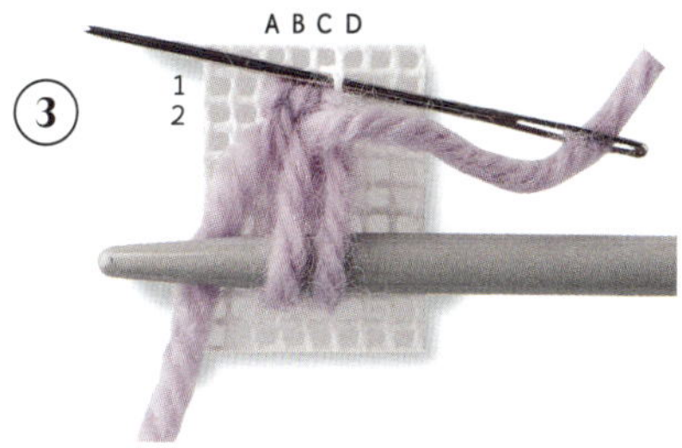

Türkischer Teppichstich

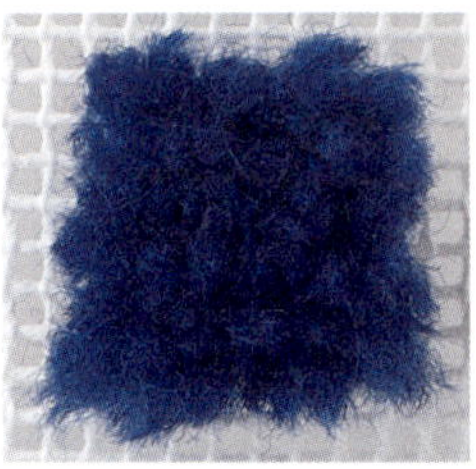

SCHWIERIGKEITSGRAD
Anspruchsvoll

VERWENDUNG
Füllstich mit Veloursoberfläche

METHODE
Aufgeschnittener Schlingenstich

MATERIAL
Einfädiger Stramin oder Knüpfgrund; dickes Garn

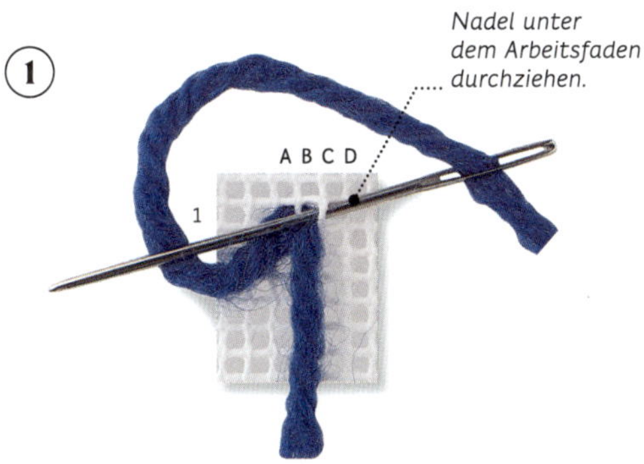

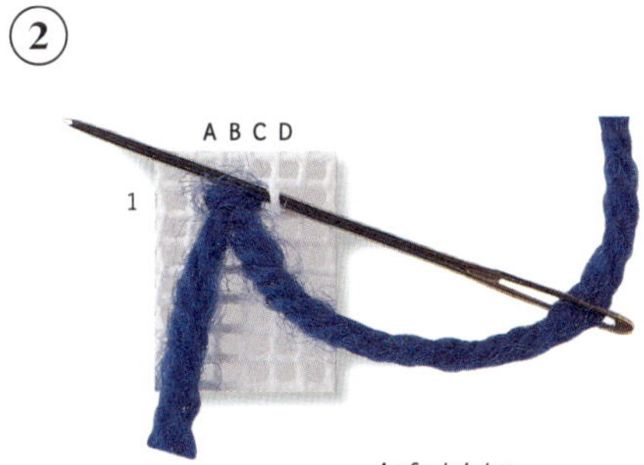

1 Unten links beginnen. Bei **1B** einstechen und bei **1A** ausstechen. Dann bei **1C** ein- und bei **1B** ausstechen.

2 Bei **1D** beginnen und Schritt 1 wiederholen. Zwischen den Stichen eine Schlaufe hängen lassen.

3 Nach rechts fortfahren und auf gleichmäßige Schlaufenlängen achten. Die folgende Reihe direkt über der vorherigen arbeiten. Ist die Fläche ausgefüllt, werden die Schlaufen aufgeschnitten.

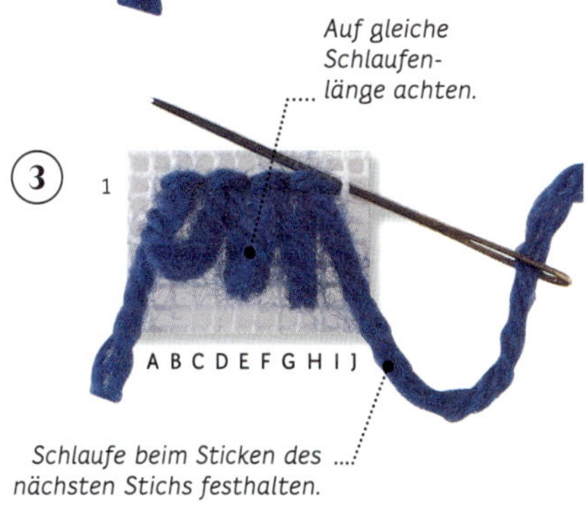

Hahnentrittstich

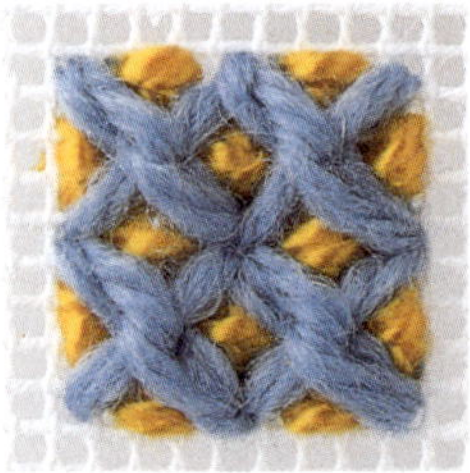

SCHWIERIGKEITSGRAD
Anspruchsvoll

VERWENDUNG
Geometrisches, stark strukturiertes Füllmuster

METHODE
Umschlungene Schrägstiche, kombiniert mit geraden Kreuzstichen

MATERIAL
Einfädiger Stramin; Garn in zwei Stärken und Farben

1

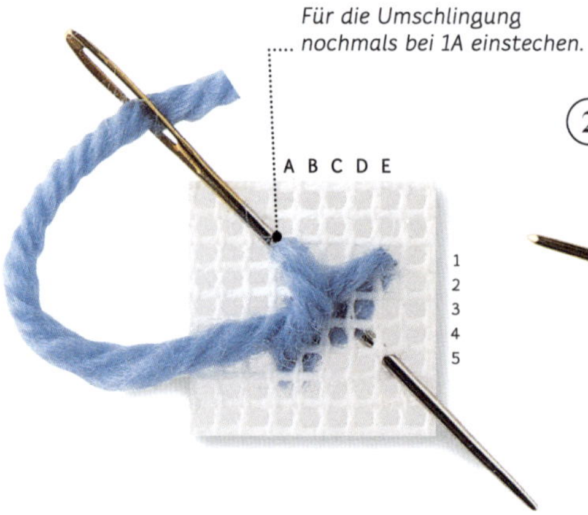

2

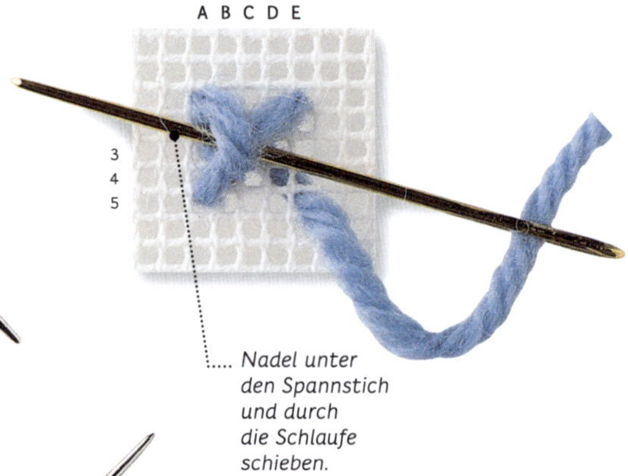

3

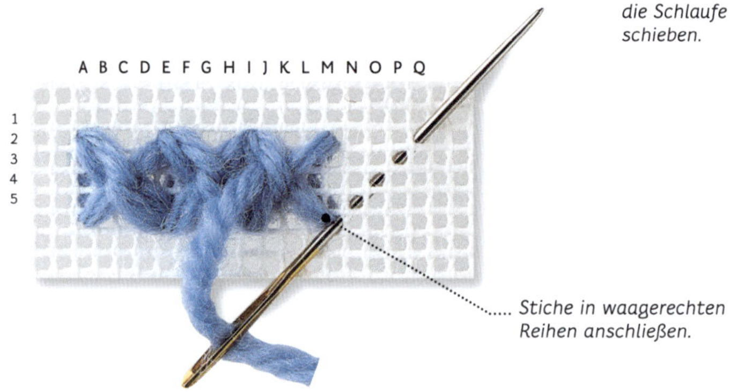

4

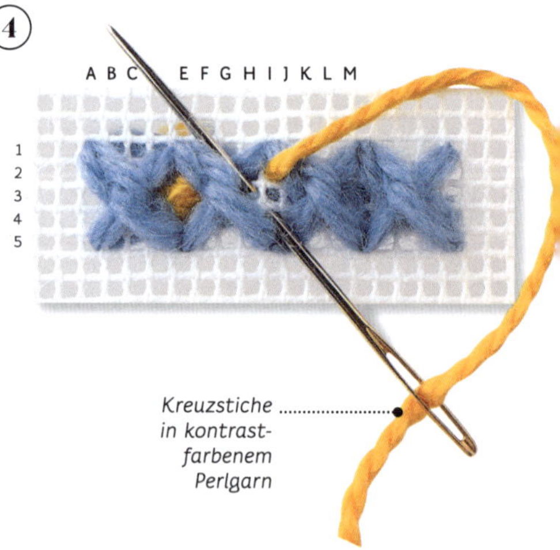

1 Oben links mit einem schrägen Stich von **5A** nach **1E** beginnen. Bei **1A** ausstechen und die Nadel von links nach rechts unter dem Stich durchschieben. Wieder bei **1A** ein- und bei **5E** ausstechen.

2 Die Nadel von rechts nach links unter den Schrägstich und durch die Mitte der Umschlingung schieben. Bei **5E** einstechen, um den zweiten Schlingstich zu erhalten.

3 Schritt 1 bis 3 bis zum Reihenende wiederholen. Der nächste Stich beginnt bei **1I**. Jede Reihe exakt unter die vorherige sticken.

4 Mit dünnem Garn in einer anderen Farbe kleine gerade Kreuzstiche (Seite 140) in die Lücken zwischen den Stichen setzen. Zwei Spannstiche von **2I** nach **4I** und von **3H** nach **3J** sticken. Fortlaufend wiederholen.

Maschenstich

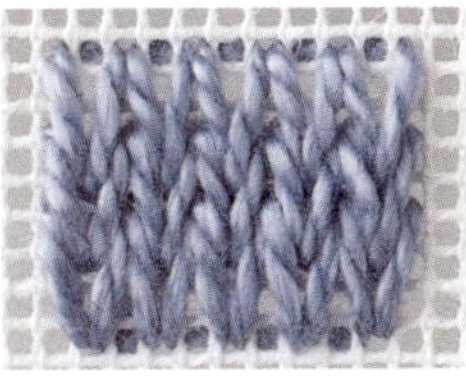

SCHWIERIGKEITSGRAD
Einfach

VERWENDUNG
Füllstich mit dem Aussehen glatt rechts gestrickter Maschen

METHODE
Überlappende Schrägstiche, abwechselnd in Auf- und Abwärtsreihen gestickt

MATERIAL
Einfädiger Stramin, beliebiges Garn

① 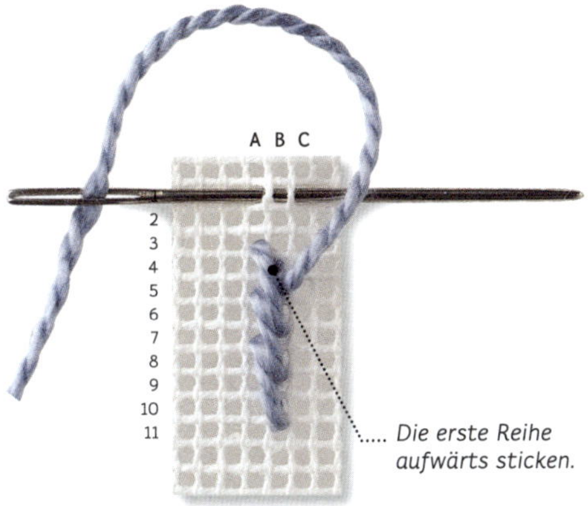

Die erste Reihe aufwärts sticken.

② 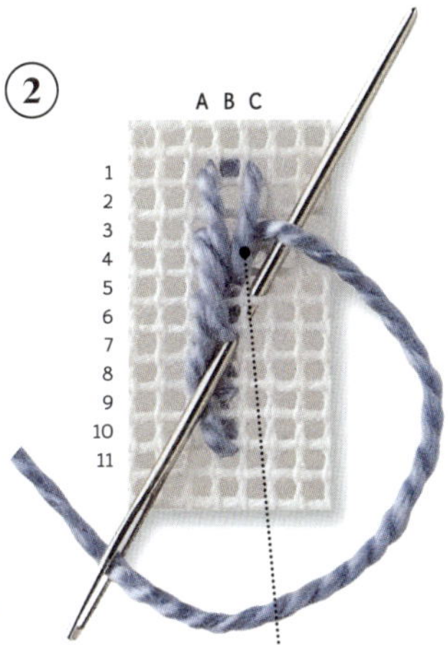

In der Rückreihe Stiche entgegengesetzt anschrägen.

1 Unten links mit einem schrägen Stich von **11B** nach **7A** beginnen. Bei **9B** ausstechen. Bis zum oberen Ende der Reihe fortsetzen. Für die Rückreihe bei **1C** ausstechen.

2 Die zweite Reihe abwärts ebenso sticken. Mit Stichen von **1C** nach **5B** und **3C** nach **7B** beginnen. Beide Schritte wiederholen, bis die Fläche ausgefüllt ist.

Alter Ährenstich

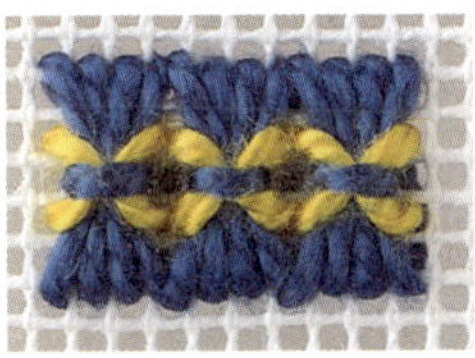

SCHWIERIGKEITSGRAD
Anspruchsvoll

VERWENDUNG
Füllmuster für große Flächen; einzelne Reihe als Bordüre

METHODE
Variation des Ährenstichs mit kontrastfarbiger Umschlingung

MATERIAL
Einfädiger Stramin; beliebiges Garn in zwei Kontrastfarben

① 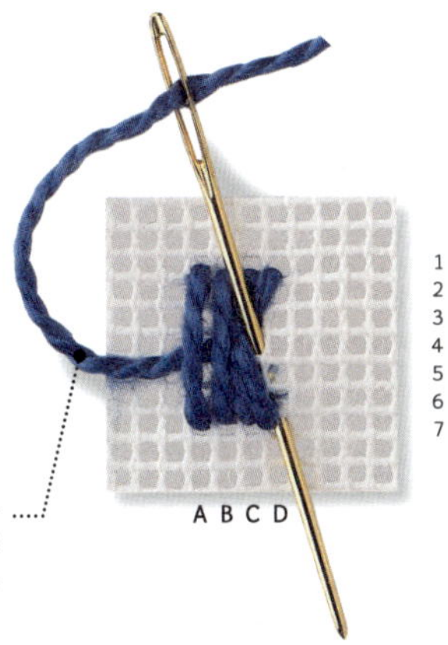

Den Faden festziehen, um die Stiche zu bündeln.

② 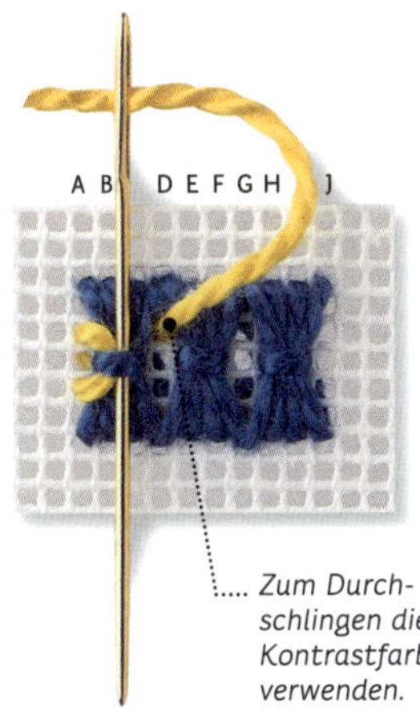

Zum Durchschlingen die Kontrastfarbe verwenden.

1 Unten links mit vier senkrechten Stichen von **7A** nach **1A**, **7B** nach **1B**, **7C** nach **1C** und **7D** nach **1D** beginnen. Hinter den Stichen bei **4B** ausstechen. Bei **4C** einstechen, um den Fixierstich (Seite 20) zu erhalten. Die nächste Ähre beginnt mit einem Stich von **7D** nach **1D**. Die nächste Reihe direkt an die erste anschließen.

2 Mit einem Faden in Kontrastfarbe bei **3A** ausstechen. Die Nadel von oben nach unten unter dem Fixierstich durchziehen und bei **5A** einstechen. Bei **3D** ausstechen, die Nadel nochmals unter dem Fixierstich durchziehen und bei **5D** einstechen. Die übrigen Ähren ebenso verzieren.

Hinkender Kreuzstich

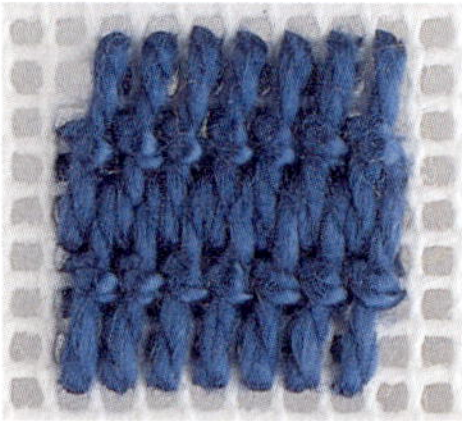

SCHWIERIGKEITSGRAD
Mittel

VERWENDUNG
Füllmuster mit Rippenstruktur

METHODE
Waagerechte Reihen aus Gobelinstichen mit kurzen Fixierstichen

MATERIAL
Einfädiger Stramin; beliebiges Garn

(1)

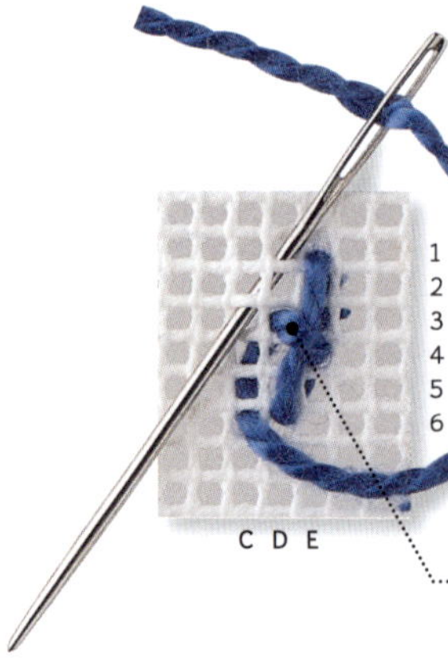

Kurzer Fixierstich über die Stichmitte

(2)

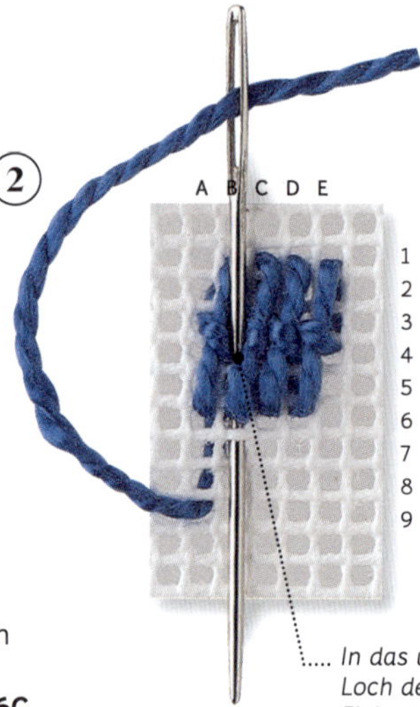

In das untere Loch des Fixierstichs einstechen.

1 Unten rechts mit einem langen Schrägstich von **6D** nach **1E** beginnen und diesen mit einem Fixierstich von **4E** nach **3D** überkreuzen. Das nächste Stichpaar führt von **6C** nach **1D** und von **3C** nach **4D**. Fortlaufend wiederholen.

2 Die Rückreihe in entgegengesetzter Richtung sticken. Die ersten beiden Stiche von **9A** nach **4B** und **7B** nach **6A** sticken. Bis zum Reihenende fortfahren. Beide Reihen im Wechsel wiederholen.

Französischer Stich

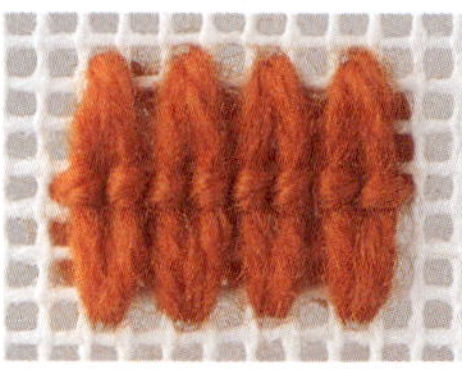

SCHWIERIGKEITSGRAD
Mittel

VERWENDUNG·
Füll- und Hintergrundstich mit Rippenstruktur

METHODE
Waagerechte Reihen mit Paaren aus fixierten Spannstichen

MATERIAL
Einfädiger Stramin, beliebiges Garn

(1)

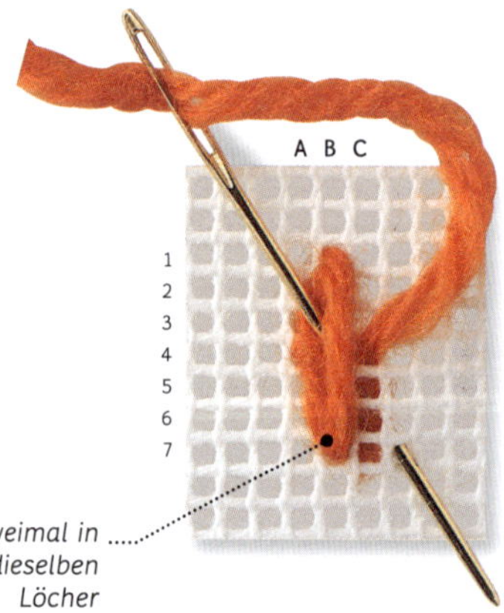

Zweimal in dieselben Löcher stechen.

(2)

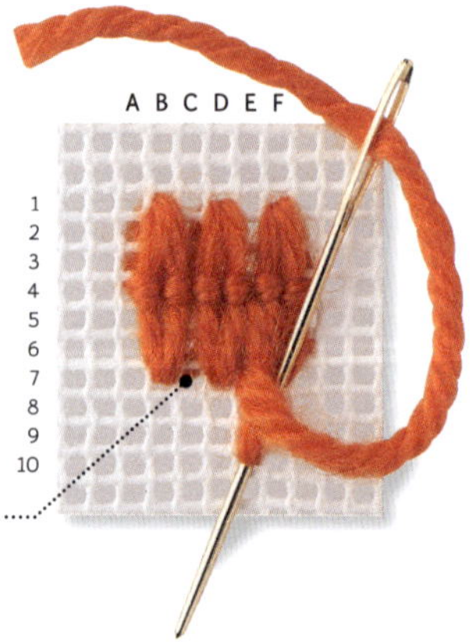

In der Rückreihe zwischen die Stiche der Vorreihe stechen.

1 Unten links mit einem senkrechten Stich von **7B** nach **1B** beginnen und diesen mit einem Fixierstich (Seite 20) von **4B** nach **4A** verankern. Noch einen Senkrechtstich von **7B** nach **1B** arbeiten, den zweiten Fixierstich aber von **4C** nach **4B** arbeiten. Weitere Paare bis ans Reihenende anschließen.

2 Die Rückreihe in entgegengesetzter Richtung mit einem Stich von **10E** nach **4E** und einem Fixierstich von **7E** nach **7F** beginnen. Fortlaufend wiederholen.

Ananasstich

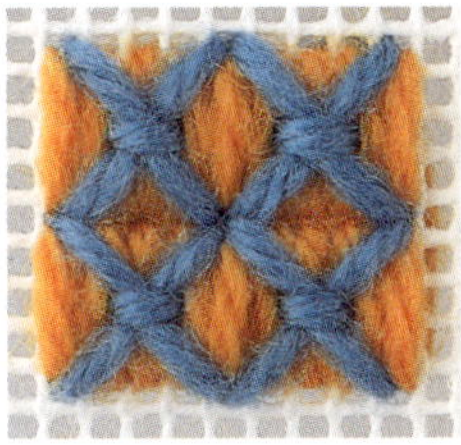

SCHWIERIGKEITSGRAD
Anspruchsvoll

VERWENDUNG
Zweifarbiges, geometrisches Füllmuster für große Flächen

METHODE
Nachgesteppter Kreuzstich über senkrechtem Gobelinstich

MATERIAL
Einfädiger Stramin; beliebiges Garn in zwei Farben

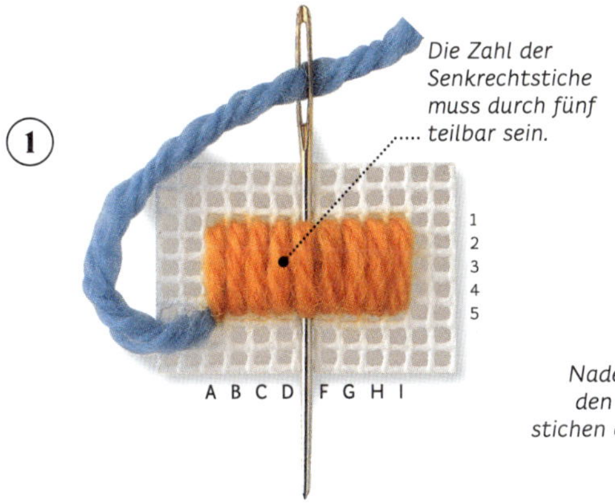

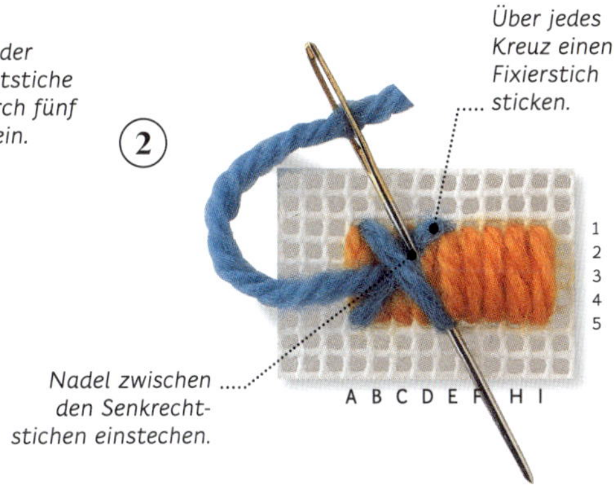

1 Unten links von **5A** nach **1A** beginnen und eine Reihe aufrechte Gobelinstiche (Seite 119) sticken. Mit dem zweiten Garn einen Schrägstich von **5A** nach **1E** sticken, bei **5E** ausstechen.

2 Mit einem Stich nach **1A** das Kreuz beenden. Einen Fixierstich von **3B** nach **3D** sticken. Die Gobelinreihe mit Kreuzen übersticken, dann die folgenden Reihen direkt darunter anschließen.

Pfeilstich

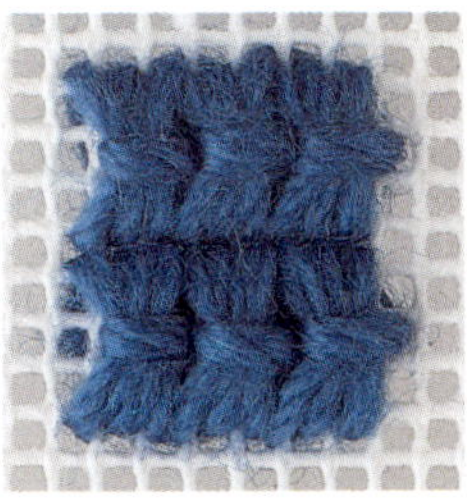

SCHWIERIGKEITSGRAD
Mittel

VERWENDUNG
Strukturiertes Füllmuster; in Einzelreihen als Bordüre

METHODE
In Reihen gearbeitete, abgewinkelte Variante des Ährenstichs

MATERIAL
Einfädiger Stramin; beliebiges Garn

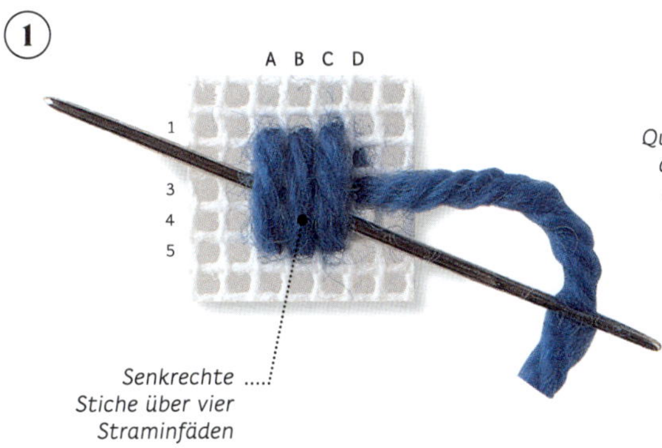

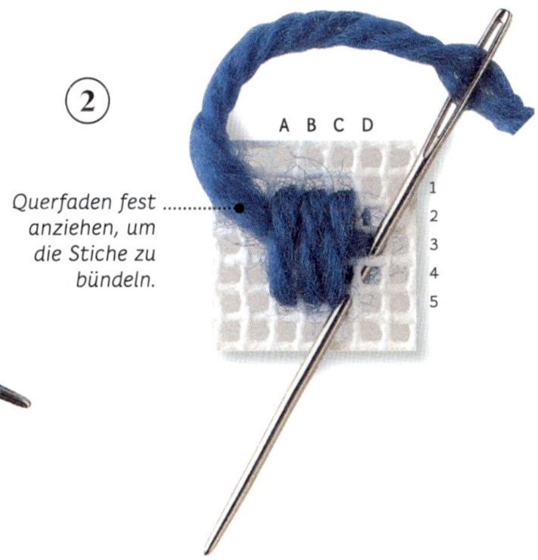

1 In der oberen linken Ecke drei senkrechte Stiche von **5A** nach **1A**, **5B** nach **1B** und **5C** nach **1C** sticken. Die Nadel bei **3D** ausstechen und von rechts nach links unter den Stichen durchschieben.

2 Die Nadel wieder bei **3D** einstechen. Um den nächsten Senkrechtstich zu beginnen, bei **5C** ausstechen. Schritt 1 und 2 fortlaufend wiederholen. Die nächste Reihe direkt unter der ersten anschließen.

Register

A

B

D

E

F

G

H

J

K

L

T

U

V

W

Y

Z

Dank der Autorin

Kein Autor kann ganz allein arbeiten. Auch dieses Buch hätte ohne die Unterstützung der Verlagsmitarbeiter nicht entstehen können. Darum danke ich allen Freunden und Kollegen, von deren Rat und Erfahrung ich im Laufe des vergangenen Jahres profitieren durfte.

Besonderer Dank gebührt Samantha Gray, die den ersten Kontakt zum Verlag herstellte. Nigel Duffield, Mary Lindsay, Sarah Hall und Cathy Shilling bei Dorling Kindersley haben mich immer wieder ermutigt und mit ihrer Begeisterung motiviert. Programmleiterin Kate Yeates war mir ein wichtiger Rückhalt, weil sie mich mit viel Engagement und unerschütterlich guter Laune während der gesamten Arbeit begleitet hat. Vielen Dank auch an Roger Bristow und Helen Collins bei C&B Packaging für ihre kreativen Ideen, an Sam Lloyd für die Geduld beim Fotografieren all der kleinen Arbeitsproben und an Heather Dewhurst für die sorgfältige Bearbeitung meines Textes.

Zara Anvari und Amy Slack danke ich dafür, dass sie mich durch die Aktualisierung der Ausgabe begleitet haben.

Diese Ausgabe ist meinem Sohn, Aley Haydn-Williams, gewidmet.

Dank des Verlags

Für die erste Ausgabe bedankt sich DK UK bei DMC Creative World Ltd für die freundliche Bereitstellung von Nadeln, Perlgarn, Tapisseriegarn, Handarbeitsleinen und Stramin für die Arbeitsproben und für die Abbildungen der fertigen Stiche. Besonderer Dank geht an Cara Ackerman für all ihre Hilfe. Weitere Informationen über DMC-Produkte erhalten Sie im Fachhandel.

DK UK dankt ebenfalls Mary Lindsay, Sarah Hall, Michelle Thomas, Jason Little, Stephanie Jackson, Jonathan Metcalf, Nigel Duffield, sowie Nicola Munro, Cathy Shilling, Christopher Gordon, Andy Crawford, Steve Gorton für die Unterstützung. Vielen Dank auch an das Team bei C&B Packaging Ltd: Kate Yeates, Heather Dewhurst, Roger Bristow, Helen Collins, Suzanne Metcalfe-Megginson, Bill Mason, und Sampson Lloyd.

Für die Arbeit an der aktualisierten Ausgabe dankt DK UK Andrew Pinder für seine Illustrationen, Ruth Jenkinson für die Fotografie, und Francesco Piscitelli fürs Korrekturlesen. Danke auch an Evelin Kasikov für den wunderschönen gestickten Umschlag.

Bildnachweis

Der Verlag dankt den Folgenden für die freundliche Genehmigung zum Abdruck von Fotos.
(o=oben, u=unten, m=Mitte, l=links, r=rechts)

8 © The Metropolitan Museum of Art: Purchase, Mrs. Jackson Burke Gift, 1979 (ur). Powerhouse Museum / Museum of Applied Arts & Sciences: Collection: Museum of Applied Arts and Sciences. Gift of Robert Swieca, 2011. Photographer Marinco Kojdanovski (t). 9 Alamy Stock Photo: CMA / BOT (mlu)

Alle anderen Abbildungen © Dorling Kindersley

DK Penguin Random House

DK London / Delhi

Lektorat
Katie Cowan, Amy Slack, Ankita Gupta, Soma B. Chowdhury, Glenda Fernandes, Zara Anvari
Gestaltung und Bildredaktion
Maxine Pedliham, Mohd Zishan, Bhagyashree Nayak, Ivy Sengupta, Malavika Talukder, Marianne Markham, Eloise Grohs, Rajdeep Singh
Umschlaggestaltung Evelin Kasikov
Herstellung Sunil Sharma, David Almond, Luca Bazzoli

DK Picture Library
Bildnachweis siehe links

Für die deutsche Ausgabe:
Projektbetreuung Doreen Wolff
Herstellungskoordination Claudia Rode
Herstellung Sophie Schiela

Titel der englischen Originalausgabe:
Embroidery stiches step by step.

Übersetzung Wiebke Krabbe
Lektorat Helen Weinold-Leipold
Satz Roman, Bold & Black, Köln

ISBN 978-3-8310-4722-2
5902-333474-22863-04

Druck und Bindung C&C Offset Printing, China

www.dk-verlag.de

Noch mehr kreative Techniken...

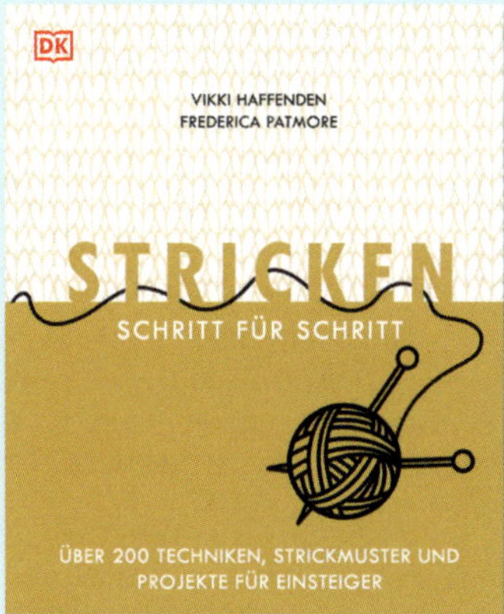

978-3-8310-3954-8

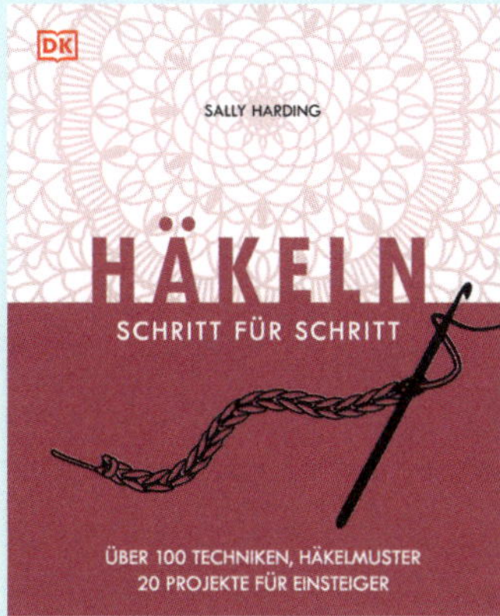

978-3-8310-4169-5

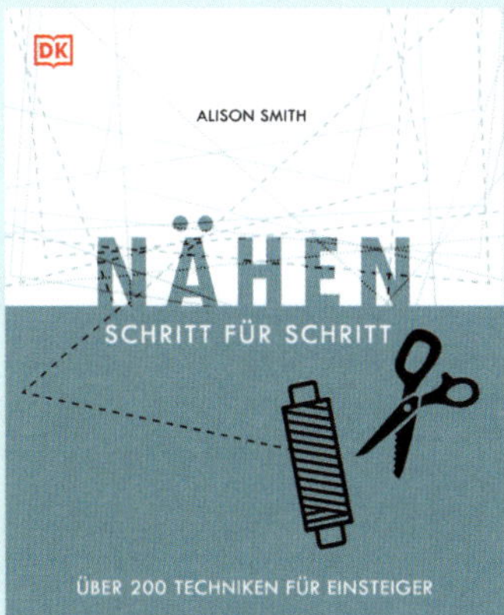

978-3-8310-3955-5

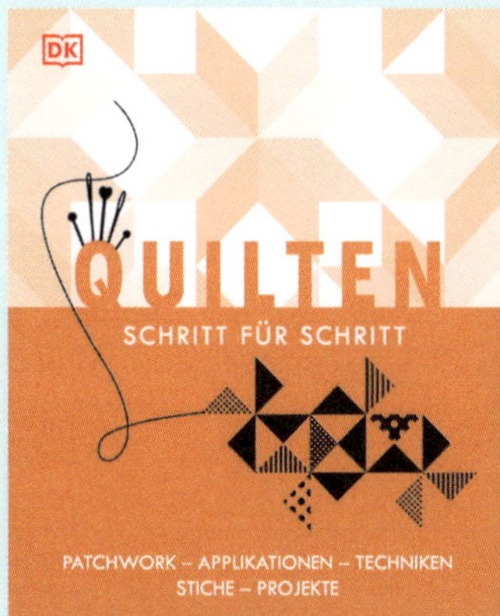

978-3-8310-4527-3

www.dk-verlag.de